JN425289

Green Finance

녹색금융론

노희진 저

博英社

머리말

경제와 환경의 균형적 성장을 추구하는 녹색성장 정책은 국민경제의 발전과 환경개선을 지향하는 정부의 주요 정책이며, 이러한 녹색성장이 이루어지기 위해서는 녹색산업과 녹색기술에 원활하게 자금 공급이 이루어질 필요가 있습니다. 그러나 녹색산업과 기술투자시 위험과 수익에 대한 불확실성이 커서 금융기관이 적극적으로 동참하기에는 한계가 있으므로 정부의 정책적 지원과 금융산업의 역할 강화를 위한 방안 마련이 필요합니다.

녹색금융은 경제성장, 환경개선 및 금융산업 발전을 동시에 추구하는 복합적인 목적을 지닌 미래지향적 금융 형태로 녹색성장을 지원하는 금융과 환경 훼손을 방지하는 금융으로 분류할 수 있습니다.

전세계적으로 각종 환경 관련 국제 협약의 증가, 녹색금융 관련 상품 및 서비스의 다양화 등 환경 개선을 위한 금융의 역할이 증대되고 있으며, 특히 온실가스 감축을 위한 비용효율적인 메커니즘으로 탄소배출권 거래제도가 구축되어 온실가스 배출권이 활발히 거래되고 있습니다.

국내에서는 「저탄소 녹색성장 기본법」의 제정으로 녹색성장 추진을 위한 기본 법제가 마련되었고, 동법 제28조에 정부가 녹색성장 촉진을 위한 금융시책을 수립·시행하도록 되어 있습니다. 따라서, 녹색성장을 지원하고, 환경개선에 기여하기 위한 녹색금융의 발전이 필요한 시점입니다.

또한 해외에서는 환경개선을 위한 금융의 역할이 강조되고 있으며, 녹색금융 관련 국제협약에 개별 금융기관의 참여가 증대되고 있습니다. 개별 금융기관이 환경리스크 관리 가이드라인 및 국제협약을 준수하고 대부자 책임에 따라 환경리스크를 관리하며, 소매금융, 기업 및 투자금융, 자산관리, 보험 등의 다양한 영역에서 환경개선을 위한 금융상품이 출시되고 있습니다.

탄소배출권거래제도 도입은 시장 원리를 통한 자발적 탄소배출 감축 유인 제공이라는 환경개선의 측면과 탄소배출권거래를 위한 새로운 시장형성이라는 양면성이 있습니다.

전세계 탄소배출권거래는 지속적으로 증가하고 있으며, 탄소배출권 거래소에서는 EUA와 CER 등 현물뿐만 아니라 이를 기초상품으로 한 선물·옵션 등의 파생상품이 개발되고, 탄소배출권거래의 최대시장인 ECX에서 파생상품거래가 주로 거래되고 있습니다.

최근 국내에서도 다수의 기업 및 금융기관이 녹색금융 관련 국제협약에 참여하고, 금융권별로 녹색금융 상품을 개발하기 시작하였습니다만, 녹색성장 정책에 대한 일관성과 지속성에 대한 우려가 있고, 또한 이익을 추구하는 금융기관의 속성상 녹색금융 시장형성이 미비한 상황에서 시장 원리에 따라 녹색금융이 이루어지는 데는 한계가 존재합니다.

금융기관의 지원 대상 선정과 평가 능력 구축, 회계제도 등의 제도적 인프라, 녹색정보 제공 시스템 등 기술적 인프라, 환경과 금융분야의 전문 지식을 갖춘 녹색전문인력 양성시스템과 같은 인적 인프라가 아직, 구축되어 있지 못한 상황입니다.

더불어 위험 대비 적절한 수익률을 제공할 수 있는 녹색금융 상품 개발이 부진하고 녹색기업의 성격에 따른 체계적 지원 체계가 미구축되어 있어 자금 공급이 원활히 이루어지지 못하는 측면이 있으며, 탄소배출권 거래시장 개설 주체가 아직 정해져 있지 않습니다.

이러한 문제점을 해결하기 위해 모두 합심하고 노력할 필요가 있습니다. 녹색금융의 국내외현황, 상품, 경영전략, 리스크 관리 등을 구체적으로 살펴보고, 현재 국내에서 녹색금융이 원활히 추진되지 못하는 이유를 보다 구체적으로 파악하여 발전 방향을 설정하고, 추진전략을 마련할 필요가 있습니다.

녹색성장은 선택의 문제가 아니라 우리 후손들을 위해 필연적으로 성공시켜야 할 과제입니다. 이를 뒷받침하기 위한 녹색금융의 발전을 위해 오늘의 이해관계를 잠시 접어두고 후손 세대를 위해 이해관계 당사자 모두가 현명하게 판단하고 합심할 필요가 있습니다. 새로운 저탄소 경제 질서가 글로벌 패러다임으로 형성되는 지금 시점에서, 녹색금융의 올바른 방향을 찾지 못하면 일시적 트렌드에 그치게 될 뿐만 아니라 미래의 새로운 시장을 창출할 기회도 잃게 될 것입니다.

녹색금융의 영역은 국제적으로 연구가 진행되어 이미 정립되어 있는 분야가 아니라, 우리나라가 선도적으로 이끌어나가는 분야라고 하여도 과언이 아닙니다. 이러한 분야를 집필한다는 자체가 저자의 능력을 넘어서는 일이라는 것을 잘 알고 있습니다. 많은 분들의 연구 결과를 참고하였고, 그 분들께 진심으로 감사를 드립니다.

아무쪼록 본서가 우리나라의 녹색금융의 발전에 일조를 하기 바라며, 본서의 출판을 맡아주신 박영사에 감사드립니다.

2010년 7월

노희진

서 평

| 고승덕 국회의원 |

"금융산업에서 녹색성장을 지원하기 위한 길라잡이 역할을 할 수 있으리라 생각합니다."

| 김기환 서울파이낸셜포럼 회장 |

"녹색금융에 대한 종합해설서가 드디어 나왔다. 이 책은 녹색금융의 배경, 현황 및 기본 개념을 잘 설명하고 있을 뿐만 아니라 녹색성장을 통해 새로운 도약을 해야 할 우리나라의 전략도 잘 제시하고 있다. 금융인, 기업인, 학자, 공무원은 물론이거니와 녹색성장 시대에 새로운 미래를 개척코자 하는 모든 국민에 일독을 권하고 싶다."

| 김봉수 한국거래소 이사장 |

"「녹색」은 인류와 지구의 지속가능한 발전을 위해 양보할 수 없는 테마입니다. 아울러 새로운 미래 먹거리의 원천이자 광활한 블루오션이기도 합니다. 기업과 정부의 녹색경영·녹색성장을 뒷받침하는 동시에 그 자체가 고유한 부가가치를 창출하는 녹색금융은 그런 의미에서 일거양득의 기회를 우리에게 제공합니다. 이 책을 통해 녹색성장과 녹색경영, 그리고 녹색금융의 큰 바다로 나가는 지침을 얻을 수 있기를 바랍니다."

| 김진우 에너지경제연구원장 |

"세계 경제의 흐름과 시장변화의 중심에 있는 녹색성장을 선점하기 위해서는 녹색산업의 발전 전략이 필요하며, 이의 근간이 되는 것이 녹색금융이라 생각됩니다. 본서는 녹색성장의 동력인 녹색금융의 실무적 참고서일 뿐 아니라 금융산업의 미래 방향과 비전을 제시해 주는 지침서로서 역할을 할 것으로 기대됩니다."

| 민유성 산은금융지주 회장 |

"저탄소녹색성장은 국가의 새로운 발전 패러다임으로 이미 자리매김하였습니다. 21세기를 이끌어 갈 차세대 금융인 녹색금융에 대한 체계적인 지침서가 나오게 되어 너무 반갑습니다. 금융권뿐만 아니라 정부, 기업 등 모든 경제주체가 이 책을 통하여 새로운 녹색시대에 대비할 수 있기를 바랍니다."

| 박재완 국정기획 수석 |

"21세기 먹을거리로 떠오른 그린 오션의 항로를 열어갈 해도와 나침반"

박현주 미래에셋 회장

"녹색성장은 세계적으로 장기적 관점에서 나아가야 될 방향입니다. 본서는 이러한 녹색성장을 뒷받침하기 위한 금융에 관해 잘 설명하고 있습니다. 새로운 녹색기술을 개발하는데 필요한 자금을 공급하는 녹색금융 상품의 개발이 특히 중요하다고 생각합니다."

안병훈 카이스트 교수/前 부총장

"녹색금융은 기존의 환경보호, 친환경 관련투자와는 달리 신성장동력으로서의 녹색투자를 의미한다. 또한, 코펜하겐회의에서 합의한 기후변화 목표를 달성하기 위해 필요한 엄청난 민간투자를 동원하기 위해서도 과감하고 혁신적인 금융모델과 패러다임이 요구된다. 본 저서는 이러한 중대한 과제들에 필요한 금융부문의 역할과 방향, 현황과 과제를 일관성 있고 종합화된 틀로 정리한 점이 특히 눈에 띈다. 협의의 녹색금융들을 논의한 다수의 외국 저서들에서도 찾기 귀한 틀과 지혜가 녹아 있어, 이 분야 전문가들, 실무진에게 공히 귀한 길잡이가 될 것을 확신한다. 저희 KAIST경영대학의 탄소금융, 녹색금융 과정 교육에도 많은 도움이 될 것으로 믿는다."

안택수 신용보증기금 이사장

"지구는 탄소가스 배출로 몸살을 앓고 있다. 지구를 후손들에게 아름답고 깨끗하게 물려주는 것은 인류의 가장 큰 과제이자 책무이다. 녹색은 생명을 의미하기 때문이다. 이 책은 녹색금융의 개념 및 동향, 녹색경영전략 등을 체계적으로 잘 정리하고 있어 우리나라 녹색성장정책 수행에 유용한 지침서가 될 것으로 믿는다."

차석용 LG생활건강 사장

"지난 10여년간 많은 기업들이 지구환경 보존을 상업적 PR 캠페인으로 활용해 왔으나, 밖에 보이기 위한 캠페인성이 아닌 진정한 의미의 구체적인 노력은 부족한 실정입니다. 이러한 시기에 환경과 산업이 함께 발전을 모색하는 녹색성장의 바른 의미가 체계적으로 정립되어야 하는 필요성은 더욱 절실해지고 있습니다. 지구가 깨끗하고 건강해지면 그 안에 사는 인간과 기업이 아름다워진다라는 생각이 녹색금융이라는 촉매제로 인해 더욱더 빨리 정착되기를 기대합니다."

황건호 금융투자협회장

"녹색금융의 활성화를 위해서는 녹색산업에 내재하는 위험을 수용하고 투자할 수 있는 자본 시장의 역할이 중요하다고 생각합니다. 본서가 이러한 녹색투자를 위한 중요한 지침서가 될 것이라고 생각합니다. 금융투자협회도 녹색금융 인력의 육성 등을 통해서 이러한 흐름에 적극 동참할 예정입니다."

(가나다 순, 직책은 서평 접수일자 기준)

차 례

제 1 장 녹색금융의 출현

1 환경 및 기후변화의 중요성 인식 ······ 1

지구 온난화 1
에너지 위기 6

2 녹색성장의 추진 ······ 9

녹색성장 정책의 태동 10
녹색성장의 필요성 16
한국의 녹색성장 추진 전략 20
한국의 녹색성장 10대 추진방향 24
한국의 녹색성장 정책 추진시 유의점 27

3 녹색금융의 출현 ······ 31

녹색금융의 개념 31
녹색금융의 필요성 40
녹색성장을 위한 녹색금융의 역할 43

제 2 장 녹색금융의 해외 동향

1 녹색금융 관련 국제 협약 ······ 47

GRI(Global Reporting Initiative) 가이드라인 47
ISO 26000 49
UNEP/FI 50
UN 책임투자원칙(Principles for Responsible Investment: PRI) 51
UN Global Compact 52
적도원칙(Equator Principle) 53
탄소정보공개프로젝트(Carbon Disclosure Project: CDP) 54

기후변화협약(United Nations Framework Convention on Climate Change: UNFCCC) 55

2 해외의 녹색금융 정책 및 녹색금융 상품 개관 58

국가별 녹색금융 지원 사례 58
해외 녹색금융상품 개관 71

3 해외 SRI 시장 76

4 해외 탄소배출권시장 개관 및 시사점 80

해외 탄소배출권시장 개관 80
해외 탄소배출권 시장의 시사점 83

제 3 장 녹색금융의 국내 현황

1 녹색금융의 국내 현황과 문제점 개관 87

국내 현황 87
문제점 90

2 녹색금융 정책 94

정책 개관 94
추진중인 방안들 98
녹색금융 정책의 보완 필요 사항 103

3 녹색금융 지원체계 108

녹색기술, 기업, 사업의 파악(Identification) 110
녹색기술, 기업, 사업의 평가(Evaluation) 116
탄소배출권거래와 탄소금융 119
녹색금융의 정부지원과 금융소비자보호 122

제 4 장 녹색금융 상품

1 은행상품 126

은행권의 녹색금융 현황 126
은행권의 녹색금융 문제점 130
개선방안 133

② 투자상품 134

자본시장의 녹색금융 현황 134
자본시장에서의 녹색금융 문제점 138
개선방안 139

③ 보험상품 141

현 황 141
보험권의 녹색금융의 문제점 147
개선방안 149

제 5 장 녹색경영전략

① 일반 기업 155

녹색경영 현황 155
녹색경영전략 수립 158
녹색경영 사례: S그룹 160
녹색경영의 핵심 성공 요인 163
녹색경영 추진 방향 167

② 금융기관 169

해외 금융기관의 경영전략 169
해외 금융기관의 녹색경영 정책 수립 사례 173
국내 금융기관의 녹색경영 전략 수립 사례 174
국내 금융기관 경영에 주는 시사점 175

③ 녹색경영 정보공개 177

지속가능경영보고서 177
지속가능경영보고서 가이드라인 181

제 6 장 녹색금융의 환경리스크 관리

① 환경리스크와 녹색금융 185

② 대부자책임과 환경리스크 189

CERCLA에서의 대부자책임 189

금융기관에서의 환경리스크의 분류 193
환경리스크와 금융기관의 역할 196

③ 국제기구의 환경리스크 관리 ······ 197

UNEP/FI 197
IFC 202
DEFRA 209
FDIC 210
Federal Reserve 211

④ 해외 금융기관의 환경리스크 관리 ······ 212

UBS 212
Allianz 215
ABN-AMRO 217
WestLB 219

⑤ 평가기관의 환경리스크 평가 ······ 221

Innovest 221
SAM 225
FTSE 인터내셔널 228
SiRi 230

⑥ GRI 금융부문 지침서 ······ 232

사회부문 232
환경부문 236

⑦ 녹색금융지원시 환경리스크 관리 ······ 242

녹색금융지원 가이드라인 242
환경리스크 관리 248

제 7 장 탄소배출권 거래제도와 시장

① 배출권 거래제도 개요 ······ 251

② 국제 동향 ······ 256

탄소배출권 시장과 거래제도의 전반적 현황 256

유럽 탄소배출권 거래제도와 시장 272
미국 REC시장 및 자발적 탄소시장 290
일본 탄소배출권 정책과 시장 311

3 국내 도입방안 ········ 317

배출권 거래제 도입 방향 317
배출권 거래제도의 도입요건 320
탄소시장 활성화 추진 320
아시아 탄소시장의 허브 육성 321

4 탄소금융 ········ 322

탄소금융의 특성 324
탄소펀드 328
국내 사례 332
CDM 프로젝트 346
향후 발전 방향 351

제 8 장 녹색금융의 발전 방향과 추진전략

1 녹색금융 발전 방향 ········ 355

금융권과 사회 전반의 공감대 형성 355
정부의 적극적이고 체계적인 지원책 강구 356
시장기능이 작동할 수 있는 녹색금융 메커니즘 구축 357
탄소배출권 시장의 조기 개설 358

2 녹색금융 추진전략 ········ 359

금융권과 사회 전반의 공감대 형성을 위한 추진전략 359
정부의 적극적이고 체계적인 지원책 강구를 위한 추진전략 360
시장기능이 작동할 수 있는 녹색금융 메커니즘 구축을 위한 추진전략 364
탄소배출권 시장 개설 기반 구축을 위한 추진전략 369

부 록 ········ 377

참고문헌 ········ 405

색 인 ········ 414

제 1 장

녹색금융의 출현

1 환경 및 기후변화의 중요성 인식

지구 온난화 문제는 인류의 생존을 위협하는 위기로 인식되고 있으며, 세계인의 관심과 우려가 고조되고 있다. UN을 중심으로 기후변화 문제에 대처하기 위한 다양한 논의가 진행되고 있다.

지구 온난화

지구의 평균온도는 논란은 있지만 기후변화로 인하여 지속적으로 상승하고 있는 것으로 알려지고 있다. 지난 100년간(1906~2005년) 전세계 평균기온이 0.75℃가 상승하였으며, 극지방의 빙하가 빠른 속도로 녹아 지난 40여년간 연평균 1.8㎜ 해수면이 상승하였다. 이상기후 증가로 태풍, 홍수, 저지대 침수, 농작물 피해는 물론 가뭄, 이상고온, 물순환 메커니즘의 변화 등으로 식수와 식량 생산에 심각한 위협을 초래하고 있으며, 2008년 UN의 조사에 따르면 2008년 현재 전세계 인구 69억 명 중 11억 명이, 2050년에는 20억 명 이상의 인류가 물부족 상태에 직면할 것으로 전망하고 있다.

특히, 기상청에서는 한반도의 온난화가 더 빠른 속도로 진행되어

그림 1-1 전세계 평균온도 변화 추이

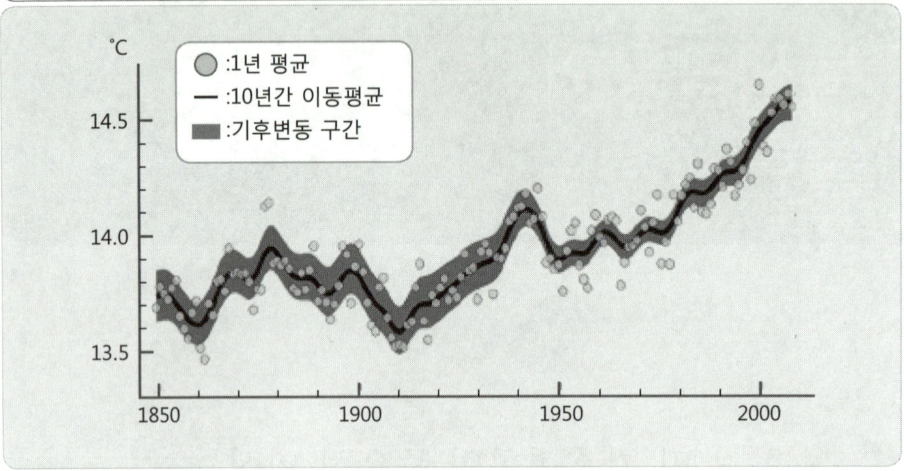

자료: Climate Change 2007: The Physical Science Basis(IPCC,[1] 2007).

2100년 한반도의 평균온도(6.4℃~16.2℃)가 지금보다 4℃ 이상 오르고, 강수량은 예년평균(972.2㎜~1,850.7㎜)보다 17% 많아질 것이며, 한반도 주변 해수면 온도가 현재보다 2~4℃ 높아지면서 최대풍속 초속 7m, 하루 최대 강수량 1,000㎜를 넘는 '슈퍼태풍'도 자주 발생할 것으로 전망되고 있으며, 한반도에 서식하는 생물 종의 20~30%가 멸종할 것으로 내다보고 있다.[2)]

실제로 전세계 해수면이 연평균 1.8㎜ 상승(1961~2003)한 데 비해 한국 남해안 해수면은 훨씬 빠르게 상승하여, 제주의 경우 지난 40년 사이 세계평균의 3배 수준인 무려 22㎝나 해수면이 오른 상태이다.[3)]

이러한 지구 온난화에 대한 다양한 이론적 논의[4)]가 진행되어 왔으

---

1) IPCC(Intergovernmental Panel on Climate Change)는 1988년 세계기상기구(WMO)와 UN환경계획(UNEP)이 공동으로 기후변화 문제에 대처하기 위해 설립. 1990년 이래 5~6년 간격으로 기후변화 보고서를 발간하였으며, 약 6년간에 걸쳐 2,500명의 과학자가 참여한 제4차 평가보고서를 통해 온실가스의 인위적 배출이 지구 온난화의 주요 원인임을 인정. 2007년 발간한 제4차 평가보고서에 대해 미국 등 130여 개국이 내용의 타당성을 인정하였음.

2) 한반도 기후변화 전망, 기상청 기후변화감시센터(2009.9).

3) 국립해양조사원(2008).

4) 산업활동 등 인위적 요소가 원인이라는 주장과 지구 자전주기 및 화산활동으로 인한 온실효

ǀ 표 1-1 ǀ 주요 온실가스의 대기중 농도 증가추세(WMO* 2007)

온실가스	1750년 대비 대기 중 농도	비고
CO_2	137%	최소한 42만년 만의 최고치
CH_4	256%	42만년만의 최고치
N_2O	119%	최소한 1만년만의 최고치

* WMO: 세계기상기구. GAW(글로벌대기감시)사업을 통해 유엔 기후변화기본협약(UNFCCC)에 필요한 기상 자료를 제공해 오고 있음.

며, 대기중 온실가스 증가로 인한 온실효과가 직접적인 원인이라는 결론이 나왔다.[5)]

2007년 총 CO_2방출량은 310억 톤으로 1인당 매일 13kg을 방출한 셈이다. 대기중 이산화탄소 농도는 산업혁명 당시 280ppm에서 현재 380ppm으로 상승하였으며 현재 상태가 지속된다면 2050년에는 위험수준인 560ppm으로 상승할 것으로 전망하고 있다. 지금처럼 화석연료를 사용하면 2050년 온실가스 배출량은 산업혁명 이전의 2배가 증가, 지구의 온도는 2℃ 상승할 것이며,[6)] 기후변화 완화 조치를 하지 않을 경우, 피해 비용은 연간 세계 GDP의 5～20%로 증가할 것으로 보고 있다.[7)]

기후변화 대응을 위한 국제적 공조 필요성이 증대됨에 따라 교토의정서에 따라 2008년부터 2012년까지 5년간 1990년 대비 5.2% 온실가스 감축 의무를 부여하고, 포스트 교토의정서는 2009년 말 타결 목표로 국제협상을 진행해왔으며, 국가별로 다양한 형태의 온실가스 감축의무를 부담할 것이며 감축의무 부담 시 GDP 1%수준(2020년)의 비용이 발생할 것으로 예상하고 있다. 선진국들은 협상과는 별도로 이미 저탄소사회로의 전환을 실행중이며, 온실가스 배출과 관련된 비용분담 문제로 선진국과

과 등 자연적 요소가 원인이라는 주장이 대립하였음. IPCC는 "...지구 온난화는 온실가스가 증가했기 때문인 것 같다. 또한 20세기의 온난화는 바닷물을 증가시키고 지상의 얼음을 크게 감소시켜 해수면 상승에 기여했을 가능성이 높다"라는 내용의 보고서(2007)를 통해 온실효과의 주요 원인이 인간 활동에 따른 결과라고 최종 결론을 내림.

5) IPCC 제4차 보고서.

6) IPCC 제4차 보고서.

7) STERN REVIEW: The Economics of Climate Change.
http://www.hm-treasury.gov.uk/media/999/76/CLOSED_SHORT_executive_summary.pdf

| 표 1-2 | 지구 온난화가 인류에 미치는 영향

<table>
<tr><th>부 문</th><th colspan="3">주요 영향</th></tr>
<tr><td rowspan="3">수자원</td><td colspan="3">지구 평균기온 상승은 지역에 따라 홍수, 물 부족 등 수자원에 대해 부정적 결과를 초래</td></tr>
<tr><td>2020년(1℃ 상승)</td><td>2050년(2~3℃ 상승)</td><td>2080년(3℃ 이상)</td></tr>
<tr><td>• 4~17억 명 물부족</td><td>• 10~20억 명 물부족</td><td>• 11~32억 명 물부족
• 전세계 인구 1/5 이상 홍수 영향</td></tr>
<tr><td rowspan="3">생태계</td><td colspan="3">대기중 CO_2 증가로 생태계 구조, 역할, 종(種)의 상호 연계와 관련하여 부정적 결과 초래</td></tr>
<tr><td>2020년(1℃ 상승)</td><td>2050년(2~3℃ 상승)</td><td>2080년(3℃ 이상)</td></tr>
<tr><td>• 양서류 멸종
• 산호의 백화 현상
• 종 다양성 변화</td><td>• 20~30% 멸종 위기</td><td>• 전 지구 생물 대부분 멸종
• 지리적 생물권 분포 변화</td></tr>
<tr><td rowspan="3">식량
자원</td><td colspan="3">고위도 지역은 식량 수확량 증가하나, 저위도 지역은 수확량 감소로 기근 증가 위험</td></tr>
<tr><td>2020년(1℃ 상승)</td><td>2050년(2~3℃ 상승)</td><td>2080년(3℃ 이상)</td></tr>
<tr><td colspan="2">• 전 지구적 농작물 수확 잠재력 증가
• 1~3천만 명의 기근 위협</td><td>• 저위도지역 적응잠재력 증가
• 중고위도 지역 수확량 감소
• 3~12천만 명 기근 위협</td></tr>
<tr><td rowspan="3">해 안</td><td colspan="3">다수지역이 해수면 상승으로 홍수의 위험에 노출되어, 해안 침식과 주변 생태계에 부정적 결과 초래</td></tr>
<tr><td>2020년(1℃ 상승)</td><td>2050년(2~3℃ 상승)</td><td>2080년(3℃ 이상)</td></tr>
<tr><td>• 홍수,폭우 위험 증가</td><td>• 3백만 명 홍수 위협</td><td>• 해안가 30% 이상 유실
• 15백만 명 이상 홍수 위험</td></tr>
<tr><td rowspan="3">건 강</td><td colspan="3">지구 온난화, 오존 증가로 인한 전염병, 질환 증가</td></tr>
<tr><td>2020년(1℃ 상승)</td><td>2050년(2~3℃ 상승)</td><td>2080년(3℃ 이상)</td></tr>
<tr><td>• 알러지, 전염성 질병</td><td colspan="2">• 영양부족, 과다출혈, 심장병 관련 질병 증가
• 열파(heat wave), 홍수, 가뭄으로 인한 사망 증가</td></tr>
</table>

자료: IPCC 4차 보고서.

개도국간 갈등이 심화될 우려가 있다.

우리나라는 온실가스의 주범인 화력발전이 전체의 60%를 넘는 에너지 수급 구조를 갖고 있어 선진국 중심의 기후변화 규제 정책에 신속히 대응하기 어려운 산업구조를 보이고 있음은 물론 녹색산업 및 기술 수준 역시 취약하여 온실가스 배출규제를 도입할 경우, 단기적 감축비용 부담이 높고 이는 산업의 국제 경쟁력 저하를 초래할 가능성이 있다.

| 표 1-3 | 국가간 기후협약 체결 경과

연 도	협 약	주요 내용
2007	발리로드맵	• 2009년 말까지 2013년 이후 온실가스 감축 목표 설정
2005	교토의정서 발효	• 온실가스 감축 1차 의무공약기간('08~'12) 이행준비 및 교토 메커니즘 활용
2001	마라케쉬 합의문 채택	• 교토의정서 구체적인 이행방안 마련 • 경제성장 감축목표 방안 제시
1997	교토의정서 채택	• 37개 선진국과 EU대상으로 온실가스 배출 감소 협의
1992	리우 UN 환경개발회의	• 기후변화에 관한 국가연합 협약(UNFCCC[8])

그림 1-2 국내 산업별 온실가스 배출량

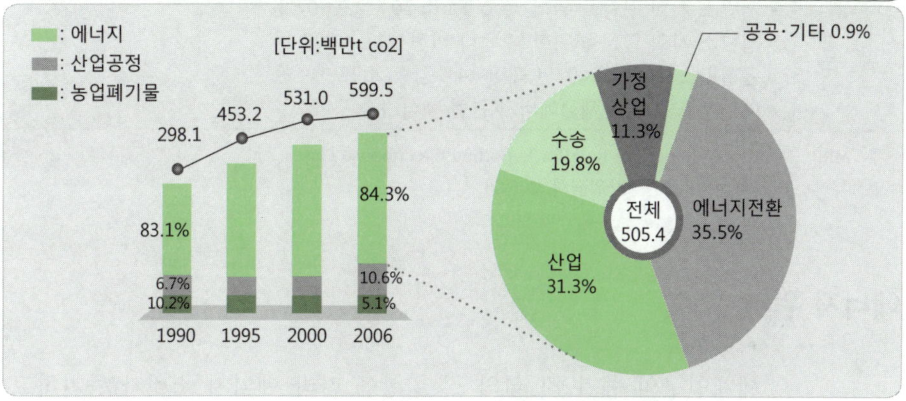

주: 에너지 전환 부문은 에너지 생산에 따른 에너지 형태 전환을 의미. | 자료: 지식경제부, 2006.

| 표 1-4 | OECD 국가와 온실가스 배출량 비교(2005)

구 분		한 국		비교 대상국
전체 온실가스	배출량	5.9억 톤	세계 6위	1위: 미국(70.7) 2위: 일본(13.6)
	증가율 ('90~'04)	90.1%	세계 1위	2위: 터키(72.6) 3위: 스페인(49.0)
1인당 온실가스	배출량	12.28톤/인	세계 14위	1위: 룩셈부르크(28.02)
	증가율 ('90~'04)	69.5%	세계 1위	2위: 터키(36.2) 3위: 스페인(35.6)

자료: 기후변화 제4차 종합대책(국무조정실, 2007).

8) United Nation Framework Convention on Climate Change: '기후변화에 관한 유엔 기본협약'으로 1992년 리우 정상회의에서 세계가 공동으로 기후변화에 대응하기 위한 목적으로 탄생.

| 표 1-5 | 온실가스에 대한 주요국 대응 사례

국가	주요 대응 내용
E U	• 배출권거래제(EU-ETS) 도입 및 시행 ('05) • 2020년까지 1990년의 온실가스 배출량 20% 감축 목표 설정 • 온실가스 감축을 촉진하는「EU 기후변화 종합법(Directives)」발효('09.4)
영 국	• 기후변화 전담 조직인 '에너지·기후변화부(DECC)' 신설 • 세계 최초로 기후변화 법안 도입하고, 온실가스 감축 목표량을 법으로 명시('08.12)
미 국	• 향후 10년간 1,500억 달러를 투자, 신재생에너지산업 집중 육성하여 저탄소 에너지 보급 계획('09.1) • 온실가스배출량 보고 규정(MRR*) 도입 예정 • '2009 청정에너지와 안보' 법안(Waxman-Markey) 입법 제안 등으로 온실가스 감축을 위한 제도적 인프라 구축 추진중
일 본	• 저탄소 사회 구축을 위해「Cool Earth 50」발표('07.5) • 저탄소 사회 달성을 위한 '후쿠다 비전' 선포(2008) • 온실가스 배출량 2007년 대비 14% 감축(2020년) • 에너지효율 및 신재생에너지 관련 핵심기술 구체화

주: MRR–Mandatory Reporting Rule for Reporting Greenhouse Gases.
자료: 녹색성장 국가전략, 녹색성장위원회, 2009.6.

에너지 위기

세계인구의 증가 및 삶의 질 향상에 따라 에너지 소비가 증가하고, 중국, 인도 등 신흥 경제 개발국 에너지 수요의 급격한 증가로 한정된 에너지 자원의 고갈이 가속화 되어감에 따라 산유국들을 중심으로 오일피크(Oil Peak)[9]에 대한 두려움이 확산되고 있으며, 에너지 무기화 정책의 일환으로 석유 공급 제한 및 국유화 시도의 움직임이 나타나고 있다.

화석연료 중심의 현 에너지 소비구조는 자원 고갈을 가속화할 뿐만 아니라 온실가스의 주범인 이산화탄소, 황산, 질산, 미세 먼지 등 각종 대기오염 물질을 유발하여 현 사용 추세를 유지할 경우 심각한 기후변화를 초래할 우려가 있다.

미국, 일본, 독일 등의 국가들은 에너지 위기에 대응하고자 친환경에너지의 개발 및 사용확대를 정책적으로 지원하고 있다. 구체적인 내용은

9) Oil Peak: 석유생산량이 정점단계를 지나 감소하는 지점.

| 표 1-6 | 에너지 위기에 대한 주요국의 대응 사례

국 가	주요 대응 내용
영 국	• 신재생에너지, 저탄소기술 상용화촉진을 위한 정책지원 • 신재생에너지 의무제도(Renewable Obligation) • 환경변환기금(Environment Transformation Fund)을 통한 저탄소에너지 신기술 및 에너지 절약 기술개발 촉진 • 에너지기술연구소(Energy Technologies Institute) 설립을 통해 저탄소 기술 상용화 촉진
미 국	• 연방 및 주(州) 정부 차원 재생에너지 전기 생산 장려 • 태양광, 재생에너지 발전에 대한 세제 혜택 및 지원 • 재생에너지 의무할당제(RPS) 도입: 25개 주 이상 • 재생에너지 공인거래제(Renewable Energy CertificatesTrading Program) 및 그린 에너지 프로그램 운영
일 본	• 천연가스를 통한 에너지원 다각화 지향 • 1차 에너지원에서 재생에너지비율을 3%(2010년)로 확대 • 에너지사업자 신재생에너지의무할당제(RPS) 도입(2002) • 에너지 사업자는 2010년까지 신재생에너지 의무비율을 단계적으로 확대
독 일	• 에너지이용의 경제성, 에너지공급의 안정성, 에너지의 환경친화적 이용 등 3대 에너지 목표 추진 • 에너지 효율성 증진 및 재생가능에너지 사용 확대를 역점 추진

자료: 녹색성장 국가전략, 녹색성장위원회, 2009.6.

〈표 1-6〉과 같다.

한국은 총 에너지의 97%를 해외수입에 의존하는 세계 10대 에너지 소비국이며 고유가로 인한 경제 충격이 가장 큰 나라 중 하나라고 할 수 있다. 2008년 에너지수입액은 1,415억 달러로 전체 수입액의 33%를 차지하며, 석유가 76%, LNG 14%, 석탄 9% 순이며 석유수입은 세계 5위 수준으로 나타나고 있다. 2008년 원유 수입량이 8.7억 배럴임을 감안할 때 유가가 배럴당 10달러 상승시 87억 달러 추가 무역적자가 발생한다. KDI는 2005년 경제전망에서 유가 10% 상승시 소비는 0.1~0.2%, GDP는 0.2% 위축된다는 발표를 한 바 있다.[10)]

일본의 경우 2007년 에너지 소비 증가율이 -0.9%, 에너지 원단위[11)]가

10) 김동석·조동철(2005).

11) 단위 부가가치 생산에 필요한 에너지 투입량을 나타내는 것으로 에너지 이용의 효율성을 나타내는 지표로 이용됨. 부가가치 1단위 생산에 필요한 에너지 소요량이 많을수록 에너지 효

0.104TOE[12)]인 반면에 한국은 2007년 에너지 소비 증가율 3%, 에너지원단위는 0.323TOE로 나타났다. 이는 전체 에너지원의 84%가 화석연료에 의존하고 있으며, GDP대비 제조업 및 에너지 다소비 업종(철강, 석유화학, 시멘트 등)의 비중이 큰 점에 기인한다.[13)]

국내 에너지 수요의 과반수 이상을 산업부문이 점유하고 있어 에너지 수입추세의 전환이 어려움은 물론 국내 그린에너지 기술수준이 선진국의 50～88% 수준임[14)]을 감안할 때 화석연료 중심의 산업구조 탈피를 위한 친환경 에너지 분야의 국내 기술력과 시장 점유율은 저조한 실정이다. 근시안적 보급목표 달성에 따라 원천기술 개발보다는 수입에 치중한 결과 우리나라의 신재생에너지 보급률은 1.4%로 OECD 30개국 중 최하위 수준이다.[15)]

최근 들어 성장률이 둔화되고 생산가능 인구와 총인구가 각각 7년, 11년 후 감소되는 가운데[16)] IT를 대신하는 새로운 성장엔진도 나오지 않고 있는 상황이며 성장하더라도 「고용없는 성장」이 가속화될 추세이다. 이를 극복하기 위해 기후변화 대응을 새로운 성장동력으로 활용, 기존 제조업 위주의 성장모델의 한계를 인식하고 향후 10년 이상의 장기 성장동력확보를 위해 녹색기술이나 녹색기술과 기존 IT·BT 등의 연계·융합을 통한 대책의 모색이 필요하다.

율성은 그만큼 낮은 것을 의미함. 원단위는 원래 제품 1개 또는 일정량을 만드는 데 필요한 원료 또는 소요시간 등을 나타내는 원가계산의 기초개념이다. 따라서 원단위가 내려가면 내려갈수록 생산이 합리적으로 행해지는 것임.

12) TOE(Tonnage of Oil Equivalent)는 원유 1톤에서 얻을 수 있는 열량을 의미하며, 에너지원단위는 낮을수록 에너지 효율이 높음을 의미함.

13) 그린에너지 발전전략, 지식경제부(2008).

14) 그린에너지 발전전략, 지식경제부(2008).

15) 그린에너지 발전전략, 지식경제부(2008).

16) KDI, UN 밀레니엄 프로젝트(2008).

2 녹색성장의 추진

녹색성장(Green Growth)이란 환경(Green)과 경제(Growth)가 상충된다는 고정관념에서 탈피하여, 양자의 시너지를 극대화하는 성장방식으로, '경제성장이 환경개선에 기여하고 또 환경이 새로운 성장동력으로 전환되어 경제와 환경이 선순환하는 새로운 국가발전전략'이다. 녹색성장은 에너지·환경문제뿐만 아니라 일자리와 성장동력 확충, 기업경쟁력과 국토개조 및 생활혁명을 포괄하는 종합적 국가비전이다.

한국은 2005년 UNESCAP[17)]의 '아·태 환경과 개발에 관한 장관회의'

그림 1-3 기존성장모형(산업근대화): 환경 · 자원위기에 의한 경제 · 환경 악순환

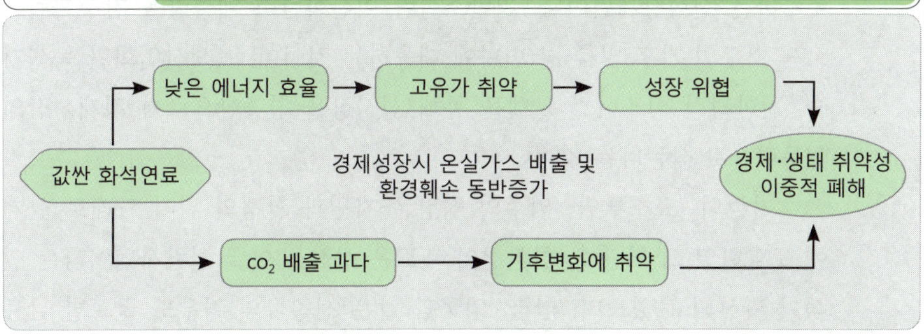

그림 1-4 녹색성장모형(생태근대화이론): 녹색기술 · 지식을 통한 경제 · 환경 선순환

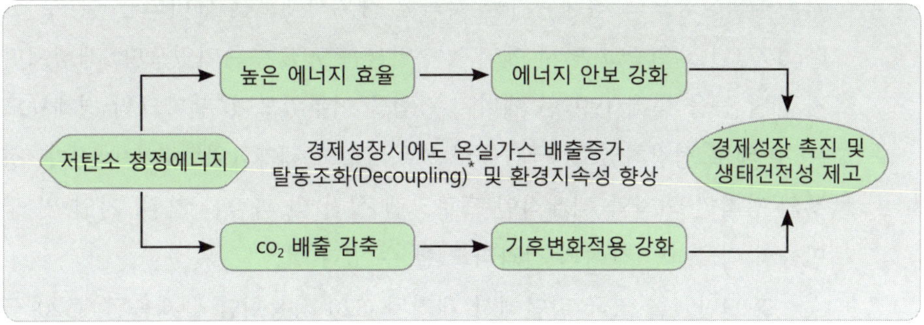

주: 탈동조화: 연관성의 최소화. | 자료: 녹색성장 국가전략, 녹색성장위원회, 2009.6.

---

17) UNESCAP: United Nations Economic and Social Commission for the Asia and the Pacific(유엔 아·태 경제사회 위원회).

에서 "녹색성장을 위한 서울이니셔티브(SI)"를 채택하였으며, 2008년 대통령의 8.15 경축사를 통해 온실가스와 환경오염을 줄이는 지속가능한 성장으로, 신성장동력과 일자리를 창출하는 신 국가발전 패러다임을 제시하였다. 이후 2009년 12월 에너지와 자원을 절약하고 효율적으로 사용, 기후변화와 환경 훼손을 줄이고, 청정에너지와 녹색기술의 연구개발을 통하여 새로운 성장동력을 확보하며, 새로운 일자리를 창출한다는 내용의 저탄소 녹색성장기본법이 국회에서 통과되었다.

녹색성장 정책의 태동

녹색성장이란 저탄소화 및 녹색산업화에 기반을 두고 경제성장을 추구하는 신성장개념이다. 저탄소화란 이산화탄소 배출량을 감축시킴으로써 지구의 기후 및 환경 변화에 대응하는 것이며, 녹색산업화란 녹색기술, 친환경적 비즈니스 모델을 통해 신시장을 창출함으로써 경제성장의 원동력으로 삼는다는 것이다.

기존의 "요소투입" 위주의 성장은 자원과 환경의 위기 도래로 한계에 도달하였고, 저탄소, 친환경이 새로운 성장을 이끌 전략사업이라는 인식이 확산되고 있으며, 미국, 영국과 같은 선진국의 경우도 글로벌 금융위기를 타개하는 성장 전략으로 녹색성장 정책을 제시하고 있다.

녹색성장으로 경제위기를 극복한 해외사례로는 덴마크를 들 수 있다. 1973년 오일쇼크 당시 에너지 수입률은 99% 수준이었으나, 재생에너지 개발 등을 통해 1997년 에너지 자립을 이루었으며, 덴마크의 경제규모는 두 배로 성장하였고, 국민들의 행복지수도 세계 1위[18]로 높아졌다. 정부의 강력한 의지와 체계적인 프로그램 실천 및 과감한 지원, 기업 및 국민들의 적극적인 참여의 결과라고 할 수 있다.[19]

2009년 4월 영국 런던에서 개최된 G20 정상회담에 제출된 "G20 국

---

18) 영국 신경제재단 및 에라스무스대(로테르담) 베노번(Rutt Veenhoven) 교수팀이 공동조사하여 작성한 '1995~2005 95개국 평균행복지수(2006)'를 기준으로 함.

19) 한국경제신문, Green Growth Korea(2009.8.2) 참고.

가들의 녹색경제회복을 위한 정책제안" 보고서[20]의 내용에는 G20 국가들의 경기부양 예산 중 평균 15% 정도가 녹색성장과 관련되어 있으며, 경기부양 예산 중 녹색투자비율은 한국이 80.5%로 1위를, EU 58.7%, 중국이 34.3%, 미국이 11.5% 순으로 나타났다.

동 보고서는 G20 국가들이 경제회복 정책을 추진함에 있어 ① 에너지 효율 향상, ② 사회 기반시설 향상, ③ 청정기술 시장 지원, ④ 대표사업 발굴 지원, ⑤ 국제연구개발 확대, ⑥ 투자동기유발, ⑦ G20 상호조정 분야의 7개 전략분야에 노력을 집중하도록 제안하고 있다.

미국의 경우 오바마 정부는 향후 10년간 청정에너지, 에너지 효율화 등에 1,500억 달러를 투자하는 계획을 밝히고, 2009년에 통과된 경기부양법에는 재생에너지, 빌딩 에너지 효율화, 저탄소 차량 등에 대해 940억 달러에 달하는 지원을 할 것을 포함하고 있다.

영국 정부는 2009년 7월 발표된 신재생에너지 전략(Renewable Energy Strategy)에서 2008년 2.25%에 불과했던 신재생에너지의 비중을 2020년까지 15% 수준으로 확대하는 방안을 마련했으며 동 전략이 약 1,000억 파운드의 투자기회를 제공하고 신재생에너지 분야에 약 50만 명의 고용을 창출할 것으로 전망하고 있다.

일본은 2050년까지 온실가스를 50% 감축하기 위한 구체적 실행 전략을 포함한 'Cool Earth 50' 프로그램을 추진하고 있으며, 온실가스 감축을 위해 석탄 화력발전소의 이산화탄소 배출량 제로기술, 원자력 발전기술, 고효율 저비용 태양발전기술, 수소연료화 기술, 고효율 에너지 기술 등 혁신 기술 개발을 통해 신시장 선점을 노리고 있다.

우리나라도 건국 60주년을 맞아 2008년 새로운 국가발전 패러다임으로 '저탄소 녹색성장'을 제시하고 실행방안을 마련하고 있다.

전 세계 국가들은 녹색성장의 필요성에 대해서 인지는 하고 있으나, 일부 선진국을 제외하고는 아직까지 적극적, 구체적 실행에 미온적인 데 비해 시장은 급속도로 확대될 전망이다. 소극적·수동적 대응으로는 온실

20) Toward a Green Recovery: Recommendation for Immediate G20 Action. 2009.4.

가스 배출규제 의무부담에 따른 비용증가만 계속될 뿐 성장동력으로의 전환이 어렵기 때문에 적극적인 대응이 필요하다.

기후변화와 에너지위기가 동시에 진행되면서 선진국을 중심으로 탄소배출권 시장, 신재생에너지 등 녹색시장·녹색산업을 국가 신성장동력으로 활용하려는 움직임이 증가하고 있다. 교토의정서 등 규제에 의해 형성된 탄소배출권 시장은 2006년 310억 달러, 2007년에는 640억 달러 규모로 성장하였으며, 2010년에는 2007년 시장규모의 2.5배가 증가한 1,500억 달러 규모의 시장으로 성장할 전망이다.[21] 풍력, 태양광, 수소연료전지 등 신재생에너지 시장의 규모도 2007년의 773억 달러에서 2017년에는 2,545억 달러로 급격히 팽창할 것으로 전망된다.[22]

그림 1-5 녹색시장 규모전망

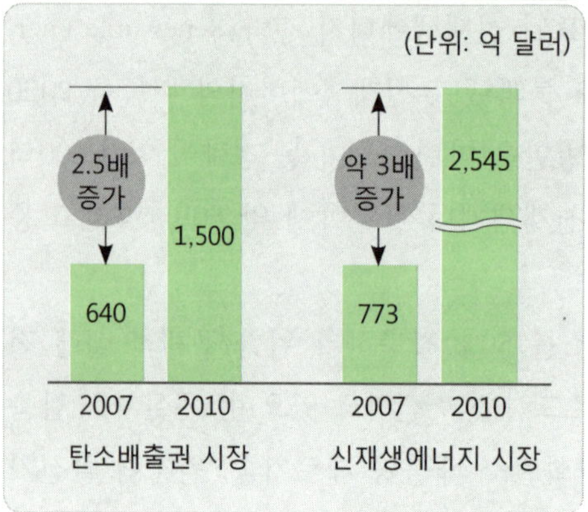

자료: UNEP, 2007

지난 2008년 삼성경제연구소에서는 저탄소화와 녹색산업화를 통해 녹색성장을 실현할 수 있는 국가경쟁력 지수를 의미하는 '녹색경쟁력 지수'[23]를 발표하였다. 우리나라의 녹색 경쟁력 지수는 조사 대상 15개 국가 중에서 11위로 나타났다. 한국을 제외한 OECD(Organization for Economic Cooperation and Development) 국가의 평균치인 104.3을 하회하고 있으며, 15개국의 평균인 기

21) The World Bank(2009).

22) Clean Energy Trends(2008).

23) 녹색경쟁력지수는 '저탄소화지수'와 '녹색산업화지수'의 합성지수로서 저탄소화지수는 경제활동과정에서 발생하는 이산화탄소를 어느 정도 감축하고 있는지를 평가하며, 이산화탄소 총배출량, 이산화탄소 원단위, 에너지 원단위, 신재생에너지의 전력 생산량 등 4가지 변수로 구성됨. 녹색산업화자수는 녹색기술과 친환경제품의 비즈니스 모델을 창출할 수 있는 정부와 기업의 잠재력 능력을 평가하는데, 정책 일관성, 환경정책의 효율성, 인구 백만 명당 지방의제(Local Agenda)21 추진건수, 과학기술 수준, 환경기술혁신 정도, 에코벨류(EcoValue)21, 실질GDP 10억당 ISO(International Organization for Standardization) 14001 인증기업 수 등 7개 변수를 집계함.

| 표 1-7 | 주요국의 녹색경쟁력 지수

구 분	일 본	네덜란드	독 일	영 국	미 국	한 국	중 국	OECD
녹색경쟁력 지수	112.8 (1)	111.1 (2)	109.6 (3)	109.0 (4)	103.2 (7)	97.4 (11)	81.9 (14)	104.3
저탄소화 지수	114.0 (1)	110.3 (2)	105.2 (6)	108.3 (3)	101.4 (9)	88.2 (13)	81.1 (15)	104.3
녹색산업화 지수	110.9 (1)	110.4 (3)	110.8 (2)	108.5 (4)	103.8 (7)	102.3 (8)	84.1 (14)	103.8

주: 1) OECD(한국 제외)의 경우 조사대상 15개 국가 중 해당 국가지수들의 평균.
2) ( )는 조사대상 15개 국가 내 순위.
자료: 삼성경제연구소.

준치 100에도 미치지 못하는 수준이다. 우리나라의 저탄소화 지수는 88.2로 15개 국가 중에서 13위로 최하위권인 반면, 녹색산업화 지수는 102.3으로 8위의 중위권을 나타났다. 특히, 한국의 저탄소화지수는 신재생에너지 활용도, 에너지효율성 등이 매우 낮아서 88.2를 나타내면서 최하위권으로 나타났다.

2005년 한국의 신재생에너지의 전력 생산량(수력 제외)은 4.2억 KWh로 1위를 차지한 미국(996.8억 KWh)의 0.4%에 불과하며, 심지어 14위를 기록한 중국(23.9억 KWh)보다도 크게 낮은 수준을 보였다. 에너지원단위의 경우도 2005년 0.34 TOE로 1위를 차지한 일본(0.11 TOE)에 비해 세 배 이상 효율성이 떨어지는 것으로 나타나면서 13위를 기록하였다.

한편, 한국의 녹색산업화지수는 전반적인 과학기술 수준 그리고 기업의 환경경영 능력, 환경산업에서의 수익 창출 역량 등이 상대적으로 강한 것으로 나타나 102.3을 기록하면서 중위권인 8위를 기록하였다. 과학기술수준은 4.96으로 미국의 6.44와 일본의 5.49에 이은 3위로 나타났으며, 과학기술 수준은 1~7의 값을 가지고, 이는 값이 클수록 높은 기술수준을 의미한다.

또한, 기업의 환경경영 능력과 환경산업에서의 수익 창출 능력을 의미하는 에코벨류21[24]은 0.94로 4위를 나타냈으며, ISO 140001 인증기업

24) 조사 대상 15개국의 에코벨류 21의 범위는 −1.29~1.55로 나타남.

그림 1-6 그린혁명의 3대 요소

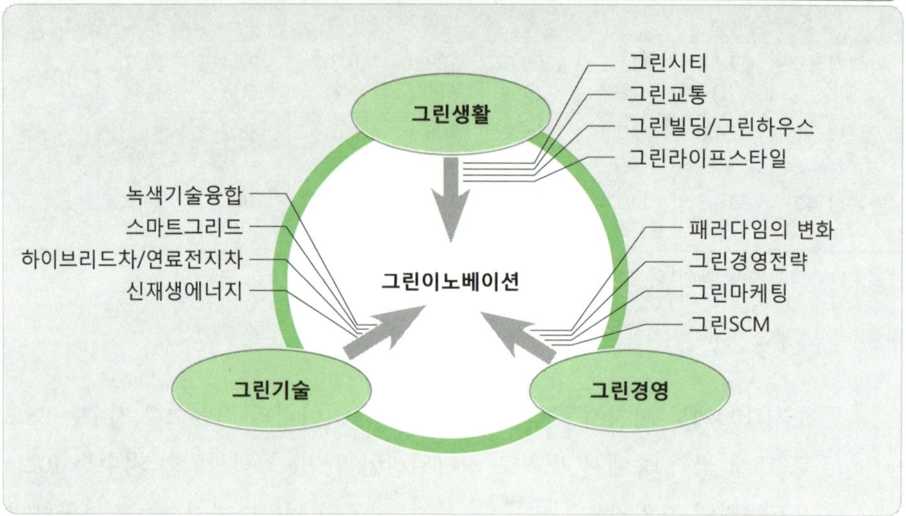

자료: 딜로이트안진.

수는 1.85개로 7위를 나타내었다.

이와 같은 녹색산업화지수가 중위권을 보이는 것은 한국이 녹색사업에 대한 잠재력을 어느 정도 보유하고 있음을 시사한다는 의미로 해석할 수 있다.

녹색(Green)은 가정생활, 소비생활, 운송수단뿐만 아니라 도시와 기업까지도 변화시키고 있다. 가정의 주된 전력은 태양광을 사용하고, 냉·난방은 지열시스템을, 조명은 LED(발광다이오드) 및 자연채광 시스템을 이용한다. 단독주택뿐만 아니라 그린 아파트를 건설해 단지 내에는 태양광 발전 시스템, 태양열 급탕 시스템, 지열 시스템, 풍력 발전 시스템 등 신·재생에너지 공급장치를 설치하여 친환경화하도록 하는 것이다.

녹색성장 정책의 변화를 가장 체감할 수 있는 분야는 교통과 유통분야가 될 것이다. 도로와 각종 편의시설 확충으로 자전거의 교통 분담률이 높아지고, 천연가스를 이용한 교통수단으로의 전환, 전기자동차의 보급과 주요소를 대신할 전기 충전소의 등장이다. 유통분야에서는 친환경 상품을 파는 그린 스토어가 등장하고, 제품별 생산 과정의 탄소 배출량을 표기하는 탄소 라벨링, 친환경 제품 구입에 따른 탄소포인트와 탄소캐시백 제도가 활성화될 것이다.

녹색혁명으로 기업은 가장 큰 변화를 겪을 것으로 보인다. 세계 각국에서 탄소 배출에 대한 규제를 강화하면서 친환경 녹색 제품에 대한 소비자들의 관심이 높아지고, 이런 소비자들을 붙잡기 위해 기업들은 탄소 배출량 감축에 주력할 수밖에 없다. 탄소배출량이 제품 생산과 구매의 주요 기준이 되는 시대가 다가왔다는 의미이다. 유럽 등 선진국을 중심으로 탄소 관세(Green Customs) 부과 움직임이 나타나고 있으며, 탄소 관세가 현실화되면 기존 생산 방식을 고수하는 기업들은 설 자리를 잃게 된다. 이것이 기업이 녹색기업으로 변해가는 이유이다.[25)]

탄소배출권 시장과 신재생에너지 시장 모두 향후 지속적 성장이 예상되고, 이로 인한 전후방산업의 파급효과로 연관 산업의 시장 경쟁은 더욱 치열해질 전망이며, 2008년 미국발 금융위기의 여파로 국내경기의 침체가 확산되고, 공공투자를 통해 내수경기진작과 국내 고용저하에 따른 대체 및 신재생에너지, 녹색홈·교통·농업, 수자원 확보 등을 우선적 사업 대상으로 하는 녹색뉴딜사업의 필요성이 시급한 상황이다.

그러나 일부 환경론자들은 녹색과 경제성장이 양립할 수 없는 개념이라며 녹색성장 전략에 대해 부정적인 시각을 보이고 있다. 이들은 녹색성장의 이면에 대규모 개발과 성장이 숨어있다고 주장한다. 조력, 풍력 등 신재생 에너지 개발은 화석연료를 사용하지 않을 뿐이지 더 큰 환경파괴를 낳게 되는 반환경적 재생 에너지 개발사업의 전형적이 예가 될 것이라고 우려하고 있다.

일부에서는 신재생 에너지로 옮겨갈 경우 기존 에너지보다 값비싼 에너지를 사용하게 됨으로써 중장기적으로 에너지 비용 부담이 상승하게 될 것이라고 주장하기도 한다. 이와 함께 새로운 산업이 신규 일자리 창출을 가져오겠지만 기존의 일자리를 파괴하는 부분도 있기 때문에 실질적인 일자리 증가는 사회 전체를 고려해야 한다고 지적한다.

또한 녹색성장 산업에 정부의 지원이 있다 해도 민간기업이 가까운

---

25) 한국경제신문, Green Growth Korea(2009.8.2) 참고.

장래에 수익성이 있는 사업기회가 예상되지 않으면 정부 지원에만 의존할 뿐 주도적인 투자를 꺼리게 되므로, 정부가 지나치게 나서서 추진하기보다는 민간기업의 투자 인센티브를 높일 수 있는 환경만 조성하면 된다는 주장도 제기되고 있다.

녹색성장의 필요성[26)]

우리나라가 이 시점에서 녹색성장전략이 필요한 이유는 다음과 같다.

첫째, 시민사회의 욕구가 환경을 중요시하는 방향으로 변화되고 있다. 깨끗한 환경에서 살고 싶다는 명제와 그 관련 명제로서 자원고갈을 미연에 방지함으로써 우리의 후손들도 지구가 제공하는 혜택을 누릴 수 있게 하자는 지속가능성의 명제는 소득수준이 상승할수록 그것을 실현하고자 하는 욕구가 기하급수적으로 증대되는 '공공재'에 해당한다. 한 시점에서 볼 때 소득수준이 높은 나라의 국민일수록 환경보호나 자원절약의 가치를 중요시 하는 정도가 강해지는 것이나 한 나라를 놓고 볼 때 소득이 1천 달러 정도로 가난할 때는 환경보호에 신경을 쓰지 못하다가도 소득이 2만 달러 정도가 되어 잘 살게 되면 환경을 보호하자는 운동이 광범위하게 전개되는 현상이 이를 잘 보여준다.

우리나라는 1960년대 초에 현재의 돈 가치로 쳐서 500달러 정도에 불과했던 1인당소득을 지금은 2만 달러 수준으로 증가시키는 '경이로운' 발전을 이룩하였다. 주지하듯이 우리는 그러한 성장의 과정에서 공기오염, 수질오염, 토양오염, 소음공해, 해외자원의존도 심화, 국토 난개발, 과도한 도시화 등에서 보듯이 환경을 크게 희생해 왔다. 절대적인 빈곤상태에 놓여 있던 초기에는 먹고 사는 것이 시급해서 환경이 파괴되는 것을 막을 겨를이 없었으며 어느 정도 형편이 나아진 후에도 그동안 익숙해진 삶의 방식을 답습해왔기에 환경파괴가 계속되었던 것이다. 그러다가 우리나라도 중진국 수준으로 잘 살게 되면서 물질적인 풍요로움도 중요하

---

26) 이지순 외(2009).

지만 깨끗하고 쾌적한 환경에서 살아가고 싶다는 욕구와 이 시대를 살고 있는 우리들만이 아니라 앞으로 살아갈 우리의 후손들도 우리 못지않게 잘 살도록 해 주고 싶다는 살고 싶다는 욕구가 폭발적으로 분출되기에 이른 것이다.

이러한 욕구변화는 경제생활의 모든 측면에서 환경보호와 자원보존을 중시하도록 압력을 가하고 있다. 이를 내부적인 수요견인 압력(endogenous demand pressure)이라고 부를 수 있다.

둘째, 국제사회의 욕구가 환경을 보호하고 자원을 절약하지 않으면 안 되게끔 변화되고 있다. 이는 두 가지 측면에서 일어나는 현상이다. 위에서 보았듯이 환경보호와 자원절약 행위의 소득탄력성은 매우 높다. 그러므로 미국, EU, 일본 등 선진국에서 환경보호와 자원절약에 대한 욕구가 강하게 일어나는 것은 당연한 현상이다. 또 다른 측면은 온실가스 배출량의 지속적인 증가와 그로 인한 지구 온난화의 폐해를 우려하는 목소리가 강해짐에 따라 선진국들을 중심으로 경제생활의 모든 측면에 걸쳐 온실가스 배출량을 획기적으로 줄이자는 노력이 배가되고 있다는 점이다. 문제는 이러한 운동이 해당 국가에만 영향을 주는 것이 아니라 지구상의 모든 국가에 대해 환경오염을 줄이고 온실가스 배출량을 줄이도록 하는 압력으로 작용한다는 데 있다. 이를 외생적인 변화의 압력(external pressures for change)이라고 부를 수 있다. 압력의 구체적인 형태로는 일정한 환경기준을 충족시키지 못하는 상품과 서비스를 자국 내에서 판매하기가 어렵게 만들거나, 국제협약을 제정하여 각국의 온실가스 배출량을 크게 감축하도록 요구하거나, 환경오염에 책임이 큰 나라나 기업에게 손해배상을 청구하는 것 등이 있다.

휘발유 1리터당 오염물질 배출량이 일정 수준 이하이거나 리터당 연비가 일정 수준 이상이 아니면 차량을 판매하지 못하도록 하거나, 다량의 독극물을 함유하고 있는 제품과 생산과정에서 독극물을 과도하게 배출하는 기업의 제품을 전면적으로 수입금지하거나, 온실가스감축의무를 이행하지 못한 나라들에게 국제공조를 통해 제재를 가하거나, 전 지구적 재앙을 불러올 만큼 환경오염에 대해 책임이 큰 국가에 대해 제재를 가하는 것이 그런 예가 된다.

셋째, 종래에는 상충적인 관계에 놓여 있던 환경보호와 경제개발이 새로운 아이디어와 기술의 등장으로 상생적인 관계로 변모되고 있다. 이렇게 환경보호와 경제발전이 상생관계로 변화되어 감에 따라서 후자를 희생하지 않고서도 전자를 달성할 수 있고 더 나아가 후자와 전자를 동시에 달성하려는 노력에 불이 붙기 시작한 것이다.

한 국가의 경제력을 국민총생산과 환경오염 정도를 모두 측정하여 순합계로 측정할 수도 있을 것이다. 즉 소득 2만 달러와 오염도 1만 달러의 나라의 순경제력을 소득에서 오염도를 차감한 순경제력 1만 달러로 산정하자는 것이다. 오염량을 줄이려면 소득감소나 소득증가속도의 하락을 감수할 수밖에 없다는 종래의 상황은 우리에게 양자택일의 어려운 선택을 강요했기에 그 일에 앞장서기를 주저했지만, 소득감소나 소득증가속도의 하락 없이도 아니 더 잘 하면 소득증가속도를 높이면서도 공해를 줄일 수 있는 '기분 좋은' 선택이 가능해짐에 따라 그렇게 하려는 노력이 전보다 훨씬 더 활발하게 전개할 수 있을 것이다.

환경보호와 경제개발을 동시에 달성할 수 있는 예로써 LED 전구의 경우를 들 수 있다. 가정과 사무실과 공장 그리고 거리에 설치된 조명등을 모두 고효율 전구로 교체하는 프로젝트는, 한 면에서는 고효율전구의 생산량을 폭발적으로 증가시킴으로써 경제성장에 기여하게 되고 다른 한 면에서는 전력소비량을 획기적으로 줄임으로써 전력생산을 위해 방출해 오던 온실가스배출량을 획기적으로 줄일 수 있게 한다.

사하라 프로젝트도 좋은 예가 된다. 사하라 사막의 태양열을 에너지로 전환시키는 프로젝트이다. 태양열 발전설비 생산으로 인한 경제성장과 화석연료 사용을 대폭 줄여 환경개선에 크게 기여할 수 있다.

넷째, 녹색경제활동을 창달하는 일이 경제발전의 새로운 동력이 될 수 있다는 생각이 확산되고 있다. 수요와 공급 양 측면에서의 긍정적이고도 근본적인 변화가 한국경제의 성장능력을 높일 수 있다는 것이다. 수요 측면을 보면 친환경 제품에 대한 수요증가에 대응해서 비친환경제품을 친환경제품으로 변형해 나가는 대체수요와 종래의 것과는 전혀 다른 친환경제품에 대한 신규수요가 지속적으로 확대되어 나갈 것으로 예상된다. 이러한 수요확대는 경제성장을 앞에서 끌어당기는 견인차가 될 것이다. 공급 측면을 보면 새로운 기술과 아이디어의 등장으로 기존 비친환경제품을 친환경제품으로 대체해 나감과 동시에 녹색 신기술을 활용한 신제품을 양산하는 일이 경제성장을 뒤에서 미는 힘이 될 것이다.

비친환경산업을 친환경산업으로 전환하는 일과 전에는 없던 녹색경제를 신규로 창출하는 일을 추진하는 과정에서 저축과 투자와 기술개발과 고용을 지속적으로 그리고 획기적으로 확대해 나가는 데 성공한다면 한국경제가 한 단계 더 도약하는 데 발판이 될 것이다.

1997년 경제위기 발발 이전에는 성장능력이 뛰어났던 우리나라 경제가 위기 이후에는 과거와 같은 고도성장은 이제 더 이상 불가능한 일이라는 인식이 팽배해져 있다. 그러다가 녹색성장이라는 새로운 화두가 대두되면서 녹색을 도모하는 일 자체가 새로운 성장동력이 될 수도 있다는 생각이 널리 퍼지게 된 것이다.

녹색 경제활동을 창달하는 것이 새로운 성장동력이 될 수 있을지는 아직은 미지수이다. 그것이 성장동력이 되려면 친환경제품과 서비스에 대한 지속적 수요가 창출되어야 할 것이다. 즉, 녹색소비자의 출현이 필요하다. 녹색소비자의 출현을 위해서는 소비자가 선호하는 녹색유통채널의 확보가 필요할 것이다.

더 중요하게는 녹색기술수준이 괄목할 정도로 발전하고, 경제시스템 운영의 효율성이 획기적으로 높아진다면 우리나라 경제의 장기 성장률이 지금보다 한 단계 높아지게 될 것이다.

그러므로 녹생성장 전략을 추구하는 일이 경제성장의 진정한 신동력원이 되게 하려면 그것이 경제의 전반적인 기술수준과 경제운영의 효율성을 지속적으로 높여 나가는 데 공헌하도록 해야 한다. 그렇지 않다면 녹색성장 전략을 추구하는 것을 통해 소득을 증가시킬 수는 있어도 소득증가율을 한 단계 높이는 데는 실패하게 될 것이다.

한국의 녹색성장 추진 전략

에너지·환경문제가 급부상함에 따라 환경을 보존하고, 경제성장도 이룰 수 있는 새로운 패러다임 구축의 필요성이 대두됨에 따라 기존 고도 산업성장 패러다임에서 환경·경제가 선순환하는 녹색성장 시대로의 변화의 움직임이 일어나고 있다.

우리나라는 에너지와 환경문제뿐만 아니라 일자리와 성장동력 확충, 기업경쟁력 증진과 국토의 녹색화, 생활혁명을 포괄하는 종합적인 국가 비전으로서의 녹색성장을 전개하고 있다.

한국의 녹색성장 정책은 ① 견실한 성장을 하되, 에너지·자원 사용량은 최소화, ② 동일한 에너지·자원을 사용하되, CO_2 배출 등 환경 부하를 최소화, ③ 신성장동력으로 개발 등 3개의 요소로 구성되어 있다(〈표 1-8〉).

녹색성장은 새로운 문명, 새로운 변화와 질서를 수용하는 복합적이고 새로운 개념으로서 정부와 국민, 기업과 시민사회가 주체별로 공유된 비전을 바탕으로 이를 창의적으로 발전시켜 나가야 할 가치가 있다.

정부는 녹색성장을 통해 (1) 신성장동력 확충을 통한 신 국가발전, (2) 국민의 삶의 질을 높이면서 동시에 환경개선, (3) 기후변화 대처를 위한 국제사회 노력에 기여 등 녹색성장의 3가지 중심축별로 구체적인

| 표 1-8 | 녹색성장 3대 요소와 내용

3대 요소	내 용
① 견실한 성장을 하되, 에너지·자원 사용량은 최소화	• 에너지 저소비형 산업구조 개편(제조업 중심→지식서비스업 중심) • 에너지 소비절약·사용 효율화 • 생태효율성 제고 정책
② 동일한 에너지·자원을 사용하되, CO_2 배출 등 환경 부하를 최소화	• 신재생 에너지 보급 및 청정에너지 개발 • CO_2 배출 규제 • 저탄소·친환경 인프라 구축 • 소비자 녹색제품 구매 활성화
③ 신성장동력으로 개발	• 녹색기술에 대한 R&D 투자 • 신재생에너지 등 녹색산업 육성 및 수출산업화 • 세계시장 선점 지원

자료: 저탄소 녹색성장 추진전략, 국무총리실(2009.7).

전략과 실천과제를 마련하여 추진할 계획이다.

첫째, 경제활동에서 온실가스를 줄이고 환경친화성을 증가시키는 녹색기술을 새로운 동력으로 삼아 경제성장을 추구하기 위해 한국 정부는 신성장동력 확충을 통한 신국가발전 패러다임을 추진할 계획이다.

이를 위해 2020년이면 3천조 원에 달할 녹색기술 시장의 선도국 역할을 수행할 수 있도록 선택과 집중의 원칙에 따라 주요 핵심기술[27)]을 선정하여 연구개발 투자를 확대하고, 기술수준과 여건을 고려하여 최적의 기술확보를 추진할 계획이다. 특히, 연구개발 한계를 극복하기 위해 우리의 강점인 IT, BT, NT 기술 등을 활용한 융합기술개발을 적극 추진할 계획이다.

또한, 신재생에너지, 에너지효율향상 기술 및 친환경산업 등 녹색산업을 집중 육성하고 수출산업화를 적극 추진할 계획이다. 태양광·풍력·조력·수소전지·바이오 등 신재생에너지 기술개발 집중지원과 함께 그린홈 100만 호 건설 및 대규모 에너지실증사업 등을 통해 보급률을 2030년까지 현재 2.3%수준에서 11%로 대폭 확대하고, 태양광·풍력발전을 2012년까지 연간 10조원 규모로 수출하는 등 신재생에너지의 해외수출도 확대해 나갈 계획이다. UAE에 대규모의 원전 수출에 이어 이러한 기술 수출은 한국을 선진국에 확실히 진입하게 하는 발판을 마련할 것이다.

에너지 다소비업종의 공정혁신을 통한 에너지 효율향상, LED 조명 등 고효율 에너지기기 산업육성, 그린카(하이브리드카, 연료전지차) 보급 확대를 통한 세계 4대 그린카 생산국 진입 및 환경산업의 수출전략 산업화도 적극 추진할 예정이다.

한편, 에너지 다소비·요소집약형에서 저탄소·지식집약형 산업구조로 우리 경제구조를 획기적으로 전환할 필요가 시급하다. 이를 위해 문화콘텐츠 등 지식서비스산업을 육성하고, 에너지관리시스템의 보급 확대와 함께 산업계의 온실가스 감축을 위한 설비투자에 대한 지원도 강화해 나갈 것이다.

둘째, 저탄소 녹색환경 조성 및 위기관리체계 강화를 통해 국민의

---

27) 예를 들어 박막태양전기판 제조 기술 등.

삶의 질을 제고하고 환경을 개설할 계획이다.

먼저, 녹색 국토·도시조성, 건물 및 교통 등 사회시스템 개선을 통해 탄소집약도와 생태효율성을 제고하고 국민의 삶의 질을 개선하기 위해 에너지·교통·토지이용을 통합한 친환경 국토·도시계획을 추진하고, 다중이용시설의 대중교통 연계확대 등 교통체계를 대중교통체제로 전환하며(green infrastructure), 자전거 전용도로의 확충을 통해 자가용 수요를 최대한 억제해 나가고, 자연채광, 단열강화 및 신재생에너지를 이용하는 그린빌딩도 지속적으로 확대해 나갈 것이다.

또한, 소비에서 의식주까지 생활 전체를 바꾸는 생활혁명을 추진해 나갈 계획이다. 조세체계의 기후친화적 전환 등 가격구조의 조정, 녹색제품 구매 유도 및 오염자부담 원칙을 확대하고, 교육·홍보와 병행한 국민실천 운동을 통해 저탄소 녹색 소비 및 생산양식이 정착될 수 있도록 정책적 노력을 기울여 나갈 계획이다.

한편, 기후변화로 인한 홍수, 태풍 등 기상재해에 대한 위기관리를 강화해 기후변화로 인한 전염병 등 건강대책, 농작물 품종개발, 생태계 보전 등 적응대책을 추진할 계획이다.

셋째, 범지구적 과제인 기후변화 문제에 우리나라 국력에 상응하는 기여를 하여 글로벌 리더십을 제고하기 위하여 저탄소 녹색성장이라는 국가 환경비전을 체계적으로 홍보하여 국가 브랜드를 제고할 계획이다.

또한, 전 지구적 기후변화 대응을 위해서는 온실가스 다배출 국가인 중국과 인도 등 후발 개도국이 기후변화 체제에 동참하는 것이 필요하다. 이를 위해 선진국과 개도국간 가교역할을 충실히 수행함으로써 글로벌 리더십을 발휘할 수 있도록 개도국 감축실적에 크레디트를 부여하는 시장기반(market-based) 기후체제를 제안하고, 동아시아 개도국에 대한 기술지원, 녹색성장을 위한 정책교류 등 동아시아 기후 파트너십 사업도 추진해 나갈 계획이다. 한편, 저탄소 녹색성장은 기존의 개발 성장 위주의 패러다임을 바꾸는 유례없는 일로 성공하는 경우 개도국에 확산시켜 국제사회에 기여가 가능할 것으로 보인다.

그림 1-7 저탄소 녹색성장 추진방향 도출

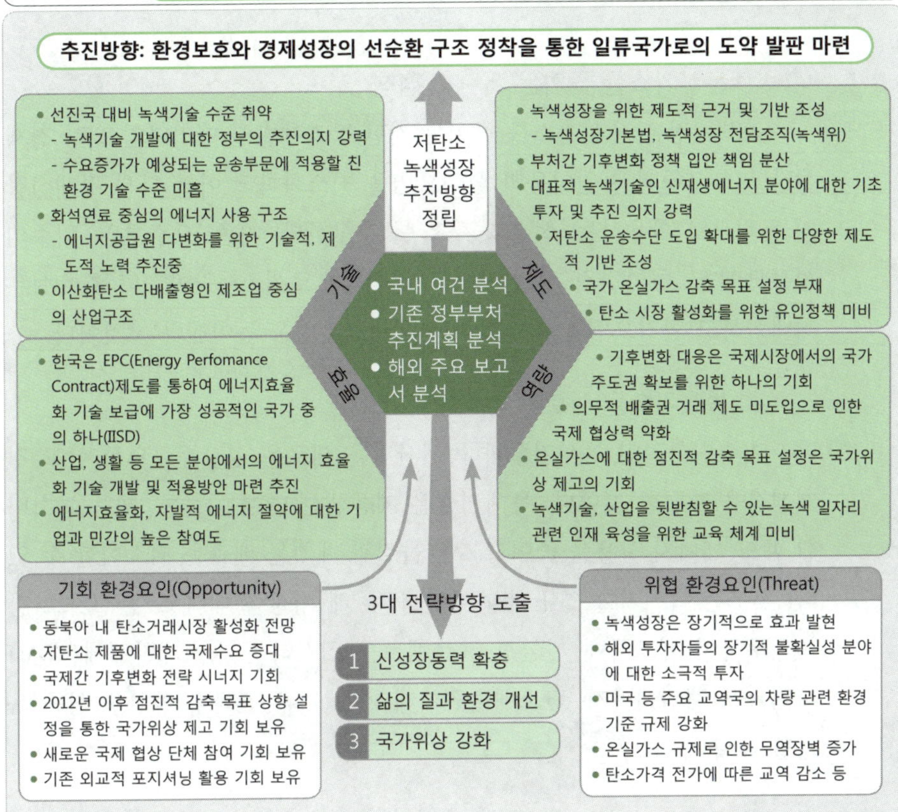

주: 대내외 여건, 기존 정부부처 추진 계획 분석 및 해외 주요 보고서[28] 검토를 통해 녹색성장 3대 전략 추진 방향을 도출.

자료: 녹색성장 국가전략, 녹색성장위원회, 2009.6.

---

28) Asian Pacific Economic Cooperation—Energy Overview(2007), Asian Development Bank(2009), Asian Development Bank Outlook(2009), OECD—Going for Growth, Economic Policy Reforms(2009), World Bank—Korea as a Knowledge Economy(2006), Korea Capital Market Institute—Green finance needed for green growth(2009), OECD/IEA—Energy, Executive Summary(2007), IGES White Paper, Re-uniting Climate Change and Sustainable Development, WTO—Trade profiles 2008(2008), PwC—The automotive industry and climate change(2007), OECD Environment Programme, Environmental Performance Review of Korea, Executive Summary, International institutes for Sustainable Development Energy service companies in developing countries: Potential and practice(2009), OECD—Science, Technology and Industry Outlook(2008), CERA—The Long Aftershock(2009), World Resources Institutes—"Green and Mean: Can the US economy be both climate friendly and competitive?"(2009)

한국의 녹색성장 10대 추진방향[29)]

① 온실가스를 줄이는 저탄소 정책

녹색성장은 온실가스를 줄이는 저탄소 경제발전 패러다임으로, 경제성장을 추구하되 자원이용과 환경오염을 최소화하고 이를 다시 경제성장의 동력으로 활용하는 '선순환 구조'를 추구한다. 기존 '요소투입' 위주의 성장모델을 '친환경적 성장모델'로 전환함으로써, 자원이용의 효율성은 최대화하고 환경오염을 최소화하는 생태효율성을 높이겠다는 것이다.

② 녹색기술을 새로운 성장동력으로

환경친화적인 녹색기술과 녹색산업을 새로운 성장동력으로 삼고 경제성장을 추구할 것이다. 녹색기술은 제품생산 단계는 물론, 제품을 소비할 때도 에너지 사용을 줄이고 오염물질과 폐기물 배출을 최소화할 수 있다. 정부는 녹색기술 연구개발 투자를 두 배 이상 확대하고, 온실가스 감축의무국이 개도국에 친환경 프로젝트를 실시하는 청정개발체제(CDM) 사업과 신재생에너지, 탄소배출권거래제 등 기후 친화적 산업을 집중 육성할 계획이다.

③ 고도의 융합기술 정책

우리나라의 강점인 IT, BT, NT 기술 등을 활용한 융합녹색기술의 개발을 촉진하고, 이를 수출산업화하는 것이다. 핵심 녹색기술을 이미 선점한 선진국들과 격차를 줄이는 전략이 될 것이다. 자연에너지를 이용한 태양전지, 초단열 창호, 통합관리 네트워크, 자기정화 가전제품 등의 '그린홈' 기술, 바이오매스와 태양광을 이용한 수소 생산·저장, 연료전지를 적용한 그린 카, 태양에너지와 물·CO_2를 이용한 에탄올 제조 등이 융합녹색기술의 좋은 본보기가 될 것이다.

④ 새로운 일자리 창출

녹색기술은 '일자리 없는 성장' 문제를 상당 부분 해결할 수 있다. 신

29) 강철승(2009).

| 표 1-9 | 2012년 녹색성장의 미래

구분		2007년	2012년
기후친화 산업을 신성장동력으로 육성	• 신재생에너지 비율 확대	2.24%(2006년)	11% 이상(2030년)
	• 태양광 세계시장 세계점유율 확대	0.3%	5%
	• 원전설비 및 원전용역 수출확대	0.6조원	1.2조원
	• 그린카 산업 일자리	26만 명(2006)	30만 명
	• 그린홈 조성	1만 4,500가구	10만 가구 이상
	• LED 조명 비중 확대	1% 이내	30%(2015년)
	• 원자력 설비비중 확대	26% 수준	41% 이상(2030년)
	• 자동차 기준평균연비 상향	1,600cc 이하 (12.4㎞/ℓ) 1,600cc 초과 (9.6㎞/ℓ)	1,600cc 이하 (14.45㎞/ℓ) 1,600cc 초과 (11.18㎞/ℓ)
국민의 삶의 질 제고와 환경개선	• 건축물 에너지효율등급제 확대	공공기관 건설 공동택	모든 건물
	• 하이브리드 자동차 증가	1,386대	3만 대
	• 열병합발전 등 집단에너지 공급 확대	47개	78개
	• 생활폐기물 에너지 자원화 확대	1.8%	31%
	• 탄소흡수원 확대(산림 총축적)	6억 2,500만㎥	7억 7,900만㎥
	• 친환경농업 생산기반 확대(지구·단지)	957개소	1,265개소
	• 기후변화 대응 국민 참여율 제고	23.6%	60%
기후변화 대처를 위한 국제사회 노력을 선도	• 국가 온실가스 감축 목표(2020년)	591.1tCO_2eq (2005)	2009년 중 결정 (2020)
	• 전국 지자체별 기후변화 대책 수립	10% 이하	100%
	• 대개도국 산림조성 및 시범사업 확대	157만 달러	470만 달러

자료: 환경부(2008), 녹색성장 홍보 리플렛.

재생 에너지 산업은 기존 산업체에 비해 높은 일자리 창출효과가 있고(태양에너지 이용분야의 7~11배), 신재생 에너지를 통해 2030년까지 약 95만 명의 일자리 창출이 가능하다.

독일의 경우도 풍력발전, 바이오매스 에너지화 등을 통해 대규모 일자리를 창출한 사례가 있다.

⑤ 기업의 경쟁력 강화

지난해 미국 자동차 시장은 거의 제자리 성장이었지만, 유독 하이브리드 카만이 전년대비 38% 증가한 35만 대가 판매됐다. 이 가운데 도요타를 비롯한 일본계 자동차가 70%를 점유했다. 우리 기업들도 녹색기술을 새로운 성장엔진으로 장착하고, 세계 친환경시장을 선점할 수 있는 새로운 산업을 발굴해야 할 것이다.

⑥ 국토·도시·건축·교통 개조

국토공간구조를 저탄소 녹색성장구조로 개편한다. 기존 도시의 관리와 재생, 신도시 개발은 콤팩트 시티형 저탄소 공간구조를 지향하며 재해로부터 안전한 국토 및 지역을 개발하겠다는 것이다. 기존 도로중심의 교통체계도 그린 하이웨이 정착, 자전거 도로 확대, 그린 카 상용화 등을 통해 저탄소·친환경 교통체계로 탈바꿈한다. 기존 에너지 소비량의 40~55%를 덜 쓰고도 쾌적한 그린 홈·그린 빌딩도 확대 보급된다.

⑦ 소비패턴까지 바꾸는 생활혁명

소비자가 녹색제품에 대해 관심을 갖고 생활에 확산시켜 나간다면 생산주체인 기업이 녹색기술과 녹색산업에 투자를 확대하도록 해 녹색성장의 견인차가 될 수 있다.

소비자의 녹색제품 구매 활성화를 위해 제품에 대한 탄소배출정보를 제공하는 탄소라벨링 제도를 내년부터 시행하고, 제품의 전 과정에 대한 자원이용과 환경오염 정도를 평가할 수 있는 에코효율성지표를 개발할 것이다. 또 에코효율성이 높은 제품에 대해서는 부가세 감면 등 조세혜택도 부여한다.

⑧ 녹색성장은 교육·환경정책

앞으로 미래사회의 트랜드는 저탄소 녹색성장이다. 따라서 산업적·과학적 인식을 넘어서는 사회문화적·도덕적 접근으로 생활문화 전반의 포괄적 변화를 필요로 한다. 이를 위해 대표적인 저탄소 고부가가치 산업 분야인 문화콘텐츠 산업을 전략적으로 육성한다. 컴퓨터 그래픽, 디지털가상세계, 원격학습, 방통융합, 가상현실 등 5대 융합형 콘텐츠를 집중 개발한다.

⑨ 환경 친화적인 세제정책

탄소세 도입 등 환경친화적인 세제 개편을 통해 환경보전과 자원절약을 유도하면서 보다 많은 일자리를 창출할 수 있는 기반을 조성할 것이다. 온실가스 배출 등 환경오염에 대한 세금은 강화하되, 법입세 일부 감면 등을 통해 조세 중립성을 유지할 계획이다.

⑩ 국가브랜드를 높이는 외교정책

그린 코리아 브랜드 마케팅으로 국가 이미지 제고에 주력한다. 이를 위해 기후변화 대응노력을 해외에 적극 홍보해 글로벌 환경 리더로서의 이미지 홍보를 추진한다. 기후변화 대응분야 선·개도국간 가교역할 수행을 통해 우리나라의 국제적 그린 리더십 제고 및 적극 활용할 것이다. 환경분야 국제회의 및 국제기구의 국내 유치, 외국과의 환경협력협정 MOU 등 환경외교를 그린 리더십 제고의 지렛대로 활용할 계획이다.

한국의 녹색성장 정책 추진시 유의점[30)]

| 표 1-10 | 부처간 논란중인 환경정책

주관부처 논쟁	온실가스 국가통계 사업	환경부, 지경부
	온실가스 배출권 거래제	환경부, 지경부
	빗물이용시설	환경부, 국토해양부
중복투자, 겹치기사업	탄소포인트제도	환경부: 에너지절약량에 따라 포인트를 제공하고 현금이나 상품권으로 보상 지경부: 저탄소 제품구매 시 포인트 적립
	생태하천복원사업	울산 태화강 등 7개 하천에 대해 환경부와 국토해양부가 중복투자
애매한 기준	자동차온실가스 배출허용기준	환경부: 온실가스 기준만 적용해야 지경부: 연비 기준을 추가해야

자료: 각 부처.

1. 정책 컨트롤타워 필요

경기 안양, 군포, 의왕시를 걸쳐 흐르는 학의천은 상류와 하류의 모

30) 강철승(2009).

습이 판이하다. 하류 4.5km 구간은 잉어가 서식하고 철새들이 찾아와 친환경적인 반면 상류 2.3km 구간은 콘크리트 홍수방지시설과 주민편의시설 위주다. 같은 하천임에도 상류와 하류가 이렇게 차이가 나는 것은 복원 주체가 달랐기 때문이다. 하류는 안양시가 환경부 지원금을 받아 생태하천으로 복원했다. 상류는 의왕시가 경기도 지원으로 홍수재난 방지 위주로 공사를 벌였다.

정부가 추진하는 녹색성장 및 환경정책이 부처간 업무 조율이 제대로 되지 않아 각각 예산을 들여 추진하는 바람에 효율성이 떨어지고 예산이 낭비될 수 있다. 주관부처 논쟁에 휘말려 정책이 표류되기도 한다.

대표적 사례가 같은 하천을 두고 환경부는 '생태하천복원사업'이라는 이름으로, 국토해양부는 '지방하천조성사업'으로 각각 추진하는 경우다. 둘 다 하천 수질을 개선하고 생태공간을 조성하는 것을 목적으로 하고 있다. 그러나 2개 부처에서 각각 추진하다 보니 부산 수영강, 대구 신천 등 전국의 7개 하천에서는 개발사업이 중복 진행되고 있다.

환경부와 지식경제부가 논쟁중인 탄소배출권거래소 운영도 비슷한 상황이다. 환경부는 지난해 한국거래소와 탄소배출권거래소 설립에 관한 양해각서를 체결하면서 본격적인 준비를 시작했다. 지식경제부도 지난해부터 전력거래소를 통해 한국전력 자회사와 모의거래를 시작했다. "거래 인프라에 파생상품 노하우까지 갖춘 한국거래소가 최적"이라는 환경부 주장에 지경부는 "온실가스 배출이 많은 에너지업체를 관리하는 곳에서 맡는 것이 효율적"이라고 반박한다.

각종 환경 정책이 일관성을 잃으면서 국가적 낭비와 혼란을 초래할 것이라는 시각도 적지 않다. 삼성경제연구소는 최근 발표한 '일본의 환경대국 진입을 가로막는 3대 복병'이라는 분석 자료를 통해 "일본은 온실가스 감축을 둘러싸고 정부, 재계, 환경단체가 각각 자기주장만 하는 바람에 정책 추진 동력이 크게 약화됐다"며 "일본의 전철을 밟지 않으려면 정책 중복, 혼선 등을 사전에 막아 정책 실천 가능성을 높여야 한다"고 조언했다.

2. 부처간 이해 상충

정부가 녹색성장의 일환으로 추진하는 '온실가스 통계자료 구축사업'은 국내에서 1년간 발생하는 온실가스량을 파악해 데이터베이스를 구축하는 사업으로 각종 환경 정책 수립과 국가간 온실가스 배출권 거래의 기초 자료로 활용된다. 하지만 2006년부터 현재까지 주관 부처가 정해지지 않아 환경부와 지경부가 끊임없이 논쟁을 벌이고 있다. 지식경제부는 "1994년 한국이 유엔기후변화협약(UNFCCC)에 가입했을 때부터 '온실가스 국가통계현황을 작성해왔다"며 "이 제도를 계속 유지할 방침"이라고 전했다. 국내 온실가스의 95%가 산업계에서 나오기 때문에 지경부가 통계를 내는 것이 맞다는 주장이다. 지경부는 이 사업에 연간 40억원 정도를 투자하고 있다.

환경부도 물러설 수 없다는 방침이다. 2009년 3월 16개 지역 환경기술센터와 공동으로 통계 및 연구사업에 착수했다. "산업계 입장에서는 '규제'를 위한 조사에 해당하는 온실가스 통계를 산업 지원부처인 지경부에서 맡게 되면 공정한 집계가 되지 않는다"고 환경부는 주장한다. 이 통계 사업을 위해 환경부는 약 18억원의 예산을 책정했다. UNFCCC가 온실가스 통계 검증을 '이해관계가 없는 제3자'가 맡도록 하고 있어 감축 의무가 있는 39개국 중 일본 등 37개국이 환경관련 부처에서 통계를 작성하고 있다는 점은 환경부에 힘을 실어준다.

희귀 금속 '인듐' 재활용 정책도 난항이다. 인듐은 액정표시장치(LCD) 패널, 휴대전화 등 첨단 가전제품에 감초처럼 들어가지만 매장량이 적기 때문에 미국, 독일 등은 40% 정도를 폐가전제품에서 재활용하고 있다. 그러나 국내에서는 '폐기물관리법'에 의거해 관리해야 한다는 환경부 주장과 자체적으로 재활용 프로젝트를 추진하는 지경부가 맞서는 바람에 관련 기술 축적이나 정책 집행이 효율적으로 이뤄지지 못하고 있다.

3. 업무 중복이나 중복투자

환경부가 2009년 7월부터 전면 실시한 '탄소포인트' 제도는 가정이나 상업시설에서 에너지 절약량에 따라 포인트를 제공하고, 이를 현금이나 상품권 등으로 보상해주는 제도다.

지경부도 2009년 5월부터 저탄소 제품을 구매할 경우 포인트를 적립해주는 '탄소캐시백' 제도를 시범운영하고 있다. 양 부처는 유사 사업으로 인해 소비자들이 혼란을 일으키자 두 제도의 포인트를 통합하기로 했지만 제도 자체는 각각 유지하기로 했다. 사실상 같은 제도를 두 기관에서 각각 운영함으로써 인력과 예산이 중복 투입되고 있는 셈이다.

울산 태화강, 대전 대전천, 강원 춘천의 공지천 등 7개 하천은 환경부의 '생태하천복원사업'과 국토해양부의 '지방하천 생태하천조성사업'이 동시에 추진되고 있다.

4. 일관된 기준

기본적으로 환경부는 환경개선을 위해 배기가스 허용기준을 강력히 규제하길 원하고, 지경부는 산업계에 미치는 충격을 고려해야 할 것이다. 국제적인 추세와 기준을 고려하여 기준을 마련해야 될 것이다.[31]

5. 전시성 그린에너지

태양광·조력·풍력 등을 이용하는 신·재생에너지 발전시설이 경쟁적으로 들어서지만 경제적 타당성이 의심받거나 환경피해가 예상되는 사례가 적지 않아 논란이 끊이지 않고 있다. 그린에너지 개발을 '미래산업'이라는 큰 틀에서 파악해야 되지만, 사업이 전시행정적 차원이나 당초 목적과는 다른 의도로 추진되는 것은 문제이다. 즉, 경제성, 환경지속성, 사회형평성 등에 관한 면밀한 검토 후 추진함이 필요하다.[32]

---

31) 환경부와 지경부는 자동차 온실가스 배출량 규제 법안에 대해서도 맞부닥쳤다. 현재 국회에 제출된 녹색성장기본법은 온실가스 배출허용기준을 자동차가 1km를 달릴 때 140g 이하(환경부 기준)로 하고 있다. 하지만 이 내용은 수정이 불가피한 상태. 자동차 업계와 지경부가 "산업계에 미치는 규제 충격을 완화해야 한다"는 이유로 '연료소비효율 1L당 17km' 기준을 포함해 줄 것을 강력히 요청하자 녹색성장위가 논의 끝에 지난달 이를 받아들였기 때문. 녹색성장위는 2가지 기준 중 자동차 회사가 하나를 선택할 수 있도록 했다. 온실가스 배출량을 기준으로 하면 이산화탄소, 메탄 등 모든 온실가스가 대상이 되지만 연비 기준으로 하면 이산화탄소량만 대상이 된다.

32) 에너지경제연구원에 따르면 국토해양부가 3조 9,000억원을 들여 강화도~장봉도~영종도~

신·재생에너지 개발사업자들이 원천기술 개발 등에는 소홀하고 보조금 타내기에 몰두하는 등 '염불보다는 잿밥'에 눈독을 들이는 경우도 적지 않다.

온실가스 배출을 줄이기 위해 설치하는 태양광발전소가 오히려 온실가스를 흡수하는 산림과 농지를 훼손하는 경우가 많은 것도 문제다. 온실가스 절감수단으로 태양광발전소가 의미를 지니려면 옥상이나 지붕, 폐염전, 공터 등 이른바 '노는 땅'에 지어야 한다. 하지만 대부분의 태양광시설이 산이나 논에 설치되고 있다. 발전차액에 따른 보조금을 받기 위해서다. 우리나라 태양광발전소는 모두 886곳(총면적 482만㎡)으로 이 중 72%인 345만㎡가 산림(271만㎡)과 농지(74만㎡)에 지어졌다.

3 녹색금융의 출현[33)]

녹색금융의 개념

여러 가지 경제활동 가운데서 특별히 녹색 경제활동을 대상으로 금융서비스를 제공하는 것을 녹색금융으로 정의할 수 있다. 이는 수출금융, 중소기업금융, IT벤처 금융과 같은 성격을 갖는 것으로서 targeted financing의 한 종류다.

녹색 경제활동이란, 좁은 의미로 보면 석탄이나 석유와 같은 화석연

동검도에 추진하는 인천만 조력발전소는 2030년이 돼야 수지균형을 맞출 수 있을 것으로 추정됐다. 유가가 배럴당 80달러 이상 유지되는 등 조력발전 경제성이 가장 높을 경우라는 가정 아래 분석이다. 또 환경단체들은 강화도~교동도~석모도~서검도를 연결하는 강화조력발전소는 조수범람, 기상이변, 해양생태계 교란 등의 피해가 예상된다며 신·재생에너지 개발이라는 미명 아래 면밀한 검증 없이 추진되고 있다고 비난한다. 한국서부발전이 충남 서산시 대산읍 오지리~태안군 이원면 내리에 추진하는 가로림만 조력발전소는 경제성, 환경지속성, 사회형평성 등을 놓고 분석한 결과 한 가지 기준도 충족하지 못했다.

33) 이지순 외(2009) 참고.

료를 현재보다 적게 사용하는 방안이나 더 효과적으로 사용하는 방안을 강구하는 일과 화석연료를 대체할 수 있는 새로운 에너지원을 발굴해서 실용화하는 일처럼 화석연료의 사용량을 획기적으로 줄이려는 일체의 경제활동을 의미하며, 넓은 의미로는 자연자원의 고갈과 환경의 파괴를 미연에 방지하며 환경 또는 자연자본을 확충하고 더 나아가 지구 생태계를 보호 육성하려는 노력을 가리킨다. 그것은 또한 인류가 자연을, 개발과 정복의 대상으로서가 아니라, 공존과 조화의 대상으로 인식해서 취하는 경제행위를 모두 포함한다.

구체적으로 보면 생산, 유통, 소비, 연구개발, 노동, 투자 등 경제활동의 전 영역에서 환경파괴를 줄이고 환경을 보호하며, 화석연료의 사용량을 줄이거나 더 효과적으로 사용하는 방안을 강구하고, 화석연료를 대체할 신 재생에너지원을 개발하여 활용하는 것과 관련된 제 활동을 총칭한다.

예를 들어 가정에서 에너지 사용량을 줄이거나, 자동차의 유류관련 연비를 개선하거나 하이브리드 자동차 또는 전기자동차를 개발하고, 고효율 LED 조명장치로 교체하거나, 스마트그리드 시스템 개발을 통해 전력 사용량을 줄이고, 태양광발전 또는 풍력발전을 활용함으로써 화석연료를 사용한 전기생산을 줄여나가거나, 스마트홈 또는 그린빌딩 기술의 활용으로 에너지 소비량을 줄이는 것이 모두 녹색경제활동이 된다.

기존의 에너지 다소비형 기업이나 산업 또는 온실가스 다량배출형 기업이나 산업을 에너지절감형 사업체나 산업 또는 온실가스 소량배출형 기업이나 산업으로 변모시키는 것 역시 녹색경제활동의 일환이 된다. 화석에너지 사용을 줄이거나 대체할 수 있는 신기술과 새로운 아이디어를 짜내는 green R&D도 당연하지만 녹색경제활동에 해당한다.

환경에 위해를 가하는 정도나 탄소연료 사용량에 따라 산업을 녹색과 비녹색으로 분류할 수 있다. 창출된 부가가치에 비해 탄소연료를 적게 사용하는 산업이 녹색이고 많이 사용하는 산업이 비녹색이다. 환경에 대해 가하는 위해의 정도가 적거나 환경에 도움을 주는 산업이 녹색이고 환경에 가하는 위해의 정도가 큰 산업이 비녹색이다. 이 분류를 기준으로 하면 녹색 기술 또는 녹색산업의 발전을 촉진하거나, 비녹색산업을 녹색산업으로 전환하거나, 비녹색산업의 폐해를 감소시키는 행위가 녹색경제활동이 된다. 이를 환경자본(environmental capital)이나 자연자본(natural capital)이라는 개념을 기준으로 보면 이들 자본이 감소하는 것을 막거나 확충해 나가는 행위가 녹색경제활동이고 그 중 어떤 것이건 크게 감소시켜 나가는 행위가 비녹색경제활동에 해당된다.

결국 비녹색경제활동은 억제하고 녹색경제활동은 촉진하는 것을 목표로 행해지는 금융활동을 지칭하는 말이 녹색금융임을 알 수 있다. 이것은 녹색금융도 수많은 targeted financing의 한 종류임을 의미한다. 시장의 자율 메커니즘에 맡겨두면 target으로 간주되는 경제활동에 대해 충분한 양의 자금이(적절한 가격으로) 제공되지 않을 가능성이 크므로, 정부를 비롯한 제3자가 시장과정에 개입해서 원하는 부문으로 충분한 자금이 흘러갈 수 있게끔 하는 것이 targeted financing이다. 녹색금융의 경우에도, 자유시장 메커니즘에 맡겨두면 녹색경제활동을 지원하거나 비녹색경제활동을 억제하는 방향으로의 금융이 충분하게 이루어지지 않을 것을 우려해서 전자는 우대하고 후자는 차별하므로, 전형적인 targeted financing이 되는 것이다.

금융이면 그냥 금융이지 그 앞에 녹색이라는 제한을 두어야 할 까닭, 즉 녹색경제활동을 적시해서 그것을 여타의 금융활동에 우선해서 특별히 대우해야 할 까닭은 무엇인가? 본래 금융도 여타의 경제활동과 마찬가지로 수요와 공급의 일반적인 원리를 따라야 한다. 금융의 본질이 희소한 자원을 적재적소에 배분하는 데 있다면 이것 역시 공급자가 받고자 하는 최소가격과 수요자가 지불하고자 하는 최대가격을 견주어서 양자가 일치하도록 배분하면 된다. 그렇게 해야 자금공급의 기회비용과 자금 활용의 한계편익이 일치하게 된다.

사적 한계비용과 사적 한계편익이 일치하도록 자원을 배분해야 희소한 자원이 가장 효율적으로 쓰이게 된다는 경제학의 기본 명제에 비추어 보면 녹색이라는 수식어를 붙여 그것을 다른 것에 앞서 특별히 대우해야 할 까닭은 없을지도 모른다. 인종, 종교, 출신지역, 학력, 성별 등을 따지지 않고 오로지 능력에 따라 가장 뛰어나 사람을 채용하는 것이 좋은 것과 마찬가지 원리다.

그럼에도 불구하고 인종, 종교, 출신지역, 학력, 성별 등을 감안해서 종업원을 채용하는 것이 좋은 경우가 있는 것처럼 금융 역시 경우에 따라서는 특수한 대상을 선별해서 우대할 필요가 있다. 사실 targeted financing은 모두 다 그것을 활용해 지원하고자 하는 경제활동은 여타의 그것과는 달리 특별한 지위를 지니므로 우선권을 주어야 한다는 논리에서 도입된 것이다. 수출금융, 농어촌구조조정자금, 중소기업육성자금, 학자금융자, 서민주택자금 등은 모두 다 그런 목적에서 도입된 targeted financing의 일종이다.

따라서 문제는 과연 녹색경제활동이 다른 것에 우선해서 특별한 대우를 받아야 할 까닭이 있는가, 있다면 어떤 것인가 하는 것이 된다. 우리가 어떤 경제활동을 특별하게 대접하는 것은 (1) 그것이 국민경제에서 차지하는 비중이 다른 것보다 월등하게 크므로 그렇지 않은 것과 동일하게 취급할 수 없다, (2) 사회적으로 보아 활발하게 이루어져야 할 경제활동임에도 불구하고 자율시장에 맡겨두면 그런 일이 전혀 일어나지 않거나 일어나더라도 바람직한 수준보다 적게 일어날 것이므로 특별히 취급해야 한다, (3) 경제 여건의 변화가 해당 경제활동을 특별하게 취급하지 않으면 안 되도록 만드는 등의 정당성이 있기 때문이다.

그러한 관점에서 보면 녹색금융이 정당화되려면 첫째, 국민경제 전체의 관점에서 볼 때 녹색경제활동이 차지하는 비중이 다른 어떤 경제활동보다도 훨씬 더 크거나, 둘째, 외부경제, 공공성, 정보비대칭성 등의 문제로 인하여 시장자율에 맡겨두면 녹색금융이 전혀 일어나지 않거나 일어나더라도 매우 부진할 가능성이 크거나, 셋째, 자원가격의 급상승과 범세계적 환경규제의 신규도입으로 말미암아 녹색경제로의 전환이 불가피하다 등의 전제가 성립해야 한다. 물론 세 번째 경우에도 시장 자율에 맡겨 두었을 때 녹색경제로의 전환이 원활하게 이루어지지 않을 까닭이 있을 때 녹색금융이 정당성을 갖는다.

녹색금융은 금융산업 발전, 환경개선 및 경제성장을 동시에 추구하는 복합적인 목적을 지닌 미래지향적 금융 형태로 크게 두 가지 방향에서 생각해 볼 수 있다. 즉, 녹색성장을 지원하는 금융과 환경 훼손을 방지하는 금융으로 분류해 볼 수 있다.

전자의 경우에는 경제 전반의 자원 및 에너지 효율을 높이고 환경을 개선하는 상품과 서비스 생산에 자금을 제공하여 저탄소 녹색성장을 지원하는 금융으로 녹색지수의 개발이나 녹색펀드의 조성 등을 통해 녹색기술을 개발하거나 환경 영향 평가에서 양호한 평가를 받은 기업에 투자할 수 있는 수단을 제공하는 주로 자본시장의 금융이라고 할 수 있다. 자본시장에서 지원이 이루어지는 이유는 녹색기술은 기본적으로 고위험 고수익 투자 대상이기 때문이다.

은행 대출[34)]의 경우, 원본이 보장되어야 하는 예금으로 조성된 자금을 대출해야 하기 때문에 고위험이 내재하는 투자 대상에 자금을 지원하기 어려운 기본적 구조를 지니고 있다. 하지만, 녹색기술은 기본적으로 고위험 고수익 투자 대상이고, 자본시장에서는 헤지펀드나 환경펀드와 같이 고위험·고수익 투자대상에 적합한 투자자가 존재하므로 투자 자금을 모으기가 상대적으로 용이하다.

반면 환경 훼손을 방지하는 금융은 환경 파괴활동에 자금 공급을 효과적으로 차단하고 자율적 심사·감시 메커니즘을 창출하는 금융으로 상업적 대부자(commercial lender)로서의 역할이라고 할 수 있다. 즉, 대출기업의 환경 법규 위반 여부를 조사하거나 적절한 환경관리의 수행을 여신의 전제조건으로 하는 금융기관이 대출 관련 리스크를 최소화하는 것으로, 1990년대 미국에서 제정된 CERCLA(Comprehensive Environmental Response, Compensation, and Liability Act) 법안[35)]이 이에 속한다고 할 수

34) 일반여신의 경우에 준하여 위험을 평가하고 일정한 세제 혜택이 주어진다면 은행을 통한 자금공급도 가능함. 또한 보증기관을 이용하여 위험을 전이시키는 방법도 사용될 수 있음.

35) CERCLA는 기업에 의해 토양오염이 발생했을 때 그 조사 및 정화작업은 미국 환경보호청이 담당하고, 오염의 책임소재가 분명해지기 전까지는 정화비용을 유류세 등으로 조성된 신탁기금(슈퍼펀드)에서 지출하며, 최종적인 정화비용 부담책임을 유해물질의 발생에 관여한 모든 잠재적 책임당사자에게 부과한다는 것이 법률의 핵심내용임. 따라서 그러한 기업에 대출을 해준 금융기관이 책임을 지게 됨.

| 표 1-11 | 녹색금융 분류

분 류	녹색성장 지원 금융	환경 훼손 방지 금융
의 미	• 경제 전반의 자원 및 에너지 효율을 높이고 환경을 개선하는 상품과 서비스 생산에 자금을 제공하여 저탄소 녹색성장을 지원하는 금융 -은행을 비롯한 간접금융시장의 여신지원과 직접금융시장을 통한 투자 • 녹색성장에 대한 금융기관의 투자자로서의 역할 -녹색성장 관련 기업에 대한 투자 및 투자수단 제공을 통하여 금융기관의 수익가치 극대화	• 환경 파괴활동에 대한 자금 공급을 효과적으로 차단하고 자율적 심사·감시 메커니즘을 창출하는 금융 • 상업적 대부자(commercial lender)로서의 역할 -대출기업의 환경법규 위반 여부 조사 -적절한 환경관리의 수행을 여신의 전제조건으로 하는 등 금융기관이 대출 관련 리스크를 최소화
예	• 녹색지수의 개발이나 녹색펀드의 조성 • 녹색기술을 개발하거나 환경 영향 평가에서 양호한 평가를 받은 기업에 투자할 수 있는 수단 제공 • 녹색 생산성이 높은 기업에 대출우대	• 1990년대 미국에서 제정된 CERCLA (Comprehensive Environmental Response, Compensation, and Liability Act) 법안 -기업이 환경 사고를 발생시키는 경우 환경정화 비용을 대출금융회사에 부담시키는 대부자 책임 규정 • 탄소배출권거래제도(Emission Trading Scheme: ETS)

자료: 노희진(2009).

있다. 이 법안은 기업이 환경 사고를 발생시키는 경우 환경정화비용을 대출금융회사에 부담시키는 대부자 책임이 규정되어 있으므로 은행은 기업에 대출시 투자 대상의 환경 리스크를 철저하게 평가하도록 유도한다.

또한 탄소배출권 거래제도도 궁극적으로는 기업의 탄소 배출을 줄여 환경 훼손을 방지하는 목적을 지니므로 후자의 영역에 속한다고 볼 수 있다. 이러한 탄소배출권 거래도 탄소배출권을 기초자산으로 한 파생상품의 거래가 활발히 이루어지면, 자본시장의 역할이 중요하게 된다.

요약하면, 녹색금융은 환경개선과 경제성장을 추구하면서 동시에 금융산업발전을 지향하는 금융이라고 할 수 있다.

또한 자본시장에서의 SRI(Social Responsible Investment: 사회책임투자)의 개념에 녹색금융이 포함되어 있다고 할 수 있다. CSR(Corporate Social Responsibility: 기업의 사회적 책임)이란 기업 경영에 있어 사회 및 환경 문제를 균형있게 고려한 기업의 경영상 책무로 경영자가 주주에 대한 경제

그림 1-8 녹색금융의 개념

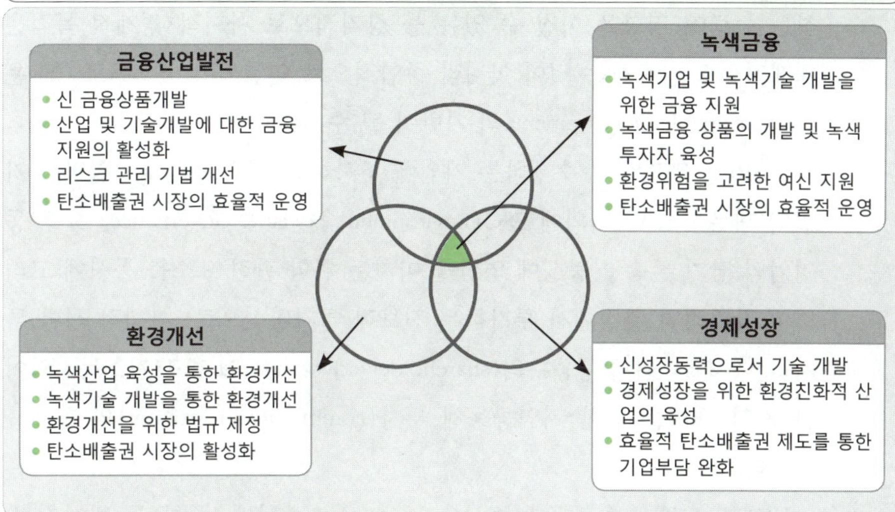

자료: 노희진(2009).

적 책임뿐만 아니라 사회적 책임도 진다는 주장에 기초하며, SRI는 CSR을 잘 수행하는 기업에 투자하여 투자자를 위한 수탁자의 책무를 다하는 투자로 CSR을 투자자 입장에서 본 관점이라고 할 수 있다. 기업이 CSR을 수행하면서 환경을 고려해야 되고, SRI는 이러한 기업에 투자하는 기법이므로 궁극적으로 이는 녹색금융의 영역에 속한다고 할 수 있다.

구체적으로 CSR은 지난 몇십년 동안 복잡다양한 개념으로 발전되어 왔는데, 이에 대하여 국제적으로 통일된 정의가 내려지지 않았으나, 국제표준화기구에서 CSR에 대한 표준화(ISO 26000) 작업이 진행되고 있다. 초기 CSR은 기업의 자선행위로 즉각적인 기업의 수익과 직접적으로 관련되지 않고 공익적 측면을 강조하였으나, 1950~60년대 사이 미국의 시민운동, 환경운동, 소비운동 등 새로운 행동주의 운동과 1960년~70년대 초반의 베트남전을 거치면서 다양한 행동주의 그룹과 언론이 기타 압력을 기업에 적용하기 시작하였고, 기업은 상품, 정책 등을 변화시켜 대응하게 되었다.[36] 기업의 활동은 사회에 보다 큰 영향을 주는 것으로 인식

36) W.C. Frederick(1978).

되고 있으며, 사회발전은 다시 기업이 추진하는 사업을 성공으로 이끌게 하는 능력에 영향을 미칠 수 있는 등 장기적으로 사회적·경제적 목적은 내재적으로 상충하는 것이 아니라 종합적으로 연결되어 있으므로 CSR은 SD(Sustainable Development)의 기반이 될 수 있다.

SRI는 CSR을 잘 수행하는 기업에 투자하는 기법으로 투자결정시 기업의 재무적 수익 이외에 ESG(Environment, Social & Governance) 요소 등 기업의 장기 존속 가능성에 영향을 미치는 위험 관련 요소를 동시에 고려하여 장기적인 관점에서 투자하는 진보적 투자방식으로 사회적 선별 투자(screening), 주주행동주의(shareholder advocacy) 그리고 저소득지역이나 지역 개발을 위한 지역공동체 투자(community investment)의 형태를 지닌다.[37)]

과거 SRI는 종교계를 중심으로 군수물자, 담배, 주류 등 반사회적, 윤리 및 환경에 반하는 기업에 투자하지 않는 데서 출발한 사회운동의 일환으로 시작되었으나, 1990년대에는 사회·윤리·환경(Social, Ethical, Environment)을 기준으로 하는 투자가 강조되고, 2002년 엔론, 월드콤 등의 회계 관련 부정 사건이 터지면서 지배구조가 윤리를 대체하게 되었다. SRI에 대하여 UN은 ESG 측면을 고려한 투자로 인식하는바, SRI는 기존 "사회에 대한 책임"에서 사회적으로 지속가능한 기업에 투자하여 더 많은 수익을 창출하는 이익극대화를 위한 투자 패러다임 중심의 "투자자에 대한 책임"으로 바뀌고 있으며, 최근에는 수탁자의 책무를 강조하여 의도적으로 UN을 중심으로 SRI에서 S(Social)를 제외하고 책임투자(Responsible Investment: RI)로 표기하고 있는 추세이다. ESG의 핵심요소가 환경이기

---

37) 사회적 선별투자는 재무성과 자체만을 평가하는 것이 아니라 기업의 이해관계자인 주주, 소비자, 종업원, 지역사회와 환경 등 관련 사항을 평가하여 투자하는 것으로 negative screening과 positive screening으로 구분됨. negative screening은 무기, 주류, 유해물 제조 등 사회적 책임을 위반하는 기업을 투자 대상에서 배제하는 투자방식인 반면 positive screening은 지속가능한 경영에 충실한 기업을 선별하여 투자하는 방식임. 주주행동주의는 기업의 사회적 책임과 환경 문제에 대해 주주로서 대화를 요구하거나 의결권과 주주제안권을 행사하는 것으로 지속가능경영을 하는 기업을 선별하여 투자하는 것에 그치지 않고 주주가 기업의 지속가능경영을 유도하는 역할을 수행함. 지역사회투자는 소수인종과 저소득층 등 주류 금융의 혜택에서 소외된 사람에게 혜택을 주기 위한 지역사회개발금융기관에 대한 지원과 투자임.

| 표 1-12 | 녹색기술, 사업 및 기업 개념

인증대상	내 용
녹색기술	10대 분야 기술 중 인증평가기관과 조정위원회에 의해 인증된 기술
녹색사업	녹색기술·제품을 이용 에너지·자원 투입과 온실가스·오염물질 발생을 최소화하는 사업
녹색기업	인증된 녹색기술에 의한 매출비중이 일정 수준 이상인 기업

자료: 지식경제부(2009) 내용을 재구성.

때문에 SRI는 녹색금융의 한 분야가 된다고 할 수 있다.

요약하자면 녹색금융(green finance)은 경제주체들이 환경보호와 경제성장을 동시에 추구하는 것을 지원하는 금융이라고 할 수 있다. 또한 금융에 대한 일반적 개념을 활용하여, 자금공급자가 금융회사나 자본시장을 통해 녹색기업에 자금을 공급하면 녹색기업이 이 자금을 운용하여 수익을 창출한 후 자금공급자에게 되돌려주는 순환과정을 시장기능 중심의 녹색금융이라 정의해 볼 수 있다.

이와 같이 녹색금융을 구성하면, 보편적인 금융에 비해 녹색금융이 갖는 차별성은 자금수요자인 녹색기업에 의해 규정된다. 따라서 녹색금융 개념을 보다 구체화하려면 녹색기술·사업·기업 개념을 이해할 필요가 있다. 녹색기술·사업·기업에 대한 공식적 정의는 지식경제부(2009)에 제시되어 있는데, 〈표 1-12〉는 이를 요약하여 보여준다.

위에서 녹색기술은 10대 분야[38]의 유망 기술들 중 인증평가기관이 인증대상으로 추천하고 조정위원회에서 인증을 확정한 기술을 지칭한다. 지식경제부(2009)에는 59개 중점분야를 중심으로 전략품목 및 핵심 요소기술로 구성된 녹색기술 목록이 제시되어 있다. 다음으로 녹색사업은 녹색기술·제품을 이용하여 에너지·자원의 투입과 온실가스 및 오염물질의 발생을 최소화하는 사업이다. 녹색기술 10대 분야 중 기업의 수요가 없는 신소재를 제외한 9대 분야에 속하는 87개 사업이 인증대상이다. 마지막

38) 정부가 선정한 10대 분야는 신재생에너지, 탄소저감, 첨단수자원, 그린IT, 그린차량, 첨단그린주택도시, 신소재, 청정생산, 친환경농식품, 환경보호 및 보전 등이다. 지식경제부(2009)를 참조한다.

으로 녹색기업은 신생·성장 진입기에 있는 기업으로서 인증된 녹색기술에 의한 매출비중이 일정 수준 이상인 기업을 지칭한다.

유망기술에 대한 인증제도를 도입하면서 해당 기술을 열거하는 것은 인증의 행정적 편의성은 확보될 수 있으나 신기술 개발을 제약할 우려가 있다. 따라서, 기존의 열거된 기술에 더하여 어떤 기준[39]을 정하여, 그 기준에 해당하는 경우에도 인증해 주는 포괄주의적 제도 도입이 필요하다.

녹색금융의 필요성

금융을 통해 환경문제를 해결하기 위한 국제협약들이 맺어지고 있어, 향후 기업과 금융기관이 환경문제를 등한시하게 되면, 국제무역과 국제금융시장에서 불이익을 당할 가능성이 커지고 있다.

기업의 사회적 책임(Corporate Social Responsibility: CSR)과 사회책임투자(Socially Responsible Investment: SRI)에 관한 국제연합(United Nations: UN), 국제표준화기구(International Organization for Standardization: ISO) 등에서의 국제협약 내용 중 환경분야가 강조되고 있으며, 1992년 리우 환경정상회의에서는 "환경과 지속가능한 발전에 관한 금융기관 선언문(Statement by Banks on Environment and Sustainable Development)"을 채택하였고, UNEP/FI의 설립, 적도원칙, 교토의정서(온실가스 규제 협약) 등 녹색금융의 중요성을 인식한 여러 국제기구에서 금융기관을 참여시키는 녹색금융 관련 협약을 발효시키면서 환경분야의 중요성이 더욱 강화되고 있는 실정이다.

국내적으로 저탄소 녹색성장은 국가의 핵심정책이며, 이를 실행하기 위한 금융의 역할 필요하게 되었다. 「저탄소 녹색성장 기본법」 제28조(금융의 지원 및 활성화)에 의하여 정부는 저탄소 녹색성장을 촉진하기 위하여 녹색경제 및 녹색산업의 지원 등을 위한 재원의 조성 및 자금을 지원하고, 저탄소 녹색성장을 지원하는 새로운 금융상품의 개발하며, 저탄소

---

39) 예를 들어, 탄소배출을 기존 방식에 비하여 저감할 수 있는 기술 등.

녹색성장을 위한 기반시설 구축사업에 대한 민간투자를 활성화시키고, 기업의 녹색경영 정보에 대한 공시제도 등의 강화 및 녹색경영 기업에 대한 금융지원을 확대하며, 탄소시장(온실가스를 배출할 수 있는 권리 또는 온실가스의 감축·흡수 실적 등을 거래하는)의 개설 및 거래활성화 등의 사항을 포함하는 녹색금융 시책을 수립·시행하여야 한다. 특히, 동법 제46조에서 정부는 온실가스 배출권을 거래하는 제도를 운영할 수 있도록 배출허용량의 할당 방법, 등록·관리 방법 및 거래소 설치·운영 등은 따로 법률로 정하도록 하고 있다.

기업이 환경을 중시하는 장기 지속적 경영을 추구하며 녹색변환을 추진하게 되어 이를 지원하는 녹색금융의 필요성이 존재하게 되었다. 외형 위주의 경영에서 환경, 사회 및 지배구조(Environmental, Social and Governance: ESG) 측면을 고려한 지속가능 경영 추구하고, 녹색금융을 통해 CSR 경영의 주요 요소인 환경개선의 유도를 통한 기업의 장기존속을 위한 사회적 책임경영의 활성화가 요구되고 있다. 또한, 녹색변환(green conversion)을 통해 경제성장과 환경보호를 동시에 추진하는 새로운 경영 패러다임이 대두되어 산업별 가치사슬 전체를 환경친화적 저탄소형으로 전환하여 경쟁우위를 확보하고, 신규시장을 창출하는 한편, 산업을 저탄소 구조로 전환함으로써 산업발전과 환경문제 해결의 선순환 구조를 정착시키고, 지속가능한 성장잠재력을 확충 하는 '저탄소·친환경'이 새로운 성장을 이끌 전략 산업이라는 인식이 점차 확산되고 있다.

금융기관의 환경책임 부과로 인한 환경리스크 관리의 중요성 증가와 새로운 수익원 발굴이 필요하게 되었다. 몇 년 전까지만 해도 대부분의 은행들은 "green"적 요소를 고려하거나 환경친화적인 영역이나 사업에 대해 투자기회를 찾지 않았으나, 최근 들어 은행뿐만 아니라 보험회사, 자산운용회사 및 서비스 공급자 등에 녹색금융상품과 서비스가 확산되고 있다. 또한 많은 기관투자자들이 생태적 파괴를 지양하고, 지속가능한 투자자들의 의사결정 과정을 도모하기 위한 형태로 자원과 자금력(lending power)을 이용하고 있다. 이러한 상황에서 지속가능한 영역에 대한 투자, 특히 녹색상품의 개발과 탄소배출권 관련 다양한 금융상품을 개발하여 금융산업의 새로운 영역을 개척함은 물론 녹색기업과 녹색기술에 금융을 지원하여 새로운 수익 기회를 창출할 필요성이 있다.

녹색금융이 최근 중시되는 이유를 요약 정리하면 첫째, 기업이 직면한 환경의 중요성이 증대하고 있기 때문이다. 기상재해와 생태계파괴 등의 문제 및 에너지·자원부족 및 가격상승 등 환경위기와 자원위기를 동시에 직면하는 상황에서 기업 및 사회 전반적으로 환경의 중요성이 증대하고 있고, 이에 따라 최근 적도원칙, 교토의정서(온실가스 규제 협약) 등의 글로벌 환경 규제가 강화되고 있는 추세이다.

둘째, 이해관계자의 등장으로 기업 및 금융기관의 사회적 책임의 요구가 증대되고 있다. 과거 기업의 책임은 주주에 대한 경제적 책임과 법적 책임에 한정되었으나, 최근 들어 기업의 윤리적 책임이 강조되고 있으며 주주 이익의 극대화에서 이해 당사자 모두의 이익을 추구하는 형태로 변화하고 있다.

셋째, CSR과 SRI에 관한 UN, ISO 등에서의 국제협약 내용 중, 환경분야가 강조되고 있다. UN Global Compact의 10대 기본원칙과 GRI(Global Reporting Initiative) 가이드라인이 제정되고, 국제표준화기구의 사회적 책임에 대한 국제표준(ISO 26000) 등 CSR에 대한 국제적 표준이 형성되고 있다. 또한 UN 책임투자원칙(Principles for Responsible Investment: PRI)과 같은 국제적인 사회책임투자의 원칙뿐만 아니라 개별 선진금융기관에서도 자체적인 RI 방침을 보유하고 있으므로 향후 기업과 금융기관이 환경문제를 등한시하게 되면, 국제무역과 국제금융시장에서 불이익을 당할 가능성이 커질 수 있다.

넷째, 환경적 요인을 통제하지 못했을 경우 기업의 막대한 경제적 손실이 야기된다. 1980년대 미국 유니온 카바이드사의 보팔 참사, 1990년대 나이키의 아동 고용, 2000년대 엔론과 월드콤의 분식회계, 2001년 소니사의 네덜란드 세관에서 겪었던 유해물질 검출 사건 등은 기업이 환경적, 사회적 리스크 관리를 소홀히 하여 손실을 입은 사례이다.

다섯째, 기존 성장에 대한 인식이 한계에 봉착함에 따라 기업의 인식이 전환되고 있다. 기존의 요소투입 위주의 성장은 자원과 환경의 위기

도래로 한계에 도달하여 저탄소, 친환경이 새로운 성장을 이끌 전략 산업이라는 인식이 확산되고 있다. 또한 기업의 경영 패러다임 역시 과거 기업의 경영 목표는 외형 위주, 이익 위주였던 데 반하여 최근 ESG 측면을 모두 고려한 기업경영 패러다임인 지속가능경영으로 변화되어 가고 있으며, 기업이 외부에 공개하는 정보도 재무 정보에 더하여 지속가능활동 정보를 제공하도록 요구받고 있는 실정이다.

녹색성장을 위한 녹색금융의 역할

금융과 실물은 동전의 양면과 같이 상호 간에 아주 밀접한 관련을 맺는다. 금융이 제대로 돌아가야 실물경제가 원활하게 돌아가고 실물경제가 무탈하게 돌아가야 금융도 활발하게 작동한다. 나아가 금융발전이 실물경제의 발전을 촉진하기도 하고 실물경제의 발전이 금융의 발전을 유도하기도 한다. 이처럼 금융과 실물은(대개의 경우) 서로가 서로를 살리는 상생관계를 갖는다. 그러나 때때로 금융이 잘못된 것이 원인이 되어 실물이 파탄에 이르기도 하고 반대로 실물이 잘못된 것이 원인이 되어 금융이 파탄에 이르는 일이 일어나기도 한다.

녹색금융은 1차적으로 비녹색경제를 녹색경제로 변화시키는 데 기여할 수 있다. 앞서 보았듯이 녹색경제활동은 지원하고 비녹색경제활동은 억제하는 것을 목표로 해서 이루어지는 금융이 녹색금융이다. 따라서 녹색금융이 활발하게 이루어지면 시간이 경과함에 따라 기존의 비녹색경제가 새로운 녹색경제로 변신하게 될 것이다.

지구 온난화의 주범으로 인식되는 온실가스배출의 경우를 예로 들어 비녹색경제가 녹색경제로 변화되는 양상에 대해 알아보기로 한다. 여기에서 비녹색경제란 온실가스배출량이 많고 적음은 따지지 않고 오로지 부가가치 창출에만 전력투구한 결과 상당한 정도의 경제발전을 이룩하되 그 대가로 엄청난 양의 온실가스를 배출하는 경제를 의미한다. 이에 비해 녹색경제란 온실가스배출량을 적정한 수준으로 억제하면서 그것이 허용하는 한 최대한의 부가가치창출에 매진하는 경제를 의미하는 것으로 이해할 수 있다.

한 나라의 경제가 녹색이 된 것은 1차적으로는 그 경제의 유인체제(incentive system)가 경제주체들로 하여금 온실가스배출량을 줄이려는 노력을 기울이지 않아도 괜찮도록 되어 있거나 심한 경우 온실가스를 다량으로 배출하는 생산방식을 채택하는 것이 유리하도록 되어 있기 때문이다. 경제주체들로 하여금 온실가스배출량을 감축하는 활동을 하면 손해를 보지만 그것을 무시하면 이익을 보도록 유인체제가 이루어져 있기 때문에 비녹색경제가 된 것이지 경제주체들이 태생적으로 비녹색(오염)을 녹색(청정)보다 선호해서 그렇게 된 것은 아니다. 이 경우 유인체제를 바꾼다면 이 경제는 누가 시키지 않아도 온실가스를 다량 배출하는 상태에서 1인당 온실가스배출량이 크게 줄어드는 상태로 변화될 것이다.

그 2차적인 이유는 이 경제가 지닌 기존의 지식과 기술수준에서는 온실가스를 줄이는 데 많은 비용이 들기 때문이다. 따라서 온실가스배출량을 절감하는 일에 소요되는 비용을 획기적으로 줄이거나 동일한 비용을 들이더라도 온실가스배출량을 획기적으로 줄일 수 있는 새로운 지식과 기술이 등장하면 이 경제는 누가 시키지 않아도(상대적인) 온실가스배출량이 현재보다 훨씬 적은 녹색경제로 변화하게 될 것이다.

이 밖에도 온실가스배출량을 줄이는 것이 바람직한 이유가 무엇인지 또는 온실가스배출량을 효과적으로 줄일 수 있는 방법이 무엇인지 등에 관해 경제주체들이 잘 모르고 있거나 그와 관련된 정보가 정확하게 전달되지 않는 경우에도 당초 의도와는 달리 온실가스배출량이 많아지는 결과를 낳을 수 있다.

온실가스배출량을 줄이려는 목표를 달성함에 있어서 처음부터 아예 온실가스를 사용하지 않아도 되는 에너지원을 개발하는 것이 배출량 감축기술 또는 기존 에너지원을 더 효율적으로 활용하는 기술을 개발하는 것에 못지않게 또는 그보다 더 중요할 수도 있다. 즉, 화석연료가 아닌 풍력, 수력과 조력, 지열, 태양광, 수소연료, 바이오매스 등 소위 신에너지원 또는 재생에너지원을 개발하는 것이 기존의 탄소연료를 더 효율적으로 활용하는 기술개발이나 탄소연료의 사용을 줄이는 기술을 개발하는 것 못지않게 또는 그보다 더 중요할 수도 있는 것이다.

이러한 견지에서 보면 비녹색경제를 녹색경제로 변화시킴에 있어서 녹색금융의 역할은 (1) 그와 관련된 정확한 정보가 조금도 왜곡되지 않고 제대로 전달되도록 도와주며, (2) 온실가스를 배출하는 행위에 대해서는 비용을 부과하고 온실가스배출량을 감축하는 행위에 대해서는 혜택을 주는 방향으로 금융에 있어서의 유인체제를 개편하고, (3) 온실가스 배출량을 줄이는 지식과 기술이 더욱 발전하도록 지원해주며, (4) 기존의 탄소연료를 대체할 수 있는 신 에너지원과 재생에너지원을 개발하고 발전시는 일을 지원하는 데 있다고 할 수 있다.

비녹색경제를 녹색경제로 변화시키는 데서 한 걸음 더 나아가서 그러한 일이 경제의 성장을 촉진하는 데까지 이르도록 만드는 것이 녹색금융을 통해서 녹색성장을 도모하려는 시도가 된다.

녹색금융과 녹색성장 간의 관계는 금융과 경제성장 간의 일반적인 관계와 크게 다르지 않을 것이다. 다만 녹색경제활동을 지원하는 것을 주 내용으로 하는 녹색금융이 어떻게 하면 녹색성장을 가능하게 하겠는가 하는 보다 구체적인 관계를 규명하려 한다는 점에서는 다르다. 여기에서 녹색성장을 가능하게 한다는 것은, 녹색을 희생하면서까지 추구해오던 기존의 성장경로를(소극적으로는) 녹색과 성장 가운데 그 어느 것도 크게 훼손하지 않는 방식의 새로운 성장경로 또는(적극적으로는) 녹색과 성장 양자 모두를 더 크게 살릴 수 있는 새로운 성장경로로 변화시키는 일을 의미한다.

제 2 장
녹색금융의 해외 동향

1 녹색금융 관련 국제 협약

녹색금융과 관련하여 보다 포괄적인 차원의 다양한 국제 협약이 이루어져왔다. 전 세계적인 차원에서 GRI 가이드라인 및 ISO26000 등의 지속가능경영 글로벌 표준이 제정되고 있으며, 유엔환경계획(UNEP Finance Initiative: UNEP/FI), UN PRI,[1] 기후변화협약, 온실가스정보공개 프로젝트(Carbon Disclosure Project: CDP), 적도원칙 등의 자발적 협약이 이루어지고 있다.

GRI(Global Reporting Initiative) 가이드라인

GRI는 1997년 미국의 시민단체인 환경책임경제연합(Coalition for Environmentally Responsible Economies)과 UNEP이 중심이 되어 설립된 국제기구로 기업 또는 단체의 경제적 성과, 환경적 성과, 사회적 성과 등의

---

1) 1990년대 이후 UNEP/FI 산하의 AMWG(Asset Management Working Group)의 연구 등을 통하여 투자시 ESG 요소가 주가에 직·간접적으로 영향을 미친다는 연구 등이 진행됨. 또한 UNEP/FI는 2000년대 초반부터 ESG이슈가 주가에 미치는 영향과 금융기관의 대응에 대한 연구를 진행하면서 투자시 ESG 이슈를 고려하는 것이 바람직한 장기투자의 방향이며, 수탁자 책무(fiduciary duty)에 충실한 투자라는 점을 인식함.

| 표 2-1 | 글로벌 금융기관들의 글로벌 네트워크 참여 현황

국제협약	참여기관수	주요 참여기관
GRI 작성	1,290여개 기관(173개 금융기관)	ING group, Credit Suisse, Deutsche Bank, Citigroup, Mizuho Financial Group, Nomura 등
UNEP/FI	180개 금융기관	Bank of America, Credit Suisse Group, Cal-PERS, JPMorgan Chase & Co. 등
UN PRI	697개 기관	KfW Bankengruppe, Swiss Reinsurance Company, CalPERS 등
UN Global Compact	7,500개 기관(5,426개 사업기관, 2,008개 기타 이해관계자 등)	Deutsche Bank, ING Group, Mitsubishi UFJ, Calvert Group Ltd. 등
CDP	534개 금융기관	Banco do Brasil, Bank of America, Barclays, HSBC, Goldman Sachs 등

주: 2009년 말 기준. | 자료: 각 기관 홈페이지.

분야에서 전세계적으로 적용 가능한 지속가능성 보고 가이드라인을 발전시키고 보급시키는 것을 목적으로 전세계 기업들을 대상으로 책임감 있는 기업시민활동을 장려하기 위해 UN Global Compact와 전략적 제휴를 체결, 기업들이 UN Global Compact와 GRI 가이드라인을 동시에 충족할 수 있는 보고서를 낼 수 있도록 공동사용안내서를 발표하고 기업들에게 가이드라인 준수를 촉구하고 있다.

GRI의 가이드라인은 모든 유형(기업, 공조직, 비영리조직), 규모(소규모에서 대규모 인원까지), 어떠한 입지의 조직에 의해서 활용될 수 있도록 고안되었으며, GRI는 경제적 성과, 환경적 성과, 사회적 성과로 사회적 책임의 큰 틀을 분류하고 다시 세부적인 지표로 구분되어 있다. 이는 지속가능성 보고서를 재무보고서 수준까지 표준화하는 것을 목표로 하는 보고서 가이드라인으로 ① 보고 내용을 정의하고 보고된 정보의 품질을 보증하기 위한 원칙들로 구성되며, ② 성과 지표와 기타 공시 항목으로 구성된 표준 공시안, 보고의 기술적 측면에 대한 지침 등을 포함하고 있다.

GRI는 기업이 발간한 지속가능보고서를 데이터베이스(Data Base: DB)로 만들어서 인터넷을 통해 일반인들에게 공개하며, 이를 발간하는 기업들은 자유롭게 자사의 보고서를 GRI 사이트에 등록할 수 있도록 하고 있으며, 지속가능성을 중요시하는 투자자, 특히 사회책임투자자들은

그림 2-1 GRI 가입 기업 및 기관 수 추이

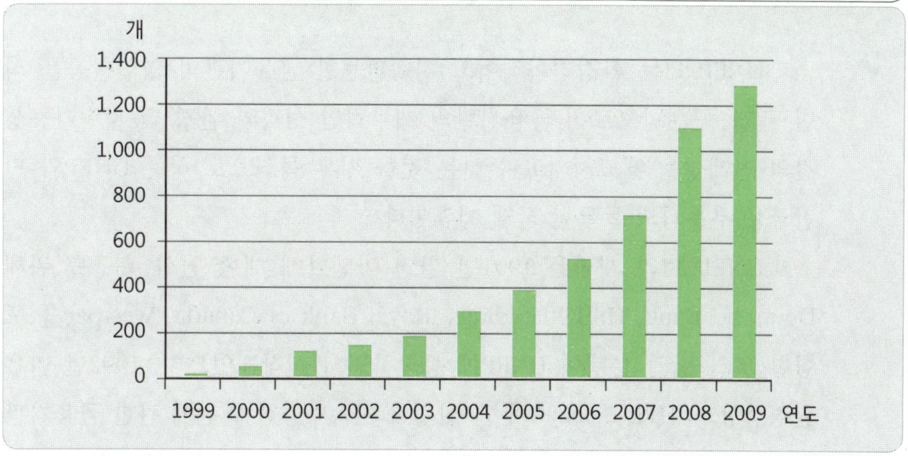

자료: www.globalreporting.org

GRI 사이트를 통해서 사회적으로 책임감 있는 경영을 하는 기업들의 현황을 이를 통해 비교할 수 있으며, GRI 가입 기업 및 기관수는 1999년 10개사에서 2009년 1,289개사로 증가하였다.

ISO 26000

ISO에서는 기업관계자, 각국 정부관계자, 소비자단체, 노동자, 국제비정부기구(Non-Governmental Organization: NGO), 전문가그룹 등 6개의 이해관계자 그룹과 함께 2010년 완료할 목표로 ISO 26000을 제정중에 있다. ISO 26000은 CSR에서 C(Corporate)를 삭제하여 기업 이외에 정부, 노조, 시민단체 등 모든 형태의 조직에 적용될 수 있도록 국제표준기구에서 제시하는 사회적 책임 표준 가이드라인이다.

사회적 책임의 7대 핵심이슈는 환경, 지배구조, 공정한 운영관행, 인권, 노동관행, 소비자문제, 지역사회참여이다. 이는 제 3 자의 인증을 전제로 하지 않지만, 이에 참가한 대부분의 국가와 이해관계자들은 결국 국가·기업 간 거래와 계약 질서에서 ISO의 사회적 책임 가이드라인이 중요한 역할을 한다는 점에 동의하고 있다.

UNEP/FI

UNEP/FI는 환경친화적이고 지속가능한 금융기관의 영업활동을 식별·권장·구현함으로써 금융기관의 재무적인 성과와 환경 및 지속가능성 간의 연계성을 제고시키고자 하는 것을 기본 목적으로 하는 UNEP와 민간금융 부문과의 독특한 국제 제휴이다.

UNEP/FI의 개념은 1991년 환경 아젠다에 대한 인식 촉구를 위해 Deutsche Bank, HSBC Holdings, Royal Bank of Canada, Westpac을 포함한 민간 상업 은행이 UNEP에 동참하면서 시작되었으며, 1992년 리우 환경정상회의(Rio Summit)에서 '환경과 지속가능한 발전에 관한 금융기관 선언문(Statement by Banks on Environment and Sustainable Development)'이 채택되면서 은행 이니셔티브가 형성되었다.

UNEP/FI는 본 협약에 동의한 180개의 금융기관과 함께 환경, 지속가능성과 재무적 성과를 연계할 수 있는 방안을 개발하고 이를 증진시키기 위한 파트너로 지역적 활동, 포괄적 업무 프로그램, 훈련 프로그램 및 연구를 통해 금융기관 운영의 모든 수준에서 최상의 환경 및 지속가능성 관행 채택을 확인·촉진·실현하는 임무를 수행하며, 특히 UNEP/FI는 기후변화, 보험, 투자, 재산권, 지속가능경영과 보고 등의 영역을 중심으로 금융과 지속가능성에 대한 혁신적인 접근 방식을 검토하고 있다.

| 표 2-2 | UNEP/FI 가입기관별 비중

가입기관	비중(%)
은행(bank)	68
보험(insurance)	18
자산운용(asset management)	6
개발은행(development bank)	2
금융기관(financial institutions)	3
연기금(pension fund)	2
기금(foundation)	1
합 계	100

주: 2009년 말 기준. | 자료: www.unepfi.org

UN 책임투자원칙(Principles for Responsible Investment: PRI)

UN PRI는 UNEP/FI와 Global Compact의 주도하에 2005년 4월부터 2006년 1월에 걸쳐 금융기관, 정부기관, 시민사회단체, 학계 전문가 등 70여 명으로 이루어진 다양한 이해관계자 그룹에 의해 개발되었다.

UN PRI는 6개 원칙, 33개 세부 실천프로그램으로 구성되어 있으며, 이 원칙들은 투자의사결정시 ESG이슈 반영, 투자대상기업의 ESG이슈 정보공개 요구, PRI의 충실한 이행을 주요 내용으로 하고 있다.

PRI는 구체적으로 기관투자자로서 금융기관은 투자자들의 자산에 대하여 장기적 관점에서 최상의 수익을 이끌어낼 책임을 지니며, 이러한 관점에서 ESG 이슈들이 투자수익률에 영향을 미친다고 인식한다.

이에 따라 ① 투자의사결정시 ESG 이슈들을 적극적으로 반영하며, ② 투자철학 및 운용원칙에 ESG 이슈를 통합하는 적극적인 투자자가 되며, ③ 투자대상에게 ESG 이슈들의 정보공개를 요구하며, ④ 금융산업의 PRI 준수와 이행을 위해 노력하며, ⑤ PRI 이행에 있어서 그 효과를 증진

그림 2-2 PRI 가입기관 수 및 운용자산 규모 추이

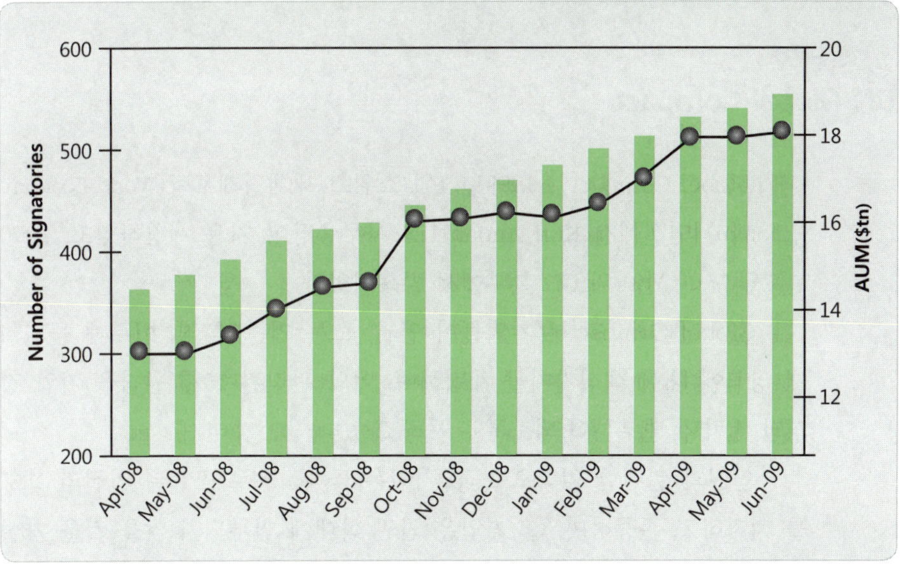

자료: UNEP Finance Initiative(2009).

시킬 수 있도록 상호 협력하며, ⑥ PRI 이행에 대한 세부활동과 진행사항을 보고하는 등 수탁자 책임(fiduciary responsibilities)을 준수하도록 하고, 이를 위한 33개 세부 실천프로그램은 금융기관들로 하여금 사회책임투자 방침을 만들도록 요구하고 있으며, 투자대상기업에 대한 지속적인 대화와 모니터링, 적극적인 의결권행사(engagement), 자산운용과 관련된 제안요청서(request for proposal) 조건 반영, 투자프로세스의 개선, 사회책임투자와 관련된 모든 활동들에 대한 정보공개·보고를 요구하고 있다.

2009년 말 기준 697개 금융기관이 UN PRI에 가입되어 있으며, 세부적으로 자산보유사 199개사, 투자운용사(investment managers) 364개사, 전문서비스파트너(professional service partners) 134개사로 구성된다.

UNEP Finance Initiative(2009)는 2008년 4월 말 기준 UN PRI에 가입한 금융기관은 362개, 운용자산 규모는 14조 7,780억 달러에서 2009년 5월 말 기준 538개, 18조 870억 달러로 가입 금융기관수와 운용자산 규모가 증가한 것으로 보고하고 있으며, 가입기관의 85%가 ESG 이슈를 고려하거나 책임투자(Responsible Investment: RI)와 관련된 정책을 보유하고 있으며, 자산보유사의 63%가 외부 운용자와 계약 체결시 ESG·RI 요소를 고려하고 있는 것으로 보고되고 있다.

UN Global Compact

Global Compact는 1999년 1월 스위스 세계경제포럼(World Economic Forum) 연설에서 Kofi Annan UN 사무총장이 처음 제창하였고, 2000년 7월 New York의 UN 본부에서 발족되었다.

Global Compact는 기업들이 인권, 노동 기준, 환경, 반부패 등의 4개 영역에 대한 핵심가치를 채택하며, 이와 관련된 10개 원칙을 기업 경영과 전략의 일부분이 되도록 요구하고 있다.

인권과 관련한 원칙으로 ① 기업은 국제적으로 공표된 인권의 보호를 지지하고 존중하며, ② 기업은 인권 학대에 연루되지 않을 것을 확실히 한다.

노동 기준과 관련한 원칙으로 ③ 기업은 실질적인 결사의 자유 및 집단 교섭권을 인정하며, ④ 기업은 모든 형태의 강제 노동을 철폐하고, ⑤ 기업은 아동 노동을 효과적으로 철폐하며, ⑥ 기업은 고용과 직업에 관한 차별을 철폐한다.

환경과 관련한 원칙으로 ⑦ 기업은 환경 문제에 대한 사전주의적인 접근법을 지지하며, ⑧ 기업은 더 큰 환경 의무를 장려하는 조치를 수행하며, ⑨ 기업은 환경친화적인 기술의 개발과 확산을 촉진한다.

반부패 관련 원칙으로 ⑩ 기업은 금품 강요 및 뇌물수수 등을 포함하는 모든 형태의 부패에 반대하는 것을 내용으로 한다.

적도원칙 (Equator Principle)

적도원칙은 2003년 6월 세계은행 그룹에서 수립한 환경 및 사회적 정책기준에 따라 프로젝트 금융을 공여하기로 하는 금융회사들의 자발적인 행동원칙으로 환경 및 사회문제를 야기할 수 있는 프로젝트에는 돈을 빌려주지 않겠다는 것을 주된 내용으로 하고 있다.

종래 적도원칙은 5,000만 달러가 넘는 개도국에서의 대형 프로젝트에 한하여 적용되었기 때문에 나머지 프로젝트는 환경을 해쳐도 된다는 면죄부를 줄 수 있으며, 참가은행들이 적도원칙을 일관성있게 적용하지 않아도 제재할 방도가 없다는 비판을 수용함에 따라 개정된 적도원칙은 대상사업의 규모를 1,000만 달러로 크게 낮추고 개도국·선진국의 구분 없이 대상사업을 불문하고 적용하기로 시행 3년 만에 대폭 수정되었다.

금융회사가 프로젝트 금융자문시 본 원칙을 적용하되, 기존 시설을 개량하거나 증설하는 경우에도 환경 및 사회에 미치는 영향이 크면 적도원칙을 적용하게 된다. 다만, OECD(Organization for Economic Cooperation and Development) 회원국 중 세계은행 기준 상위소득국과 같이 이미 엄격한 환경기준을 시행하고 있는 나라에 대해서 시행을 간소화할 수 있으나, 참가은행은 매년 그 이행상황을 연차보고서에 밝히도록 한다.

탄소정보공개프로젝트(Carbon Disclosure Project: CDP)

CDP는 전세계 연기금 투자기관을 포함한 금융·투자기관들을 대신하여 세계 주요 상장회사들로부터 기후변화의 주 요인인 탄소배출과 관련하여 정확한 정보와 관련 이슈에 대한 장단기적인 관점에서의 기업의 경영전략을 요구, 수집하여 이를 토대로 연구분석을 수행하는 글로벌 프로젝트기업이다.

CDP의 목표는 전세계 금융기관 및 기관투자자들이 기후변화 관련 투자리스크 또는 투자기회를 명확히 측정할 수 있도록 정확한 기업정보를 제공하여 관련 투자리스크를 포트폴리오에 보다 체계적으로 반영할 수 있도록 돕고, 전세계 주요 상장기업들의 경영진에게는 금융계와 주주들이 기후변화가 미치는 기업 미래가치의 향방에 높은 관심을 가지고 있다는 사실을 명확히 주지시키고자 하는 것이다.

CDP는 2003년부터 매년 기후변화와 관련된 투자 위험과 기회, 가능성 및 사업에 대한 평가에 관한 심도 있는 분석 리포트 시리즈를 발간하며, 현재 전세계적으로 기업의 기후변화 전략과 온실가스배출관련 정보에 관해 가장 많은 정보를 보유하고 있다.

매년 2월 1일자로 금융·투자기관들이 공동 서명한 동일한 내용의 기후변화 및 탄소관련 질문서가 런던 CDP본부로부터 전세계 발송되고,

| 표 2-3 | CDP 참여기관 수 및 운용자산 규모 추이

프로젝트	참여기관수(개)	운용자산규모(조 달러)
CDP 2003	35	4.5
CDP 2004	95	10
CDP 2005	155	21
CDP 2006	225	31
CDP 2007	315	41
CDP 2008	385	57
CDP 2009	475	55

주 : 각년도 2월 1일 기준. | 자료: www.cdproject.net

각 기업의 환경부서 및 관련부서들이 이를 받아 답변서를 작성하고, 이 답변을 받아 공동연구분석을 수행한 뒤, CDP 보고서를 작성한다. 본 정보는 기관투자자, 기업, 정부정책 입안자들 및 자문, 공공부문 조직, 정부, 학계 등을 포함한 다양한 주체들에 의해 사용되고 있다.

2009년 말 기준 534개 기관투자자가 가입되어 있으며, 총 운용자산 규모는 64조 달러에 달하고 있다.

기후변화협약(United Nations Framework Convention on Climate Change: UNFCCC)

지구 온난화에 따른 기후변화에 적극 대처하기 위하여 국제사회는 1988년 UN총회 결의에 따라 세계기상기구(World Meteorological Organization)와 UNEP에 "기후변화에 관한 정부간 패널(Inter-Governmental Panel on Climate Change: IPCC)"을 설치하였고, 1992년 6월 유엔환경개발회의(United Nations Conference on Environment and Development)에서 UNFCCC를 채택하였다.

이 협약에서는 차별화된 공동부담 원칙에 따라 가입 당사국을 선진국 중심의 부속서 국가(Annex 1)와 비부속서 국가(Annex 2/Non-Annex 1)로 구분하여 각기 다른 의무를 부담하기로 결정하였다.

기후변화협약은 인류의 활동에 의해 발생되는 위험하고 인위적인 영향이 기후 시스템에 미치지 않도록 대기 중 온실가스의 농도를 안정화시킬 목적으로, 기후변화의 예측·방지를 위한 예방적 조치의 시행, 모든 국가의 지속가능한 성장의 보장 등을 기본원칙으로 한다. 선진국은 과거 발전단계에서 온실가스를 배출한 역사적 책임이 있으므로 선도적 역할을 수행하도록 하고, 개발도상국에는 현재의 개발 상황에 대한 특수 사정을 배려하되 공동의 차별화된 책임과 능력에 입각한 의무를 부담하도록 하고 있다.

기후변화협약은 온실가스 배출 통계 작성 발표, 정책 및 조치의 이행, 연구 및 체계적 관측, 교육 훈련 및 공공인식, 정보 교환을 의무사항으로 하고, 배출원 흡수원에 관한 특정 의무사항(1990년 수준으로 온실가스 배출

안정화에 노력), 재정지원 및 기술이전에 관한 특정 공약을 포함하고 있다.

우리나라는 1993년 12월에 세계 47번째로 가입하였으며, 1992년 기후변화협약이 채택된 이후 1997년 교토의정서 및 2009년 코펜하겐 기후변화 회의[2]를 거치면서, 전 세계적으로 기후 변화 문제의 심각성을 인식하게 되었고, 지구 온난화에 대응하고 온실가스를 저감하기 위한 국제사회의 협력과 경쟁이 증가되고 있다.

2009년 12월 코펜하겐에서 개최된 기후변화 정상회의는 2012년 종료 예정인 교토협약의 뒤를 잇는 후속 협약을 마련하여 선진국과 개도국이 모두 참여하는 새로운 글로벌 기후변화 질서를 만들어 내기 위한 목적으로 개최되었다. 그러나 개도국과 선진국 간 의견 불일치로 '실질적이고 검증가능한 의무 부과'와 '각국의 구속력있는 배출량 목표치 설정'을 위한 공식적 합의는 이루어지지 못했지만, 2009년까지 마치기로 한 협의를 2010년 말까지 1년 연장하였다. 코펜하겐총회에서 채택된 '코펜하겐 협정'(Copenhagen Accord)은 교토의정서상 부속서 1 국가에는 2020년까지 중기 온실가스 감축목표를 명시할 의무를, 그 외의 국가들(비부속서 1 국가)에는 2020년까지의 온실가스 감축계획을 제출할 의무를 각각 부과함에 따라 우리나라는 기존 부속서 1 국가와 같은 의무적 감축체제가 아닌 자율적 감축체제의 적용을 받게 되었으며, 이에 우리나라는 2020년까지 배출전망치(Business As Usual: BAU) 기준 30% 감축 목표를 UN에 제출하였다.[3]

UN의 'The Global Compact'는 CSR을 진전시키려는 노력으로 기업

---

2) 공식명칭은 15차 유엔기후변화협약(UNFCCC)당사국 총회.

3) BAU(Business As Usual)는 기존 온실가스 감축정책을 계속 유지할 경우 미래 온실가스 배출량 추이로 2020년 온실가스 BAU 대비 30%를 감축하는 것을 2005년 온실가스 배출량(594백만톤CO_2) 대비 절대기준으로 환산시 4% 감소시키는 것에 해당함. 이는 EU에서 요구하는 개도국 최대 감축수준으로 녹색성장위원회는 ① 그린빌딩(단열강화, LED 보급 등) 등 단기적으로는 비용이 발생하나, 장기간에 걸쳐 에너지 절약 이익이 큰 감축수단을 주로 적용하고, 국가에너지기본계획에 의해 확정된 신재생에너지 및 원전 확대정책을 실시하며, ② 변압기·냉매 등에 있는 지구 온난화 지수가 높은 불소계 가스를 제거하고, 하이브리드자동차, 바이오연료 등을 보급하고, ③ 전기차·연료전지차 등 차세대 그린카, 최첨단 고효율제품, 이산화탄소 포집 및 저장기술을 적극 도입하는 등 감축비용이 높은 수단을 동입할 경우 달성가능하다고 밝히고 있음.

| 표 2-4 | 코펜하겐 합의에 따른 각국의 온실가스 감축 목표

국 가	감축비율	기준년	감축 방식	1990년 대비	전세계 배출비중	일인당 배출량
호 주	5~25%	2000	실 질	(-3.89%~-24.1%)	1.30%	27.4
브라질	36.1%~38.9%	N/A	BAU대비	(+6.4~1.7%)	6.60%	15.3
캐나다	17%	2005	실 질	0.25%	1.86%	24.9
중 국	40~45%	N/A	탄소 집약도	N/A	16.64%	5.5
크로아티아	5%	1990	실 질	-5%	0.07%	6.9
유럽연합	20%/30%	1990	실 질	(-20%/-30%)	11.69%	10.3
아이슬랜드	30%	1990	실 질	-30%	0.01%	11
인 도	20%~25%	2005	탄소 집약도	N/A	4.32%	1.7
인도네시아	26%	N/A	BAU대비	+22%	4.73%	9.3
이스라엘	20%	N/A	BAU대비	+91.60%	0.19%	11.8
일 본	25%	1990	실질	-25%	3.14%	10.6
멕시코	30%	N/A	BAU대비	+19.8%	1.58%	6.6
뉴질랜드	10~20%	1990	실 질	-10~20%	0.18%	19.1
노르웨이	30~40%	1990	실 질	-30~40%	0.12%	11.2
러시아	15~25%	1990	실 질	-15~25%	4.64%	14
싱가포르	7~11%	N/A	BAU대비	+124~+115%	0.11%	11.3
남아프리카	34%	N/A	BAU대비	+48.2%	0.98%	9
한 국	30%	N/A	BAU대비	+63.90%	1.30%	11.8
스위스	20%/30%	1990	실 질	(-20%/-30%)	0.12%	7.2
미 국	17%	2005	실 질	-3.67%	15.78%	23.1

자료: 이서원(2010).

의 사회적 문제에 대한 적극적 참여를 촉구하는 차원에서 기업들이 인권, 노동, 환경, 반부패 영역에서 10개의 원칙을 채택·준수하는데 주도적으로 동참하는 것을 요구하고 있으며, 6개 원칙, 33개 세부 실천프로그램으로 구성된 UN PRI는 투자의사결정시 ESG이슈 반영, 투자대상기업의 ESG이슈 정보공개 요구, PRI의 충실한 이행 및 이에 대한 세부 활동과 진행 사항 보고, PRI 원칙의 이행에 있어서 효과 증진을 위한 상호 협력, 투자자를 위한 수탁자 책무와 투자를 통한 바람직한 사회 발전 추구 등을

주요한 내용으로 삼고 있다.[4)]

이러한 글로벌 표준 및 협약은 공통적으로 금융기관이 지속가능경영과 보고활동을 통해서 수익을 증대시킬 수 있고, 리스크 관리 개선 효과를 얻을 수 있다는 전제하에 금융기관의 지속가능한 경영과 보고활동을 촉구하며, 특히 환경리스크 요소를 핵심적인 사항으로 강조하고 있다.

2 해외의 녹색금융 정책 및 녹색금융 상품 개관

국가별 녹색금융 지원 사례[5)]

1. 네덜란드

네덜란드의 경우 녹색프로젝트를 촉진하려는 정부의 의도로 환경부 및 재경부 주도로 1995년 녹색펀드구조(Green Fund Scheme) 개발을 추진하게 되었다. 네덜란드의 녹색금융지원 프로그램은 녹색펀드구조로 동 구조에는 녹색프로젝트계획(Green Project Scheme), 녹색금융기관계획(Green Institutions Scheme), 세제 혜택(Tax Incentives)으로 구성된다.

당시 네덜란드는 녹색산업 육성을 위해 대규모의 자금이 필요하므로 사모펀드를 통한 자금조달이 필요한 상태였고, 정부는 프로젝트의 성공여부를 평가할 능력이 없으므로 사업 평가기술을 보유한 금융업계의 참여가 요구되었으며, 이를 통하여 지속가능한 개발에 대한 인식 확대를 촉진함은 물론 바람직한 투자안을 선택함으로써 펀드의 성과 및 인지도

---

4) PRI 제정 및 확산을 위하여 UNEP/FI 산하 AMWG(Asset Management Working Group)에서 각 산업별 ESG 이슈 발굴 및 기업 가치와의 상관관계 분석 등 다양한 연구 수행하면서 UNEP/FI와 글로벌 콤팩트의 주도하에 2005년 4월부터 2006년 1월에 걸쳐 금융기관을 위한 책임투자원칙을 제정함.

5) 유럽 국가의 경우 녹색금융협의회 주최의 2009년 9월 녹색금융조사 출장조사자료를 기반으로 작성.

그림 2-3 네덜란드 녹색펀드 구조

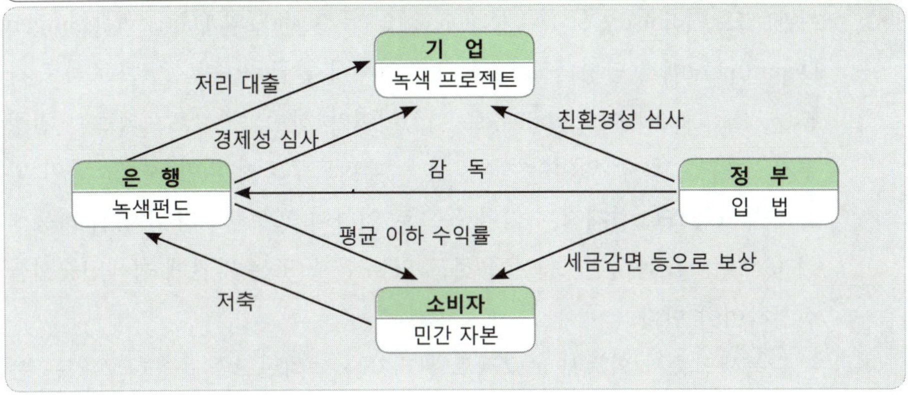

주: SenterNovem(2006).

에 긍정적인 영향을 미치고 있다.

Green Funds Scheme은 우선적으로 녹색은행(Green Bank)을 지정하고, 녹색은행의 업무 영역을 한정하는 녹색금융(Green Institution Scheme)과 녹색투자 분야를 지정하고 녹색인증서(Green Certificate)를 발행하는 녹색프로젝트(Green Projects Scheme)[6]로 구성된다. 녹색펀드는 정부, 소비자가 각각 다른 역할을 담당하며 녹색프로젝트에 대한 자금을 지원하는 형태로, 정부는 기술적·금융적 요건에 부합한 녹색프로젝트(Green Project) 여부를 결정하고 녹색인증서를 발급하고, 녹색은행은 녹색기업 신용평가 기능을 담당하며, 1,000유로 또는 5,000유로 단위로 고정된 기간 및 고정이자율로 채권을 발행하거나 녹색예금을 통해 자금을 조달하며, 특히 저축금액의 70% 이상을 녹색프로젝트에 대출 실시한다. 투자자는 녹색프로젝트 관련 낮은 이자율 또는 수익률을 감수하면서 은행에 자금을 공급하게 되는데, 이때 1.2%의 자본이득세 면제 및 녹색자금에 제공하는 1.3%의 소득세 감면 혜택을 받게 되어 실질금리상 손실을 보지 않으면서 녹색프로젝트에 자금을 공급한다. 녹색프로젝트는 이자비용 감축을 통하여 원가를 절감하는 효과를 얻는다.

6) 녹색프로젝트의 조건은 ① 환경친화적일 것, ② 리스크 대비 경제적 이익을 창출할 것, ③ 장기적 관점의 이익 창출 능력을 보유할 것, ④ 통상적이지 않은 혁신적 프로젝트일 것, ⑤ 신규 프로젝트일 것을 조건으로 하며, 이러한 기준은 매년 강화됨.

녹색인증서 발급은 SenterNovem(Ministry of Economic Affairs의 소속기관) 또는 Ministry of LNV(Nature & Food Quality)의 Dienst Regelingen Department에서 담당하고 있다. 녹색인증서 발급 기준은 ① 프로젝트 자본(project capital)이 22,689유로 이상이어야 하며,[7] ② 프로젝트는 일정 투자 수익을 낼 수 있어야 하며, ③ 녹색펀드구조에 의한 자금조달이 없을 경우 리스크, 경제적 수익률 등으로 인하여 프로젝트가 수행될 가능성이 낮으며, ④ 녹색펀드를 운용하고 있는 은행 또는 기관에 녹색인증서를 신청하여야 한다.

녹색인증서 획득시 프로젝트 관리자는 녹색펀드를 운용하고 있는 은행에 프로젝트 계획, 예상되는 환경개선 효과, 필요 자금, 예상 수익률 분석, 연관 리스크 분석 자료를 제출하고 은행은 Dienst Regelingen 또는 SenterNovem에 녹색인증서 발급을 요청해야 한다. Dienst Regelingen 또는 SenterNovem이 VROM(Ministry of Housing, Spatial Planning and Environment) 장관을 대신하여 프로젝트를 심사하게 되며, 녹색인증 여부를 결정하고, 녹색인증을 받은 프로젝트는 최장 10년의 저리 대출을 받게 된다.

Dienst Regelingen와 SenterNovem은 각각 다른 범주의 프로젝트를

| 표 2-5 | 심사기관별 프로젝트 심사내용

심사기관	심사부문
Dienst Regelingen	① 자연, 산림 및 조망(nature, forests and landscape) ② 유기농업(organic farming) ③ 녹색표시 온실(green label greenhouses) ④ 폐쇄온실(closed greenhouses) ⑤ 농업화(agrification)
SenterNovem	① 재생에너지(renewable energy) ② 지속가능한 거주주택 건설(sustainable residential construction) ③ 지속가능한 상업 및 산업 빌딩(sustainable commercial and industrial buildings) ④ 자전거 전용도로 인프라(cycle-track infrastructure) ⑤ 자발적 토지 위생 설비(voluntary soil sanitation) ⑥ 기타 프로젝트

자료: www.senternovem.nl

7) 자본 규모는 VROM 장관에 의하여 3,400유로까지 허용할 수 있음.

심사하는데 구체적인 내용은 〈표 2-5〉와 같다.

녹색펀드는 투자자에 대하여 일반대출과 녹색펀드 대출의 세후 이자수익률을 동일하게 적용하되, 은행의 경우 녹색펀드를 통한 대출 이자율은 일반대출보다 낮게 설정한다.

2008년 기준 녹색펀드의 펀드 수는 407개로 1995년 이후 누적 펀드 수는 5,761개이며, 투자금액은 9억4천만 유로이며, 1995년 이후 누적 투자금액은 110억 유로에 달한다. 이를 통해 이산화탄소 감축량은 307,831톤 감축한 것으로 보고 있으며, 총 투자자수는 234,000명에 달한다. 녹색펀드를 통해 새로운 환경기술 개발의 촉진 및 녹색프로젝트에 대한 자금의 원활한 공급 등에 기여하고 있다.

네덜란드의 APG[8)]와 PGGM[9)]은 공동으로 1999년 자산운용 벤처회사 AlpInvest Partners를 설립하였는데, 동 기관은 투자의 사회적 책임 관점에서 APG와 PGGM으로부터 5억 유로를 투자받아 2007년부터 미국과 유럽의 청정기술 분야에 투자하기 시작하였다. 2008년 3분기까지 3억 9,500만 유로를 투자하기로 결정하였으나, 실제 투자된 금액은 20% 수준인 8천만 유로 수준이다. 이는 상대적으로 고위험·고수익 분야에 투자하는 만큼 녹색산업의 투자 위험에 대하여 충분히 인식하여 조심스럽게 투자를 행하기 때문인 것으로 파악된다.

| 표 2-6 | 녹색펀드의 여수신 이자율 체계

	일반대출	녹색대출
은행의 지급이자율	5%	2.5%
투자자의 세전 이자수익률	5%	2.5%
세 액	2.5%	0%
투자자의 세후 이자수익률	2.5%	2.5%
리스크 등에 대한 은행의 보수	1%	2.2%
은행(펀드)의 대출 이자율	6%	4.7%

8) ABP의 자회사인 APG는 1,730억 유로의 자산을 운용하는 학교와 공공부문의 연기금으로서 네덜란드에서 가장 큰 연기금임.

9) PGGM은 의료와 사회보장부문의 연기금으로 역 670억 유로의 자산을 운용하는 네덜란드에서 두 번째로 큰 연기금임.

2. 프랑스

프랑스의 경우[10] 중소기업개발은행(BDPME)과 환경·에너지관리국(ADEME)이 공동으로 에너지효율 및 재생에너지 투자사업에 대출을 보증 지원하고 있으며, 캐나다의 경우 중앙정부가 지자체·민간이 공동으로 추진하는 혁신적인 환경프로젝트 지원을 위해 별도의 펀드를 개설하였다. 이 펀드는 중앙은행 채권 이자율보다 1.5%p 낮은 우대금리로 대출을 제공하고 있다.

BNP Paribas는 사업별, 부서별 CSR 관련 책임부서를 설치하여 비즈니스 모든 항목에서 환경적 요소와 윤리적 요소를 고려한 사회적 책임 차원에서의 녹색금융을 실행하고 있다. 예를 들어 CIB Sustainable Development team은 투자결정시 프로젝트 파이낸스(project finance: PF)팀에 적도원칙 적용 관련 자문을 담당하고 있다.

자산운용 세부 분야의 전문성을 가진 회사와 제휴 파트너십을 구축하고, SRI 전략은 모든 섹터에 투자하되 ESG 요소가 가장 우월한 회사에 투자하는 best-in-class 전략과 지속가능성장에 기여하는 상품·서비스에 투자하는 테마 전략을 활용하고 있으며, 최근 미국 은행들은 EU ETS 거래에 관심을 가지고 있는 상황이므로 BNP Paribas는 관련 프로젝트에 대한 자문 업무를 수행하고, 탄소 프로젝트에 투자하는 경우 프로젝트 리스크를 최소화하기 위해 인도 즉시 지불(pay on delivery) 형태로 자금을 조달하고 있다.

Societe Generale은 신재생에너지 분야의 사업성을 높게 평가하고 있으며 에너지 가격과 정책이 사업성에 영향을 미치는 요인으로 지목하며, 신재생에너지와 환경 분야의 PF 사업에 전문팀을 설치하였다. SG가 진출해 있는 개도국에서는 아직 green financing에 대한 인식 및 실적이 미미한 실정이나 진출 지역의 점포에 태양광 설치 등을 통해 기후 변화에 대한 인식을 제고하는 역할을 수행하고 있으며, 중소기업에 대한 비즈니스와 관련하여 프랑스 개발청에 보조금이 지급되는 투자 인증을 위한 녹색

---

10) 파이낸셜뉴스(2009).

부서를 설치하였으며, SG의 상업은행부서에서 인증된 투자사업에 우대대출(concessional loan)을 제공하고 있다. 2006년에는 Rhodia사와 joint venture로 탄소금융을 위한 Orbeo사를 설립하였으며, 2009년 Orbeo가 프로젝트 개발을 통해 배출권을 획득하는 사업을 전문으로 하는 OneCarbon International BV사를 인수하여 배출권 사업 발굴부터 거래, 리스크 관리 영역에서 전문적으로 활동하였다. Orbeo는 2007년부터 에너지관리공단의 온실프로젝트에서 발생한 CER(Certified Emission Reductions)을 판매해주는 역할을 담당하고 있으며, 한국에서 탄소비즈니스와 관련하여 프로젝트 발굴, 자문 등의 역할을 담당하고 싶다는 의지 표명한 바 있다.

Credit Agricole은 내부적으로 ESG 요인에 대한 전략을 설정하여 사업영역에서 추진중이며, CEO가 위원장인 Sustainable Development Committee에서 전략을 결정하여 각 사업영역에서 적용되도록 조치하고, 대외적으로는 Global Compact, 적도원칙에 서명하였다.

자산운용부문에서 녹색금융을 전담하는 부서가 있으며, 자산운용부문에서 약 100억 유로 정도의 자산이 PRI를 적용받고 있다. 광역협동조합은행(regional banks)은 기존 주택의 에너지 절감사업에 유리한 조건으로 대출을 해주는 대출상품을 출시하여 2007년 7,000여 건의 대출을 실시하였다. Credit Agricole Asset Management 자회사인 IDEAM은 shared return fund[11]와 SRI 펀드 출시하였고, 자회사인 Unifergie는 친환경사업에 진출하여 재생에너지에 집중투자하는 벤처캐피탈펀드로서 FCPR을 출시하였으며, Capenergie 펀드는 재생에너지에만 투자하였다.

Calyon의 프로젝트 파이낸스(Project Finance: PF)[12]의 경우 PF에 있어 적도원칙을 적용하여 프로젝트의 사회적·환경적 충격에 대해 심사하고 그 결과를 의사결정에 반영하며, 분야별로 40여 명의 전문 기술자를 보유하고 있으며, 이들은 외부 컨설팅 업체가 심사한 자료를 내부적으로 검토하는 역할을 담당하고 있다.

---

11) shared return fund는 투자수익의 일부를 자선·인권단체에 기부하고 투자자는 대신 세제 혜택을 받는 상품임.

12) Calyon은 Credit Agricole의 CIB(Corporate & Investment Banking) 담당 자회사임.

3. 영 국

Climate Change Capital(CCC)는 초기 환경정책과 녹색산업 관련 컨설팅회사로 시작하였으나, 2005년 UNFCCC의 기후변화 메커니즘을 바탕으로 탄소배출권 투자를 위한 펀드를 구성하면서 기후변화에 특화된 '녹색자산운용사'가 되었다.

CCC는 기존의 컨설팅 조직을 투자를 위한 분석(analysis) 조직으로 활용하며 CDM 투자를 시작하였으며, 탄소배출권을 가장 많이 확보할 수 있는 중국 북경에 지사를 설립하여 본격적인 CDM 사업을 추진하였다. 이후 투자포트폴리오를 탄소금융(carbon finance)에서 사모주식(private equity), 부동산(property), 상장주식(listed equities), 에너지 인프라(energy infrastructure)로 점차 확대하고, 이를 위해 미국에 M.J. Bradley & Associates를 설립하여, M&A, PF, 전략·정책(strategy & policy), 기업금융(corporate finance)에 대한 자문을 수행하고 있다.

CDM 사업의 경우 글로벌 시장을 겨냥하고 있으며, 특히 중국, 인도 시장을 위주로 인프라를 구축하며 성장하고 있고, 최근 한국, 남아시아 등으로 확대하는 추세이다. 장외거래의 경우 차익거래(arbitrage)를 통해 프로젝트별 리스크를 헤징하며, CCC의 계정은 유럽기후거래소(European Climate Exchange: ECX)에 있고, BlueNext 계정은 사용하다가 최근 취소했으며, 뉴욕상업거래소(New York Mercantile Exchange) 계정 등을 신규로 고려하고 있다.

주요 투자자로는 네덜란드 3개 연기금(APG, PGGM 등), Standard Charted, Cetrica(유럽가스회사) 등에서 주로 투자하고 있다.

자산운용을 위한 비즈니스로는 Carbon Finance, Private Equity, Property의 세 가지를 수행하고 있다.

먼저 Carbon Finance 분야에서는 7억5천만 유로 규모의 탄소배출권 펀드를 운용하고 있으며, 주로 개도국에 속하는 국가의 CDM 사업에 초기에 투자하여 Primary CER을 확보하였다. 주로 투자하는 사업 대상은 팜열매 부산물을 통한 열병합 발전 프로젝트, 시멘트 및 철강산업의 공정에서 에너지효율을 향상시키는 프로젝트, 바이오 가스 에너지화 프로젝트, HFC 포집 소각 프로젝트, 풍력발전 프로젝트, 매립지에서 매립가스를 포집하여 에너지화시키는 프로젝트, 석탄광에서 메탄을 포집하여 활용하는 CMM(Coal Mine Methane) 프로젝트 등이다.

CDM 사업에 있어서 중국 산동성 지난시에 위치한 냉매제조회사인 CFT(China Fluoro Technology)사의 탄소배출권 사업에 투자하였고 이는 냉매제조 과정에서 부산물인 트리 플루오르 메탄(HFC-23) 가스를 포집하여 소각시킴으로써 온실가스를 저감시키는 사업이다. 2007년부터 1년에 약 4,248,000톤의 탄소배출권이 발생하며, 1톤당 2만원에 거래시 연간 약 850억원의 현금흐름이 발생하였다. CCC는 CFT사와 10년 동안 발생하는 탄소배출권에 대한 구매계약(emission reduction purchase agreement)을 맺었으며, 따라서 향후 10년간 8,500억원의 현금흐름이 발생하게 된다. CCC는 Mott MacDonald, Eco-Frontier와 함께 이 사업에 소각기술과 CDM 사업의 유엔 등록 서비스를 제공하고 Primary CER을 획득하였다.

Private Equity 분야에서는 2억 유로 규모의 청정기술 사모투자펀드(clean tech private equity fund)를 운용하였다. 청정에너지(신재생에너지, 청정화석연료 등), 클린수송(바이오연료, 수송효율성 향상 기술 등), 에너지효율(스마트 그리드, 저장솔루션, 에너지효율 빌딩·장비·프로세스 등), 폐기물 재활용(폐기물 에너지화, 자원 재활용 등), 물(수처리 기술 등)의 분야에 투자하였으며, 투자규모(기업당 5백만~3천만 유로 규모 선호), 투자유형(소규모 투자 또는 (Co-)Lead 투자자로써 지배적 지위의 중대규모 투자), 거래유형(증자 참여 및 바이아웃), 기업유형(높은 성장성, 검증된 기술, 수익성), 투자지역(유럽에 본사를 두고 있는 기업 선호)이 주된 투자기준이 된다. 최근 "China GreenTech 2009" 보고서를 발간하여 향후 중국지역 녹색기술기업에 대한 투자를 위한 리서치를 보완하고 있다.

Property 분야에서는 부동산 투자시 녹색요인들을 감안한 "Green Retro-fitting"을 통해 그린빌딩화를 통한 그린프리미엄을 추구하고 있다. CCC는 약 5,500만 유로 규모의 지분투자를 통해 현재 영국 버밍햄과 에딘버러에 있는 건물 자산을 운용하고 있으며 일반적으로 그린빌딩은 일반빌딩보다 약 7.5% 가량의 경제적 효익이 더 있는 것으로 보고되고 있다.

이 외에도 주로 상장되어 있는 환경기업에 투자하는 상장주식투자와 풍력발전 등의 에너지 인프라투자를 수행하고 있음은 물론 내부적으로는 CCC의 탄소배출권 펀드나 PEF 등에 대한 투자자문을 수행하고, 외부적으로는 환경기술기업이나 환경사업 개발기관은 물론 정부에 기후변화와 관련된 다양한 컨설팅 자문서비스를 제공하고 있다.

또한 영국은 20억 파운드 규모의 녹색투자은행 설립안을 포함한 예산안을 발표하였다. 녹색사업과 같이 미검증 신규 기술은 투자 위험이 높기 때문에 민간 투자를 이끌어 내기 위하여 정부의 초기 투자가 필요하며 이를 통하여 투자자의 리스크를 감소시키고 시장진입을 유인할 인센티브 제공의 필요성이 존재하는 반면, 기업들이 혁신적인 분야에 투자할 자금조달이 원활하지 않고, 기업 대출이 감소한다는 영란은행의 통계 수치가 이러한 결정에 영향을 미친 것이라 할수 있다. 철도, 해양풍력발전, 친환경 폐기물관리와 같은 녹색 프로젝트를 지원할 목적으로 10억 파운드는 정부가, 나머지 10억 파운드는 민간에서 조달하며, 정부 재원은 철도, 유료도로, 학자금 대출채권 등을 매각하여 충원할 계획이다.

4. 독 일

독일의 경우 정책금융기관(KfW)은 상업적 이윤 추구없이 녹색금융 취급 기관에 낮은 금리의 자금 조달원으로의 역할을 수행하고 있는데, 주택에너지 효율화 사업에 대한 개인주택 등 녹색금융과 관련하여 독일 내 금융기관에 필요자금을 저리로 제공하고, 동 자금을 차입한 금융기관은 독자적 판단 하에 녹색금융을 취급하도록 한다.[13)]

또한 독일정부 및 EIB(The European Investment Bank) 등과 연계하여 교토의정서상 탄소배출 절감을 위해 관련 사업 등에 투자를 집행하는 Carbon Fund를 운용하고 있는데, 이는 JI 및 CDM[14)] 프로젝트로부터의

---

13) 즉, 융자적격 녹색산업, 녹색기술 및 녹색기업의 선별은 자금을 받은 금융기관의 책임에 놓이게 되는 on-lending(전대방식 녹색금융자금공급) 방식을 따름.

14) 청정개발제체(CDM: Clean Development Mechanism)란 교토의정서 제12조에 의거해 채택된 임의적 체제로서, 지속 가능한 개발을 위한 비부속서I 당사국(개발도상국)을 지원하고,

배출권 구매를 목적으로 한다.

더불어 KfW의 ERP Environmental Protection and Energy Saving Programme은 환경보존, 에너지 절감 및 재생에너지에 투자하는 소기업, 전문직 자영업자 등에 자금을 대출하는 프로그램으로 10~20년의 만기를 두고 상환이 이루어지되, 초기 2~3년간은 상환이 유예되며 이자율은 일반적으로 시장이자율보다 낮은 수준이 적용된다. 또한 태양광발전 관련 총 투자금액이 5만 유로 이하의 소규모인 경우에 한해 지원하고 투자비용의 100%까지 지원이 가능하다.

Deutsche Bank는 지속가능경영전략의 일환으로 장기적 관점에서 녹색금융을 추진하며, CSR 활동이 기업 수익의 근간이 된다는 인식을 전제로 추진하고 있다. 대외적으로는 UN Global Compact, UN PRI, ISO 14001 등에 가입하였고, 내부적으로는 윤리강령, 지속가능경영 가이드라인, 평판위험관리 등을 통해 업무를 수행하고 있다.

재생에너지 투자, 배출권거래 등과 같은 녹색금융은 상업적 기반에서 수행하고 배출권거래와 관련하여 시장조성자(market maker)로 수익을 창출하며, 환경리스크는 환경리스크 요인 체크리스트를 열거하고 해당 여부를 점검하여 그 결과를 신용위험(credit risk) 평가에 반영한다. Sustainability Management System(SMS)에 의한 외부 및 내부 가이드라인을 설정하여 적정 녹색산업과 녹색기술의 선별 등 녹색금융 융자적격자를 선정하며 여신담당자의 자율적 의사결정에 따라 자기책임하에 녹색금융을 추진한다.

KfW는 에너지 절감, 환경관련 중소기업 및 개인에 대하여 일반 상업은행과 연계된 대출을 실시하고 있으며 녹색금융과 관련하여 독일 내 여러 은행에 필요자금을 저리로 제공하고, 동 자금을 차입한 금융기관이 신용위험을 부담하고 독자적인 판단으로 녹색금융을 취급한다.

KfW는 교토의정서상 탄소배출 절감을 위해 프로젝트 중심의 탄소배출권 구매 프로그램으로 KfW Carbon Fund를 설정·운용하고 있다. 연방

유엔 기후변화협약의 최종 목표 달성에 기여하며, 부속서I 당사국(선진국)들이 부과된 배출한도 및 배출 삭감의무를 준수하도록 돕기 위해 고안.

정부와의 협력하에 CDM, 공동이행제도(Joint Implementation: JI) 프로젝트로부터 배출권 구매 목적으로 탄소펀드를 설립하였고 이를 통해 중소기업과 같이 감축의무는 있으나 프로젝트에 직접 참여할 역량이 부족한 기업은 저비용으로 배출권을 획득할 수 있으며, 배출권 공급자에게 고정가격조건 장기구매 계약을 제공하고 JI/CDM 측정 대비 거래비용을 절감할 수 있는 효과를 얻고 있다. 60여 개의 해외지사 네트워크를 통해 적절한 프로젝트를 발굴하고, 80여 명의 기술자를 보유하고 있으며, 주로 풍력, 바이오 매스 등 재생에너지 분야에 투자하고 있다.

5. 스페인

Santander는 사회적 책임 차원에서 녹색금융을 실시하고 있다. 2009년 9월 CSR 투자는 1억2,600만 유로에 달하며, Dow Jones Sustainability Index, FTSE4GOOD 등 지속가능성 지수에 편입되었다. UN Global Compact, UNEP/FI, 적도원칙에 가입하였으며, 2002년부터 지속가능성 보고서를 발간하고 있으며, CSR 투자와 관련하여 CEO가 위원장인 Sustainability Committee를 설치하여 Santander의 사회·환경 관련 이니셔티브를 설정, 은행 업무를 환경친화적인 방식으로 수행하고 대출 결정에 있어 환경위험을 심사하고 있다.

재생에너지 관련 프로젝트에 대해 프로젝트 단계별 차별화된 금융서비스를 제공하고 프로젝트 초기에는 초기 자금 지원 형태부터 6개월 정도 지난 프로젝트에는 벤처캐피탈, PF, 리스, 탄소금융 등 다양한 형태의 금융서비스를 제공하고, 20~25년이 지난 프로젝트에는 M&A 자문, 프로젝트 자금재조정(project refinancing) 등과 같은 서비스를 제공함으로써 다양한 비즈니스 기회를 포착하여 집중하는 전략을 구사하고 있다. 재생에너지 프로젝트에 적극 참여하여 전세계 재생에너지 프로젝트에 가장 많은 자금을 공급하는 금융기관으로의 역할을 하고 있으며, 탄소펀드를 설립하여 탄소크레디트 획득 후 투자자에게 배분하는데 이 경우 인도 즉시 지불(payment on delivery) 방식을 채택하고 있다. CDM 사업에 선수금과 등록비용을 지불하여 프로젝트를 시작하게 하며 이 과정에서 프로젝트 리스크를 감수하고, 탄소배출권 구매 계약을 체결하여 유통시장에서 판매하고 있다.

정부의 정책과 프로젝트 수행 지역에 대한 정보 및 네트워크 활용을 통해 스페인 정부의 재생에너지에 대한 발전 차액(feed in tariff) 지원제도가 동 분야의 급격한 성장을 유발하였고, 탄소배출권과 관련하여 중남미 지역의 네트워크 및 정보 우위를 적극 활용하고 이를 통해 재생에너지 관련 금융서비스를 수익성이 높은 사업으로 인식하고 있으며 현재 아시아 지역 진출을 모색중이다.

6. 미 국

미국의 경우 수출입은행이 15년 만기 3.81%의 고정금리 대출을 제공하고 있으며, 대외예산지출법에 따라 재생에너지와 친환경상품에 연간 지원 금액 중 10% 이상을 지원하고 있다.[15)]

또한 〈표 2-7〉과 같이 미국의 연기금은 녹색금융에 보수적으로 참여하기 시작하였다. 미국 공무원퇴직연금은 청정기술과 재생에너지 분야에 2007년부터 투자하기 시작하였으며, 운용자산의 0.024%에 해당하는 약 6,800만 달러를 투자하고 있다. 또한 교직원퇴직연금은 청정기술과 재생에너지 분야에 2005년도부터 투자하기 시작하였는데, 투자금액은 2008년 6월 기준 운용자산의 0.28%인 5억4,500만 달러에 달한다.

미국은 CERCLA 법안에 따른 금융기관의 대부자 책임을 부과하고 있다. CERCLA는 기업에 의해 토양오염이 발생했을 때 그 조사 및 정화작업은 미국 환경보호청이 담당하고, 오염의 책임소재가 분명해지기 전까지는 정화비용을 유류세 등으로 조성된 신탁기금(슈퍼펀드)에서 지출하며, 최종적인 정화비용 부담책임을 유해물질의 발생에 관여한 모든 잠재적 책임당사자에게 부과한다는 것을 핵심내용으로 하고 있다. 1990년 미국 법원이 대출기업이 일으킨 토양오염 정화비용에 대해 금융기관도 부담책임이 있다고 판결함에 따라 기업의 환경사고 발생시 대출 금융기관

15) 매일경제(2009).

| 표 2-7 | 미국 공무원 · 교직원퇴직연금이 참여한 녹색펀드

(단위: 백만 달러, %)

분 류	펀 드	투자 연도	투자 예정	투자 실행	수익률
공무원 퇴직 연금	Braemar Energy Ventures Ⅱ, LP	2007	19.8	4.65	n.a
	CalCEF Clean Energy Angel Fund Ⅰ	2008	1.3	0.44	–7.5
	Chrysalix Energy Ⅲ	2008	9.9	0.60	–28.4
	Craton Equity Investors Ⅰ, L.P.	2008	9.9	1.17	–29.7
	Element Partners Ⅱ	2008	19.8	1.27	–11.8
	Hudson Clean Energy Partners	2008	39.6	12.84	–11.1
	NGEN Ⅲ	2008	13.2	1.63	–17.8
	Nth Power Fund Ⅳ	2007	9.9	3.48	–28.2
	RockPort Capital Partners Ⅲ	2008	19.8	2.91	–11.9
	USRG Power and Biofuels Fund Ⅱ, L.P.	2007	74.3	18.95	64.7
	VantagePoint CleanTech Partners Ⅱ	2008	49.5	7.43	–13.1
	Virgin Green Fund	2008	19.8	12.39	27.8
교직원 퇴직 연금	Carlyle Riverstone Renewable Energy Infrastructure Fund Ⅰ	2006	685	50	n.a
	Carlyle Riverstone Renewable Energy Infrastructure Fund Ⅱ	2008	1,200	300	–4.22
	HG Renewable Power Partners Fund	2006	300	68	–15.04
	Craton Equity Partners Ⅰ	2007	191	30	–31.75
	New Energy Capital	2005	30	n.a	n.a
	NGEN Partner Ⅱ	2005	180	15	7.24
	USRG Power and Biofuels Fund Ⅱ	2007	475	60	n.a
	USRG Power and Biofuels Fund Ⅲ	2009	1,000	n.a	–9.96
	VantagePoint CleanTech Partners	2006	150	22.5	20.23

자료: 유진아(2009).

의 대부자 책임이 규정되었고, 본 법안으로 금융기관이 기업에 대출시 투자 대상의 환경리스크에 대한 철저한 평가를 유도하고 있다.

2009년 3월 미국 Chris Van Hollen 위원은 에너지 효율적 사업과 재생에너지부문에 대한 자금 공급을 위한 녹색은행을 설립하는 것을 제안하였고, 2009년 3월 25일 미국은 녹색은행 설립을 골자로 한 「녹색은행법 2009(Green Bank Act of 2009)」를 의회에 상정하였다. 녹색은행법에서 녹색은행은 100% 연방정부 소유의 독립된 은행을 설립하고, 재무부가 100억 달러의 녹색채권(Green Bond)을 발행하여 초기 자본을 충당하는 구조로, 녹색은행의 자본금 추가마련을 위해 최대 500억 달러까지 미국 정부 신용으로 녹색채권을 발행 가능하도록 하였다. 녹색채권은 이표채권으로 발행금리는 유사한 만기를 지닌 미국 국채의 시장평균수익률보다 높되, 원리금에 대해서는 미국 정부가 보증하도록 하고, 녹색은행은 청정에너지 사업과 에너지 효율 사업을 위한 대출, 보증, 보험 등의 금융지원과 위험관리 프로그램을 마련하며, 정부 또는 비영리단체에 의한 청정에너지 장기구매를 촉진하며, 신탁, 청산 등의 업무를 수행할 수 있으며, 녹색은행에 의해 발행된 증권은 SEC가 등록상 특혜를 주도록 하였다.

해외 녹색금융상품 개관

녹색금융상품은 소매시장, 기업 및 투자금융, 자산운용 시장에서 다양하게 선보이고 있다. 전 금융시장에서 녹색금융상품이 개발되고 있으나, 기업 및 투자금융, 자산운용 시장 등 자본시장의 녹색금융 상품이 향후 녹색금융의 주류로서 성장할 것으로 전망된다.

소매금융(Retail Banking)에서의 녹색금융상품은 에너지 효율 주택구입, 에너지 효율 장비 설치에 대해 시장이자율보다 낮은 우대금리를 제공하는 Green Mortgage, Energy Efficient Mortgage 상품, 그린 상업빌딩을 겨냥한 저에너지 소비, 쓰레기 낭비와 오염감축 등을 위하여 대출을 해주는 Green Commercial Building Loan, 가정에 재생 가능한 에너지 기술이 설치되도록 장려하는 Green Home Equity Loan과 같은 상품이 있다. 이는 일반 소비자가 녹색장비 등을 설치하여 에너지를 절감하도록 장려하며 녹색기술에 대한 수요를 증대시키는 효과를 유발한다.

이 밖에도 Co-operative Bank(영국),[16] Triodos Bank(네덜란드)[17] 등

16) 영국 최대 협동조합은행인 Co-operative Bank는 CSR이 일반화되기 이전인 1992년 일반은행과의 차별화를 통한 지속적인 이익 추구를 위해 윤리정책을 도입하면서 무기거래사업이나 기후변화 유발사업 등 비윤리적인 사업에 대해서는 투자를 거부하고 공익적 사업에 대해서는

은 고객 당좌예금의 잔고를 지속가능발전 분야에 대한 대출과 투자에만 사용하는 상품을 제공하고 있으며, ING, Rabobank[18]는 환경 관련 수신 상품을 출시하고 있으며, 일본 스미모토미쓰이 은행은 SMBC-에코론의 경우 환경인증 취득 중소기업에 대출금리를 우대하고, 환경배려평가융자 대출상품을 출시하고 있다.

기업 및 투자금융(Corporate and Investment Banking) 부분에서의 녹색금융상품은 녹색관련 기업에 대한 자금 공급 역할을 수행한다. Green Project Finance는 재생산 기술 또는 청정기술을 통해 정부 지원을 받아 프로젝트 시작 단계에 보증인을 두고 고객의 위험을 전담하며 친환경 프로젝트를 위한 위험을 분담해주며, 클린 에너지 성장 시장과 투자기회에 초점을 맞춘 친환경 프로젝트에 자금을 공급한다. Green Venture Capital 및 Private Equity, 그 외에 Green Securitization 등 자본시장의 금융기법이 녹색금융에 적용되고 있다.

자산운용(Asset Management) 부분의 녹색금융상품은 주로 펀드 형태로 출시되고 있다. Green Fiscal Funds는 지분을 사거나 펀드에 투자함으로써 투자자 수익 발생시 세금 감면 혜택을 제공하거나 은행은 친환경 프로젝트에 저이자 대출을 지원하며, Green Investment Funds는 지속가능한 투자펀드로 투자 적합성 평가가 중요하고, Carbon Funds는 GHG 배

적극적으로 지원하는 screening 방식의 대출을 실시함. 동 은행은 주주, 고객, 임직원과 가족, 지역사회, 정부 등 이해관계자에 대해 기업 가치를 공유한다는 원칙 아래 7가지 실천 지침을 만들어 적용하고 있으며, 여신 대상 기업심사에서 윤리적·환경적 기준을 적용하고 있으며, 이러한 윤리정책에 대한 고객 만족도가 2009년 85%로 나타났으며, 2008년 대출이 44억 파운드로 1992년 대비 연평균 14%로 증가하는 등 윤리은행으로서 자리 매김하고 있음.

17) Triodos Bank는 벨기에, 독일, 영국, 스페인 등에서 영업을 하고 있는 네덜란드계 은행으로 윤리적 은행의 대표적 사례로 꼽히고 있음. 본 은행은 사회·생태계적 기준을 통해 positive screening에 입각한 경영 정책을 가지고 있으며, 공정무역, 유기농업, 사회적 기업 등에 여신을 공급하는 것으로 알려짐.

18) 농·식품 금융의 글로벌 리더인 네덜란드 라보뱅크(Rabobank)는 환경·사회문제를 신속히 인식하고 업무에 적절히 대응하기 위하여 이슈 매니지먼트를 시행하며, 조합원이나 고객에 대해 그룹 전체의 방침으로 의견 교환 장소를 공식적으로 설치하고, 기타 이해관계자에 대해서는 그들의 의견을 청취하기 위해서 3년마다 조사를 실시하여 업무에 반영함. 특히 기후변동 문제에 대응하기 위해 재생 에너지 이용뿐만 아니라 융자 심사에 CSR 테스트를 도입하거나 기후관련 신용카드를 도입하는 등 다양한 방식을 채택·도입하였음.

| 표 2-8 | 해외의 녹색금융 상품현황: 소매금융

상품 및 서비스	해당 금융기관	지역	내 용
Home Mortgage	CFS	영국	• 매년 무료로 주택 에너지 사용등급 측정, 향후 포트폴리오에 새로운 사항을 추가 예정
Energy Efficient Mortgage	Citi group	미국	• 중·저소득층 고객을 대상으로 에너지 효율이 높아 절약한 전력은 대부자의 소득으로 들어오도록 설계
Commercial Building Loan	NRB, Wells Fargo, TAF/Tridel	북미	• 새 콘도 건설을 위한 Green loan • 기존의 건물보다 25% 정도의 에너지가 절약될 경우 우대
Home Equity Loan	Citigroup, NRB, Bendigo, Wain-wright Bank 등	Various	• NRB One-Step Solar Financing • 만료 기간이 태양 전지판 보증기간과 동일
Auto Loan	Mecu	호주	• 개설 이후 은행의 자동차 담보 대출 45% 증가
Fleet Loan	Bank of America	미국	• 인가 절차가 신속하고, 담보가 필요하지 않으며 만기 유연 • 주로 연료 효율이 좋은 기술에 자금을 조달하기 위해 트럭수송업체에 제공됨 • SmartWay Upgrade 설비 구매유도로 연비 15% 향상
Credit Card	Rabo bank	유럽	• 은행은 카드로 구매한 상품과 서비스의 에너지 집약성에 따라 정해진 금액을 WWF에 기부
Deposit	Shore bank	미국	• EcoDeposit: 쓰레기와 오염 감축 또는 천연자원 보존하는 해당 지역의 회사에 예금의 특정 비율을 구분하여 자금 조달 • EcoCash™ Checking Account: 매달 무료로 5장의 수표를 제공하되, 이 이상은 장당 3달러의 수수료 부과, 수수료 일부는 The Climate Trust로 기부

자료: UNEP Finance Initiative(2007).

출 절감 프로젝트 산업에 투자함으로써 배출가스 관련 산업의 발전에 도움을 준다.

또한 보험(Insurance) 부문에서는 친환경적인 특징에 기반을 둔 보험 프리미엄을 차별화하는 Green Insurance 및 탄소 배출권 가격 변동성에 대처하기 위한 Carbon Insurance 등의 상품이 출시되고 있다. 하이브리드 자동차에 대한 보험료 할인 상품 또는 운행거리 기반 보험료를 산정하는 자동차 보험, 기후온난화에 따른 환경재해 보장 상품 등이 그 예이다.

정부 저탄소정책 또는 탄소배출권과 관련하여 Swiss Re, AIG 등에

| 표 2-9 | 해외의 녹색금융 상품현황: 기업 및 투자금융

상품 및 서비스	해당 금융기관	지역	내 용
Project Finance	Rabo bank, Barclays, BNP Paribas 등	글로벌	• 대규모 재생가능 에너지 프로젝트 파이낸스만을 담당하는 특화된 서비스 부서나 Task Force Team이 있음 • 일부 은행은 BNP Paribas(풍력), WestLB (바이오연료와 풍력) 등과 같이 다수 재생에너지 기술에 특화
Partial Credit Guarantees	IFC	글로벌	• 환경 프로젝트에 자금을 조달하기 위해 지방당국이 발행한 채권을 제공
Securiti-zation	IFC	글로벌	• 환경 프로젝트를 위한 증권화 거래 • IFC는 위험성의 중간 단계에서 보증인이나 투자자의 역할 수행
Bond	Various	파나마	• Forest Bond: 파나마의 대규모 삼림화 지원 • 재보험업자는 25년 만기 채권을 인수, 파나마 운하의 투자자 및 운하를 자주 이용하는 운송업체들이 본 채권 구입
Technology Leasing	Rabo bank	유럽	• 2005년 동안 Rabobank는 green lease 제도로 1억300만 유로를 조달
IPO Support	ABN AMRO, Citigroup, CIBC	글로벌	• Citigroup: Brasil Ecodiesel(남미 최대 바이오 디젤 생산자)의 언더라이터로서 1억7,700만 달러 규모의 IPO를 인수하여 브라질과 국제 시장에 매각
Private Equity	Bank of America	북미	• 산림 보호를 목적으로 하는 최초의 사모펀드로 6,500만 달러에 달함 • 생물학적으로 민감한 토지와 지속가능 산림의 유지·경영을 지향하는 비영리 단체들이 필요한 자금의 100%를 할인된 금리로 대출 • 목재 판매로 얻은 수익은 지역 경제에 재투자
SRI Equity Research	WestLB	글로벌	• 자본전략팀의 분석가들에 의해 생성된 상향(bottom up) 이니셔티브임
Eco-Indices	ABN AMRO	유럽	• ABN AMRO의 Private Investor Products 사업: 다양한 자산에 맞춰 에코상품 개발 • 물과 재생가능 에너지와 같은 상품을 거래할 수 있는 구조 개발 • 고객자산: 10억 유로 • Solar energy index: 2006년 대비 30% 상승, 지난 3년간 300%의 상승률 기록
Carbon Commodity Products	Barclays Capital, HSBC, Fortis, ABN AMRO 등	유럽 (북미 소수 지역)	• 은행들은 CDM과 JI 프로젝트로부터 탄소배출권을 얻기 위해 주식, 대출 등을 제공 • 은행들은 고객의 필요에 맞춰 탄소배출권을 따내고, 은행의 트레이딩 데스크에서 거래될 수 있도록 공급하며, 배출 수당과 탄소배출권을 근거로 대출 상품을 개발함
Allowance Trading Products	Barclays Capital, HSBC, Fortis 등	유럽	• Allowance trading products: 물리적 순서의 신중한 배치, 고정 또는 변동 스왑, 조정 매매, 옵션, 배출권 재구매, 현물과 선물거래를 위한 시장 조성, 교차상품에 기초한 가격 헤징

자료: UNEP Finance Initiative(2007).

서는 유럽연합(Europe Union: EU) 탄소배출권 관련 거래상대방 위험, 신용위험 또는 인도위험 보장 상품을 개발하였으며, Munich Re Group의 KMR(Kyoto Multi Risk) 상품의 경우 건설 및 운영 위험을 담보하는 일반적인 손해보험 상품에 추가적으로 탄소배출권 인수 위험을 담보하고 있다.

Anobenfield(글로벌 2위의 보험 중개사로 2008년 11월 보험 중개사인 Benfield를 인수)와 TFS Green(글로벌 탄소배출권 거래중개사)은 CDM(청정개발체제)사업과 관련된 보험을 출시하였다.

| 표 2-10 | 해외의 녹색금융 상품현황: 자산운용

상품 및 서비스	해당 금융기관	지역	내 용
Green Fund	UBS	유럽	• 개설 후 4년 만에 총 자산이 2억5,000만 달러에 이르렀고, 이 중 80%는 환경·사회 분야의 주요 업체에 지원하며, 20%는 '에코혁신기술업체'에 지원함 • UBS (Lux) Equity Fund: 청정에너지 부문에 투자
Cat Bond Fund	Credit Suisse	유럽	• Leu Prima Cat Bond Fund • 세계 최초의 공공 기금 • 부분적으로 기후변화와 관련된 자연 재해를 대상 • 펀드의 초기 모형은 2억4,300만 달러의 수익을 달성

자료: UNEP Finance Initiative(2007).

| 표 2-11 | 해외의 녹색금융 상품현황: 보험

상품 및 서비스	해당 금융기관	지 역	내 용
Auto Insurance	Aviva, GMAC Insurance	영국, 독일, 캐나다	• Pay As You Drive™ Insurance: 주행거리에 기반을 둔 보험
Home Insurance	ETA	영국	• "Climate Neutral" Home Insurance Policy
Commodity Insurance	Swiss Re	유럽	• Emissions Reduction Trade를 위한 Contingent Cap Forward
Commodity Insurance	AIG and Marsh	유럽	• 탄소배출권 보증

자료: UNEP Finance Initiative(2007).

3 해외 SRI 시장

전 세계 SRI의 규모는 2008년 9월 기준 약 5조 유로 이상인 것으로 파악되는데, 유럽이 약 53%, 미국이 39%, 나머지 국가가 약 8%를 차지하며, 1990년대 연기금을 비롯한 기관투자자의 참여가 본격화되면서 대부분 미국과 유럽을 중심으로 SRI가 급속히 성장하고 있다.

유럽 시장의 경우 2007년 말 핵심 SRI(Core SRI) 규모는 5,117억 유로이며, 넓은 의미의 SRI(Broad SRI) 규모는 2조 유로를 초과하였으며(〈그림 2-4〉 참조),[19] 2002~2007년간 SRI시장의 연평균성장률은 약 42%로 동기

| 표 2-12 | 유럽 국가별 SRI 시장규모

(단위: 유로)

구분	영국	벨기에	프랑스	독일	이탈리아	네덜란드	스페인	스위스
Core SRI	674억	234억	285억	457억	32억	694억	13억	568억
Broad SRI	8,908억	2,604억	701억	688억	2,400억	3,660억	295억	1,343억

자료: 노희진 외(2009a).

그림 2-4 2002~2007년 유럽 SRI 시장규모 추이

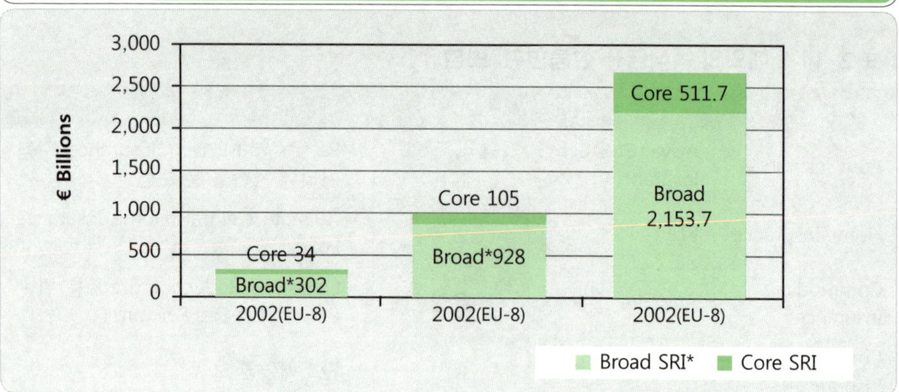

자료: 노희진 외(2009a).

---

19) Core SRI는 담배, 무기 등 부정적 기준에 해당되는 기업을 제외하고, 환경/윤리 등 사회책임 분야에 부합하고 선도하는 기업을 포함하는 좁은 의미의 SRI를 의미하며, Broad SRI는 Core SRI에 더하여 OECD, UN 등 국제적 기준에 부합하는 기업 포함, 부정적 기준 어느 한 가지만 제외한 펀드도 모두 포함하는 등 보다 광범위한 의미의 SRI를 뜻함.

그림 2-5 2002~2007년 MSCI Europe vs SRI시장 성장률 비교

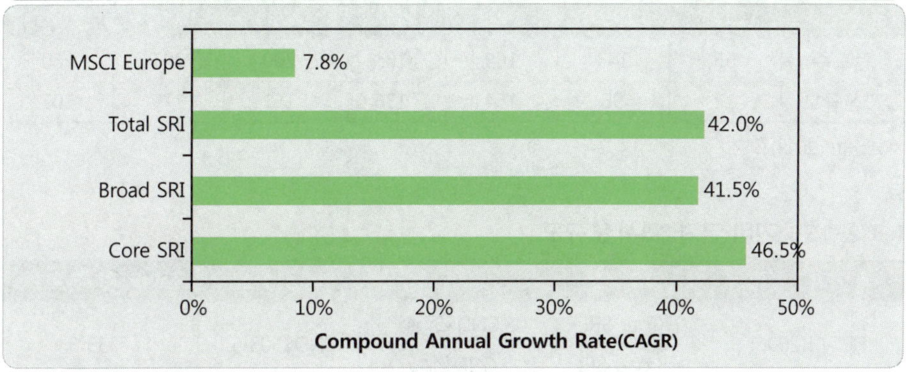

자료: 노희진 외(2009a).

간 MSCI(Morgan Stanley Capital International) Europe의 투자성장률 7.8%에 비해 월등이 높은 수치를 기록하였다(〈그림 2-5〉 참조).

2007년 말 미국의 사회책임투자 관련 투자규모는 2조7천억 달러로 1995년도의 6천4백억 달러에 비하여 약 4.2배 성장하였으며, 전체 미국 시장 투자규모 25.1조 달러의 11%가 SRI로 투자되고 있다. SRI시장을 세분화하면 Social Screening(74.6%), Shareholder Advocacy(24.5%), Community Investing(1%) 방식으로 투자되고 있으며(〈표 2-13〉 참조), 특히, 뮤추얼펀드, ETF, 폐쇄형 펀드 기타 집합투자기구 등의 SRI 펀드 규모는 2005년 1,790억 달러에서 2007년 약 2천억 달러로 13% 증가하였다(〈표 2-14〉 참조).

이외 호주의 SRI 시장규모는 2005년 말 135억 호주달러에서 2007년

| 표 2-13 | 미국 SRI 시장규모

(단위: 십억 달러)

구 분	1995	1997	1999	2001	2003	2005	2007
Social Screening	162	529	1,497	2,010	2,143	1,685	2,098
Shareholder Advocacy	473	736	922	897	448	703	739
Screening and Shareholder	N/A	(84)	(265)	(592)	(441)	(117)	(151)
Community Investing	4	4	5	8	14	20	26
합 계	639	1,185	2,159	2,323	2,164	2,290	2,711

주: screening과 shareholder advocacy를 동시에 쓴 자산은 이중 계산을 막기 위해 차감함.
자료: SIF(2008).

| 표 2-14 | 미국 사회책임투자 관련 펀드 현황

(단위: 십억 달러)

구 분	1995	1997	1999	2001	2003	2005	2007
펀드수	55	144	168	181	200	201	260
자산규모	12	96	154	136	151	179	202

자료: SIF(2008).

| 표 2-15 | 기타 국가 SRI시장 규모

(단위: 십억)

국가(기준연도)	SRI 구분	2007년	Total SRI	Total SRI (유로화)
캐나다(2006)	Core SRI	CND$57.4	CND$503.6	€333.6
	Broad SRI	CND$446		
호주&뉴질랜드 (2007)	Core SRI	AU$19.4	AU$72.2	€41.4
	Broad SRI	AU$52.8		
일본(2007년 9월)	구분 없음	¥840	¥840	€ 5.5

자료: 노희진 외(2009a).

말 722억 호주달러로 성장하였으며, 캐나다 SRI시장은 2002년 말 514억 캐나다달러에서 2007년 5,036억 캐나다달러 규모로 약 10배 가량 성장하였다. 또한 일본은 2005년 말 SRI 시장규모가 약 1,400억 엔에서 2007년 말 8,400억 엔으로 1999년 SRI 도입 이후 지속적으로 증가화고 있는 추세이다(〈표 2-15〉 참조).

더불어 해외에서는 SRI 및 환경 지수가 개발되고 있다. SRI지수를 산출하는 목적은 SRI산업에 대한 Benchmark 및 상품성을 확보하는 것인데, SRI펀드의 실적비교를 가능하게 할 뿐만 아니라, 선물·옵션·ETF 등의 기초자산으로 사용되며, 현재, NYSE, AMEX, TSX 등에 SRI ETF가 상장되어 거래되고 있다. 최초의 SRI 지수는 1990년 KLD Research & Analytics사[20]가 산출한 Domini 400 Social Index이며, 지수산출기관 중 Dow Jones는 1999년 최초로 DJSI(Dow Jones Sustainability Index)를 산출하였으며 이후 FTSE(2001년), Deutsche Börse(2006년) 등이 SRI지수를 개발

20) KLD Research & Analytics사는 1988년에 설립된 리서치 전문회사로 기관투자가에게 사회책임조사와 SRI 인덱스 등 서비스를 제공하고 있음.

하였다. 그리고 요하네스버그 증권거래소가 2004년 거래소 차원에서 최초로 SRI지수를 산출하였다.

또한 환경관련 사업에 대한 수요가 늘면서 SRI지수 자체를 투자대상으로 다양한 환경지수가 산출되고 있는데, Wildershares LLC에서 WilderHill Clean Energy Index(ECO)를 2004년 산출한 이후 다양한 환경관련 Index를 개발하고 이를 ETF와 파생상품 지수로 활용하고 있으며, 신용평가회사인 S&P에서 청정에너지 분야의 30대 기업을 대상으로 2007년 8월 클린에너지 지수(Clean Energy Index)를 발표하였다. HSBC는 2007년 9월 기후변화에 대처해 이익을 내는 전 세계 300여개 기후변화 관련 기업의 주식시장성과를 추적할 수 있는 글로벌 기후변화 지수(Climate Change Benchmark Index)를 산출하였으며, FTSE와 IMPAX와 함께 2008년 환경과 관련한 기술개발이나 시설을 운영하는 회사를 중심으로 FTSE ET50(Environment Technology)지수를 산출하여 이를 활용하고 있다.

| 표 2-16 | 해외 주요 SRI 및 환경지수 현황

국 가	지수산출기관	지수명	비고
미국	KLD Research & Analytics Inc. + S&P	Domini 400 Social Index 등	ETF 상장
	Wildershares	ECO, GEIX, NEX, WHPRO 등	ETF 상장(NEX, ECO, WH-PRO) ECO ⇒ CCFE에 상장
	S&P	Clean Energy Index ESG India	ETF –
	Dow Jones + SAM(스위스)	DJSI Family	뮤추얼펀드 Dow Jones Sustainability Index ⇒ CCFE에 상장
영국	FTSE + EIRIS	FTSE4Good Index	ETF 상장
	FTSE + IMPAX	FTSE ET50	ETF 상장
	HSBC	Climate Change Benchmark Index	뮤추얼펀드
독일	Deutsche Börse + Bank Sarasin(스위스)	DAXglobal Sarasin Sustainability Index	–
남아공	요하네스버그증권거래소 + FTSE	JSE SRI Index	–

자료: 노희진 외(2009a).

4 해외 탄소배출권시장 개관 및 시사점

해외 탄소배출권시장 개관

전세계 탄소배출권시장은 유럽을 중심으로 발전되고 있으며, 2008년 말 기준 EU ETS(Emission Trading Scheme)가 거래량 기준 전세계 탄소시장의 대부분을 차지하고 있다. EU ETS는 2003년 채택된 배출권거래제에 대한 지침(Directive 2003/87/EC)을 토대로 2005년 1월 1일부터 시행되었는데, 다국간 또는 광범위한 지역을 대상으로 시행되는 최초의 지역 배출권 거래시장으로 CER의 최대 수요처로 자리잡고 있다. EU ETS 2008년 배출량 검증 및 의무 준수 결과 EU 27개국의 총 12,230개 배출시설이 참여하였으며, 2008년 총할당량의 65%가 발전 부문으로 발전 부문에서만 배출권 부족분이 발생하였다.

미국의 경우 2009년 6월 26일 The American Clean Energy and Security Act가 하원을 통과하는데, 이는 배출권 거래제 도입을 근간으로 재생전력기준, 에너지 효율 개선, 배출권 할당 등을 주요 내용으로 하는 포괄적인 에너지 및 기후변화 관련 법안으로 향후 미국의 기후 변화 협상과 정책에 영향을 끼칠 것으로 예상된다.

주정부 단위로 보면 캘리포니아는 주정부 차원의 감축 목표를 설정하여 2020년까지 1990년 수준을 유지하기로 하였으며, 2012년부터 배출시설 및 사업분야별 배출한도를 설정하여 규제할 계획이다.

RGGI(Regional Greenhouse Gas Initiative)는 동북부 지역 전력 부문을 대상으로 2028년까지 2009년 수준의 10% 감축 목표를 설정하여 2009년 1월부터 시행되었으며, 미국과 캐나다 서부지역 주정부 연합인 Western Climate Initiative는 대부분의 산업을 포함하여 2020년까지 2005년 수준의 15% 감축을 목표로 하고 있다.[21]

---

21) 전국경제인연합회(2009) 참고.

| 표 2-17 | 세계 탄소배출권 시장 동향

구 분		2007 거래량 (백만 tCO_2)	2007 금 액 (백만 달러)	2008 거래량 (백만 tCO_2)	2008 금 액 (백만 달러)
할당량 시장	EU ETS(EU)	2,060	49,065	3,093	91,910
	New South Wales(호주)	25	224	31	183
	Chicago Climate Exchange(미국)	23	72	69	309
	RGGI(미국)	–	–	65	246
	AAU	–	–	18	211
	소 계	2,108	49,361	3,276	92,859
프로젝트 시장	1차 CDM	552	7,433	389	6,519
	2차 CDM	240	5,451	1,072	26,277
	Joint Implementation	41	499	20	294
	자발적 시장	43	263	54	397
	소 계	876	13,646	1,535	33,487
	합 계	2,984	63,007	4,811	126,345

자료: World Bank, State and Trends of the Carbon Market 2009.

일본은 2008년 10월 일본 국내시장의 통합 운영을 위한 시범 단계의 배출권거래제를 시행하고 있는데, 경단련의 자주행동계획의 목표와 연계 추진하며 절대량과 원단위를 기업이 선택하도록 하였다. 또한 감축 목표 달성을 위해 국내 크레디트와 교토 크레디트를 모두 활용할 수 있다.

호주의 경우 2007년 12월 교토의정서 비준과 함께 본격적인 기후 변화 대응을 준비하고 있는데, 기후정책 목표는 이산화탄소 배출량을 2020년까지 2000년 대비 5~25%, 2050년까지 60% 감축하는 것이다. 이를 달성하기 위한 탄소공해감축안(Carbon Pollution Reduction Scheme: CPRS)이 2008년 8월 상원에서 부결됨에 따라 도입 시기를 변경하게 되었으며, 특히 New South Wales 주정부는 2003년부터 배출권거래제를 도입하였다. 뉴질랜드는 2007년 12월 처음으로 국회에서 기후변화 법안을 상정하여 2008년 법안 통과와 함께 배출권 거래제를 시행하고 있다.

2008년말 기준 허용량시장과 프로젝트 시장을 포함하여 전세계적으로 1,264억 달러의 단소배출권이 거래되었는데, 이는 2005년도의 110억 달러 대비 11배 증가한 수치이다. 2008년 중 허용량 시장은 전년대비 88% 증가하였으며, 프로젝트 시장은 전년 대비 145% 증가하였다. 이러한 증가 추세와 더불어 World Bank는 탄소시장이 2010년 1,500억 달러 규모로 확대될 것으로 전망하고 있다.[22)]

탄소시장은 감축의무 준수 대상 기업을 중심으로 유틸리티, 시멘트, 철강, 미네랄석유정제, 펄프제지 등과 같은 직접 배출업체와 브로커, 투기거래자, 헤지펀드, 투자은행과 같은 금융참여자가 있으며, 거래소 시장 또는 OTC 시장에서의 거래에 따라 계약 형태와 인수도 조건에 따라 상품의 종류가 다양하다. 탄소배출권거래소의 거래상품은 현물의 경우 EUA(EU emission Allowance), CER(Certified Emission Reduction) 및 CFI(Carbon Financial Instrument)이며, 파생상품은 현물을 기초상품으로 한 선물·옵션 등이다.

특히 탄소배출권 주요 거래소는 감축의무가 있는 유럽을 중심으로 발전하였는데, 거래금액 기준으로 EU ETS가 전세계 거래의 78%를 차지하며, 탄소배출권 파생상품으로 선물, 옵션, 스왑이 상장되어 있다.

| 표 2-18 | 탄소배출권 주요 거래소

거래소	현 물	파생상품
ECX (European Climate Exchange, 영국)	–	EUAs 선물·옵션, CERs 선물·옵션
Nord Pool ASA(노르웨이)	EUAs	EUAs 선도거래, CERs 선도거래, EUAs·CERs 스왑
BlueNext(프랑스)	EUAs CERs	EUAs·CERs 선물
EEX AG(European Energy Exchange AG, 독일)	EUAs	EUAs 선물·옵션, CERs 선물
CCX(Chicago Climate Exchange, 미국)	CFI	–
CCFE(Chicago Climate Futures Exchange, 미국)	–	CFI 선물·옵션

주: ECX는 2009.3.13일 EUAs/CERs Daily Futures Contracts를 상장. | 자료: KRX.

22) World Bank(2009) 참고.

해외 탄소배출권 시장의 시사점

유럽의 경우 초기 탄소배출권거래가 유동성 관점에서 기존의 대규모 에너지회사들이 많이 참여하고 있는 에너지거래소 등을 중심으로 발전했으나, 금융 파생상품 등과 연계되면서 증권선물거래소의 역할이 급격히 증가하였다. 또한 많은 탄소배출권거래소가 증권·선물거래소의 인프라를 이용하고 대주주로 활동하고 있다. CCX는 ICE Futures와 연계되어 있으며, Bluenext도 NYSE Euronext, NordPool은 NASDAQ이 소유하고 있고, 독일 EEX는 Eurex가 대주주인데, 이는 증권·선물거래소에 다양한 금융상품이 상장되어 있으며, 이는 탄소배출권을 거래하는 것이 일반상품(Commodity) 등을 거래하는 것과 유사하기 때문에 기존 인프라의 혜택을 향유하고 금융기관과의 네트워크를 통해 유동성 창출이 용이하기 때문이다.

또한 탄소배출권 시장은 규모가 크지 않으므로 유동성을 확보하는 것이 중요한데, 직접 배출업체, 브로커, 투기거래자, 헤지펀드, 투자은행과 같은 금융권의 참여로 헤지펀드나 파생상품 등이 보다 적극적으로 출시되는 등 시장 자체가 확대(유동성 확대)되고 있으며, 이에 따라 산업계도 더 적극적으로 활동할 수 있게 된다. 따라서 금융부문의 유동성과 탄소배출권업자가 할당받은 현물, 유동성 모두가 시장에서 제공될 수 있도록 금융부문과 산업 부문 모두의 탄소배출권 시장에 대한 참여가 필요하다.

레지스트리와 관련하여 27개 유럽국가 중 20개 국가가 레지스트리를 아웃소싱하며, 7개는 환경부에서 직접 관리하고 있는 실정이다. 국가 레지스트리의 핵심요소는 ① 정확성(accuracy), ② 추적가능성(traceability), ③ 안전성(security), ④ 투명성(transpency), ⑤ 통신가능성(communicability)과 같은 요소이다. 또한 증권은 영속적이나 배출권[23]은 기간 개

---

23) 거래대상인 배출권의 발행되는 방법에 따라 할당량시장(allowance market)과 프로젝트시장(project market)으로 구분됨. 할당량시장은 참여자에게 할당된 배출량보다 적게 배출해 잉여의 배출양이 있는 경우 이를 다른 참가자에게 판매할 수 있는데 이와 같은 할당량 배

념이 있으며, 중앙집중예탁기구는 국제간 연계가 필수적이지 않으나, 레지스트리는 국제간 연계가 필수적이다. 따라서 레지스트리를 설계할 때 국내 레지스트리 계정에서 다른 나라의 레지스트리 계정 모든 곳으로 탄소배출권을 이전(transfer)할 수 있도록 설계하는 것이 중요하다.

영국의 경우, 기후변화와 탄소배출권에 대해서는 2008년 10월 새로 설립된 에너지기후변화부인 DECC(Department of Energy and Climate Change)에서 담당하고 있다. 이는 환경을 담당하는 정부부처와 산업을 담당하는 정부부처와의 이해관계가 빈번히 상충됨에 따라 기존의 환경부(DEFRA: Department of Environment, Food and Rural Affairs)의 기후변화 정책기능과 산업혁신스킬부(DBIS: Department of Business, Innovation & Skills)의 에너지정책기능을 분리하여 DECC를 설립한 사례로 정부 부처 간 갈등을 해소한 예가 될 수 있다.

탄소배출권에 대한 국가 할당과 관련하여 스페인은 국가할당계획(National Allocation Plan: NAP)을 재경부, 산업부, 환경부 등 6개 정부부처가 모여 개발했으며, 환경부가 간사 역할을 하여, 유럽연합의 승인을 받았다. 산업계의 반발에도 불구하고 유럽연합의 가이드에 따라 모든 관련 정부부처가 모여 각 기업별 과거 자료를 토대로 할당량(allowance)을 부여하였다.

프랑스의 경우 시장조성자 제도를 시행하고 있다. 시장조성자로 현물시장에 1개사(벨기에 에너지기업 Electrabel), 선물시장에 1개사(프랑스 탄소금융업자 Orbeo)를 지정하여 운영중에 있으므로 국내 탄소배출권 시장의 경우에도 이와 같은 제도를 고려할 수 있다.

탄소배출권 시장이 발전하기 위해서는 우선 여러 국가들에 있는 거래소간 연계를 통해 규모의 경제를 실현하는 것이 중요하다. 또한 탄소배출권 거래와 관련된 위험 관리 수단을 확보하는 것이 필요하다. 탄소배출권 시장 구축이 미흡하여 리스크나 가격 등에 대한 트랙 레코드가 부족한

출권(allowance)이 거래되는 시장임. 반면 프로젝트시장은 감축프로젝트를 수행해 온실가스 배출을 감축하는 경우 감축된 양만큼의 배출권이 발행되는데 이와 같은 프로젝트 배출권(credit)이 거래되는 시장임.

경우 시장에 부정적인 영향을 미치기 때문에 위험 관리 수단 및 하부 구조를 마련해야 한다.

한국에서의 탄소배출권 시장이 성공적으로 육성되기 위해서는 정부의 의지가 제일 중요한 부분이다. 따라서 정부는 온실가스 저감목표를 명확히 설정하고, 정치적 의사결정을 통해 총량제한(Cap)을 하여 거래할 필요가 있으며, 해외와의 연계를 염두에 둘 필요가 있다.

제 3 장

녹색금융의 국내 현황

1 녹색금융의 국내 현황과 문제점 개관

국내 현황

최근 국내 금융기관에서도 녹색관련 금융상품 및 각종 제도를 마련하고, 녹색성장산업을 지원하는 등 녹색금융을 지향하려는 움직임이 진행되고 있으며, 특히 정부는 저탄소 녹색성장 기본법에서 녹색금융에 대한 별도 규정을 마련하였다.[1)]

개별 기업의 경우 최근 다수의 금융기관이 GRI, UNEP/FI, UN PRI 등 글로벌 네트워크에 참여하며 녹색금융의 기반을 다지고 있다.

정책금융 부문에서는 산업은행과 수출입은행을 중심으로 녹색산업에 대한 지원 금융이 이루어지고 있다. 산업은행은 녹색산업에 대한 대출, 프로젝트 파이낸스, 사모투자펀드(Private Equity Fund: PEF), 벤처투자

---

1) 저탄소 녹색성장기본법 제28조에서 정부는 저탄소 녹색성장을 촉진하기 위하여 ① 녹색경제 및 녹색산업의 지원 등을 위한 재원의 조성 및 자금 지원, ② 저탄소 녹색성장을 지원하는 새로운 금융상품의 개발, ③ 저탄소 녹색성장을 위한 기반시설 구축사업에 대한 민간투자 활성화, ④ 기업의 녹색경영 정보에 대한 공시제도 등의 강화 및 녹색경영 기업에 대한 금융지원 확대, ⑤ 탄소시장(온실가스를 배출할 수 있는 권리 또는 온실가스의 감축·흡수 실적 등을 거래하는 시장)의 개설 및 거래 활성화 등을 포함하는 금융 시책을 수립·시행하여야 한다고 규정하고 있음.

| 표 3-1 | 국내기업 및 금융기관의 녹색금융 관련 국제협약 참여현황

국제협약	참여기관 수	주요 참여기관
GRI	53개	아시아나, 현대자동차, 한국토지공사 및 대우증권, 하나은행 등 5개 금융기관 등
UNEP/FI	8개	우리은행, 국민은행, 한국수출입은행 등
UN PRI	14개	국민연금, 미래에셋자산운용, 농협CA투신운용, 에코프론티어 등
UN Global Compact	169개	아시아나 및 기업은행, 대우증권, 산업은행, 우리은행 등 8개 금융기관 등
CDP	16개	기술보증기금, 미래에셋자산운용, 국민은행, 산은자산운용 등

주: CDP의 경우 2009년 10월 말 기준이며, 기타 국제협약의 경우 2009년 말 기준임.
자료: 각 기관 홈페이지.

등 다양한 방식으로 녹색산업을 지원하고 있으며, 환경산업 및 관련 설비기업들을 대상으로 약 1조원을 '녹색산업 육성자금'을 대출 또는 투자하는 방식으로 운영할 계획을 수립하였다.

또한 수출입은행은 녹색성장 기업의 해외 진출을 도모하며, 녹색성장산업의 전략적 육성을 위한 금융지원을 2008년 2,500억원에서 2009년 8,400억원 규모로 확대하였으며, 녹색산업을 대외경제협력기금(Economic Development Cooperation Fund)과 연계한 지원방안도 강화할 계획이다. 또한 기후변화 관련사업 등을 최우선 지원분야로 선정하고, 경제협력기금과 자체 자금의 혼합신용(mixed credit)을 확대하기로 하였으며, 2009년 1월 공공탄소펀드 설립·운용을 위한 수출입은행법 개정이 완료됨에 따라 탄소배출권 확보사업의 해외진출 활성화를 위한 공공탄소펀드 설립이 본격화될 전망이다.

기업은행은 신용보증기금 및 기술보증기금에 총 1,000억원을 특별출연해 신성장동력기업 유동성 지원 업무 협약을 체결하여 녹색성장 기업은 최대 100억원의 보증지원을 받을 수 있고 보증료와 대출 금리도 우대받을 수 있다.

신용보증기금은 그린에너지산업과 저탄소·고효율의 신성장동력산업을 대상으로 보증 한도를 확대하고 보증료를 인하하는 '녹색산업신용보증'을 시행할 예정이며, 기술신용보증기금은 은행권과 공동으로 녹색성장산업에 대해 보증료를 감면하고 보증한도를 늘리는 '금융기관 특별출연 협약보증제도'를 운영함으로써 녹색성장산업에 대한 보증 지원을 확대하여 보증비율 상향조정, 보증료 감면 등의 혜택 부여하고 있다.

또한 국내 금융기관에서도 녹색관련 금융상품을 출시하고 있다. 은행권에서는 태양광 기업에 대해 대출해 주는 상품 출시를 시작으로 녹색성장 관련 금융상품을 출시하고 있다. 예·적금 상품의 경우 친환경기술개발 지원사업과 연계한 상품을 공동개발하거나 수익금의 일부를 환경보호에 지원하는 사례가 있으며, 대출상품의 경우 태양광 기업에 대해 대출해 주는 Solar론 등의 상품이 출시되었으며, 금감원은 경영실태평가, 자산건전성 평가에 따른 친환경여신을 반영할 계획이며, 환경부도 녹색여신 환경리스크 가이드라인 시범사업 등을 실시할 예정이다.

자본시장법 시행 이후 처음으로 탄소배출권을 기초자산으로 한 탄소배출권 파생결합증권이 출시되며 특히, 탄소배출권 관련 상품은 아직 배출권 거래소가 개설되어 있지 않으므로 제한된 상품만 출시되고 있는 실정이다. 탄소배출권과 관련되어 한국투자신탁운용은 국내 최초로 2007년 하반기 사모 탄소 펀드와 사모 탄소배출권 펀드를 모집하였는데, 탄소펀드는 국내·외 CDM 사업 및 온실가스감축사업과 관련 부문에 투자하며, 약정액은 760억원이며 설정액은 146억원이며, 탄소배출권펀드는 국내외 탄소배출권 관련 부문에 투자하는데, 약정액은 290억원에 이르고 있다.

그리고 ESG(Environment, Social and Governance)를 테마로 한 국내 SRI펀드는 2009년 4월 20일 기준 약 7,600억원 수준으로 파악된다. 국내투자대상(16개)은 3,730억원이며, 해외투자대상(16개)은 3,828억원으로 국내 투자 SRI 펀드의 누적수익률은 10.54%이며, BM 초과수익률은 8.14%인 반면, 해외투자 SRI 펀드의 누적수익률은 −38.11%이며, BM 초과수익률 −18.75%인 것으로 나타났다. 그리고 2009년 3월 기준 국민연금은 6,600억원을 SRI 방식으로 운용하고 있으며, 특히 2009년 4월 30일 기준 6개의 녹색펀드 출시, 전체 설정액은 67억원 수준인 것으로 파악된다.

국내 탄소시장의 경우 본격적으로 활성화되지는 않은 상태로 2008년 10월 환경부와 한국증권선물거래소는 '탄소배출권거래소 설립·운영

| 표 3-2 | 국내 SRI 펀드현황

(단위: 개, 억원)

		ESG	지 배	환 경	합 계
국내투자 SRI	펀드수	13	3	–	16
	펀드규모	2,364	1,366	–	3,730
해외투자 SRI	펀드수	3	–	13	16
	펀드규모	50	–	3,778	3,828
합 계	펀드수	16	3	13	32
	펀드규모	2,414	1,366	3,778	7,557

주: 2009년 4월 20일 기준. | 자료: Kosif.

에 관한 협력 협약서'를 체결하여 국내 온실가스 배출권거래제 도입 및 탄소시장 활성화를 위한 상호 협력 체계를 구축하기로 합의하였으며, 온실가스 배출권 거래제도를 총괄·운영하고 있는 선진국 환경부처와 배출권거래제도 및 탄소시장과 관련된 공동연구 및 정보교류 등을 적극적으로 추진할 계획이다. 탄소배출권과 관련되어 한국투자신탁운용은 국내 최초로 2007년 하반기 사모 탄소펀드와 사모 탄소배출권 펀드를 모집하였는데, 탄소펀드는 국내·외 CDM 사업 및 온실가스감축사업과 관련 부문에 투자하며, 약정액은 760억원이며 설정액은 146억원이고, 탄소배출권펀드는 국내외 탄소배출권 관련 부문에 투자하는데, 약정액은 290억원에 이르고 있다.

문제점

이러한 국내외 녹색금융에 대한 관심에 비하여 국내의 녹색산업경쟁력지수는 여전히 OECD 평균을 밑도는 수준으로 탄소시장 등 녹색산업 분야 및 녹색금융 발전 필요성에 대한 사회적 공감대가 부족한 실정이다.[2)]

아직까지 공공재적인 성격이 강한 환경적 요인에 관하여 금융 활동

2) 「녹색뉴딜사업의 재조명」(삼성경제연구원, 2008)에서는 미국과 일본, EU(유럽연합) 등 주요 15개국을 대상으로 녹색경쟁력지수를 분석하였는데, 그 결과 한국은 OECD의 평균치(103.8)를 밑도는 102.3에 그치는 수준으로 11위를 기록함.

을 통하여 이를 내재화하고 환경개선을 실현하는 것은 이익을 추구하는 금융산업의 성격상, 시장원리에 따라 이루어지는 데는 한계가 있다.

외국의 경우는 환경개선을 위한 금융의 역할이 강조되는 데 반해 국내에서는 경제발전의 원동력으로 녹색성장이 추진되고 녹색금융은 이를 촉진하는 역할을 하는데, 금융기관이 녹색성장에 내재하는 위험과 수익을 이해하는 데 한계가 있다. 기술보증기금과 신용보증기금의 경우 자체적으로 녹색성장기업 분류 기준을 마련해놓고 있지만, 실질적인 기준은 불명확하여 일반 보증과 차별화되지 못하고 있는 실정이다. 녹색예금과 같은 일반 상품의 경우 정부시책에 따라 출시되고 있느나, 상품의 목적과 기준이 모호하고, 수익성과 안정성 부분에서 리스크 관리가 이루어지지 않아 수익성이나 안정성이 검증된 일부 기업 또는 대기업에 자금이 집중적으로 공급되어 일반금융기관이 녹색성장을 지원하는 데 한계가 존재하며, 체계적이고 종합적인 지원이 미흡한 실정이다.

녹색기술 개발은 장기적인 투자가 필요한데, 정책 기준의 일관성과 지속성에 대한 믿음이 결여되어 장기 금융지원을 망설이게 되는 것이다.

이러한 이유로 자금 공급을 담당하는 금융기관의 참여가 불충분하며 실질적인 자금 지원이 미흡하게 되었다. 산업은행은 2009년 11월 18일 기준 녹색산업육성펀드 명목으로 총 22개 기업에 7,215억원을 지원했으나, 대부분 대기업과 그 자회사에 지원됐으며, 중소기업에는 약 1,000억원이 지원된 것으로 나타났다.[3] 기업은행도 녹색성장 기업에 대하여 2009년 8월 말 기준 7,637억원(2,588건)을 대출해준 것으로 보고하고 있으나, 구체적 지원내역을 제시하지 않고 있지 않았으며, 국정감사를 통해 신용보증기금과 기술보증기금으로부터 제출받은 '녹색성장기업 업종별 보증공급현황'에 따르면 1조1,219억원 규모의 보증이 녹색성장과 무관한 사업에 대해 이루어진 것으로 나타났다.[4]

---

3) 산업은행이 에너지산업군으로 분류해놓은 A사는 건축자재용 콘크리트파일·맨홀 등을 제조하는 업체이며, B사는 내부 통신배선 공사업체, C사는 베어링 제조업체 등 이른바 '녹색기업'과는 거리가 먼 것으로 나타남. 이석현(2009).

4) 기술보증기금은 신동력산업 및 에너지산업 관련 856개 기업에 4,290억원을 지원했지만, 이 중 2,907억원이 476개의 에너지 집약적 제조업체에 공급되었으며, 11개 건설업체에 37억원

초기 녹색기업은 벤처기업의 성격이 강하고, 녹색기술·산업에 내재하는 위험성이 커서 은행보다는 자본시장을 통해 녹색기업의 발전 단계에 따라 상이한 금융지원을 받을 수 있는 구조가 필요하다.

뿐만 아니라 녹색성장을 위한 자본시장이 역할을 하기 위한 제반 금융인프라 구축이 미흡한 형편이다. 녹색금융지원 제도, 기업의 환경요소에 관한 정보 공개 체계, 녹색인증제도,[5] 환경에 대한 대부자 책임 등 제도적 인프라의 정비가 필요하다. 녹색산업 지원이 원활하게 이루어질 수 있도록 기술 또는 프로젝트가 녹색분야인지 여부를 확인해야 하고, 각 개별기업이 녹색기술을 보유하거나 녹색프로젝트를 수행하고 있으면서 일정 요건을 충족하는 기업인지 여부를 확인하는 등 이를 위해 기업의 환경적 요소에 관한 정보가 공개되고 이를 금융기관이 접근할 수 있는 채널이 필요하며, 환경에 대한 대부자 책임을 규율할 필요가 있다. 또한 기술적 인프라의 확립이 필요하다. 녹색금융 상품 설계를 위한 녹색금융지수도 없을 뿐 아니라 환경관련 DB가 종합적으로 구축되어 있지 못하다. 특히 녹색금융 상품의 설계를 위한 척도나 지수가 존재하지 않아 녹색펀드와 다른 펀드를 차별화시키기가 어렵고,[6] 녹색기업에 대한 분석 및 평가체계가 확립되지 못하고 있다.

그리고 관련된 녹색산업 기술에 대한 이해를 바탕으로 사업성과 경제성 등을 측정·평가하여 이를 금융부문으로 연계할 수 있는 전문인력이 부족하고, 녹색금융 필요성 및 중요성의 증가에도 불구하고 질적 향상을 통한 녹색금융 교육 프로그램이 충분치 못하여 녹색금융 관련 전문성 및 역량 확보는 현재뿐만 아니라 앞으로도 중요해질 것으로 판단된다.

을 지원함. 신용보증기금 역시 녹색성장과 관련해 4,813개 기업에 1조 3,332억원을 지원한 것으로 보고하였지만, 실질적으로 녹색성장과 관련 없는 제조업으로 구분된 2,351개 기업에 6,866억원, 건설업종 485개 기업에 1399억원, 부동산 및 임대업에도 10억원을 지원함. 민성태(2009).

5) 녹색기업 여신 및 투자에 대한 세제 혜택이 제공되면 녹색인증제도는 필수적임. 네덜란드의 경우 인증제도를 채택하고 있음.

6) 대신증권 리서치센터에 따르면 SRI펀드 포트폴리오의 대형주 편입 비중은 2006년 이후 평균 77.34% 수준인 것으로 나타나는바, 국내 SRI펀드가 업종 대표주와 우량주로 포트폴리오를 구성한다는 점에서 다른 우량주 펀드와 구분되지 않는다고 밝힘.

| 표 3-3 | 녹색금융 관련 전문가

직무명	내 용
녹색 PF 전문가	탄소배출권의 타당성 및 사업리스크 분석과 파이낸싱 전략을 수립하는 PF 전문가
녹색기술 및 기업가치 평가 전문가	녹색기술 가치평가(신재생에너지 기술, 탄소저감기술, LED/그린카드 친환경기술 등)를 통하여 투자(주식 및 채권투자, IPO, M&A)·및 여신 의사결정 지원
탄소배출권 거래전문가	탄소배출권 유통시장(시장거래, 장외거래)에서 탄소배출권을 거래하는 트래이더
녹색금융 상품투자 상담가	녹색펀드 및 녹색파생상품 투자 상담사
탄소시장 분석사	탄소시장 정책, 시장전망, 배출권 거래동향 등을 분석하여 각종 투자전략 및 상품 개발에 활용할 수 있도록 제공
녹색펀드 자산관리사	탄소펀드 및 녹색펀드, ESG, 펀드 운영 전문가
녹색경영전문가	녹색경영원칙 및 정책·전략 수립, 녹색경영 조직 설계, 녹색경영 실행 계획, 녹색경영 성과 관리 및 보고 활동
녹색부동산 투자분석 전문가	그린빌딩, 그린홈, 그린시티 등 녹색 부동산의 가치 평가와 투자 전략 분석 수행
녹색리스크 평가 전문가	기업의 녹색리스크(기후변화 리스크, 제품환경 리스크 등) 평가를 통해 투자 및 여신 의사 결정 지원
녹색금융상품 개발 전문가	녹색산업 관련 예금, 적금, 카드, 개인대출, 기업여신, 보험, 펀드, 파생상품 기획 및 개발·성과 분석

자료: 에코프론티어(2009).

해외에서는 PF, 자산유동화 등의 형태로 프로젝트 및 기업에 대한 자원 조달을 추진하고 있는 반면 국내의 경우는 금리우대 기업 대출 상품과 정책금융기관 중심으로 기업을 지원하는 형태가 주를 이루고 있을 뿐 아니라 해외의 경우는 주택 및 상가, 차량 구입 등을 지원하는 녹색금융 상품이 개발되어 있는 반면, 국내의 경우는 금리우대 상품이 대부분이며 기초 대상이 되는 범위가 한정되어 있다. 또한 녹색산업이 리스크가 높고 수익성이 불투명하는 인식으로 인해 관련 상품들의 종류가 제한적이고 금융투자업의 경우 환경 관련 종합적 정보 부족, 녹색기업에 대한 분석 및 평가체계의 부족, 녹색금융인력 부족으로 인해 녹색펀드와 뮤추얼펀드 간의 차별화가 이루어지지 못하고 있으며, 녹색대출 개시, 배출권 거래가 일부 이루어지고 있지만 기술적 인프라 미비로 녹색금융과 탄소시장 활성화에 제약이 존재하고 있다.

| 표 3-4 | 금융권역별 녹색금융 상품 취급 규모

(단위: 개, 억원)

	은 행	저축은행	상호금융	보험사	증권사	계
상품건수	35	2	1	1	3	42
취급액	43,974.0	6.7	26.0	5.0	38.6	44,050.3

주: 1) 2009년 4월말 기준.
2) 녹색펀드 제외.

자료: 이석현(2009).

정부는 2012년부터 본격적인 탄소배출권 거래를 시작할 계획을 가지고 있으나, 배출권 거래소 설립의 주체 결정이 이루어지지 않고 있으며, 우리나라의 경우 의무감축국에 편입되지 않아 국가 레지스트리가 미구축된 상태로 탄소배출권의 법적 성격에 대한 논란 등 배출권거래를 위한 제도 정비가 미흡한 실정이다.

2 녹색금융 정책

정책 개관

정부는 '저탄소 녹색성장'을 추진하는 데 있어 녹색금융 활성화가 중요한 성공요인으로 작용한다는 점을 인식하였고 이에 따라 『녹색성장 5개년 계획』에 금융부문을 포함시키고 『녹색투자 촉진을 위한 자금유입 원활화 방안』을 발표하였다.

『녹색성장 5개년 계획』에서 녹색금융 부문에 관한 내용은 녹색기술·산업에 대한 정책금융 활성화, 녹색금융 인프라 구축, 탄소시장 육성 등 크게 세 가지로 요약된다.

녹색기술·산업에 대한 정책금융 활성화는 산업은행, 기업은행, 수출입은행을 통한 녹색산업에 대한 지원을 포함하고 있다. 산업은행과 기업은행에 대해서는 녹색 내수산업 및 내수기업에 대한 여신지원 확대 및 우대를 추진하도록 규정하고 있는데, 산업은행은 이미 녹색산업 육성자금 1조원을 미래 신성장동력 강화를 위해 추진하고 있다. 또한 벤처투자시장에 영향력이 큰 산업은행, 기업은행, 국민연금의 녹색벤처기업 투자펀드에 대한 출자를 확대하도록 유도한다는 방침도 포함되어 있다.

수출입은행에 대해서는 우대금리, 지원한도 확대 등을 통해 녹색 수출기업에 대한 자금지원을 확대하고 탄소배출권확보(CDM)사업 진출 지원을 위한 탄소펀드를 추진한다는 내용을 포함되어 있다. 이에 따라 수출입은행은 계획상 1,000억원 수준의 탄소배출권 구매 전문펀드를 출범하였는데 규모는 당초 계획을 초과한 1,500억원 수준에 이를 것으로 예상되고 있다.

한편 5개년 계획은 정책 보증기관을 통한 녹색기업 보증확대도 포함하고 있다. 신보, 기보에 대한 정부출연 및 보증대상 확대 등을 통해 녹색기업 및 산업에 대한 보증을 확대하고, 보증료율 우대, 보증한도 및 보증비율 확대를 통해 녹색기업에 대한 혜택을 부여한다는 것이 골자이다. 또한 정부는 금융기관 공동으로 보증기관에 특별출연하여 대출확대를 유도하고 보증기관 출연금에 대해서는 소득공제 혜택을 부여할 방침이다

『녹색성장 5개년 계획』에서 제도적 개선안으로 은행의 녹색 대부자

그림 3-1 녹색 장기예금 및 녹색채권의 구조

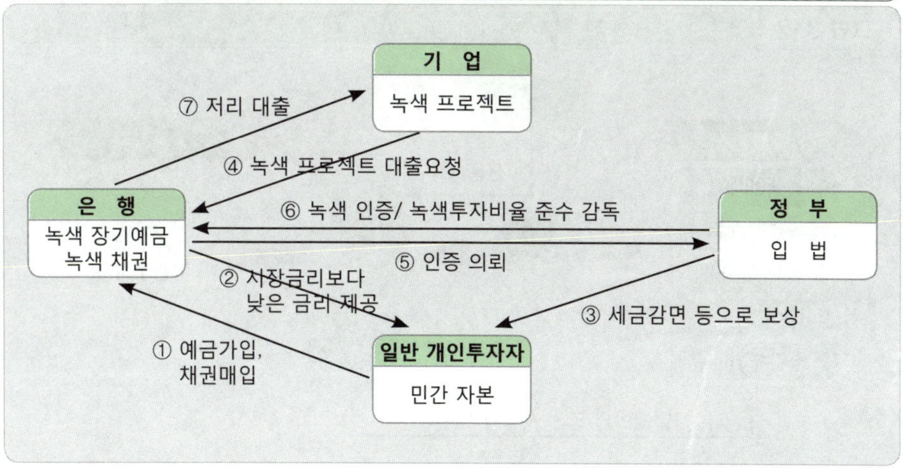

자료: 기획재정부.

책임에 대한 법·제도 보완을 단계적으로 검토한다는 내용이 포함되어 있다. 미국의 CERCLA(Comprehensive Environmental Response, Compensation, and Liability Act)법은 기업이 유발한 환경사고 처리비용을 대출금융기관에 부담시킬 수 있는 대부자 책임의 근거법인데 5개년 계획은 이와 유사하게 기업의 녹색화 정도 등을 감안하여 기업의 환경사고 등에 따른 녹색책임에 대한 법규제를 단계적으로 보완한다는 내용을 포함하고 있다. 이외에도 5개년 계획은 은행의 녹색기업에 대한 여신우대실적을 경영실태평가시 반영하고, 한국은행의 은행별 총액한도대출 한도배정시 녹색기업에 대한 여신실적을 반영하며, 모기지 상품 등에 있어 LTV(Loan-to-Value) 기준 완화 또는 녹색기술이 반영된 담보에 대해 녹색가치산정을 통해 실질적인 LTV 조건을 개선한다는 방안을 반영하고 있다.

『녹색투자 촉진을 위한 자금유입 원활화 방안』은 5개년 계획에 비해 보다 구체적인 정책방안을 포함하고 있다. 우선 녹색기업과 녹색프로젝트에 대한 신용보증을 2009년 2.8조원에서 2013년까지 7조원 규모로 확대하고, 녹색 창업기업 발굴·육성을 위해 창업준비부터 창업초기단계까지 3~5억원 한도로 3년에 걸쳐 맞춤형 보증 지원을 할 계획이다. 이 경우 보증비율을 현행 85% 수준에서 90~100% 수준으로 확대하고 보증료도 1.2~1.3% 수준에서 0.6~1.2% 수준으로 감면한다. 동 방안에서는 녹

그림 3-2 녹색채권 유동화 프로그램 구조

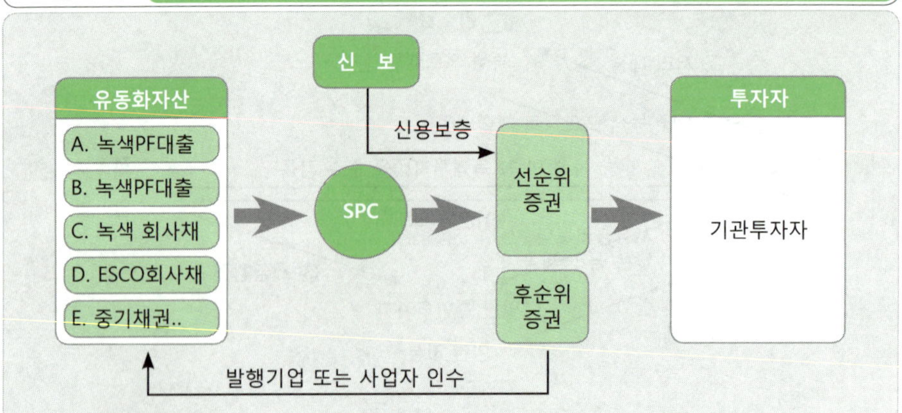

자료: 기획재정부.

색 중소기업에 대한 창업자금 등 정책자금 융자규모도 2009년 1,300억원 수준에서 2013년 6,600억원 수준으로 대폭 확대할 방침이며, 금리우대와 지원한도 확대 및 업종별 부채비율 제한(300~600%) 적용을 배제하는 등 지원조건을 개선할 방침이다.

『녹색투자 촉진을 위한 자금유입 원활화 방안』에서 녹색 장기예금 개발 및 녹색채권 발행을 통한 자금조달 방안을 명시하고 있다. 녹색 장기예금 및 녹색채권은 네덜란드의 Green Funds Scheme을 참고하여 만든 방안이다. 우선 은행이 일반 투자자로부터 저리로 장기예금(만기 5년) 또는 채권(만기 3년, 5년)을 발행하여 자금을 조달한다. 은행은 저리로 자금을 조달하였기 때문에 녹색프로젝트에 저리로 자금을 공급할 수 있으므로 프로젝트를 수행하는 기관은 혜택을 볼 수 있게 된다. 일반 투자자의 경우 녹색장기예금 또는 녹색채권을 구매할 경우 정부로부터 이자소득세에 대한 비과세 혜택을 누릴 수 있게 된다. 이 프로그램에서는 정부의 세제혜택이 부여되므로 은행은 조달된 자금의 60% 이상을 녹색인증을 받은 기술·프로젝트에 투자하도록 규정하고 있다. 은행의 입장에서는 저리로 조달한 자금의 40%는 다른 용도로 활용할 수 있고 일반 여신에 비해 보다 높은 가산금리를 부과할 수 있는 장점이 있다.

더불어 정부는 금융기관과 기업이 공동출자하여 특수목적회사(SPC)를 설립하여 조성한 자금을 기반으로 설비투자를 시행하는 프로그램을 통해 프로젝트 파이낸싱(PF)을 활성화한다는 방침을 세우고 있다. 이 경우 투자에 따르는 손익을 금융기관과 해당기업이 출자비율에 따라 공유함으로써 기업의 투자위험을 경감시킬 수 있다는 장점이 있다. 또한 정부는 녹색 기업채권 및 PF채권 유동화를 활성화하려는 계획을 세우고 있다. 이를 위해 신보에서 유동화회사보증 채권 풀(pool) 구성시 녹색 PF채권 및 녹색기업 채권 등 녹색채권 편입비중을 현행 풀(pool)별 5~9% 수준에서 2010년 20% 이상으로 확대하려는 계획을 가지고 있다. 다만 발행기업 또는 사업자의 도덕적 해이 방지를 위해 후순위 증권 인수의무를 부과하는 장치를 마련할 계획이다.

추진중인 방안들

정부가 제시한 녹색금융 활성화 방안의 내용을 녹색금융 재원 확대, 투자대상 확대, 녹색산업 단계별 자금유입체계 구축, 녹색인증 제도 도입으로 구분하여 살펴본다.

1. 재원 확대 방안

시장기능을 통한 자율적 녹색금융이 성숙하지 못한 만큼, 초기에는 정부의 재정지원에 의존한 녹색사업 설비투자가 불가피할 것으로 보인다. 정부도 이를 인지하고 재정지원에 기초한 '녹색투자 촉진을 위한 자금유입 원활화 방안'을 제시하였다. 〈표 3-5〉는 녹색금융 활성화 방안에 포함된 재원확대 내용을 요약하여 보여준다.

| 표 3-5 | 녹색금융 관련 재원확대 내용

(단위: 십억원)

지원방안	2009년	2013년	증 감
ESCO* 사업 재정융자 증액	135	200	65
녹색기술 R&D 재정지원 증액	2,000	2,800	800
연구개발·사업화 지원 매칭펀드 확대	13	80	67
녹색중소기업 전용펀드 확대	60	1,100	1,040
녹색산업·사업 해외진출 수출금융 확대	1,000	3,000	2,000
녹색기업·사업 신용보증 지원 확대	2,800	7,000	4,200
산업은행·연기금 녹색PEF	500	–	–
개도국 탄소배출권 투자 탄소펀드	100	–	–

주: * Energy Service Company. | 자료: 기획재정부(2009) 내용을 재구성.

2. 투자대상 저변 확대

투자대상 저변 확대 방안의 목표는 자금유입체계의 실효성 있는 작동과 녹색투자 과열 가능성의 사전적 차단이다.[7] 첫째, 기술 또는 사업이 녹색분야인지 여부를 인증하는 제도, 그리고 녹색기술을 보유하거나 녹색사

7) 기획재정부(2009)를 참조한다.

| 표 3-6 | 투자대상 저변 확대 방안 내용

방 안	내 용
녹색인증제 도입	• 녹색기술, 녹색사업(프로젝트), 녹색기업 인증
핵심 녹색산업 육성	• 핵심 녹색산업 선정, 지원 • 녹색 옴부즈만 설치
민자사업 확대	• 녹색 인프라 프로젝트의 민간투자대상 확대 • 인프라펀드 최소자본금 인하, 신탁형 펀드 도입
ESCO 사업 활성화	• ESCO 대상사업 및 융자 확대, 융자조건 개선 • ESCO 기업에 대한 보증 우대 • ESCO 업종 중소기업특별세액 감면 업종에 추가

자료: 기획재정부(2009) 내용을 재구성.

업을 수행하면서 일정요건을 충족하는 기업을 녹색기업으로 확인하는 제도가 도입된다. 둘째, 향후 미래 주력 수출품목이 될 수 있는 핵심 녹색산업이 선정되고 이들이 전략적으로 육성된다. 상용화 가능성, 미래 주력 수출품목화 가능성, 전후방 연관효과 등이 선정기준이다. 셋째, 주요 녹색 SOC 사업(자전거 도로, 신재생에너지 등)이 민자대상 사업에 포함되어 부가가치세 영세율 적용, 사업시행자에 대한 토지 수용권 부여 등의 혜택을 받는다. 넷째, ESCO 사업범위가 에너지절약시설에서 CO_2 저감시설 및 신재생에너지시설로 확대되고, 재정융자 규모도 증액될 예정이다. 〈표 3-6〉은 이러한 투자대상 저변 확대 방안의 내용을 요약하여 보여준다.

3. 단계별 자금유입체계 구축

녹색산업 발전단계를 R&D 및 상용화 단계, 성장 단계, 성숙 단계로 구분한 후, 각 단계별 맞춤형 자금유입체계의 구축이 추진된다. 대표적인 내용을 정리하면 〈표 3-7〉과 같다.

먼저 R&D 단계 및 상용화 단계의 녹색산업에 대해서는 재정지원 중심의 자금유입체계가 구축된다. 녹색기술 R&D 재정지원을 위한 '연구개발 및 사업화 지원 매칭펀드'와 녹색 중소기업에 대한 자금공급을 위한 '녹색중소기업 전용펀드'가 조성되며, 녹색기업과 녹색사업에 대한 신용보증 지원도 확대된다.

| 표 3-7 | 발전단계별 자금유입체계 구축 내용

방 안	내 용
R&D 및 상용화 단계	• 녹색기술 R&D 재정지원, 매칭펀드 조성 • 녹색중소기업 전용 모태펀드 조성 • 녹색기업 및 프로젝트에 대한 신용보증 지원
성장 단계	• 녹색 펀드 조성 • 녹색 장기예금 개발 및 녹색채권 발행
성숙 단계	• 민간의 자발적 녹색금융 참여 유도 • 녹색금융 인프라 구축

자료: 기획재정부(2009) 내용을 재구성.

다음으로 성장 단계의 녹색산업에 대해서는 자본시장을 활용한 장기자금 조달체계가 구축되며, 필요한 경우 세제지원 등을 통해 투자위험 경감을 위한 유인도 제공된다. 산업은행과 연기금을 중심으로 사모 녹색펀드가 조성되며, 공모펀드에 투자하는 개인투자자에 대해 소득공제와 비과세 혜택도 부여된다. 또한 녹색예금과 녹색채권에 대해서도 세제혜택이 제공되는 한편, 지방자치단체의 녹색 지방채[8]의 발행을 허용하는 방안도 검토된다. 연기금의 참여를 유도하기 위해 자산운용 평가 시 녹색투자실적에 따라 가산점이 부여되며, PEF가 녹색 인프라 사업에 적극적으로 참여할 수 있도록 PEF의 사회기반시설 직접투자가 허용된다.

세제혜택이 주어지는 대상은 조달자금의 60% 이상을 정부인증 녹색기술·프로젝트에 투자하는 녹색펀드, 녹색예금, 녹색채권이다. 〈표 3-8〉은 개인투자자에 대한 세제혜택을 요약하여 보여준다. 공모펀드에 투자하는 개인투자자에 대해 출자금액의 10%가 300만원 한도로 소득공제되고, 펀드 배당소득과 녹색채권 이자소득에는 3천만원 한도, 녹색 장기예금 이자소득에는 2천만원 한도로 비과세 혜택이 주어진다.

마지막으로, 성숙단계의 녹색산업에 대해서는 민간의 자발적 녹색금융 참여가 유도되고 정부에 의해 녹색금융 인프라가 구축된다. 탄소배출권 거래소 설립이 추진되면, 개도국 탄소배출권 시장에 투자하는 탄소펀드가 설립된다. 또한 한국형 '녹색 사회책임투자지수(SRI)'가 개발되어 우

8) 녹색 지방채는 조달자금의 100%를 녹색인증을 받은 프로젝트에 투자.

| 표 3-8 | 녹색금융 세제지원(안)

	녹색펀드	녹색예금	녹색채권
세제지원	• 배당소득 비과세 • 소득공제(10%, 300만원)	• 이자소득비과세	• 이자소득비과세
가입한도	• 1인당 3천만원	• 1인당 2천만원	• 1인당 3천만원
만 기	• 3년 이상	• 3년 이상	• 3년 이상

자료: 기획재정부(2009) 내용을 재구성.

수기업은 '녹색리그테이블'로 공표되는 한편, 녹색기업·사업의 해외진출 지원을 위한 수출금융도 확대된다.

4. 녹색인증 제도 도입

끝으로 녹색인증을 통해 녹색기술·사업·기업으로 선별되면 전략적 육성방안에 따라 다양한 지원이 주어진다. 인증 받은 녹색기술·사업·기업은 정부 각 부처에 의해 정책적으로 추진되는 각종 지원(기술개발 R&D, 사업화, 마케팅, 수출 지원)에서 우대받을 수 있다. 또한 인증된 녹색기술·사업·기업에 참여하는 투자자에게도 금융·세제 면에서의 지원이 주어진다. 이러한 인증제도의 도입은 녹색금융 투자대상 확대와 녹색산업 단계별 자금유입체계 구축을 선택과 집중 원칙에 따라 실행하기 위함이다. 즉 핵심 녹색산업을 선별하여 집중 육성하되, 자금유입 촉진을 위해 자본시장을 적극 활용하고 정부는 보완적 역할을 하려는 것이다.[9]

녹색인증의 대상은 녹색기술·사업·기업이다. 우선, 녹색기술 인증시 사용되는 기준은 기술성, 시장성, 녹색성(전략성)이다.[10] 기술성은 신청기술의 구체성, 명확성, 혁신성, 차별성, 수준을 기준으로 평가되는데, 기술의 수명주기상 도입기나 성장기에 위치하고, 다른 기술의 발전이나 수준향상에 기여할 수 있으며, 최고수준의 기술 대비 70% 이상의 것이어

9) 이러한 정책방향은 선진국의 정책방향과 유사함. 네덜란드, 독일, 캐나다 등 주요 선진국은 녹색산업에 대한 투자를 활성화하기 위해 선택과 집중의 원칙하에 녹색산업을 선정·육성하고 있으며 녹색채권 발행, 녹색펀드 조성 등 다양한 정책을 실시하고 있음. 기획재정부(2009) 참조.

10) 녹색기술 범위는 국내외 기술동향 분석, 전문가 자문, 관계 부처 의견을 기초로 정해지는데, 향후 산업의 발전추세나 사회적 요구를 반영하여 매년 그 범위가 조정될 예정임.

| 표 3-9 | 녹색기술 평가기준

항 목	배 점	평가내용
기술성	40	• 신청기술의 구체성, 명확성, 혁신성, 차별성, 수준 • 기술적 파급효과, 경쟁국 대비 기술수준
시장성	30	• 신청기술의 비교우위성, 사업화 계획 타당성, 시장진입가능성 • 시장규모, 성장률, 투자대비 회수가능성, 수입대체 효과, 국제경쟁력
녹색성 (전략성)	30	• 에너지·자원의 절약, 기후변화 및 환경훼손의 억제 • 녹색성장 기여 효과, 산업 및 경제구조 개선, 고용창출

자료: 지식경제부(2009) 내용 재구성.

야 한다. 인증평가기관이 기술성, 시장성, 녹색성을 종합적으로 평가하여 100점 만점 중 70점 이상인 기술을 인증대상으로 추천하면, 조정위원회가 녹색기술 인증 여부를 확정하게 된다. 〈표 3-9〉는 녹색기술 평가기준을 요약하여 보여준다.

다음으로 녹색사업 인증 시 사용되는 기준은 녹색기술 활용성, 환경기대효과, 사업타당성이다. 녹색기술의 사용이 사업목표에 부합하고, 그 사용 비중이 전체 투자액 대비 일정한 수준 이상이어야 한다.[11] 신청 사업이 환경에 미치는 긍정적 영향(에너지 절감, CO_2 저감, 오염 물질 저감)과 부정적 영향(산림훼손, 습지·생태공간 훼손, 오염물질 배출)을 종합적으로 판단할 때 긍정적 영향이 부정적 영향보다 커야 하며, 환경훼손이 발생 가능성이 있는 사업의 경우에는 최소한 환경 중립성이 보장될 수 있어야 한다. 사업목표는 구체적이고 명확하며 정책목표와 부합해야 하는 한편, 엔지니어링이나 기술적 측면에서도 오류가 없어야 한다. 〈표 3-10〉은 녹색사업 평가기준을 요약하여 보여준다.

마지막으로 녹색기업 인증 시 사용되는 기준은 성장단계와 녹색기술 매출비중이다. 창업 후 1년이 경과하여 신생 또는 성장진입기에 있어야 하며, 인증된 녹색기술에 의한 매출비중이 전체 매출의 30% 이상이어야 한다. 인증 받은 녹색기술이 다수인 경우에는 각 녹색기술에 의한 직전년도 매출의 합이 30% 이상이면 된다.

---

11) 공공 인프라 성격의 사업에는 동 기준이 적용되지 않는다.

| 표 3-10 | 녹색사업 평가기준

항 목	배 점	평가내용
녹색기술 활용성	30	• 녹색기술 활용 여부, 사업기여도 • 사업목표와 녹색기술 활용의 부합성
환경기대효과	50	• 긍정적 영향(A) 분석, 부정적 영향(B) 분석 • (A)>(B) 여부 종합판단
사업타당성	20	• 사업목표 구체성, 명확성, 정책목표에의 부합성 • 엔지니어링·기술적 오류 검토

자료: 지식경제부(2009) 내용 재구성.

녹색금융 정책의 보완 필요 사항[12)]

앞서 살펴본 바와 같이 정부는 녹색금융을 조기에 활성화시키고자 녹색금융 투자대상 확대, 녹색산업 단계별 자금유입체계 구축, 녹색인증 제도 도입을 골자로 다양한 지원방안을 제시하고 있다. 이러한 시도에 따라 투자자와 금융회사가 녹색금융에 대해 보다 정확히 이해하고 그 필요성에 대해 공감하게 될 것으로 기대한다. 특히 기본적인 재원이 마련되고 인증제도가 시행되면, 녹색금융의 범위가 구체화되어 투자자나 금융회사가 녹색금융에 보다 적극적으로 참여할 수 있을 것이다. 인증 받은 녹색기술·사업·기업에 대한 재정·금융·세제 면에서의 지원으로 민간부문의 녹색금융 유인도 커질 수 있을 것이다.

그러나 현재의 방안 내용은 시장기능에 기초한 자율적 녹색금융의 활성화를 유도하기에는 한계가 있다고 판단된다. 향후 녹색금융 규모의 확대에 그치는 것이 아니라 민간 재원 중심의 자율적 녹색금융이 성장하려면 시장기능이 보다 강화되어야 한다는 문제의식에 따라, 이하에서 선별 및 감시기능, 관계금융, 녹색정보 생산에 관련된 한계를 살펴본다.

1. 선별 및 감시기능

녹색금융의 외형은 자금공급자인 투자자로부터 조달된 자금이 자금

12) 이지순 외(2009) 참조.

수급자인 녹색기업에게 제공되는 금융중개(financial intermediation)이다. 정부의 활성화방안의 대부분이 녹색금융에 소요될 재원을 확보하는 것에 집중하고 있는 것도 녹색금융의 외형에 주목하였기 때문이라고 보인다.

그런데 녹색금융의 질적인 측면은, 경쟁력 있는 녹색기업에게 상대적으로 풍부한 자금을 지원하고 부실한 녹색기업은 시장에서 도태시키는 시장기능이다. 그러한 시장기능은 투자대상에 대한 선별(screening)과 감시(monitoring)가 제대로 이루어질 때 정상적으로 작동할 수 있다.[13] 미래 성장가능성은 높지만 자금이 부족한 녹색기업을 찾아 이들에게 자금 제공을 집중하는 선별기능이 이루어지면 자원배분의 효율성이 제고될 수 있다. 또한 녹색기업이 제공받은 자금을 약정대로 사용하도록 감독하는 감시기능이 이루어지면 재정지원의 실효성이 확보될 수 있다. 궁극적으로 선별과 감시에 의해 부실한 녹색기업이 도태되고 녹색기업의 고위험 투자가 억제되면, 녹색기업의 미래 수익성에 대한 불확실성이 완화될 수 있다. 반면 선별과 감시가 제대로 작동하지 않으면, 녹색투자가 과열되어 부작용이 나타날 수 있다.[14]

정부의 녹색금융 활성화 방안에 따르면, 녹색인증을 통해 녹색기술·사업·기업에 대한 선별이 이루어질 것으로 보인다. 그리고 녹색금융 초기에는 대부분의 투자자나 금융회사가 녹색인증 기준을 사용하여 투자대상을 선별할 것으로 예상된다. 녹색기술·사업·기업의 수익성평가에 대한 경험과 노하우가 부족하여 독자적인 선별이 어려울 뿐만 아니라, 정부가 제공하는 다양한 지원을 받기 위해서는 인증된 녹색기술·사업·기업에 투자하는 것이 불가피하기 때문이다. 그런데 인증제도에 지나치게 의존하여 금융회사의 독자적인 선별과 감시기능이 정상적으로 작동하지 못하면 시장실패가 발생할 가능성이 높다.

특히 현재 제시된 녹색인증 기준만으로 녹색기업의 미래 성장가능

---

13) 은행의 금융중개기능에서 선별과 감시의 중요성을 다루고 있는 Fama(1985), Bossone(2001), Gary Gorton & Andrew Winton(2002) 등을 참조.

14) 선별기능과 감시기능이 정상적으로 작동하지 않은 상태에서 정책적 지원이 주어지는 경우 나타날 수 있는 부작용은 이미 벤처기업이나 혁신중소기업 육성정책에서 경험한 바 있다.

성이나 수익성을 정확하게 판단하기는 어려울 것으로 보이는데, 그 이유는 다음과 같다. 첫째, 녹색사업 평가기준은 사업의 녹색성 평가 중심으로 구성되어 있으며, 사업의 경제성 평가는 금융회사의 몫으로 남겨져 있다. 둘째, 녹색기술 활용성, 환경 기대효과, 사업타당성은 모든 사업에 공통적으로 적용될 기준으로, 사업 유형별로 적용될 세부기준과 사업목표와 정책목표 사이의 정합성을 판정하는 기준이 마련되어 있지 않다. 셋째, 녹색기업 선별 기준으로 부품소재전문기업과 첨단기술기업의 기준이 준용되고 있는데, 동 기준에 따른 선별의 적절성에 대한 평가가 선행될 필요가 있다.[15] 넷째, 무엇보다도 동 방안에서는 자금 제공 이후 녹색기업에 대한 사후적 감시기능에 대한 고려가 부족하다.

2. 관계금융의 이용

정부가 제시한 녹색금융 활성화 방안의 기본 방향은 민간 재원을 최대한 활용하는 한편 정부는 보완적 역할만을 담당하는 것이다. 그런데 현재 국내 상황은 투자자와 금융회사들이 녹색금융에 이제 막 관심을 보이기 시작한 단계로서, 시장기능에 따른 자율적 녹색금융이 성숙해 있지 못하다. 금융회사의 경우, 글로벌 금융위기 이후 건전성규제가 강화되는 추세여서 위험자산에 해당하는 녹색산업에 대한 금융지원이 확대될 여력이 크지 않다. 녹색금융의 수익성이 검증되지 않은 상태인 만큼 자본시장을 통해 투자자로부터 직접 자금을 조달하는 것도 쉽지 않다.

이와 같은 상황에서 시장기능에 기초한 자율적 녹색금융이 가능하려면 적극적 투자자가 요구된다. 적극적 투자자는 관계금융(relationship financing)을 활용하여 녹색기업에 대한 선별과 감시를 수행하려는 투자자이다. 관계금융에서는 금융회사가 녹색기업과 장기관계를 유지하면서

15) 이번에 제시된 녹색기업 확인기준은 첨단기술기업과 부품소재전문기업 관련 기준을 준용한 것임. 첨단기술기업 관련 기준은 첨단기술을 바탕으로 발생한 매출액이 연간 총매출액에서 차지하는 비율이 30퍼센트 이상이며(대덕연구개발특구등의육성에관한특별법 시행령 제3조 제3항 제2호), 부품소재전문기업 관련 기준은 부품소재 또는 그 생산설비의 매출액의 비율이 100분의 50 이상인 기업(부품소재전문기업등의육성에관한특별조치법 시행령 제3조 제1항)임. 지식경제부(2009.9.30) 참조.

획득한 사적 정보를 활용하면서 맞춤형 투자계약을 바탕으로 선별과 감시를 수행한다. 이는 재무제표를 비롯한 공개된 정보를 활용하면서 표준형 투자계약을 바탕으로 금융을 중개하는 거래금융(transaction financing)과 대조된다.[16)]

불확실성이 크고, 투자회임기간이 장기이며 외부성이 강하게 나타나는 녹색금융 초기에는 거래금융에 비해 관계금융이 보다 효과적일 수 있다. 관계금융 시에는 보다 다양한 수단을 활용하여 녹색기업에 대한 선별과 감시를 수행하는 것이 가능하기 때문이다. 예를 들어, 녹색기업 이사회 참여, 투자계약 시 특별약정 체결, 녹색기업과의 장기 거래관계 등을 생각해 볼 수 있다. 결과적으로 관계금융이 확립되면 보다 저렴한 비용으로 선별과 감시가 이루어질 수 있기 때문에 R&D 단계나 성장단계에 위치한 녹색기업에 대해서도 자금을 공급할 유인이 커진다.[17)]

또한 적극적 투자자의 관계금융의 확산은 자본시장을 통한 거래금융이 촉진될 수 있는 기반을 제공한다. 녹색기업에 대한 공개정보가 많지 않은 초기에는 사적정보에 기초한 관계금융으로 시작하는 것이 불가피하다. 그런데 관계금융 과정에서 부산물로서 녹색기업 관련 공개정보가 생성되어 축적됨에 따라 점진적으로 거래금융의 활용가능성이 커진다. 예를 들어, 적극적 투자자로부터 장기 자금을 유치한 녹색기업은 신용도가 높아져 자본시장을 통한 직접적인 자금조달도 가능해진다. 따라서 적극적 투자자가 많아지면 녹색금융에 내재된 정보의 비대칭성이 완화되고 녹색기업의 장기적 경쟁력에 대한 판단이 정확해져 거래금융도 활성화될 수 있다.

요컨대, 녹색금융 초기에는 적극적 투자자에 의한 관계금융을 활성화하는 것이 바람직한데, 이에 대한 고려가 부족하다는 점이 녹색금융 활성화 방안의 한계이다. 정보의 비대칭성이 심각한 상태에서 자본시장에

---

16) 함준호·강종구(2005) 참조.

17) 선행연구 결과에 따르면 거래대출에 치중하는 은행에 비해 관계대출을 활용하는 은행에서, 고위험 대출(가계대출 대비 기업대출, 대기업대출 대비 중소기업대출, 담보대출 대비 신용대출, 단기대출 대비 장기대출)의 비중이 높게 나타남. Berger and Udell(1996), Gorton and Winton(2002) 등 참조.

기초하여 녹색금융을 활성화시키고자 하는 정부의 방안은 기대만큼의 효과를 거두기 어렵다고 판단된다. 특히 녹색금융의 질적 성숙을 위해 요구되는 선별과 감시기능이 원활히 이루어질 가능성이 높지 않다.

3. 녹색정보 생산 미비 우려

녹색금융의 초기에 선별과 감시가 원활히 작동하기 어려운 이유는 녹색기업에 대한 정보가 부족하기 때문이다. 우선 R&D 단계나 성장단계에 위치한 녹색기업과 관련하여 핵심역량이나 사업에 관한 정보가 외부에 공개되지 않기 때문에 정보의 비대칭성이 심각하게 나타난다. 더욱이 이들 녹색기업에 대한 정보생산에서는 외부성이 강하게 나타나 정보생산이 충분한 수준으로 이루어지지 않는다. 이는 일부 투자자가 비용을 들여 해당 녹색기업에 대한 정보를 생산하면, 해당 투자자가 정보생산 비용을 모두 부담하는 반면 다른 투자자도 생산된 정보를 활용할 수 있기 때문이다. 이에 따라 대다수 투자자들이 다른 투자자의 정보생산에 무임승차하려는 유인을 갖게 되어 정보의 비대칭성이 지속되는 결과가 초래된다.

이와 같은 외부성을 감안할 때 재정지원과 녹색인증을 담당하는 공적기관이 정보생산 기능을 수행하는 것이 바람직하다. 녹색기술·사업·기업 관련 인증업무를 수행하는 과정에서 인증평가기관과 조정위원회에 녹색기술·사업·기업에 대한 정보가 축적될 수 있다. 이러한 가능성은 ESCO 사업[18]에 대한 저금리 융자제도의 경우에서 확인할 수 있다. 성과배분제의 계약서를 바탕으로 에너지관리공단의 추천을 받은 ESCO 사업자는 산은캐피탈에서 에너지절약시설자금을 받을 수 있다. 그 과정에서 ESCO는 계약서와 관련 자료를 에너지관리공단에 제출하여야 하는데, 동 자료는 ESCO 사업의 수익성 분석에 활용될 수 있다.[19]

---

18) ESCO(Energy Service COmpany: 에너지절약전문기업): 기술과 자금이 부족한 에너지사용자에게 기술, 전문 서비스, 자금을 제공하여 에너지 절감시설을 대신 설치하고, 투자시설에서 발생하는 에너지절감액으로 투자자금과 수익을 회수하는 사업을 영위하는 기업으로 ESCO투자사업을 통해 에너지사용자는 투자 위험 부담없이 에너지절약 시설투자가 가능하고 ESCO는 투자수익성을 보고 투자위험을 부담하는 벤처형 사업임.

19) 김수덕(2005) 참조.

그런데 재정지원 공적기관의 경우 사후적 관리에 대한 유인이 크지 않기 때문에, 이들을 통해 축적된 정보를 녹색금융에 직접적으로 활용하는 것은 한계가 있다고 판단된다. ESCO 사업의 사례에서도, ESCO 사업 수익률을 산정하기 위해 필요한 정보가 충분히 집적되어 있지 못하다. 예를 들어, 에너지관리공단에 집적된 정보에는 실제 투자 규모,[20] 실제 절감액,[21] 에너지사용자와 ESCO 사이의 분쟁 여부 등의 정보가 포함되어 있지 않다. 또한 계약체결 후 기간에서의 절감량을 정확히 산정하기 위해 필요한 주설비별 사용 연료의 종류와 그 가격에 대한 정보도 집적되어 있지 않다. 이러한 정보는 사후적 감시가 제대로 이루어져야만 집적될 수 있는 것인바, 에너지절약시설자금 지원 이후 사후적 관리가 충분하지 못하였다고 볼 수 있다.

이와 마찬가지로 녹색금융 활성화 방안에서도 인증 과정에서 인증평가기관에 의해 축적된 정보나 매칭펀드·모태펀드·보증지원 운영과정에서 생성되는 정보를 집적하여 활용하려는 계획이 포함되어 있지 않다. 이는 녹색금융 활성화 방안이 녹색기술·사업·기업 정보의 생산과 관련하여 갖는 한계이다.

3 녹색금융 지원체계[22]

녹색은 그 자체로 자연적인 가치를 가지면서도 경제시스템에 통용될 수 있는 경제적 의미를 갖춰가는 형태로 발전되고 있다. 가장 대표적인 것이 탄소배출권(carbon credits)이다. 유엔은 교토의정서의 청정개발

20) 동 자료에는 계약서상의 투자비 규모와 저금리자금의 인출규모가 따로 기재되어 있는데, 둘 중 어느 것이 실제 투자비인지 확인할 수 있는 정보가 없음. 김수덕(2005)을 참조.

21) 계약서상의 절감 예상액은 실제 절감액과 다를 수 있음. Goldman et.al.(2005)를 참조.

22) 이지순 외(2009) 참조.

체제(CDM: Clean Development Mechanism), 공동이행제도(JI: Joint Implementation), 배출권거래제도(emission trading)를 통해 온실가스를 줄일 경우 경제적 가치를 부여하도록 하였다. 이에 따라 온실가스가 경제시스템 내에 내재화(internalisation)되게 되었다.

또한 제품의 수출입 및 유통과 관련된 환경규제의 강화도 녹색의 내재화를 가속시키고 있다. 선진국들을 중심으로 납이나 카드뮴 등 중금속이나 유해물질이 사용된 제품의 교역을 금지하면서 이러한 물질들과 관련된 기업의 매출이나 손익에 직접적인 영향이 발생되고 있다. 2000년 소니가 유럽에 판매를 하려던 플레이스테이션에서 카드뮴이 발견되어 유럽당국이 본 제품의 통관을 금지시켜 약 2,000억원의 직접적인 손실을 입었던 것이 대표적인 예이다. 따라서 기업들은 녹색경영을 강화시켜나가고 있으며, 기업 간의 거래에 있어서도 녹색경영을 하지 않는 협력업체와의 거래를 중단하는 경우가 급격히 증가하고 있다. 녹색기술정책의 확대도 새로운 녹색산업을 유도하며 현금흐름을 창출시켜 내기 때문에 금융권에 유의미한 녹색으로 내재화되고 있다. 이 외에도 녹색소비자의 등장과 공공기관 녹색제품 우선구매정책에 따라 녹색제품에 대한 새로운 수요가 발생하는 것도 기업의 매출확대로 이어지면서 경제시스템 내에 녹색의 영향력이 강화되고 있다고 볼 수 있다.

그렇다면 금융권에서는 이러한 녹색의 가치를 금융의사결정 과정상에 어떻게 반영할 수 있을까? 녹색기술이나 녹색기업, 녹색사업은 어떻게 파악해낼 수 있을 것인가? 어느 정도의 기업이 어떤 수준의 녹색경영을 하고 있는지 파악할 수 있을까? 가격 변동이 큰 탄소배출권은 얼마의 가치로 인정을 해야 할 것인가? 만약에 국가가 기업들에게 온실가스 의무저감목표를 부여하게 된다면 기업의 재무제표는 어떻게 변하며, 기업의 가치는 어떻게 변하게 될 것인가? 이러한 질문들에 대해 답을 하지 않고서는 녹색을 금융에 통합시키기 어려울 것이다.

많은 경우 이러한 역할은 금융을 둘러싼 금융보조기관들과 금융하부구조에서 담당하게 되기 때문에 녹색금융에서 이 간접부분의 역할은 매우 중요하다고 할 수 있다. 그리고 녹색금융과 관련해서는 기존 기관들의 역할과 더불어 새로운 기관 및 하부구조의 역할이 요구되고 있다. 그러나 현재 우리나라의 녹색금융 관련 금융보조기관들과 금융하부구조는 매우 취약한 편이다. 일부 금융기관들이 자발적으로 녹색금융상품을 개발하고는 있으나 인프라의 부족으로 금융권내에 녹색금융이 확산되는 데는 한계를 보이고 있다. 법제도적, 기술적, 인적 인프라가 취약하다보니 많은 경우 녹색금융의 자발적인 시도들이 일회성에 그치거나 상징적인 수준에 그칠 수 있다는 우려 또한 확대되고 있다. 여기에서는 먼저 금융보조기관들과 금융하부구조의 녹색금융을 위한 역할에 관해 살펴본다.

녹색기술, 기업, 사업의 파악(Identification)

녹색을 금융기관들이 "파악(identification)"할 수 있도록 하는 기관과 하부구조가 필요하다. 일반적으로 금융활동을 위해 특정 기술이나 산업 등을 판단하는 것은 금융기관의 역할이라고 할 수 있다. 그러나 정부가 특정 녹색기술, 기업, 사업 분야를 육성하고자 할 때는 금융기관과 정부당국과의 긴밀한 협력이 필요하게 된다.

첫째, 정부가 특정 기술을 육성하기 위해 녹색기술목록(Green technologies)을 제시하고, 이와 관련된 기술 또는 녹색기술기업(Green businesses)에 인센티브를 주는 경우가 있다. 일반적으로 많은 국가들이 자국의 기술과 경제상황을 감안하여 육성을 하고자 하는 주력 녹색기술의 목록을 발표하고, 선택과 집중형 R&D 지원을 하게 된다. 우리나라의 경우에도 마찬가지로 녹색성장 5개년 계획 등을 통해 정부가 육성하고자 하는 녹색기술의 목록이 발표된 바 있다. 또한 정부는 녹색기술기업의 요건을 매출액 기준으로 녹색기술 등을 통해 벌어들인 수입의 일정 비율을 제시한 바 있다.

그러나 어떤 기술은 기술 그 자체보다는 해당 기술을 통한 사업권이 중요한 경우가 있으며, 어떤 기술은 그 자체로 매우 큰 부가가치를 창출해내기도 한다. 예를 들어, 신재생에너지기술이라고 하더라도 국제적으로 경쟁이 심한 기술들의 경우에는 원가경쟁 등을 통해 부가가치가 낮을 수 있고, 어떤 관점에서는 특정 기술이 아니라 해당 기술을 통해 글로벌하게 신재생에너지 발전사업권을 확보하고, 발전사업을 영위할 때 부가가치가 커지는 경우도 있다. 또한 기술이라고 하더라도 핵심기술과 부대적인 기술이 있을 수 있으며, 매우 최신의 첨단기술과 관련된 가치사슬과 연계되어 있으나, 특정 기업이 가지고 있는 기술은 정작 기존의 일반 기술일 수도 있다. 예를 들어 첨단 연료전지 자동차에 필요한 일반 전선의 경우 연료전지 자동차에 필요한 것은 사실이나 기존의 일반 기술이거나 또는 고부가가치 기술이 아닐 수도 있을 것이다.

따라서 R&D 관점에서 정부가 육성해야 할 기술과 녹색금융관점에서 투자를 할 수 있는 기술은 다소 상이할 수 있다. 그럼에도 불구하고 정부가 의지를 가지고 투자와 지원을 하는 기술들에 대해서는 일반적으로 정부가 우선구매나 보급확산 지원프로그램 등을 통해 기술의 성공적인 상업화를 위해 지속적으로 노력하게 된다. 많은 국가들이 실제로 이러한 과정을 통해 전략산업을 육성시켜왔으며, 우리나라에서도 이러한 국가차원의 미래산업전략이 효과적으로 성공해 왔다는 것을 감안해 봤을 때 녹색기술에 대한 국가차원의 투자를 통해서 세계적인 녹색산업과 대표적인 녹색기술기업을 육성해 내리라는 기대를 할 수 있다.

현재 금융관점에서의 녹색기술 연구조사에 대해서는 일부 증권사들이 특정 기술기업에 대한 조사 보고서를 내고 있는 정도에 불과하다. 이렇게 녹색신기술에 대한 기술투자와 더불어 금융관점에서 꾸준한 연구조사가 뒷받침되지 않는다면 녹색금융을 통한 녹색기술지원은 당분간 어려울 것으로 보인다. 따라서 금융 관점에서도 이러한 녹색기술들의 목록에 대한 단순한 의존보다는 보다 적극적으로 이러한 기술들이 가지고 있는 고유한 가치사슬과 시장특성 및 시장상황에 따른 전망 등에 대해 꾸준한 관찰과 대화, 연구, 조사를 확대시킬 필요가 있다. 이를 위해서는 기존 은행이나 증권사, 벤처캐피탈과 같은 금융기관들은 물론 연구기관이나 학계, 컨설팅기관들에서도 지속적으로 녹색금융을 위한 맞춤형 녹색기술 연구조사가 요구된다. 정부에서도 단·중·장기적으로 개별 녹색기술에 대한 시장과 금융관점의 연구조사 프로그램을 지원할 필요가 있다.

둘째, 녹색경영을 잘 수행하는 녹색경영 우수기업(Green companies)에 대한 파악 관점에서 녹색금융을 생각해볼 수 있다. 정부는 녹색성장정책을 통해 우리나라의 모든 산업을 녹색화하겠다는 의지를 표명한 바 있다. 특정 녹색기술에 투자하고, 녹색기술기업을 육성하겠다는 것과 더불어 기존에 있던 일반 산업과 그 산업 내의 기업들이 녹색경영을 하도록 지원하겠다는 것이다. 정부가 표명하고 있는 녹색경영이란 온실가스를 저감시키며, 친환경경영을 수행하는 동시에 녹색을 통해 새로운 일자리와 부가가치를 창출하는 등 사회적 책임에도 기여한다는 포괄적인 의미를 담고 있다. 따라서 녹색경영의 보급확산이란 녹색을 모티브로 하는 경영선진화와 기업성장을 통한 사회성장, 녹색성장을 부가적으로 이루어내겠다는 정책적 의지를 가지고 있는 것이다.

녹색성장위원회를 중심으로 환경부, 지식경제부, 중소기업청과 같은 정부부처 및 정부산하기관과 민간전문기관들이 녹색경영에 대한 가이드를 개발하고 있는 중이다. 이 가이드가 개발되면 이후 각 정부부처나 전문기관들이 이 가이드를 고려하여 자체적인 국가나 민간차원의 녹색경영 지정제도나 인증제도를 발표할 것으로 예상된다. 이 과정에서 기존 제도를 보완하거나 새로운 제도가 도입될 가능성이 있다. 예를 들어 환경부의 환경친화기업지정제도의 요건에 녹색기업 기준이 반영된다든지, 또한 기존에 환경경영체제의 국제인증인 ISO(International Standardization Organization) 14001 인증기관들이 이 제도에 녹색기준을 반영시키면서 새롭게 녹색경영 인증 프로그램 등을 도입할 가능성도 있다. 그리고 녹색경영을 협의로 해석하여 ISO 14001 인증 자체만을 가지고 인증 획득한 기업을 최소한의 요건을 갖춘 녹색경영기업이라고 부를 수도 있을 것이다.

그러나 일반적으로 정부나 공공성을 가진 기관들의 기업 경영체제의 인증은 크게 두 가지 목적을 가진다. 하나는 업계를 선도하는 우수경영활동(best practices)을 보유한 기업을 식별하도록 하는 목적이 있으며, 또 다른 하나는 최소한의 요건을 만족시킨 기업을 식별하도록 하는 목적이 있다. 전자는 환경친화기업지정제도가 그러하며, 후자는 ISO 14001 환경경영체제가 해당된다.

녹색금융의 관점에서 이러한 지정·인증 제도를 통한 녹색경영 우수기업의 파악은 제도의 특성을 감안하여 민감하게 다뤄질 필요가 있다. 다시 말해서 녹색경영에 대한 기본요건을 달성한 기업들에 대한 녹색금융활동과, 녹색경영 우수기업에 대한 녹색금융활동은 다르게 적용될 필요가 있다는 것이다. 보다 많은 중소기업들이 녹색경영을 할 수 있도록 유도를 하기 위한 목적으로 융자를 제공한다면 최소한의 녹색경영 요건을 가진 기업들을 선별해낼 수 있으면 될 것이다. 그러나 녹색경영을 하는 기업의 녹색프리미엄을 누리기 위한 주식투자 관점에서 ISO 14001 인증기준만을 고려한다는 것은 문제가 될 수 있다. 예를 들어, 일본의 경우 몇몇 은행들이 기업의 사회책임(Corporate Social Responsibility: CSR) 관점에서 ISO 14001 인증을 받은 중소기업들에게 낮은 이자로 대출을 해주는 프로그램을 도입한 바 있으나, 최소한의 요건을 준수하여 인증을 받는 ISO 14001 인증제도의 특성을 감안하여 최근에는 환경성 주도로 금융기관들에게 보다 정교화된 녹색경영평가에 대한 노력을 요구하고 있는 상황이다.

따라서 녹색경영 우수기업에 대한 정부의 가이드가 조속히 개발되고, 금융권의 다양한 금융서비스에 맞도록 기업이나 산업의 크기나 특성을 감안하여 최소한의 요건을 제시하거나 선도적인 요건을 제시하는 지정제도 또는 인증제도 등의 도입이 필요하다. 그러나 녹색금융 활동을 위한 녹색경영에 대한 파악은 정부보다는 민간을 중심으로 활성화될 필요가 있다. 국가가 특정 기업의 녹색경영 수준에 대한 지정이나 인증을 해줄 수는 있어도, 해당 기업의 경영성과에 대해서는 보증을 할 수 없기 때문이다. 만일 국가가 특정 기업을 녹색경영 우수기업이라 지정을 했고, 금융기관이 그 지정제도만을 바탕으로 투자의사결정을 했는데 해당 기업의 재무적 성과가 좋지 않으면 정부의 신뢰도가 영향을 받을 수 있기 때문이다. 따라서 정부는 녹색경영 우수기업에 대한 가이드와 일부 녹색경영만을 위한 지정제도나 인증제도를 개발하여 운영하되, 녹색금융의 활성화를 위해서는 이러한 제도를 바탕으로 금융기관 자체나 민간전문기관 등을 통해 투자나 대출이 가능한 녹색경영기업을 식별해낼 수 있는 연구조사가 필요할 것이다.

셋째, 녹색사업(Green projects)을 가려내어 금융서비스를 제공하는 경우를 생각해볼 수 있다. 정부는 4대강 정비사업은 물론 신재생에너지의 보급이나 녹색건축물 및 녹색도시의 보급확대, 녹색교통인프라의 추가 구축 등 다양한 형태의 녹색사업들을 제시하고 있다. 이 과정에서 정부는 금융권의 적극적인 참여를 요구하고 있다. 그러나 현재 우리나라에는 구체적으로 어떤 사업이 녹색사업이라는 제도는 도입되지 않고 있다.

네덜란드의 경우 녹색사업을 지원하기 위해 녹색펀드제도(Green Funds Scheme)를 1995년부터 시행해오고 있다. 이 제도는 네덜란드 정부가 금융기관들에게 녹색채권이나 녹색예금상품을 만들게 하고, 이에 참여하는 일반 투자자나 예금자들에게는 낮은 수익을 제시하지만, 정부가 세제혜택을 주어 결국 일반 금융상품과 동일한 수준의 수익을 얻도록 하고 있다. 이 과정에서 녹색사업에 대한 인증은 정부산하 연구기관들(SenterNovem 등)이 담당하고 있다. SenterNovem에서는 약 15명의 녹색사업 전문가들이 신재생에너지, 지역난방, 그린빌딩 등의 녹색사업에 대한 녹색인증(Green Certification)을 주고 있다.

이와 더불어 전세계적으로 세계은행과 국제금융공사가 주도가 되어 어떤 사업이 환경에 문제가 없는지에 대한 국제 원칙인 적도원칙(Equator Principles)이 있다. 이 원칙은 전세계 프로젝트 파이낸싱시장의 약 80% 이상에 달하는 기관들이 참여하고 있는 국제적인 표준으로 자리잡고 있으며, 적도원칙을 준수하지 않는 사업들은 국제적인 파이낸싱을 얻지 못하는 위험에 처할 수 있다. 이 원칙에서는 프로젝트 파이낸싱이 필요한 사업들을 환경적 영향에 따라 3가지 범주로 나누도록 하고 있으며, 각각의 범주별로 필요한 환경적 고려요건들을 제시하고 있다. 예를 들어 대형댐 건설사업의 경우 환경파괴가 크고, 사회적인 반발이 예상되므로 환경영향평가와 이에 따른 충실한 환경관리계획을 제시하도록 요구하고 일반대중에도 공개하여 관련 이슈들을 충분히 관리할 수 있을 정도가 되지 않으면 투자를 하지 않고, 투자가 된 이후에도 주기적인 모니터링을 통해 사업의 진척상황을 감시하도록 되어 있다. 적도원칙은 어떤 사업이 녹색성장을 주도할 녹색사업인지를 밝혀주기보다는 보다 소극적으로 어떤 사업이 환경에 문제가 없는지를 파악할 수 있도록 해주는 장치이다. 적도원칙의 수행은 프로젝트 파이낸싱을 수행하는 금융기관이나 관련 전문기관이 맡는 경우가 있으며, 최근에는 모건스탠리나 수미토모미쯔이은행과 같이 선진금융기관을 중심으로 프로젝트 파이낸싱 이외의 모든 금융투자 의사결정에 적도원칙을 반영하고자 하는 사례가 증가하고 있다.

따라서 정부의 주력 녹색사업에 대한 금융기관의 참여 과정에서는 사업의 투자수익을 감안해서 금융의사결정이 이뤄져야 할 것이나, 민간부분의 녹색사업에 대해서는 제3자 기관의 녹색사업 인증이나 평가가 필요할 것으로 예상된다. 이 과정에서 정부의 관련 산하 연구기관들의 참여는 물론 신용평가기관이나 회계법인, 컨설팅기관 등 사업성평가 기관들의 적극적인 참여가 필요하다. 특히 탄소배출권이 발생될 수 있는 녹색사업들에 대해서는 탄소배출권을 감안한 사업성평가가 중요하며, 이 과정에서 탄소배출권 관련 컨설팅기관들의 참여가 매우 중요하다고 할 수 있다. 뿐만 아니라 국내에서도 국제적인 표준인 적도원칙을 감안하여 녹색사업에 대한 국제적인 신뢰도를 확보할 필요가 있다.

결국 정부차원의 특정 녹색기술목록의 발표나 녹색기술기업이나 녹색경영기업, 녹색사업에 대한 단순한 가이드만으로는 녹색금융과 연계되기 어려우며, 금융기관들이 녹색금융을 통해 투자수익을 전제로 하는 만큼 금융기관과 민간전문기관들 차원에서도 심도 깊은 연구, 조사, 컨설팅이 요구된다.

이러한 국내외 녹색금융에 대한 관심에 비하여 국내의 녹색산업경쟁력지수는 여전히 OECD 평균을 밑도는 수준으로 탄소시장 등 녹색산업 분야 및 녹색금융 발전 필요성에 대한 사회적 공감대가 부족한 실정이다.[23] 아직까지 금융기관의 참여가 불충분하며, 녹색금융에는 환경위험에 대한 리스크 관리 개념과 녹색성장 지원의 개념이 혼재되어 있다.

---

23) 「녹색뉴딜사업의 재조명」(삼성경제연구원, 2008)에서는 미국과 일본, EU(유럽연합) 등 주요 15개국을 대상으로 녹색경쟁력지수를 분석하였는데, 그 결과 한국은 OECD의 평균치(103.8)를 밑도는 102.3에 그치는 수준으로 11위를 기록함.

또한 녹색금융지원 제도, 기업의 환경요소에 관한 정보 공개 체계, 녹색인증제도, 환경에 대한 대부자 책임 등 관련 규율이 미비하고, 녹색금융 상품 설계를 위한 녹색금융지수도 없을 뿐 아니라 환경관련 DB가 종합적으로 구축되어 있지 못하다. 특히 국내 환경펀드는 업종 대표주와 우량주로 포트폴리오를 구성한다는 점에서 다른 우량주 펀드와 크게 구분되지 않고,[24] 녹색기업에 대한 분석 및 평가 체계가 확립되지 못하고 있다. 그리고 환경부문과 금융부분을 연계할 수 있는 전문인력이 부족하고, 금융 소비자들의 녹색금융에 관한 인식도 낮은 수준이며, 녹색대출 개시, 녹색기술 개발, 배출권(CER) 거래가 일부 이루어지고 있으나, 제도 기술 인프라 미비로 녹색금융과 탄소시장 활성화에 제약이 존재한다. 즉, 녹색성장을 위한 자본시장이 역할을 하기 위한 제반 금융인프라 구축이 미흡한 형편이다.

녹색기술, 기업, 사업의 평가(Evaluation)

기업이나 기술, 사업이 얼마나 녹색인지, 금융권에는 어떤 의미를 가지고 있는지 "평가(evaluation)"할 수 있도록 하는 기관과 하부구조가 필요하다. 어떤 기업이나 기술, 사업이 녹색인지를 아는 것과 금융권이 이를 바탕으로 금융의사결정을 하는 것은 다르다. 예를 들어 정부가 특정 기술을 녹색기술로 지정을 한다거나 녹색기업에 대한 기준을 제시할 수는 있으나, 금융기관들이 이를 바탕으로 대출을 하거나 투자를 해서 수익을 확보해야 하는 금융의사결정을 내리기는 어렵다. 그럼에도 불구하고 전세계적으로 이러한 시도들이 자리를 잡아가고 있다.

첫째, 녹색기술이나 녹색기술기업에 대한 평가를 하는 시도들이 있다. 일반적으로는 증권사들이나 벤처캐피탈 등에서 내부목적으로 각자의 방식으로 이러한 평가들을 수행하고 있다. 또한 파이낸셜 타임즈지나 가디언지와 같은 여러 언론기관에서도 녹색기술이나 녹색기술기업에 대한

24) 대신증권 리서치센터에 따르면 SRI펀드 포트폴리오의 대형주 편입 비중은 2006년 이후 평균 77.34% 수준인 것으로 나타남.

평가와 더불어 추천을 하기도 한다. 일반적으로 혁신적인 기술은 그 경제적 가치를 추정해내기가 매우 어렵기 때문에 이러한 기술에 대한 경제성 평가는 직관과 같은 매우 정성적인 판단을 따르기도 한다. 가디언지의 경우 전세계 유수의 벤처캐피탈 투자담당 임원들을 중심으로 눈여겨볼 녹색기술과 녹색기술기업들을 추천받아 중복되는 기업들로 유망 녹색투자 대상기업의 리스트를 작성하기도 한다. 우리나라에서는 신영증권 등 일부 증권사 연구소를 중심으로 녹색기술기업들의 기술과 시장특성에 대한 조사보고서를 발간하고 있는 정도이며, 체계적인 녹색기술평가는 이뤄지지 않고 있다.

둘째, 기업이나 산업, 기술의 녹색도를 평가(rating)하여 추가수익(alpha)을 찾아내거나 리스크와 비용요소(beta)를 찾아내는 기관들이 증가하고 있다. 전세계적으로 대표적인 녹색경영 평가기관으로는 미국의 RiskMetrics Group, 영국의 EIRiS, 스위스의 Sustainable Asset Management사가 있다. 예를 들어 RiskMetrics Group의 경우 자사의 녹색경영 평가모델인 EcoValue21을 바탕으로 산업내 상대평가를 통해 개별 기업들의 녹색경영 정도를 AAA~CCC의 7단계 스케일로 평가하고 있다. 이를 통해 특정 산업 내에서 누가 녹색경영을 선도하고 있고, 누가 따라가고 있는지를 판단해낸다. 예를 들어 현대자동차의 녹색경영의 수준에 대한 평가는 도요타나 혼다자동차, 벤츠, BMW 등 글로벌 경쟁기업들과의 상대평가를 통해 결정하게 된다. 이를 통해 추가수익(alpha)을 추구하는 자산운용사 등에 적절한 정보를 제공하고 있다. 또한 기후변화에 대응하기 위한 국가할당계획(National Allocation Plan)에 따라 기업별 온실가스 의무저감비용을 산정하여 기후변화 리스크를 감안한 기업가치평가를 수행하여 기업의 채권평가 등에 활용하는 사례도 나타나고 있다.

현재 우리나라에서는 에코프론티어가 2002년부터 RiskMetrics Group과 함께 400여 개에 달하는 한국기업에 대한 녹색경영과 지속가능경영, 탄소경영 평가를 수행해오고 있으며, 국내외 7개 자산운용사의 약 1조원에 달하는 녹색펀드에 한국기업의 녹색경영 평가등급정보(rating)를 제공하고 있다. 이 외에도 영국의 EIRiS와 제휴를 맺은 한국CSR평가, 스위스의 Sustainable Asset Management 및 DJSI(Dow Jones' Sustainability Index)와 제휴를 맺은 한국생산성본부, 서스틴베스트, 솔라빌리티 등이 금융기관들의 투자를 지원하기 위해 기업의 녹색경영에 대한 평가와 연구조사 서비스를 제공하고 있다. 많은 금융기관들이 자체적으로 녹색경영을 평가해내는 자체 스킴(scheme)을 가지고 있으나, 전문성과 효율성을 이유로 녹색경영평가기관, 컨설팅기관 및 연구조사기관들을 활용하는 경우가 많이 증가하고 있다.

또한 녹색경영에 대한 평가를 바탕으로 녹색주가지수(green indexes)를 만들어내고, 이러한 지수기반의 ETF(Exchange Traded Funds)를 선보이고 있다. 우리나라의 경우 2009년 9월달에 한국거래소(KRX)가 녹색경영과 지속가능경영 및 기업지배구조가 우수한 70개 기업을 중심으로 사회책임투자지수[25]를 발표하였으며, 동 지수를 기반으로한 ETF가 출현할 것이다. 이어서 10월중에 DJSI와 한국생산성본부가 DJSI-Korea Index를 발표되었다.

은행의 우대여신 서비스를 위한 녹색경영 평가체계는 대구은행이나 국민은행, 우리은행, 신한은행 등에서 부분적으로 도입되고는 있으나, 그 편차도 매우 크며 보편화된 것이 아직은 나타나지 않고 있다. 또한 그 평가기준이나 내용의 깊이도 단순한 몇 가지 지표들만을 중심으로 되어 있는 경우도 있어, 향후 구체적인 평가체계의 개발과 보급이 필요한 상황이다. 물론 은행 내에 환경심사역을 두고 있는 경우가 매우 드물며, 각 지점 차원에서 전문성있게 녹색경영평가를 수행할 수 있는 역량은 낮은 수준이다.

셋째, 녹색사업의 사업성을 평가하는 경우가 있다. 이 경우 사업의 녹색화 수준에 대해 평가하기보다는 녹색사업의 경제적 현금흐름을 평가하는 경우가 대부분이다. 일반적인 사업의 사업성평가와 차별화가 있는 점은 국가차원의 지원이 체계적이라는 점과 온실가스를 저감할 수 있는 사업의 경우 청정개발체제 등을 통해 탄소배출권을 얻을 수 있으므로 탄소배출권의 경제적 가치를 감안한 사업성검토가 이뤄진다는 것이다.

25) 녹색지수는 2010년 하반기 산출 예정임.

녹색금융을 위한 평가는 녹색금융 서비스의 형태와 특성에 맞는 다양한 형태로 개발될 필요가 있다. 그러나 평가모델 자체도 한두 개로 국한될 필요가 없을 것이다. 다양한 평가모델을 바탕으로 다양한 평가결과가 나와야 금융기관이 편중되지 않은 금융의사결정을 내릴 수 있게 되기 때문이다. 또한 금융기관 내에 환경전문가를 육성하는 것과 더불어 외부의 전문기관들과의 파트너십을 통한 협력체계의 구축이 무엇보다 중요할 것이다.

탄소배출권거래와 탄소금융

탄소시장과 같은 기존에는 없었던 새로운 형태의 금융시장의 정비에 대한 하부구조가 필요하다. 유엔과 선진국들을 중심으로 기후변화를 야기시키는 온실가스(green house gases)의 저감을 위해 도입된 교토메커니즘에 따라 온실가스에 경제적 가치가 부여되고 있다. 우리나라의 경우 유엔기후변화협약에 개도국(non-annex I countries) 지위를 가지고 있으며, 당장의 온실가스저감의 의무는 없으나 지금도 온실가스를 줄일 경우 탄소배출권을 얻어 국제탄소배출권시장에 참여할 수 있다. 또한 제1차 온실가스 의무감축기간인 2008~2012년 이후로는 우리나라도 유엔에 의해 온실가스 의무저감국가가 될 가능성이 높다. 이 과정에서 정부는 가급적이면 탄소세(carbon tax) 등과 같은 직접적인 명령과 규제(command and control)보다는 탄소배출권에 대한 거래제도(tradable permit)와 같은 경제적 수단의 도입이 요구된다.

이 과정에서 국가 차원의 온실가스 저감목표의 설정과 더불어 사회 각계 각층의 온실가스 저감을 위한 참여가 중요하며, 특히 산업계의 온실가스 저감목표의 설정과 저감을 위한 다양한 제도의 도입, 특히 탄소배출권거래시장의 도입은 매우 중요하다. 이 과정에서 탄소금융(carbon finance)이 중요해지며, 생소한 탄소배출권(carbon credits) 및 온실가스 의무저감량(carbon allowance)에 대한 법적, 제도적 기반이 필요하게 된다. 또한 탄소배출권의 거래에 대한 규칙과 거래시스템, 거래소가 요구되며,

탄소배출권의 경제적 가치에 대해 판단을 해줄 수 있는 탄소회계(carbon accounting)의 도입과 금융거래를 위한 법적 지위의 부여 등이 중요한 과제가 될 수 있다. 일반적으로 온실가스 저감활동을 통해 얻어진 탄소배출권(carbon credits)은 재산권(property right), 무형자산(intangible assets)으로 구분하며, 의무저감량의 미준수부분에 대해서는 부채(liability)로 간주할 수 있을 것이다. 탄소배출권의 법적 지위가 일반 무형자산(intangible assets)이냐 선물(futures)이냐 증권(securities) 등에 따라 관할 법령이 달라질 수 있으므로 법제도의 정비는 매우 중요하다. 만약 탄소배출권이 일반적인 상품(commodity)이라면 거래시 탄소배출권의 거래에 따른 부가가치세를 물려야 할 것이다. 또한 탄소배출권을 기반으로 한 선물을 거래할 경우는 선물거래와 관련된 법이나 규정에 따라 거래가 되어야 하며, 배출권 선물의 거래는 대부분 탄소배출권 거래소에서 이루어진다.

이와 더불어 기관별 온실가스 발생량과 목표대비 저감실적 등에 대한 검인증 절차와 국가 온실가스 레지스트리(registry)가 필요하다. 일반적으로 검인증은 정부기관과 더불어 민간기관들이 역할을 분담하며 지정될 필요가 있다. 국가 온실가스 레지스트리도 매우 중요한데, 어떤 국가들의 경우 정부기관에서 직접 관리를 하거나 민간 기관들(예, 은행, 청산소, central depository 등)에서 맡는 경우가 있다. 이들의 역할은 정부의 국가할당계획(national allocation plan)에 따라 개별 시설(installations)이나 기관(organisations) 등에 대해 온실가스 저감목표, 즉 탄소배출권의 할당량(allowances)과 연도별 달성률과 달성방법(예, 배출권거래소를 통한 달성)과 CDM, JI 등에서 발생되는 교토유닛(예, Certified Emission Reductions and Emission Reduction Units) 등을 관리하는 것과 유엔의 CDM 레지스트리 및 다른 국가들의 레지스트리 또는 유엔의 중앙 레지스트리와의 연계를 담당한다.

탄소배출권 거래소와 관련해서도 많은 금융하부구조가 필요하게 된다. 탄소배출권의 거래만을 생각해봤을 때는 어떤 거래소 인프라를 사용해도 문제가 없을 것이다. 그러나 전세계의 트랜드가 탄소배출권을 선물거래나 옵션 등 기존 금융메커니즘과 연계하여 진화되고 있다. 예를 들어 ECX(European Climate Exchange)는 ICE Futures의 거래 플랫폼을 그대로 사용하고 있으며, EEX(European Energy Exchange)는 약 30% 가량의 지분을 가지고 있는 Euronext와 협력하고 있고, BlueNext도 약 60%의 지분을 가지고 있는 NYSE Euronext와 약 40%의 지분을 가지고 있는 Caisse des Depots의 합작법인으로 구성되어 있고, NordPool도 NASDAQ이 소유하고 있다. 이 과정에서 탄소배출권은 다양한 금융기법을 통해 여러 가지 금융상품으로 발전하게 된다. 따라서 배출권의 거래와 관련되어 있는 거래소에 대한 법적 제도, 거래 플랫폼, clearinghouse와 settlement, 선물옵션거래나 탄소배출권펀드와 같은 금융상품으로의 연계과정에서 금융상품에 대한 규제감독 등의 다양한 이슈들과 인프라들이 연계되어 발생된다.

이 과정에서 제도적인 측면 이외에도 가장 중요한 인프라로는 인적자원을 들 수 있다. 탄소배출권은 자연적인 시장이라기보다는 유엔을 중심으로 정치적으로 인위적으로 만들어진 시장이다 보니 아직까지는 각국 정부나 유엔의 정책에 의해 큰 영향을 받는다. 또한 에너지가격이나 경제발전 정도 등 다양한 요소들에 의해 영향을 받는 시장인데다가 아직까지 초기시장이여서 시장의 변화와 관련된 패턴이 명확히 규명되고 있지 않다. 따라서 기존 탄소배출권에 대한 정치적 법적 제도와 더불어 금융제도 관점에서 기회를 포착하고 금융활동과 시장참여를 통해 부가가치를 창출하는 전문성있는 탄소배출권 거래자(carbon traders)의 육성이 무엇보다 중요하다.

현재 우리나라에서는 녹색성장기본법을 중심으로 탄소배출권에 대한 법적 기반을 만들어가고 있다. 또한 국가 온실가스 저감목표 수립을 위한 의견수렴과정을 거치고 있는데, 이러한 국가 목표가 수립되고 2009년 말에 코펜하겐에서 개최되는 유엔기후변화협약 총회가 개최되어 2013년 이후의 우리나라 온실가스 저감목표수준 등이 결정되면 이를 바탕으로 국가할당계획을 수립할 필요가 있다. 아직 국가 온실가스 레지스트리가 구축되어 있지 않으며, 탄소배출권거래를 위한 제도나 기술적인 인프라도 구축되어 있지 않다. 그러나 금융위원회, 환경부, 지식경제부 등을 중심으로 탄소배출권거래를 위한 모의거래시스템, 개별 시설 및 기업별 온실가스 할당전략, 목표의 검인증 절차, 기업별 온실가스 인벤토리 구축

방안, 배출권거래소의 설립방안, 국제 레지스트리와의 연계방안 등이 모색되고 있는 실정이다.

이 외에도 본격적인 탄소배출권거래 및 탄소금융을 위한 금융권의 자발적인 시도들이 전개되고 있다. 한국투자신탁운용, 한국탄소금융, 한국수출입은행 등이 여러 가지 기능을 갖춘 탄소펀드들을 출시하고 있고, 최근에는 탄소배출권의 미래가격에 대한 옵션상품이 출시되기도 하였다. 그러나 탄소배출권의 현물에 대한 투자나 탄소배출권 선물투자 등에 대해서는 실제로 거래가 매우 저조한 편인데, 탄소배출권이 정치적인 합의에 의해 인위적으로 만들어진 시장이므로 탄소배출권 트레이드를 위해서는 다양한 지식이 많이 요구되기 때문이며, 시장에 대한 정보가 불확실한 만큼 실질적으로 거래활성화에 제약이 되고 있다. 따라서 탄소배출권 거래를 보다 쉽게 해줄 수 있는 탄소배출권 거래플랫폼과 탄소배출권 거래전문가(carbon traders)의 양성이 무엇보다 필요할 것이다.

녹색금융의 정부지원과 금융소비자보호

정부지원 기능으로써의 정부 및 금융관련 당국의 법제도적 정비 및 지원 구조가 필요하다. 예를 들어 녹색금융을 유도하기 위해 금융기관의 경영평가 시 녹색금융의 성과를 반영한다든지, 중앙은행의 지급준비율 등에도 녹색금융의 성과를 반영하는 등의 방식으로 금융기관의 본질적인 행동에 녹색금융을 반영시키도록 하는 것은 매우 중요하다. 또한 경제성이 담보되지 않지만 녹색성장을 위해 불가피한 사업이나 기술, 기업들에 대한 금융지원을 하게 될 경우에는 금융기관들의 참여를 유도하기 위한 실제적인 지원이 필수이다. 예를 들어, 리스크가 높은 해외 탄소배출권사업에 대해 정부가 사업의 개발과정에서 발생할 수 있는 사업개발비를 보존해준다거나 사업성을 높이기 위해 신재생에너지에 대한 발전차액지원을 확대한다거나 하는 것을 생각해볼 수 있다.

2009년 여름 녹색성장위원회는 저탄소 녹색성장 국가전략과 5개년 계획을 수립한 바 있으며, 이 계획의 하위계획으로 녹색금융에 대한 국가

전략과 5개년 계획이 마련되어 있다. 이 계획은 녹색금융에 대해서 녹색기술, 기업, 사업을 지원하기 위한 정책금융의 확대, 녹색금융 인프라 구축을 통한 자발적 녹색금융 활성화 촉진, 탄소배출권거래소의 설립 등 탄소시장 육성을 통한 탄소금융의 활성화 전략을 제시하고 있다. 이 계획에서는 녹색금융상품 투자자들을 유인하기 위한 세제혜택, 매칭펀드 방식의 도입 등 다양한 인센티브들을 제시하고 있다. 이 외에도 녹색건축물의 보급확대를 위해 LED 조명, 단열 강화, 신재생에너지 설치 등을 위한 각종 지원제도의 도입과 부채상환비율(LTV) 조정 등의 인센티브는 부동산 투자 등에 직접적인 인센티브로 작용하고 있다.

또한 녹색금융의 집행과정에서 정책지원과정에 대한 모니터링과 금융소비자보호 등을 위한 감독기능이 필요하다. 전반적으로는 기존의 일반적인 감독 역할을 통해 녹색금융에 대한 감독이 가능할 것으로 판단된다. 현재 우리나라의 녹색금융은 일차적으로는 정부정책을 지원하는 역할을 수행하고 있는 반면 아직 녹색에 대한 개념정의가 명확하지 않은 상황이기 때문에 금융기관 입장에서는 본의 아니게 시행착오를 겪게 될 것이 예상된다. 예를 들어 녹색기업과 관련된 부실채권에 대한 의사결정이라든지, 녹색 무늬만 입힌(green wash) 일반 금융상품들에 대해 세제혜택과 같은 정부의 인센티브가 잘못 부여되고 있다든지 또는 일반녹색금융소비자들이 오해를 하게 될 가능성이 적지 않다. 아직까지는 구체적으로 금융감독당국에 의한 녹색금융의 모니터링과 금융소비자보호 사례가 보고되고 있지는 않으나, 시장에 녹색버블이 예상되는 만큼 적어도 정부의 지원을 받는 녹색금융상품의 출시나 운용과정에 대한 검토와 모니터링은 불가피할 것으로 보인다. 그러나 관련 금융협회 등 시장을 통해 민간이 시장에서 자체적으로 녹색펀드를 가려내고, 적절한 정보를 금융소비자들에게 전달할 필요가 있을 것이다.

제 4 장

녹색금융 상품

녹색금융의 영역은 크게 두 가지로 구분할 수 있다. 우선 녹색산업에 자금을 원활하게 공급하여 R&D투자를 통해서 새로운 기술을 개발하게 하고 이를 상품화하는 것을 지원하는 투자부문의 활동이다. 그러나 이러한 신기술에 대한 투자 분야는 매우 불확실성이 높고 고도의 위험을 수반하기 때문에 은행과 같은 금융기관이 그러한 위험을 떠안기가 어렵다.

은행은 보증기관에게 위험을 전가할 유인이 크다. 따라서 정부가 제공하는 보조금이나 정책금융과 함께 자본시장에서 고위험을 감내할 수 있는 벤처자금 등이 주도적 역할을 수행하여야 할 것이다.

녹색금융의 다른 하나의 영역에는 금융상품의 사용자에게 환경 훼손을 방지케 하는 인센티브를 제공하는 소비자 금융상품들이 있다. 국내에서도 현정부가 녹색성장을 강력한 패러다임으로 지원하고 있는 사회적 분위기를 반영하여 다양한 녹색금융 소비자 상품들이 출시되고 있다.

1 은행상품[1)]

은행권의 녹색금융 현황

국내은행의 녹색금융상품은 제한적인 범위 내에서 출시되고 있다. 여신상품으로는 태양광과 같은 특정 분야에 대한 대출상품이 특징적이다. 태양광에 대한 여신상품의 경우 은행이 시설자금을 제공하고 전력판매대금으로 대출금을 상환하는 방식이 주류를 이루고 있다. 자본시장을 통한 투자자금은 고위험-고수익(high risk-high return)을 겨냥한 자금이 녹색산업으로 유입될 수 있는 반면, 은행의 경우 자본시장을 통한 투자자금과는 달리 대출시 수익성과 리스크에 대해 민감한 편이다. 따라서 태양광과 같이 어느 정도 수익성과 리스크가 파악된 산업에 대출자금이 집중되는 경향이 있다. 태양광 산업에 대한 여신상품 외에도 녹색성장산업에 대한 대출상품이 있는데 일부 상품들은 금리우대 혜택을 포함하고 있다.

기본적으로 녹색 관련 예·적금은 관련 금융상품 가입을 통해 가입자들이 저탄소경제에 기여하도록 유도함과 동시에 이를 원천으로 녹색리스크를 감안한 대출 활동을 하거나 녹색기술을 가진 기업에 자금을 공급하는 목적을 가지고 설계되었다.

예금상품은 주로 에너지 절약, 승용차 요일제 참여 등과 관련하여 우대금리 또는 수수료 면제 혜택을 제공하거나 지방자치단체가 추진하는 '탄소마일리지제도' 등과 연계한 상품이 주종을 이루고 있다. 이러한 예금상품은 은행의 사회적 책임(Corporate Social Responsibility: CSR) 차원에서 추진하는 것으로 수익성보다는 평판제고 및 홍보효과를 위해 추진하는 것이 일반적이다.

국내의 녹색금융 관련 예금상품은 상품 가입자에게 저탄소경제에 기여하는 활동시 추가금리 혜택을 제공하거나 은행 수익의 일부를 저탄

---

1) 이지순 외(2009) 참고.

소관련 단체에 지원금으로 지급하는 형태로 출시되고 있다.

대출부문에서는 녹색관련 예금·적금을 원천으로 녹색성장에 기여하는 기업 또는 녹색기술 보유기업에 대한 대출 또는 금리혜택을 부여하는 구조로서 국내의 경우 녹색성장 기여 기업에서 금리 혜택을 제공하거나 신재생에너지 등 저탄소기업에 투자자금 지원 상품이 일부 출시되고 있다. 그러나 녹색산업에의 투자에는 기술개발 및 상품화 과정에서 수반되는 높은 위험이 내재되어 있기 때문에 은행과 같은 예금금융기관이 적극적으로 투자하는 것은 한계가 있다고 할 수 있다.

2009년 12월 7일 기준 국내 4대 은행이 2009년 친환경 기업 등 녹색금융 명목으로 대출해 준 돈은 모두 6,896억원으로 집계되며, '녹색'이란

| 표 4-1 | 일반금융 대출상품현황

회 사	특 징
KB	• 산업자원부와 3,300억원 규모의 신·재생 에너지 사모펀드 설립
	• 중소기업 지원 자금 7,500억원을 저탄소 녹색성장 산업에 배정
	• 녹색성장업체에 금리 우대 및 수수료 면제 상품 출시
	• 녹색기업 여신 우대, 신재생에너지 분야에 대한 투· 융자 등을 실시
	• 우수 녹색기술 발굴과 금융지원을 위해 국가녹색기술대상 후원
	• 기업여신 심사시 환경경영을 잘하고 있는 기업에 대해서는 신용등급을 상향조정해 줌으로써 실질적으로 여신우대를 받을 수 있는 프로세스 구축
	• 녹색 관련 대출, 정기예금, 카드 등 새로운 녹색상품 출시
	• 2009년 12월 기준 녹색 관련 예·적금을 통해 5,414억원 유치
기업은행	• 녹색성장기업대출: 녹색성장산업에 1조원 지원
신한은행	• 태양광 사업자 발전소 건설 자금지원
	• 2009년 4월부터 사회책임경영대출을 시작하면서 친환경 기업에 대해서는 우대금리를 적용 중
	• 2009년 12월 7일 기준 녹색 관련 예·적금을 통해 5,708억원 유치
우리은행	• 우리그린솔라론: 태양광사업자 자금지원
	• 우리 LED(Light Emitting Diode) 론: LED 기업에 무담보 대출 및 금리 혜택
	• 2009년 12월 7일 기준 저탄소 녹색통장과 자전거 정기예금 등을 통해 3조 7,366억원 유치
외환은행	• 신재생에너지, 청정에너지, LED 등 사업 지원 대출 상품 출시

자료: 각 기관 홈페이지 및 이지순 외(2009).

이름으로 흡수한 예·적금의 규모는 5조 5,000억원 이상으로 국내의 경우 시중 민간은행이 녹색 관련 예금·적금을 통해 모은 시중 자금을 환경을 위한 대출로 연결하지 못하는 것으로 파악되었다.

정책금융 부문에서는 산업은행과 수출입은행을 중심으로 녹색산업에 대한 지원 금융이 이루어지고 있다. 산업은행은 녹색산업에 대한 대출, 프로젝트 파이낸스, 사모투자펀드(Private Equity Fund: PEF), 벤처투자 등 다양한 방식으로 녹색산업을 지원하고 있으며, 환경산업 및 관련 설비 기업들을 대상으로 약 1조원의 '녹색산업 육성자금'을 대출 또는 투자하는 방식으로 운영할 계획을 수립하였다. 산업은행-대우증권 컨소시엄의 녹색성장 부문 신성장동력 펀드가 2009년 12월 중 770억원 규모로 출범하였다.

국내 녹색산업 수출 촉진을 위해 수출입은행은 녹색성장 기업의 해외 친출을 도모할 계획이다. 녹색성장산업의 전략적 육성을 위한 금융지원을 2008년 2,500억원에서 2009년 8,400억원, 2010년 2조 2,000억원, 2011년 2조 8,000억원, 2012년 3조 6,000억원으로 확대할 계획이며, 국내 탄소펀드 조성을 통해 해외 CDM 사업 진출 및 국가별 맞춤형전략을 통한 원자력발전소 수출 등도 적극 추진중이다.

녹색산업을 위한 대외경제협력기금(Economic Development Cooperation Fund: EDCF)과 연계하는 지원방안으로 녹색성장 산업 분야에 대한 지원규모 확대, 지원조건 개선 및 지원방식 다양화 등의 내용을 담고 있다. 또한 기후변화 관련사업 등을 최우선 지원분야로 선정하고, 경제협력기금과 자체 자금의 혼합신용(mixed credit)을 확대하기로 하였으며, 2009년 1월 공공탄소펀드 설립·운용을 위한 수출입은행법 개정이 완료됨에 따라 탄소배출권 확보사업의 해외진출 활성화를 위한 공공탄소펀드 설립이 본격화될 전망이다.

한편, 보증기관에서도 녹색금융을 적극적으로 추진하고 있는데, 신용보증기금의 경우 녹색성장산업 영위기업에 대해 보증금액 한도 우대, 보증료 차감 등과 같은 혜택을 제공하고 있다. 기술보증기금의 경우 농협, 국민은행 등과 협약을 통해 녹색성장산업에 대한 보증지원을 추진하

| 표 4-2 | 정책금융 대출상품현황

회 사	특 징
기술보증기금	• 녹색성장산업 협약 보증: 최대 100억원 보증 및 기술창업 특혜 보증은 보증료 할인
산업은행	• 환경산업 및 관련 설비 기업들을 대상으로 약 1조원의 '녹색산업 육성자금' 운영 계획 • 최대 1조원까지 설비투자 및 연구개발 소요 자금 지원 계획
수출입은행	• 녹색성장산업의 전략적 육성을 위한 금융지원: 2008년 2,500억원 → 2012년 3조 6,000억원 규모로 확대 계획 • 녹색산업을 EDCF와 연계한 지원 방안 강화 - 녹색성장 산업에 대한 EDCF 지원규모를 향후 4년간(2009 ~ 2012년) 당초 1조 2천억원에서 1조 7천억원 규모로 확대 - 태양광, 풍력, 바이오, 상하수도·폐수처리, 폐기물 처리, 소수력 산업을 녹색성장 관련 6개 중점 지원분야로 선정·지원 - 성장 가능성은 높으나 개도국의 적극적인 수요 창출이 필요한 신성장분야(태양광, 풍력, 바이오)에 대해서는 기존 지원조건을 대폭 개선 - 개도국의 신성장분야 관련 사업발굴을 지원하기 위해 동 분야에 대해 타당성조사 비용을 최우선적으로 무상 지원 - 對 개도국 정책자문 사업인 경제발전경험 공유사업을 통해 녹색성장 분야에 정책 컨설팅을 수행하고, 컨설팅 결과를 토대로 대규모 프로젝트 사업이 필요한 경우(예, 풍력단지·태양열 단지 조성 등), EDCF, 수출입은행 녹색성장 금융 등을 연계한 패키지형 지원 확대 • 기후변화 관련사업 등을 최우선 지원분야로 선정하고, 경제협력기금과 자체 자금의 혼합신용(mixed credit)을 확대 • 2009년 1월 공공탄소펀드 설립·운용을 위한 수출입은행법 개정: 탄소배출권 확보사업의 해외진출 활성화 기반 마련 • 탄소펀드 및 CDM 사업 협력을 위한 지식경제부와의 MOU(Memorandum Of Understanding) 체결 - 지식경제부와 수출입은행은 포스트교토체제에 대비하여 탄소배출권을 확보하기 위한 탄소펀드에 공동 출자하고, 해외 CDM 사업 지원을 위해 MOU 체결 - 본 탄소펀드는 국내 기업의 해외 CDM 사업에 주로 투자하며, 펀드 구성은 1,000억원 중 수출입은행이 15%를 출자하고 나머지 85%는 지식경제부, 공공기관 및 온실가스 감축사업에 관심있는 민간기업들이 다수 참여할 전망임
신용보증기금	• 녹색성장산업 영업 기업에 대한 보증: 최고 100억원까지 총 1조원 신용보증[2]

자료: 각 기관 홈페이지 및 보도자료.

고 있다. 기술보증기금은 국민은행과 '저탄소 녹색성장산업 금융지원 업무협약'을 통해 국민은행이 기술보증기금에 특별출연한 자금을 바탕으로 보증료 감면, 전액보증, 등급별 보증한도 적용배제와 같은 혜택을 부여하

2) 신보는 2009년 1.5조원, 2010년도 2조원 규모의 녹색보증을 계획하는 등 녹색분야에 대한 정책금융기관의 지원의사는 강력한 것으로 보임.

고 있다.

이와 같이 국내 은행도 정부의 저탄소 녹색성장 기조에 발맞추어 녹색금융을 일부 추진하고 있다. 그러나 출시된 녹색금융상품이 다양하지 않고 은행간 차별성도 부족한 것이 사실이다. 이러한 점에 비추어 볼 때 국내은행들이 녹색금융을 추진해야 한다는 인식은 있으나 구체적으로 어떻게 추진해야 하는지에 대한 인식이 부족한 것으로 보인다. 이와 같은 현상이 나타나는 저변에는 은행권이 아직 녹색산업에 대해 리스크가 높고 수익성이 불투명하다는 인식이 깔려 있기 때문에 상업적인 측면에서 매력이 없는 것으로 판단하기 때문인 것으로 보인다.

최근 은행권의 녹색금융상품 현황은 부록으로 첨부하였다.

은행권의 녹색금융 문제점

은행권의 녹색금융 추진현황 및 정부의 정책을 종합해보면 은행권에서 녹색금융을 적극적으로 추진하기보다는 정부의 녹색성장정책에 부응한다는 차원에 머물고 있는 것으로 보인다. 이에 따라 정부는 금융기관의 녹색금융에 대한 적극적인 참여를 유도하기 위한 방안 마련을 위해 고심하고 있는 것으로 보인다. 은행권이 녹색금융을 추진하는 데 있어 근본적인 문제점은 녹색위험과 녹색수익을 평가할 수 있는 전문인력의 부족, 위험관리시스템의 부재 및 네트워크의 부족에 있다.

은행권은 일부 검증된 산업을 제외하고는 아직 녹색기술·녹색기업·녹색산업에 대해 리스크가 크고 수익성도 불확실한 것으로 인식하고 있다. 녹색금융이 상대적으로 발전한 유럽에서의 금융기관들도 과거 녹색부문에 대한 불확실성을 인지하고 있었으나 그 동안 노하우를 축적함에 따라 현재 녹색부문을 새로운 수익원으로 활용하고 있다.

은행권의 녹색산업에 대한 자금공급을 원활하게 하기 위해 은행권이 녹색사업에 대한 전문인력을 대규모로 확보할 필요는 없다고 본다. 선진 금융기관의 경우에도 녹색산업 전반에 대한 전문인력을 대규모로 확보하기보다는 각 분야별(예: 태양광, 풍력 등)로 1~2명 정도의 엔지니어를 보유하고 있다. 대신 외부 환경컨설팅 회사를 적극적으로 활용한다. 즉, 특정 프로젝트의 사업성 및 리스크를 외부 환경컨설팅 회사가 심사를 하고 내부 전문인력은 심사 결과를 검토(review)함으로써 해당 프로젝트의 성공 가능성을 가늠한다. 따라서 국내은행도 외부 환경 관련 컨설팅 회사를 적극 활용할 필요가 있다.

또한 잠재력이 높은 프로젝트를 개발하기 위해서는 국내은행이 네트워크를 확충할 필요가 있다. 정부가 추진하고 있는 녹색성장이 반드시 국내 프로젝트로 제한될 필요는 없다고 본다. 특히, 국내 녹색산업의 다수가 아직 초기시장 형성이 미흡하여 녹색금융이 활성화되기 어려운 상황이라는 지적이 있다. 특정 해외 프로젝트에 대한 자금공급을 국내 금융기관이 담당하면서 국내기술이 동 프로젝트 개발을 위해 활용될 수 있다면 충분한 부가가치를 창출할 수 있으므로 정부가 추진하는 녹색성장에 부합한다고 볼 수 있다. 이와 같은 해외 프로젝트를 발굴하기 위해서는 해당 지역의 제도 및 금융시스템에 해박한 지식을 가지고 있으면서 신인도가 있는 개인 또는 기관과의 네트워크가 중요하다.

국내은행이 은행 내부적으로 녹색산업에 대한 전문성을 높이기에는 상당한 시간이 소요될 것이므로 이와 같이 외부 기관과의 연계를 통해 녹색산업에 점진적으로 진출하는 전략을 모색할 필요가 있다. 적정 녹색산업의 발굴과 수익성 확보를 위해서는 정보 또한 중요한 요인인데, 이러한 점에서 녹색금융은 투자은행(IB) 업무와 유사한 측면이 있다. 투자은행 업무도 정보, 네트워크, 전문성이 성공의 중요한 요인이고 이를 바탕으로 선도자의 이익(first mover's advantage)을 향유하는 사업이다. 글로벌 투자은행 업무 시장이 소수의 대형 금융기관의 과점형태로 운영되고 있는 것이 이를 증명하고 있다.

녹색금융이 투자은행 업무와 유사한 점이 많다는 점에서 글로벌 녹색금융시장 또한 초기에 진입하여 노하우를 축적한 소수의 금융회사가 향후 큰 영향력을 가질 가능성이 높다. 따라서 국내은행이 충분한 전문성을 확보할 때까지 녹색금융 추진을 지연할수록 향후 경쟁력은 더욱 악화될 가능성이 있다. 현재 국내은행의 녹색금융에 대한 전문성이 부족하다는 점을 감안할 때 외부기관을 적극 활용하고 제휴형태의 사업진출을 적극 모색할 필요가 있어 보인다.

국내은행들이 녹색금융을 추진하는 데 있어 공통적인 인식은 수익성이 없다는 것이다. 정부가 녹색금융 활성화를 추진하는 데 있어 은행의 수익성을 고려하지 않는 정책을 수립할 경우 은행은 단기적으로 정책에 부응한다는 차원에서 녹색금융을 시행하겠지만 장기적으로 녹색금융을 추진할 유인이 없다. 예를 들어, 국내은행들은 녹색금융을 여신에서는 금리 또는 수수료 할인과 같은 혜택을 부여하고 수신에서는 금리우대 혜택을 부여하여 수익성에 악영향을 미치는 것으로 느끼고 있다.

국내은행은 정부정책에 부응하기 위해 녹색금융상품을 만들고는 있지만 녹색금융상품들을 수익성 차원보다는 단순히 홍보용 차원에서 개발하는 경향이 있다. 금리우대와 같은 혜택을 부여하는 녹색금융상품 개발에 대해서는 초기에는 은행이 사회적 책임(Cprporate Social Responsivility: CSR) 차원에서 자발적으로 접근하되, 종국적으로 시장에서 녹색금융을 통한 수익모델 구축을 하도록 해야 될 것이다. 해외에서는 NGO 및 소비자의 환경에 대한 관심이 높아 금융기관이 평판위험을 줄이기 위해 환경위험관리를 강화하고 있다. 선진 금융기관일수록 글로벌 이슈에 민감하고 최근 글로벌 금융위기로 선진 금융기관의 신뢰도가 크게 하락하여 이들이 평판위험에 상대적으로 민감하게 반응할 수밖에 없는 측면도 있다. 이와 같이 녹색금융이 CSR에 한정되어 수익성이 높지 않은 금융활동이라는 인식을 불식시키는 것이 국내 녹색금융 활성화를 위한 중요한 요인이라 판단된다. CSR 또한 녹색금융의 일부라 할 수 있지만 국내은행들이 CSR과 사업발굴을 통한 수익성 확보 차원에서의 녹색금융 간의 차이를 구별하여 인식하는 것이 중요하다고 판단된다.

국내은행이 녹색금융을 수익성 낮은 사업이라 판단하는 이유 중 녹색금융에 대한 명확한 정의가 없다는 것이 중요한 요인으로 지목되고 있다. 따라서 녹색금융을 소극적으로 해석하다 보면 은행의 수익성을 악화시킬 수 있는 금융활동으로 인식할 우려가 있다. 따라서 정부가 추진하는 녹색금융의 범위를 명확하게 규정할 필요가 있다. 이러한 점에서 녹색기술·프로젝트에 대한 인증제도와 녹색기업에 대한 확인제도가 원할히 운영되어야 한다. 녹색 인증제·확인제의 도입은 녹색산업에 대한 범위를 정해주고 정부의 세제혜택 등도 인증제·확인제에 기반하여 설정되므로 은행이 차후의 사업성 및 리스크를 판단하는 데 크게 도움이 될 것으로 판단되며 녹색금융은 수익성이 낮은 부문이라는 인식을 불식시키는 데 일조할 것이다.

녹색금융 활성화를 저해하는 중요한 요인 중 하나는 국내 환경규제가 강하지 않고 구속성이 없다는 점이다. 우리나라는 교토의정서상 온실가스 의무감축국이 아니어서 사회 전반적으로 녹색을 추구할 절박함이 부족하다. 현실적으로 은행에서 녹색금융상품에 약간의 금리우대가 있다고 하여 동 상품에 대한 일반 소비자의 관심이 크게 고조될 것인지는 불투명하다.

유럽을 중심으로 녹색금융이 상대적으로 발전한 것은 환경규제가 우리나라에 비해 상대적으로 강하다는 점이 크게 작용한 것으로 판단된다. 유럽 금융기관의 경우 환경에 민감한 사업에 대해 자금을 공급할 경우 NGO의 압력이 강하고 예금주 또한 본인의 자금이 환경을 해치는 데 활용되는지에 관심이 높다고 한다. 유럽의 경우에는 환경 개선을 위한 금융에 초점이 있다면, 우리나라의 경우는 녹색성장에 초점이 있으므로, 수익성 측면에서 금융기관이 더 적극적으로 자금을 공급할 유인이 있다.

개선방안

녹색금융을 포함하여 녹색부문이 확대되기 위해 정부가 추진할 수 있는 것으로 인프라 확충, 인센티브 부여, 규제강화가 있을 것이다. 녹색금융과 관련한 인프라 확충은 이미 정부가 인식하고 있는 바이고, 정부가 제한된 재원으로 인센티브를 무한정 부여하기는 어려운 실정이다. 따라서 환경규제를 적정 수준으로 강화하는 것은 녹색금융을 포함하여 녹색부문을 성장시키는 데 일조할 것으로 보인다. 다만 환경규제를 강화할 경우 기업의 생산활동에 악영향을 주기 때문에 정부가 충분한 여론수렴을 거친 후에 시행하여야 할 것이다.

아울러 은행 CEO의 녹색금융에 대한 강한 추진의지가 있어야 은행이 녹색금융을 원활하게 추진할 수 있을 것으로 판단된다. 녹색성장산업에 자금을 공급하는 녹색금융의 경우 사업이 장기에 걸쳐 시행되므로 자금 회수기간이 일반적으로 장기이다. 따라서 녹색금융으로 수익성이 불활실한 사업에 적극 참여하기는 어려울 뿐만 아니라 은행 CEO의 임기가 일반적으로 3년이라는 점에서 추진할 유인도 부족하다.

은행은 녹색예금 및 녹색채권을 통한 자금조달 규모를 자금운용처 발굴 여부에 따라 결정할 것이다. 은행은 세제혜택이 있는 녹색예금 및 녹색채권을 통해 조달한 자금의 60% 이상을 녹색프로젝트에 공급해야 하므로 적절한 자금운용처를 발굴하지 못할 경우 벌금을 지불해야 하는 상황에 직면하게 된다. 따라서 은행은 녹색예금 및 녹색채권 발행을 통해 무한정 자금을 조달할 수는 없는 상황이다. 이러한 점을 감안할 때 네덜란드에서와 같이 은행이 프로젝트의 성공 가능성을 검토한 이후 당해 프로젝트에 대한 인증서 발급을 신청하는 방식을 취하는 방안을 검토할 필요가 있다. 이 경우 은행이 자금운용처 발굴 여부에 따라 자금조달을 통제할 수 있어 은행의 수익성에도 악영향을 미치지 않으면서 정부정책에 부응할 수 있을 것이다.

2 투자상품

자본시장의 녹색금융 현황

금융투자업에서는 ESG(Environment, Social and Governance), 지배구조, 환경을 테마로 한 광의의 국내 SRI펀드가 출시되고 있으며, 동 펀드는 2009년 4월 20일 기준 약 7,600억원 수준으로 파악된다. 국내 SRI 펀

| 표 4-3 | 국내 SRI 펀드현황

(단위: 개, 억원)

		ESG	지 배	환 경	합 계
국내투자 SRI	펀드수	13	3	–	16
	펀드규모	2,364	1,366	–	3,730
해외투자 SRI	펀드수	3	–	13	16
	펀드규모	50	–	3,778	3,828
합 계	펀드수	16	3	13	32
	펀드규모	2,414	1,366	3,778	7,557

주: 2009년 4월 20일 기준. | 자료: Kosif(2009).

드의 규모는 국내투자대상(16개)이 3,730억원이며, 해외투자대상(16개)은 3,828억원이고, 국내 투자 SRI 펀드의 누적수익률은 10.54%, BM 초과수익률은 8.14%인 반면, 해외투자 SRI 펀드의 누적수익률은 −38.11%, BM 초과수익률 −18.75%인 것으로 나타났다. 그리고 2009년 4월 30일 기준 6개의 녹색펀드가 출시되었으나, 설정 금액은 미미한 것으로 파악되었다.

제로인에 따르면 2009년 12월 9일 기준 57개의 친환경(대체에너지) 펀드가 출시되었으며, 순자산액 총액은 1,805억원인 것으로 파악[3]되었고 1년 기준 수익률은 최저 1.15%에서 최고 42.48%까지 다양하게 나타났다.

녹색펀드들은 신재생에너지, 하이브리드카, LED 등과 관련된 기업에 투자하는 펀드들로 자산운용사가 상품을 설계하여 은행이나 증권사 등을 통해서 고객들에게 상품을 제공하고 있으나, 이러한 녹색펀드들은 유통시장에서 녹색기술을 보유하고 있는 기업의 주식 또는 녹색상품이나 서비스를 제공하거나 미래에 제공할 수 있는 기업의 주식을 펀드에 편입하여 자본시장을 통하여 녹색산업이나 기업에게 자금이 흘러가는 역할을 한다.

녹색성장펀드의 경우 2009년 3월까지 6개 수준에 머물렀으나, 2009년 6월말 29개로 증가하였으며, 총 설정액은 436억원 수준에 달하였다.

---

3) 녹색펀드에 대한 구체적인 정의가 없으므로 이에 대한 대체재로 친환경(대체에너지)펀드를 사용함.

| 표 4-4 | 국내 친환경(대체에너지) 펀드현황

(단위: 억원, %)

펀드명	순자산액	수익률			
		1개월	3개월	6개월	1년
우리퓨쳐에너지증권투자신탁 1	12	4.03	−1.27	−6.38	7.63
우리퓨쳐에너지증권투자신탁 2	29	4.11	−1.03	−5.91	8.7
알리안츠GI글로벌에코테크증권투자신탁1	260	3.55	2.88	3.52	16.78
알리안츠GI글로벌에코테크증권투자신탁2	596	3.63	3.14	4.03	17.95
슈로더글로벌기후변화증권자투자신탁1	8	3.43	5.52	8.72	28.88
슈로더글로벌기후변화증권자투자신탁2	27	3.48	5.67	9.05	29.64
삼성글로벌대체에너지증권자투자신탁	56	3.67	0.3	0.68	22.56
산은S&P글로벌클린에너지증권자투자1	63	5.39	3.4	−7.58	9.47
산은S&P글로벌클린에너지증권자투자2	58	5.47	3.64	−7.1	10.56
미래에셋맵스인덱스로글로벌친환경증권1	7	3.94	0.92	1.45	16.62
미래에셋맵스인덱스로글로벌친환경증권2	2	3.93	0.9	1.41	16.53
미래에셋맵스글로벌대체에너지인덱스1	3	1.29	−0.68	−8.66	1.69
미래에셋맵스글로벌대체에너지인덱스2	25	1.26	−0.79	−8.86	1.23
미래에셋맵스글로벌대체에너지인덱스3	51	1.25	−0.8	−8.9	1.15
대신지구 온난화투자증권자투자신탁 1	0	4.46	2.81	9.5	30.13
대신지구 온난화투자증권자투자신탁 2	1	4.54	3.06	10.05	31.41
대신지구 온난화투자증권자투자신탁 3	44	5.3	6.4	12.97	41.15
대신지구 온난화투자증권자투자신탁 4	51	5.38	6.66	13.53	42.48
KB지구 온난화테마증권자투자신탁1	14	3.94	4.26	13.92	32.38
KB지구 온난화테마증권자투자신탁2	17	3.92	4.17	13.72	31.95
KB지구 온난화테마증권자투자신탁3	15	3.99	4.38	14.19	33.08

주: 1) 2009년 12월 9일 기준.
2) 57개 관련 펀드 중 1년 이상 수익률이 산출되는 펀드만을 기재함.

자료: www.funddoctor.co.kr

1개월 수익률은 −2%에서 −9%까지 다양하지만, 3개월 이후부터의 수익률은 8~10%, 6개월 이상의 수익률은 30~40% 수준으로 높은 투자수익률을 보이고 있다. 〈표 4-5〉에 나타난 바와 같이 동 펀드는 규모가 점차 커지고 있다.

국내 탄소시장의 경우 본격적으로 활성화되지 않은 상태로 2008년 10월 환경부와 한국거래소는 '탄소배출권거래소 설립·운영에 관한 협력 협

| 표 4-5 | 녹색성장투자펀드 현황

(단위: 억원)

펀드명	주요 투자대상	설정액	설정일
하나 UBS 신경제 그린코리아	삼성전자, 현대차, 삼성전기, 현대건설, 태웅, LG화학, 한국전력, POSCO, 두산중공업, 기아차	17	08.04.28
흥국녹색성장증권투자신탁	삼성전자, POSCO, 삼성SDI, KT, KB금융, 한국전력, 태웅, 하이닉스, 서울반도체, LG전자	4	08.12.18
산은그린코리아증권투자신탁	삼성전자, POSCO, 현대차, 삼성전기, 삼성물산, 소디프신소재, 신한지주, SK에너지, 한국전력, KB금융	9	09.04.14
하이 Green Future 증권자투자신탁	삼성전자, POSCO, 현대차, 기아차, LG화학, 한국전력, KT, 하이닉스, 엔씨소프트, LG전자	1	09.04.15
미래에셋녹색성장증권투자신탁	삼성전자, POSCO, 두산중공업, 현대중공업, S&T홀딩스, LS산전, 전북은행, 신한지주, 대우인터내셔널, 두산인프라코어	107	09.04.17
ING 그린포커스증권투자신탁	이엘케이, 현대차, 네패스, LG화학, 소디프신소재, GS건설, 에코프로, KCC, 에이스디지텍, 현대모비스	11	09.04.27
트러스톤칭기스칸 MKF 녹색성장증권	삼성전자, 현대차, POSCO, 신한지주, 하나금융지주, 한국전력, KB금융, NHN, 두산중공업, 기아차	13	09.05.29
한국투자녹색성장증권투자신탁	삼성전자, POSCO, 한국전력, KT, 현대차우, KB금융, LG화학우, 신한지주, 롯데쇼핑, 한진	5	09.06.05
미래에셋맵스그린인덱스증권자투자신탁	두산중공업, 현대차, 삼성SDI, 삼성전기, 현대중공업, LG화학, OCI, KCC, LS, 효성	66	09.06.05
한화녹생성장증권투자신탁	삼성전자, POSCO, KB금융, 하이닉스, 현대차, 한국전력, 기아차, KT, 오리온, 하나금융지주	200	09.06.24
현대그린증권투자신탁	삼성전자, POSCO, 서울반도체, 현대제철, 삼성전기, 두산중공업, LG화학, 현대차, 하이닉스, 삼성물산	10	09.07.08
NH-CA SK그룹녹색에너지증권투자신탁	SK텔레콤, 삼성SDI, 두산중공업, SK에너지, SK컴즈, 삼성전기, 동국S&C, LG화학, 서울반도체, SK C&C	18	09.08.17
NH-CA 대한민국녹색성장증권자투자신탁i	LG화학, 한전KPS, 두산중공업, 삼성SDI, 현대차, SK에너지, 서울반도체, 현대모비스, 한국전력, 삼성전기	195	09.09.09
신영마라톤그린밸류증권자투자신탁	삼성전자, 현대차2우B, POSCO, 한국전력, 현대중공업, LG화학우, KB금융, 하나금융지주, 우리투자증권, 현대모비스	16	09.11.09
유리그린액티브증권투자신탁	삼성전자, POSCO, 삼성이미징, 한국전력, 서부트럭터미, 현대차, 셀트리온제약, 하나금융지주, 현대중공업, LG텔레콤	20	09.12.07
삼성글로벌녹색성장증권투자신탁	두산중공업, ENERNOC INC, LG화학, AIXTRONAG, CREE INC, 삼성SDI, VEECO INSTRUMENTS INC, 삼성전기 등	33	09.07.27

자료: 제로인(2010.4.28 기준).

그림 4-1 녹색펀드 추이

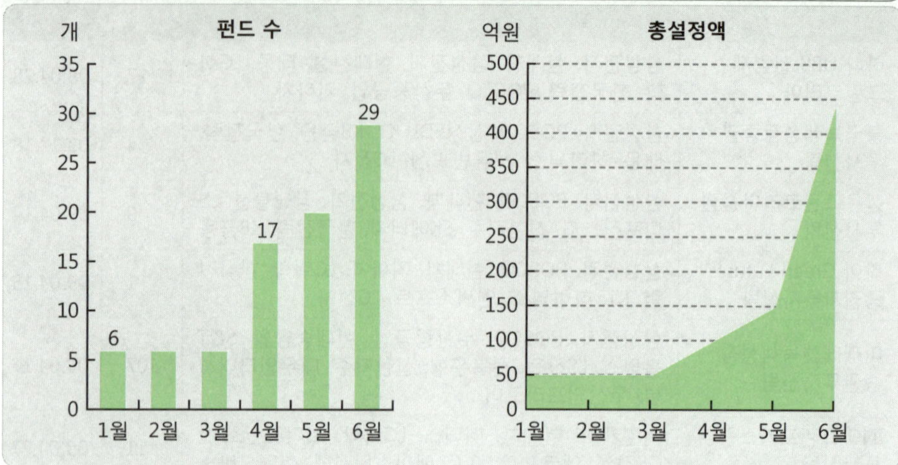

주: 2009년 1월~6월 중 자료임. ❙ 자료: 에코프론티어(2009).

약서'를 체결하여 국내 온실가스 배출권거래제 도입 및 탄소시장 활성화를 위한 상호 협력 체계를 구축하기로 합의하였으며, 온실가스 배출권 거래제도를 총괄·운영하고 있는 선진국 환경부처와 배출권거래제도 및 탄소시장과 관련된 공동연구 및 정보교류 등을 적극적으로 추진할 계획이다.

또한 2008년 10월 탄소배출권 거래 및 투자전문회사인 한국탄소금융주식회사(KCF)가 출범하였으며, 최근 일반 금융기관에서도 녹색관련 금융상품 및 각종 제도를 마련하고, 녹색산업을 지원하는 녹색금융이 출현하고 있으나 아직 실질적인 실적은 매우 미흡하다.

자본시장에서의 녹색금융 문제점

이러한 국내외 녹색금융에 대한 관심에 비하여 국내의 녹색산업경쟁력지수는 여전히 OECD 평균을 밑도는 수준으로 탄소시장 등 녹색산업 분야 및 녹색금융 발전 필요성에 대한 사회적 공감대가 부족한 실정이다. 아직까지 금융기관의 참여가 불충분하며, 녹색금융에는 환경위험에 대한 리스크 관리 개념과 녹색성장 지원의 개념이 혼재되어 있다.

또한 녹색금융지원 제도, 기업의 환경요소에 관한 정보 공개 체계,

녹색인증제도, 환경에 대한 대부자 책임 등 관련 규율이 미비하고, 녹색금융 상품 설계를 위한 녹색금융지수도 없을 뿐 아니라 환경관련 DB가 종합적으로 구축되어 있지 못하다. 특히 국내 환경펀드는 업종 대표주와 우량주로 포트폴리오를 구성한다는 점에서 다른 우량주 펀드와 크게 구분되지 않고, 녹색기업에 대한 분석 및 평가 체계가 확립되지 못하고 있다. 그리고 환경부문과 금융부문을 연계할 수 있는 전문인력이 부족하고, 금융 소비자들의 녹색금융에 관한 인식도 낮은 수준이며, 녹색대출 개시, 녹색기술 개발, 배출권(CER) 거래가 일부 이루어지고 있으나, 제도 기술 인프라 미비로 녹색금융과 탄소시장 활성화에 제약이 존재한다. 즉, 녹색성장을 위한 자본시장이 역할을 하기 위한 제반 금융인프라 구축이 미흡한 형편이다.

개선방안

우선적으로 녹색금융에 대한 명확한 개념을 정립하여 사회적 인식을 제고시킬 필요가 있다. 녹색금융을 환경 개선에 중점을 둔 '환경리스크 관리'의 개념과 녹색기술개발 등을 통한 성장 지원에 중점을 둔 '녹색성장 지원금융'으로 명확히 구분할 필요가 있다. 즉, 녹색성장의 필요성과 이를 지원하기 위한 녹색금융의 발전에 대한 사회적 공감대 형성이 필요하다.

둘째, 녹색금융의 인프라 구축을 위하여 정부와 감독기관의 녹색금융을 통한 금융 선진화 전략 및 로드맵 수립이 필요하다. 우선적으로 정부와 관계 부처가 인프라를 정비하여 녹색금융을 통한 녹색성장이 가능할 수 있는 장을 마련해 줄 필요가 있다. 정부 부처간 DB(Data Base) 통합, 대출심사시 기업의 지속가능경영 정보공개 제출요구, 은행여신관리에 비재무적 리스크를 반영하는 제도, 대부자 책임 등 법적 기반을 마련하는 등 녹색금융 활성화를 위한 전략 수립 및 시행을 위한 정부 관계 부처의 효율적 팀워크를 구성할 필요가 있다. 특히, 환경제도와 금융상품의 연계에 대한 국가·사회적 인프라 구축 및 공감대 형성을 통하여 환경제도와 금융상품 연계와 관련된 시장의 신뢰성, 공정성 및 투명성을 확보해야 한다. 또한 정부의 예산 지원 이외에 녹색성장 지원을 위한 사회책임투자적 접근과 금융기관의 녹색성장 프로젝트에 대한 지원이 필요한 만큼 녹색성장의 개념을 구체적으로 정립하여 정부 소유 금융기관 대출 재원의 일정 부문을 할당하는 방안을 고려할 필요가 있다.

셋째, 녹색금융을 위한 금융기관의 역할이 강화되어야 한다. 금융기관은 수익 증대, 리스크 관리, 자본 조달, 원가 절감을 통한 효율성 개선 등을 위하여 지속가능경영과 보고활동에 충실할 필요가 있다. 즉, 금융권역별로 녹색금융 실천 계획을 마련하여 금융기관의 사업전략을 재설계하고 정책을 통합함과 동시에 금융기관의 녹색성장 프로젝트 지원 과정을 체계화할 필요가 있다. 녹색성장 프로젝트 지원 활성화를 위한 기업의 정보 공개, 녹색 프로젝트에 대한 평가기법의 개발, 투자원칙의 정립을 통하여 지속가능한 개발과 투자기법으로서 녹색금융이 발전될 필요가 있다. 또한 녹색금융지원을 위한 은행과 금융투자회사의 역할 분담 방안을 고려해야 한다. 은행은 기업의 환경 훼손을 억제(screening)하는 방향으로 지속가능 은행여신 시스템을 구축하고 지속가능경영 리스크와 여신성과(회수율 및 부도율 등) DB 구축 및 인과관계 리서치 업무 등을 수행할 수 있을 것이고 금융투자회사는 녹색기술의 개발 등 녹색성장을 지원하는 방향으로 증권화 과정을 통해 환경기술보유기업에 자금을 공급하며, 녹색산업 주가지수와 녹색경영역량 지수를 개발하는 등 녹색성장을 촉진하는 역할을 담당할 수 있을 것이다.

넷째, 녹색 투자자 및 녹색 전문인력의 육성이 시급하다. 외국의 경우에는 Energy & Environmental Hedge Fund가 다수 존재하는바, 녹색성장에 내재하는 리스크 리턴 프로파일에 적합한 투자자 및 환경적 요소와 금융을 연계할 수 있는 환경심사역 등의 전문인력을 육성해야 한다.

다섯째, 글로벌 온실가스 규제 대응을 위해 시장메커니즘을 이용한 가장 비용 효율적인 온실가스 감축 방법인 '탄소시장'을 발전시켜야 한다. 단기적으로 ETS 제도 기반을 구축하고 지자체, 자발적 참여기업을 대상으로 배출권 거래를 허용하고, 온실가스 통계 관리 체계 확립, 국가할당 계획 등을 마련하여 시장을 개설·운영하며, 중장기적으로 탄소배출권 등 운영 기반을 구축하고 CDM 사업을 발굴하고 해외진출을 도모해야 할 것이다.

3 보험상품[4)]

현 황

녹색금융상품으로서의 녹색보험(green insurance)이란 녹색산업과 관련된 위험을 보장하거나 환경친화적 내용이 포함된 보험상품이라고 볼 수 있다.

현재 미국, 영국 등 해외 금융선진국에서는 환경친화적인 내용의 보험상품이 다양한 형태로 개발되어 판매중이다. 일례로서, 미국의 FFIC (Fireman's Fund Insurance Company)는 주택종합보험(homeowner insurance policy)에서 환경친화적 특약을 판매하고 있다. 동 특약은 손해복구비용 산정 시 친환경 건축물 인증을 받을 수 있는 비용(green upgrade coverage)까지 지급한다. 다른 예로서, 영국의 GIC(Green Insurance Company)는 보험가입자의 차량이 보험기간 동안 배출하는 매연가스를 측정하고 이에 상응하는 산소량을 생성토록 회사가 직접 나무들을 심는 프로그램을 운영하고 있다. GIC는 이를 위해 별도의 식목지대를 확보한 상태이다.[5)]

반면, 우리나라는 아직 관련 상품 개발을 위한 자료를 수집하는 단계에 머물고 있다. 다만 정부가 저탄소 녹색성장을 새로운 경제발전 전략으로 적극 추진하고 있는 만큼, 향후 신성장동력 확보와 지속가능 경영을 위한 수단으로서 녹색보험도 널리 활용될 것으로 전망된다. 향후 국내에

---

4) 이지순 외(2009).

5) 금융감독원, 녹색보험(Green Insurance) 도입 방안, 보도자료, 2009.(4.14).

서 활용 가능한 녹색보험은 그 유형을 세 가지로 분류할 수 있다.[6] 우선 녹색금융에 대한 국민적 인식의 확산과 보험 산업의 이미지 제고에 도움을 줄 수 있는 녹색보험이 가능하다. 다음으로 녹색산업에 대한 자금공급 과정에서 발생할 수 있는 다양한 위험요소를 관리할 수 있는 수단을 제공함으로써 사회적 녹색 안전망의 역할을 수행하는 녹색보험이 가능하다. 끝으로 탄소배출권 거래에 따르는 위험을 관리할 수 있는 수단을 제공함으로써 탄소시장에서 시장조성자를 지원하는 녹색보험이 가능하다.

현재 도입이 검토되고 있는 녹색보험들은 대부분 녹색금융에 대한 국민적 인식을 확산시키고 보험 산업의 이미지를 제고하려는 것들이다. 구체적인 예로서 녹색증권, 환경친화 재물복구비용 특약, 개인용 자전거 전용보험, 친환경농산물비용손해보상 특별약관, 환경오염배상책임보험 등이 있다.[7] 구체적으로 살펴보면 다음과 같다.

첫째, 녹색증권(green policy)을 활용하는 녹색보험이 가능하다. 이는 보험가입자가 온라인 형태의 녹색증권 발급에 동의할 경우, 가입자는 보험료 할인혜택을 받고 보험회사는 일정 금액을 녹색성장사업 등에 기부하는 것이다. 예를 들어, 종이 보험증권을 전자메일로 대체하면 증권발급 비용을 절감할 수 있으므로 그 일부는 보험료 할인재원으로 활용하고 나머지는 녹색사업이나 소방관서에 기부하는 것이 가능하다.[8] 특히 녹색증권 발급 동의시 환경보호를 위한 실천방안[9]에 적극 참여할 것을 선언적으로 약속하는 서명을 함께 받도록 하여 녹색성장사업의 필요성에 대한 인식을 제고하는 것이 가능하다. 이러한 활동을 조기에 확산시키기 위해 녹색보험이나 그린증권 가입자를 표시하는 기념표식, 필기구, 스티커 등을 제공하는 것도 고려해 볼 수 있겠다. 해외에서는 녹색증권이 이미 활

6) 진익·유시용·이경아(2009) 참조.

7) 금융감독원(2009) 참조.

8) 산불진압 등 「녹색지킴이」 역할을 담당하는 소방관의 유자녀 돕기에 기부하는 것을 고려해 볼 수 있음.

9) 예: 공회전 금지, 불필요한 운행 자제, 에너지 절약, 쓰레기 분리수거 등.

용되고 있는데, 미국 AIC(Allstate Insurance Company)가 그 예이다.[10)]

둘째, 환경친화 재물복구비용 특약(green upgrade coverage)을 활용한 녹색보험이 가능하다. 동 특약에서는 주택이나 업무용 건물에서 화재나 다른 손해가 발생할 경우, 보험회사가 환경친화자재를 기준으로 재물복구비용을 지급한다. 이는 환경친화자재[11)]를 활용함으로써 친환경건축물로 인증받을 수 있도록 지원하려는 것이다. 친환경건축물 인증을 받기 위해서는 총 공사비의 2~10% 정도가 추가로 지급되어야 하는바, 이를 위해 별도의 특약 보험료 징수가 필요하다. 한편 현재 국토해양부와 환경부에 의해 친환경건축물 관련 인증제도가 운영되고 있는데, 동 인증기준을 충족하는 건축물에 대해서는 세금감면과 건축기준 완화 혜택이 주어질 예정이다. 향후 친환경 건축물에 대한 수요 확대, 에너지 절약에 따른 비용 감소, 인증 획득 시 주어지는 혜택의 확대가 예상되는바, 동 녹색보험의 시장성은 상당히 높다고 판단된다. 해외사례로서는 미국 FFIC(Fireman's Fund Insurance Company)가 판매하는 주택종합보험(homeowner insurance policy)을 들 수 있다.[12)]

셋째, 친환경농산물비용손배 보상 특별보험을 활용한 녹색보험이 가능하다.[13)] 이는 생산물배상책임보험에 친환경농산물비용손해 특약을 부가한 것이다. 동 특약에서는 소비자가 구입한 친환경농산물에 잔류농약이 검출되는 경우, 친환경농업인의 실추된 신뢰를 회복하거나 방지하기

---

10) 자동차보험 가입자가 녹색-프로그램에 가입하는 경우 월납보험료 청구서를 온라인으로 송부하는 대신 최고 5%의 보험료를 할인하고 회사는 녹색사업지원재단 등에 10달러를 기부하고 있음. 미국은 자동차보험을 월납형태로 납부하는 것이 일반적이고 해당 청구서는 보통 3페이지 이상으로 구성되어 있는 만큼, 발급·송부비용이 상대적으로 크게 나타남.

11) 환경친화적 건축자재, 냉·난방 효율을 위한 단열 강화 자재, 에너지절약형 전기기구(LED) 등.

12) 동 주택종합보험에는 손해복구비용 산정 시 친환경건축물 인증을 받을 수 있는 비용(green upgrade coverage)까지 지급하는 특약이 도입되어 있으며, 특약 보험료는 연 최소 25달러 수준임. 한편 미국의 친환경건축물 인증제도인 LEED(Leadership in Energy and Environmental Design)는 건물의 친환경·에너지 효율성능을 정량화하고 있음.

13) 이와 관련하여 LIG손해보험이 이미 2009년 4월에 전라남도 산하 22개 시·군에 소재하는 친환경인증 농업사업자를 대상으로 보험 계약을 체결한 바 있음. 전라남도는 전국 친환경인증 농업인의 60%를 점유하고 있으며, 동 보험과 관련하여 전라남도·시·군의 예산으로 보험료의 80% 지원함. 향후 다른 지방자치단체들도 여건에 따라 정책적으로 가입할 것으로 예상.

위해 소요되는 비용(소비자에 대한 보상 등)을 지급한다. 잔류농약이 식품의약품안전청에서 고시하는 '식품의 농약 잔류허용기준'을 초과하여 검출되는 경우 보상이 주어진다. 또한 친환경농산물을 섭취하여 신체 상해가 발생하는 경우에는 생산물배상책임보험으로 보상이 주어진다.

넷째, 녹색보험으로서 개인용 자전거전용보험이 가능하다.[14] 동 보험은 자전거를 운전중이거나 운전중인 자전거와 부딪혀 입은 상해·사망·후유장해·방어비용을 보장한다.[15] 또한 타인을 다치게 한 경우 배상책임손해와 벌금을 보장하는 보험도 가능하다. 더 나아가 자전거로 인한 상해와 더불어 일상생활중의 사고로 인한 상해에 대해서도 사망·후유장해·실손의료비를 보장하도록 구성하는 것도 가능하다. 다만 자전거 자체 손해나 도난 손해를 보장하는 담보를 위해서는 자전거 관련 제도와 인프라를 개선하고 도덕적 해이의 발생을 억제할 수 있어야 할 것이다. 한편 자전거 등록제 관련 해외사례로서, 일본 교통관리기술협회의 TS마크 제도를 참조할 수 있다.[16]

다섯째, 녹색보험으로서 환경오염배상책임보험이 가능하다. 동 보험은 일반보험사고(급격하고 우연한 외래의 사고)와 달리 돌발적이지 않고 점진적으로 발생하는 환경오염사고를 보장하는 정책성 형태의 보험[17]이다. 현재는 영업배상책임보험[18]의 보통약관에 오염담보 확장특약을 부가하는 형태로 제한적으로 운용되고 있다. 다만 동 보험이 활성화되기 위해서는 환경오염배상 관련 기초통계 축적, 제도적 인프라 개선이 요구된다.[19]

---

14) 단체보험 형태의 자전거보험은 LIG손해보험이 이미 2008년 9월 창원시와, 2009년 3월에는 이천시와 계약을 체결한 바 있다. 또한 현재는 대전시, 강남구와도 협의가 진행중임.

15) 이와 관련하여 보험개발원은 2009년 1월 개인용 레저종합보험에 자전거보험요율을 별도 반영하여 신고한 바 있음.

16) 동 제도는 일본 내 약 1만 6천여 곳에 있는 자전거안전 정비점에서 자전거를 구입하거나 정비를 받은 경우 1천 엔을 받고 부착해주는데, 해당 마크를 부착한 자전거에 대해서는 보험가입 시 최고 2천만 엔의 보상을 받을 수 있음.

17) 해외에서는 EIL(Environment Impairment Liability)이라고 불리고 있음.

18) 해외에서는 CGL(Commercial General Liability)이라고 불리고 있음.

19) 현재 환경오염배상책임과 관련하여 기업은 재정부담 증가를 이유로 소극적인 반면, 보험업계의 의무보험화를 주장하고 있음.

| 표 4-6 | 탄소종합보험 대상 탄소배출권사업 주요 위험

구 분		내 용
신용위험	재정위험	현금흐름(cash flow) 확보
	법률위험	계약서상 권리·의무 관계 및 국내외법 준수
	이해관계자(Stakeholder)위험	프로젝트 참여자 신용위험
	기술, 시간관리위험	검증된 기술사용, 스케줄 준수
비상위험	국가위험	탄소배출사업 참여국 정치·경제 불확실성
	정부위험	사업이행국정부의 인프라지원 의지 등
탄소배출권사업 고유위험	등록위험	탄소배출권사업 UNFCCC 등록
	발생위험	탄소배출권 UNFCCC 발행 승인
	환경협약위험	교토의정서 등 환경협약 합의 지속 여부

주: 탄소배출권사업은 UNFCCC로부터 탄소배출권사업 등록(registration)과 탄소배출권 발행(issuance)이 되어야 탄소배출권 획득과 매매가 가능.

자료: www.keic.or.kr

수출보험공사에서는 국내 기업의 해외 CDM 사업 참여 활성화를 위하여 2008년 2월 국내 유일의 탄소종합보험을 출시하였다. 동 보험은 전쟁, 내란, 외환통제 등으로부터 투자기업의 파산 등에 이르기까지 정치적·경제적 상황이 불안한 개도국의 환경사업에 진출한 기업들에게 닥칠 수 있는 여러 가지 위험요소를 사전에 방지할 수 있는 보험으로, 탄소배출권 획득사업에 참여하는 투자자, 대출 금융기관, 탄소배출권 구매선도계약을 체결한 상대방 등 모두의 위험을 제거할 수 있으며, 탄소배출권 고유 위험을 추가 담보하며 탄소배출권 구매자가 사업자와 탄소배출권 선물 계약을 체결하였으나 기대하였던 탄소배출권을 획득할 수 없는 위험에 대한 손실을 담보하는 내용이 포함되어 있다.

탄소종합보험의 보험계약자는 탄소배출권 사업의 참여자가 되며 공사는 각 사업참여자 위험별로 특화된 보험종목들을 결합하여 통합지원하게 되며, 보험가액은 해외사업금융의 경우 상환원리금, 해외투자의 경우 투자원금·배당금, 수출보증의 경우 배출권 선도매매계약상 계약불이행 약정금액이 된다. 부보율은 수출보증(수출자용)의 경우 100%, 해외사업금융, 해외투자(대출금, 보증채무, 투자금융), 수출보증(금융기관용)의 경우 최대 100%이며, 주식, 부동산에 관한 권리 등 해외투자의 경우 최대 95%이

| 표 4-7 | 녹색산업 종합보험의 운영방법

<table>
<tr><th colspan="2">운영방법</th><th>해당 종목</th><th>비 고</th></tr>
<tr><td colspan="2">특약체결 후 건별통지 방식</td><td>단기수출보험
농수산물수출보험</td><td>수출기업 단위로 특약체결·수출 통지시 특약 해당 여부 통보</td></tr>
<tr><td rowspan="2">건별
심사 방식</td><td>인수건별</td><td>수출보증보험, 해외투자보험, 해외사업금융보험, 지식서비스수출보험</td><td>인수건별로 녹색산업 해당 여부 심사</td></tr>
<tr><td>기업별</td><td>수출신용보증</td><td>녹색산업 제품 생산 여부 심사 후 해당 기업별로 특약적용</td></tr>
</table>

자료: www.keic.or.kr

다. 보험기간은 탄소배출권 사업기간(금융계약기간, 투자기간, 보증기간)이며, 보험요율은 각 종목별 요율과 성공보험요율의 합으로 이루어진다.[20]

한국수출보험공사는 이에 이어 녹색산업 종합보험을 출시하였다. 동 보험은 지원가능한 특약항목을 『녹색산업종합보험』 형태로 제정하고, 녹색산업에 해당되는 경우 기존이용 보험약관에 수출기업이 선택한 특약을 추가하여 우대하는 제도로써, 특약 내용은 부보율 확대, 보험료 할인, 이자보상, 연속수출 기간연장, 비상위험 선택담보이다. 적용보험 종목은 단기수출보험(선적 후-일반수출거래), 농수산물수출보험, 수출신용보증(선적 전), 수출보증보험, 해외투자보험, 해외사업금융보험, 지식서비스수출보험이며, 운영방안은 보험종목의 특성을 감안하여 수출기업별 또는 건별 인수심사시 특약을 체결하도록 한다. 녹색산업을 신·재생에너지 산업, 화석연료 청정산업, IT융합시스템 산업, 신소재·나노융합, 바이오산업, 고도 물처리 산업에서 각 산업분야와 해당 품목을 구분하였다.

20) 성공보험료는 탄소배출권사업별로 탄소배출권 발행(issuance) 성공시 전체 사업기간(특정기간 설정가능)에 대해서 보험료를 수납하며, 성공의 개념은 UNFCCC 발행 탄소배출권 중 금융비용 등에 우선 충당한 후 사업자에게 귀속되는 잉여분 존재 여부를 통해 판단함. 성공보험료 책정을 통해 보험계약자 사업초기 보험료 부담이 경감될 수 있을 것으로 기대함.

| 표 4-8 | 녹색산업 종합보험의 녹색산업 구분

구 분	해당 산업분야	해당 품목
신·재생 에너지산업	태양에너지, 바이오(생물자원을 변환하여 에너지 발생), 풍력, 수력, 원자력, 연료전지, 해양에너지, 지열에너지, 수소에너지	• 설비, 관련제품 및 부품
화석연료 청정산업	석탄액화(coal to liquid), 가스액화(gas to liquid), 이산화탄소 포집 및 저장(carbon dioxide capture and storage)	• 설비, 관련제품 및 부품
IT융합 시스템 산업	차세대디스플레이, 차세대무선통신, 무선주파수를 통한 전자태그산업(Radio Frequency Identification/Ubiquitous Sensor Network), LED 응용	• AM–OLED, (플렉시블) 기판소재 및 관련부품 • Wibro, CDMA 및 관련부품 • RFID/USN 및 관련부품 • 슬림형 휴대폰, LED 가시광무선통신, 고품격 가전, 고효율 친환경 조명 및 관련부품
신소재·나노융합	신소재 산업, 친환경 자동차 산업	• 스마트섬유의류(고기능 친환경소재), 풍력발전기용 경량화복합소재, 나노바이오 생활소재관련제품 • 하이브리드카, 전기자동차 및 부품
바이오산업	바이오제약, 의료기기, 고부가식품	• 메디·바이오진단시스템, 유전자·핵산치료제, 차세대임플란트, IT융합의료기기 및 관련부품 • 유기·친환경제품, 신개념발효억제식품, 기능성발효식품
고도 물처리 산업	해수담수화, 댐, 지하수 등 상수원 개발, 상·하수 및 폐수시설 건설 및 처리	• 설비, 관련제품 및 부품

자료: www.keic.or.kr

보험권의 녹색금융의 문제점

국내에는 보험권의 녹색금융이 아직 본격화되지 못하고 있는 실정이다. 대부분의 녹색보험 도입 시도가 녹색금융에 대한 국민적 인식의 확산과 보험산업의 이미지 제고에 집중하고 있으며, 녹색산업에 대한 자금공급 관련 위험관리수단 제공이나 탄소시장에서의 시장조성자 지원 가능성에 대해서는 아직 인식이 부족한 상태이다. 현재로서는 녹색보험이 틈새시장 정도로 간주되고 있는데 녹색보험 본격화를 지연시키는 장애요인

들은 다음과 같다.[21)]

첫째, 환경문제에 대한 사회적 관심이 커지고 있음에도 불구하고 녹색보험의 필요성이 충분히 인지되지 못하고 있다. 녹색보험은 투자기회·위험관리 차원에서 기업·보험회사의 경영에 중요한 영향을 미칠 수 있으며, 녹색금융 관련 시장위험·신용위험뿐만 아니라 녹색기업들에 의해 운영위험·법적위험(compliance risk) 관리수단으로서 유용하게 활용될 수 있으나, 이러한 부분에 대한 경제주체들의 인식이 부족하다.

둘째, 당사자인 보험회사가 기후변화를 커다란 경영환경변화로 인식하지 못하고 있다. 해외 선진 보험회사들의 전례를 보면, 녹색보험에서의 성공은 기존의 보험영역과 환경요인의 연계가능성을 식별해내는 능력에 달려 있다. 그런데 국내 보험회사들은 어떤 고객이 환경문제로부터 영향을 받을 수 있으며 어떤 환경문제에 대해 이해요구를 갖는지에 대해서도 파악하지 못하고 있다.

셋째, 국내에서 녹색보험이 활성화되기 위한 관련 인프라가 부족하다. 녹색보험 시 필요한 탄소배출량 산정·측정·공시에 대해 모범기준이 준비되어 있지 않아, 보험회사가 CDM-프로젝트에 자금을 공급하거나 관련 위험을 인수하기 어렵다. 에너지 절약을 평가하거나 검증할 수 있는 기법이나 절차도 마련되어 있지 않다.

넷째, 국내에서도 녹색보험의 활성화를 위한 정부의 지원이 부족하다. 해외 금융선진국의 사례를 보더라도 녹색금융 초기에는 정부 정책이 녹색금융 활성화에 크게 기여하고 있다.[22)] 그런데 국내에서는 녹색예금과 녹색펀드에 대한 세제지원 방안은 마련된 반면, 녹색보험에 대한 정부의 지원내용은 아직 제시되지 않고 있다.

---

21) 녹색보험 활용가능성-진익(2009a), "녹색금융 활성화를 위한 보험사의 역할," 월간 손해보험, 손해보험협회; 진익(2009b), "녹색금융 활성화를 위한 정책과제: 시장기능 중심의 자율적 녹색금융 촉진방안," 한국경제연구학회 정책심포지엄 자료집.

22) 대표적인 예는 RPS(renewable portfolio standards), production tax credits 등임.

개선방안

녹색보험 활성화에 대한 장애요인들을 제거하려는 노력이 요구된다. 장애요인별로 개선방안은 다음과 같다.

첫째, 녹색보험의 활용가능성에 대해 관심을 제고시키는 노력이 필요하다. 녹색보험이 위험관리수단으로서 적절히 활용될 경우, 녹색금융 참여자들이 관련 위험(신용·시장·유동성 위험)을 관리하는 것이 가능해져 녹색성장 및 녹색금융 활성화에 기여할 수 있다. 보험협회와 보험회사들이 교육과 광고를 통해 이러한 점을 적극적으로 홍보함으로써 녹색보험 수요를 확대시켜 나갈 필요가 있다.

둘째, 보험회사들은 기후변화라는 경영환경변화에 적극적으로 대응할 필요가 있다. 환경요인과 관련된 신용위험·시장위험·운영위험·법적위험 관리수단을 개발하여 제공함으로써 새로운 사업기회를 확보하고 위험관리자로서의 역할을 강화해 가야 할 것이다. 또한 녹색금융에 적극적으로 참여하여 직간접적으로 녹색산업에 자금을 제공하는 기관투자자로서의 역할도 강화할 필요가 있다.

셋째, 보험업계 공동으로 인프라 구축을 도모할 필요가 있다. 탄소배출량이나 에너지절감을 산정·측정·공시하는 모범기준을 마련하는 한편, 기존의 위험관리시스템에 환경요인을 연계하는 것이 시급하다. 위험관리능력이 전제될 때 보험회사가 녹색기술·사업·기업에 대한 선별, 감시 및 정보생산기능을 담당하는 것이 가능하다. 현재 환경친화적 내용의 보험상품이 도입되는 단계에 머물러 있는 것도 녹색금융 관련 위험 특성에 대한 이해와 관리기법이 부재하기 때문일 것이다. 따라서 업계 공동으로 녹색금융 관련 위험요인 식별, 언더라이팅 기준 및 보험료에 녹색성 연계, 성과평가시 녹색성 연계, 녹색보험 공시 등에 대한 모범기준을 마련해 갈 필요가 있다. 특히 녹색보험 개발시 필요한 경험통계가 축적되어 있지 않는 만큼, 통계집적을 위한 업계 공동의 노력이 요구된다.

넷째, 녹색보험에 대한 정부의 지원을 마련할 필요가 있다. 녹색예금과 녹색펀드에 대한 세제지원에 준하여 녹색보험(투자성 보험이나 저축성

보험)에 대한 세제지원 기준을 마련하는 것이 대표적인 예이다. 또한 보험회사가 녹색기업이나 녹색금융 참여 금융회사로부터 위험을 보다 적극적으로 인수할 수 있도록 지원하는 방안도 고려해 볼 수 있다.

녹색금융 관련 위험관리수단으로서의 녹색보험 활용가능성은 매우 크다고 판단된다. 환경변화로 인한 재산 손실과 관련하여 다양한 법적 소송이 제기될 수 있는바, 판결에 따른 보상금 지급의무에 대해 CGL(Comprehensive General Liability)을 통한 보장제공이 가능하다. 또한 기업 경영진의 불법행위로 인하여 배출량 감축에 실패한 경우 공공단체나 시민들로부터 배상청구가 제기될 수 있는바, 배상의무에 대해 E&O-보험(errors and omissions insurance)도 유용하게 활용될 수 있다. 더욱이 홍수와 같은 자연재해로 인하여 기업의 이윤의 손실이 발생할 수 있으므로, 이러한 손실발생가능성에 대해 기업휴지보험(business interruption insurance)도 활성화될 필요가 있다.

더 나아가 녹색기업이나 녹색사업에 대한 자금지원 확대에도 녹색보험이 크게 기여할 수 있다. 사후적 재무손실 관련 보험과 배출권인도보증을 활용하는 것이 가능하며, 차입자(채무자)가 보험계약자가 되는 이행보증보험과 더불어 투자자(채권자)가 보험계약자가 되는 신용보험도 활용될 수 있다. 또한 탄소배출권 투자에서 손실을 입을 경우 일정 한도에서 손실을 보전해 주는 금융보험으로서 활용 가능하다.

그런데 국내에서 이러한 녹색보험의 도입이 조기에 현실화되려면 정책적 배려가 절실하다. 우선, 다양한 녹색보험이 도입될 수 있도록 제도의 보완이 필요하다. 현행 규정상 대부분의 녹색보험 상품들이 보증으로 분류되어, 서울보증보험회사만이 해당 서비스를 영위할 수 있다. 이러한 독점체제에서는 수요 확산에 비해 공급 제약이 발생할 개연성이 존재하는 만큼, 녹색금융 관련 전업 보증보험회사의 진입을 허용하는 것이 바람직하다. 이와 더불어 녹색인증 과정에서 시장성이나 사업타당성 평가 시, 녹색보험의 사용을 의무화하거나 우대하는 방안을 생각해 볼 수 있다.

다음으로, 녹색보험 개발의 전제조건인 통계집적이 필요하다. 녹색정보 인프라 개선이 녹색보험이 활성화될 수 있는 전제조건이기 때문이다. 인증 과정에서 인증평가기관에 의해 축적된 정보나 매칭펀드·모태펀드·보증지원 운영과정에서 축적된 정보를 토대로 녹색금융 관련 데이터베이스를 구축할 필요가 있다. 이렇게 축적된 녹색정보를 민간 보험회사가 행정통계로 활용할 수 있도록 정보인프라를 구축해야 할 것이다. 더 나아가 녹색보험 인수 과정에서 자체적으로 수집한 녹색기업의 경영정보를 토대로 보험회사가 기업가치 평가 서비스를 제공할 수 있도록 허용하는 것도 생각해 볼 수 있다.

끝으로, 녹색기업·사업에 적극적으로 자금을 제공하고 녹색금융 관련 위험을 인수하는 녹색금융전문회사나 녹색금융전업보증회사가 종국적으로 출현할 것인바, 제도적 검토가 필요하다. 전업보증보험회사에 대해서는 보다 완화된 재무건전선 감독기준을 설정할 필요가 있다. 강도 높은 자기 자본규제를 받는 은행이나 보험회사가 벤처금융의 특성을 갖는 녹색금융에 적극 참여하거나, 녹색금융 참여자들로부터 위험을 인수하기를 기대하기는 어렵다. 따라서 녹색금융전업보증회사가 부실화되더라도 금융시스템 위기가 유발되지 않도록 차단벽을 설치한다는 전제하에서, 녹색금융전업보증회사에 대한 감독기준을 차별화하는 방안을 고려해 볼 필요가 있다.

제 5 장

녹색경영 전략

UN이 기후변화에 관한 정부간 패널(IPCC)이라는 과학자 그룹을 결성하면서 본격적으로 논의되기 시작한 지구 온난화 문제는 국제협약으로 발효되면서 기업 활동을 비롯한 경제, 사회 전반에 큰 영향을 미치게 되었다.

전세계적으로 녹색화에 대한 인식이 확산되고 환경규제에 의한 친환경 체계로의 요구가 증대되고 있으며, 에너지 소비 확대 및 소비자들의 친환경에 대한 인식 변화 등으로 기업의 경영 환경이 녹색화(Green Way)로 패러다임이 전환됨에 따라 녹색경영이 새로운 기업의 경쟁력의 주축이 되고 있다.

그림 5-1 기업경영 패러다임의 전환

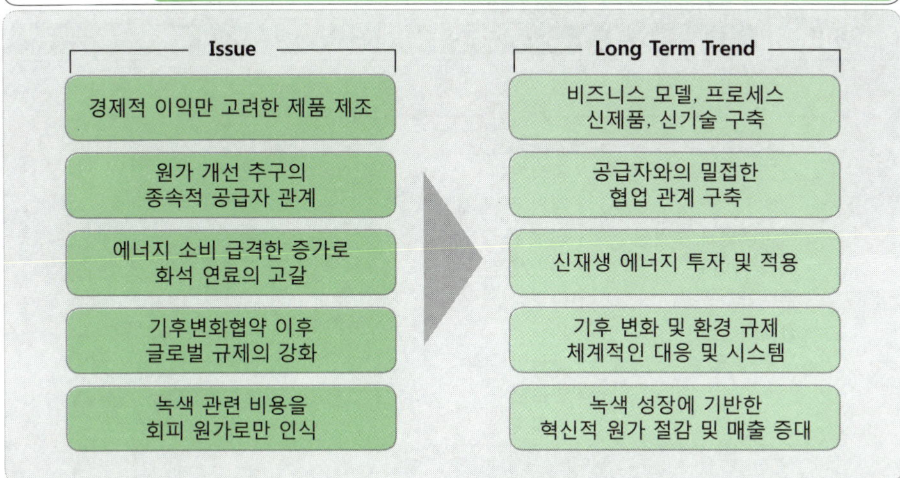

자료: Deloitte 안진회계법인(2009).

녹색경영은 에너지·자원 이용 효율성의 제고를 통해 온실가스 배출 및 환경오염을 최소화하면서 사회적·윤리적 책임을 다하는 기업차원의 녹색성장 실천 전략이다. 21세기는 경제가치 창출뿐만 아니라, 지구환경 보호, 사회적 책임 제고 등이 기업의 중요한 평가기준이 되고 있다.

기업환경의 변화로 그동안 기업의 주된 관심영역이었던 경제, 사회 분야와 더불어 에너지, 물, 폐기물, 온실가스, 재활용 등 환경 분야로의 관심이 주변에서 핵심(Core)으로 확대되고 있다.

녹색경영은 본격적인 법규 이전에 선제적 대응을 하는 것이 지속적 경쟁 우위(Competitive advantage)를 확보할 수 있고, 장기적으로 안정적인 시장과 매출을 올릴 수 있다.

효과적인 녹색경영이란 조직의 Value chain에 대한 정책, 절차, 프로그램, 서비스, 운영 모델 및 리더십 등의 6가지 영역에서 녹색화를 실행하고 통합하는 것이다.

녹색경영을 추진하기 위해서는 기본적인 프레임워크를 갖춰야 한다. 기업의 녹색경영 방향성을 제시하는 정책수립이 필요하며, 전략수립을 통한 관리체계 마련이 필요하다. 또한 녹색경영의 추진력을 담보하기 위한 조직이 마련되어야 하며, 성과를 관리할 수 있도록 시스템을 구축하여야 한다. 이러한 체계 안에서 기업은 녹색경영 프로그램을 수행할 경우,

그림 5-2 지속가능 성장을 위한 기업 영역 확대

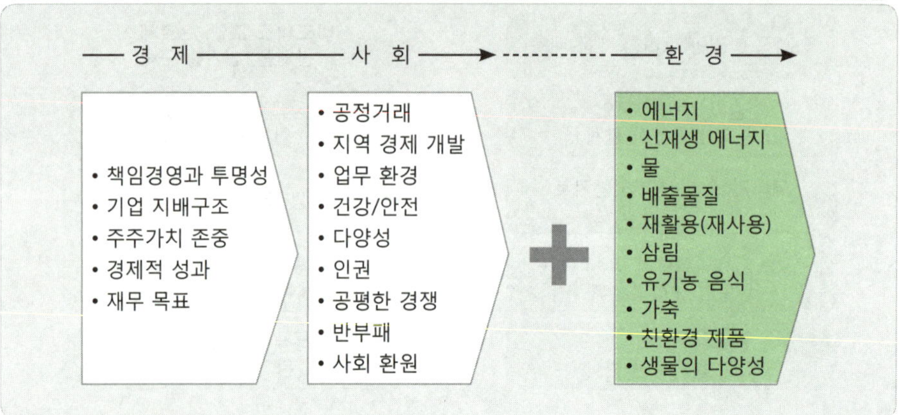

자료: Deloitte 안진회계법인(2009).

기업가치를 증대할 수 있는 기회 창출과 리스크 대응이 가능할 것이다. 내부관리를 통한 환경효율성(Eco-Efficiency)을 증대할 수 있으며, 대내외 환경변화에 따른 해당 기업의 녹색사업을 추진할 수 있는 부서간 업무교류가 원활할 수 있다. 또한 사회공헌 및 홍보 추진 등을 통한 대외 커뮤니케이션의 질적 향상을 가능하게 하며, 비용대비 효과를 극대화하는 전략적인 포지셔닝을 취할 수 있다.[1)]

CEO 및 이사회 구성원의 의지는 기업의 존립 방향성을 결정하며, 구성원의 가치관에 큰 영향을 줄 수 있다. 이러한 의미에서 녹색경영은 실무부서의 추진역량뿐만 아니라 최고경영진의 의지와 부합할 때, 가시적인 성과를 극대화할 수 있다. 또한 기업문화는 기업의 중장기적인 가치창출의 원천이며(기업문화라는 input 가치는 매출 및 기업 이미지 제고라는 output 가치와 연계), 곧 구성원의 가치관을 형성하게 된다.

녹색경영은 환경관리 차원의 법적 규제 수준에서 머무는 것이 아니라 환경 관련 트렌드의 선(先)대응을 통한 환경 관련 비재무적 리스크 관리 및 신시장 개척이라는 새로운 가치 창출의 원동력이 될 수 있다. 이러한 녹색경영이 전사적으로 정착하기 위해서는 경영진의 의지뿐만 아니라 녹색경영 기업문화를 정착시키는 것이 필요하다.

1 일반 기업[2)]

녹색경영 현황

신재생에너지, 탄소배출권 거래, 친환경 재료·소재 등 신환경시장(Green Ocean)은 최근 경기 침체에도 불구하고 급속히 성장하고 있다.

---

1) 임대웅 외(2009).

2) Deloitte 안진회계법인(2009) 참고.

ㅣ표 5-1 ㅣ 녹색경영 해외 국가 동향

국 가	주요 내용
유 럽	• 지속가능경영 및 환경경영을 지속가능한 성장의 주요 요소로 파악*하여 보급·확산 정책에 주력 * 2000년 유럽이사회 결정: '2010년까지 실업자를 줄이고 EU에서의 사회적 통합을 이루며 지속가능한 성장을 할 수 있는 경제를 실현'하는 목표를 설정 - EU이사회는 2005년부터 일정규모 이상의 회사에 대해 연차재무보고서 내에 환경 및 사회책임 관련 정보 공시를 의무화 * 2003년 '회계법현대화지침(2003/51/EC)'을 채택하고, 가맹국의 대·중규모의 회사는 2005년 1월부터 연차재무보고서에 환경경영 등 비재무 정보의 공시 요구
일 본	• '환경조화형 경제사회 구축'을 목표로 녹색산업 진흥, 환경경영 고도화 및 경쟁력 강화를 위한 프로그램 추진 - 중소기업이 친환경기업으로 이행할 수 있도록「Eco-Action 21*」공표(1996) 및 인증제도 도입·운영(2004~) * 환경경영시스템, 환경성과평가, 환경보고에 대한 평가를 통해 인증부여(재단법인 지구환경전략 지속가능성센터), 현재 1,600여 개사 인증 취득 - 2003년 '환경배려활동촉진법' 제정, 공공기관에 대해 우선적으로 환경정보 공시를 의무화하고 환경보고서 공개 가이드라인 발간 * 경제산업성과 환경성이 공동으로 보고서 가이드라인 개발·보급
미 국	• 기업 주도로 지속가능경영 및 녹색경영이 추진중이며 DOE*는 이를 촉진·지원하기 위한 프로그램 운영 *(DOE) 산업계와 공동으로「산업폐기물 감축 프로그램」추진

자료: 녹색성장위원회 외(2009), 기업의 녹색성장 실천을 위한 녹색경영 확산 방안.

2008년 전세계 저탄소 제품·서비스 시장규모는 £3,046 billion, 연평균 성장률은 4%로 예상된 바 있다.[3)]

GE·도요타·BP 등 글로벌 선진기업은 사업포트폴리오를 에너지·환경 분야로 재편하고 전사적인 녹색시장 선도전략을 추진하고 있다. BP의 경우 'Beyond Petroleum'을 모토로 향후 5년간 80억 달러를 신재생에너지 분야에 투자할 예정이며, GE는 'Ecomagination'전략을 수립하여 10년간 환경분야 매출액 250억$를 목표로 2008년에는 170억$를 달성하였다. 이러한 투자뿐만 아니고 환경리스크관리가 중요하다는 것은 BP의 멕시코만 원유유출사고가 보여주고 있다.

한국은 녹색성장기본법에 녹색경영 성과 공개, 녹색경영기업 금융지

3) BERR(2009).

| 표 5-2 | 녹색경영 해외 기업 동향

기 업	주요 내용
Shell	• 2010년까지 온실가스 배출량을 1990년 배출수준의 5% 이하로 감축하는 목표를 제시(2002), 이를 위한 CCS 등 기술개발 투자 - 전세계 계열사 및 공급망에 대해 전사적인 HSE(Health, Safety & Environment) 방침 제시 및 저탄소 에너지 효율 프로그램* 실시 * Energise™ energy efficiency Program, BIRs(Business Improvemnet Reviews) 실시로 '90년 대비 CO_2 25% 감축('07)(연간 CO_2 1,700백만 톤, 1억8천만$ 절감)
Cisco	• 2012년까지 온실가스 배출량을 2007년 대비 25% 감축 목표설정, 친환경 사회공헌 활동으로 녹색경영 우수기업 이미지 확립 - 39개국 116개 도시에 165개의 TelePresence(화상회의) 시설을 설치하여 항공출장을 대체함으로써 연간 1억 달러 출장비 절감 - 전사적 CSR 추진, 기후변화대응 사업(CUD)에 5년간 15억 달러 투자 계획 발표 등으로 기업가치 제고* 및 잠재수요** 창출 * 2008년 포춘지 선정 '세계에서 가장 존경받는 기업 1위'에 선정 ** CUD 사업(그린IT솔루션을 활용한 에너지 효율성 제고, 차량 탄소배출 감소, 친환경 도시설계 및 관리 등)에 자사의 솔루션 제공으로 시장선점
Hitachi	• '환경비전 2025'을 설정하고 별도조직을 구성하여 기업활동 전 과정의 저탄소화 및 친환경제품 생산 등 기후시장 선제대응 - 2025년까지 CO_2 1억 톤 저감 및 모든 히타치 제품을 친환경제품으로 전환하기 위해 생산활동 전 과정의 녹색화 추진 * 2006년까지의 성과: 5,000가지 모델의 친환경제품 생산, 15.5억Kwh(234,000 가구의 전력소비량)의 에너지 소비 절감 - 그룹의 CEnO(Chief Environmental Strategy Officer) 신설(2007), 환경전략국 발족(2008)으로 전사적·체계적인 녹색경영 추진

자료: 녹색성장위원회 외(2009), 기업의 녹색성장 실천을 위한 녹색경영 확산 방안.

원, 중소기업의 녹색경영 지원 등 정부의 기업 녹색경영 촉진을 위한 각종 시책의 추진을 규정하고 있으며, 기존의 환경경영, 지속가능경영 개념과의 혼선으로 녹색경영 기준이 부재한 상황에서 부처별 관련업무를 경쟁적으로 추진하여 정책 및 업무의 혼선을 초래할 수 있다.

녹색경영 평가지표를 설정하기 위해서는 녹색경영 정의에 부합하고 기업의 지속적인 성장을 담보할 수 있는 평가지표 마련이 우선되어야 한다. 지식경제부(녹색경영체제인증), 환경부(녹색경영정보공시 제도도입), 중소기업청(녹색경영 중소기업지정)의 3개 부처에서 제안한 항목 중 공통적으로 포함되는 내용을 우선적으로 도출하여야 한다. 기업에게 추가적인 부담이 되는 제도의 도입을 지양하고 최대한 지표를 단순화하여 가중치

| 표 5-3 | 환경경영, 지속가능경영, 녹색경영 비교

구 분	환경경영	녹색경영	지속가능경영
도입시기	• 유엔환경개발회의 (UNCED, 1992)	• 저탄소 녹색성장 국가 비전 제시(2008)	• 'Our Commom Future' 세계환경 개발위원회 (WCED) 보고서(1987)
논의배경	• 환경문제 해결을 위한 새로운 경영전략 필요	• 기후변화 에너지·자원·환경 위기를 성장 기회로 전환하는 새로운 패러다임의 필요	• 미래세대를 위한 사회 경제적 불평등 해소
지향가치	• 환경과 경제의 조화	• 환경을 통한 성장	• 균형발전 (경제·사회·환경)
주요 내용	• 환경친화적 경영목표 수립 • 목표 달성을 위해, 인적·물적자원의 체계적·지속적 관리체계 구축	• 자원과 에너지 절약 및 효율적 이용 • 온실가스 배출 및 환경오염 발생의 최소화 • 사회적·윤리적 책임 경영	• 지속가능 개발을 경영활동에 도입 • 기업 환경경영과 사회공헌활동 포괄
경영전략	• 환경위기 관리형 경영 전략	• 환경부가가치 창출형 경영전략	• 사회적 책임(CSR) 제고 경영전략
국내 관련법	• 환경친화적 사회구조로의 전환촉진에 관한 법률	• 저탄소 녹색성장 기본법	• 산업발전법 • 지속가능발전법

를 적용하게 설계하며, ISO14001, 14031, 50001, 26000 및 기존의 환경경영 관련 국제표준 및 공신력 있는 제도를 활용하여야 할 것이다.

녹색경영에 대한 경영자의 유인구조가 중요하다. 기업의 이미지 제고 등 좋은 점이 많지만, 결국에는 녹색경영을 통해 기업의 장기적 수익에 어떻게 기여할 수 있는가가 관건이 될 것이다.

녹색경영전략 수립

성공적인 녹색경영을 위해서는 적시에 적절한 전략을 수립하고 강력하게 시행해야 한다. 이를 위해서 다음과 같은 단계적인 접근이 바람직하다.

첫째, 기후 변화와 환경규제 대응은 기회이다. 환경 규제는 국가나 지역마다 다양성을 띠고 있으며, HP(Hewlett-Packard Company)가 유럽

그림 5-3 녹색경영전략 수립

Stage I 기후변화 전략 수립	배출원 파악	• 직간접 온실가스 배출 요소, 수량 파악(예를 들어 사업장별, 공정별, 제품/서비스별) • 정확한 측정을 위한 방안 및 기술 검토	Step 1
	위험도 파악 및 기회 요인 분석	• 서비스나 제품으로부터 발생되는 온실가스에 대한 위험요소(규제 및 경쟁적 요소) 및 저감을 통한 기회 요인 분석 • 동종경쟁업체의 경쟁력 분석 • 고객과 시장의 요구사항 및 영향도 파악	Step 2
	각 대안별 실행계획 도출	•저감을 위한 옵션별 장, 단점 • 기술혁신 또는 부분 변경? • 수행 기간, 자원, 일정 수립 • GHG 절감으로 인한 재무적 효과 및 Top-line의 영향 파악	Step 3
	구체적 실행 목표 설정	• 구체적인 감축계획 및 기간 확정 • 목표에 따른 경영계획 보정 • 신규사업인 경우에는 새로운 사업전략 및 실행 목표 설정 • 구체적인 R&R 확정과 승인	Step 4
Stage II 내부 역량 집중	재무적 전략 실행	• GHG 절감을 위한 자금 투입계획 • 배출권 Trade의 장, 단점 및 재무적 효과 분석 • 기후변화 대응에 대한 재무적 위험과 기회에 대한 재무 보고 • 기타 ROI 등의 분석	Step 5
	조직적 업무 수행	• 수행 조직의 구성 및 리더십 • 내, 외부 전문가그룹 파악 및 조달 • 조직 내 저항에 대한 변화관리 • GHG에 대한 관심을 중요한 업무로 핵심화	Step 6
Stage II 외부 역량 증대	기후 변화 규제에 대한 즉시적 대응	• 논의중인 예상 가능한 규제 및 법규에 대한 조사 • 경제권, 국가, 지역 등 권역별로 상세한 규제에 따른 영향도 파악 및 대응 • 지속적인 모니터링과 선제적 또는 즉각적인 대응이 필요	Step 7
	외부 이해 관계자 연결	• 경쟁사 • 협회/학회 • 공급자 • 고객 • 규제당국 • NGO 등과의 밀접한 연결	Step 8

진행되는 업무를 모니터링 및 평가하여 전략 및 실행계획에 수정 반영 (Step 5, Step 7 → Step 3)

자료: Andrew Hoffman(2007).

규제에 맞추어 친환경 제품 시장을 장악했던 것과 같이 규제에 적극적으로 대응할 필요가 있다.

둘째, 공급망(Supply Chain), 운영(Operation)을 지속가능 체제로 정비해야 한다. 제품, 서비스 설계, 기획 단계로부터 친환경 원재로 저폐기물 생산체제가 필수적이며, 전사적 탄소관리 시스템, 에너지 관리시스템, 라이프사이클의 체계적인 관리가 필요하다.

셋째, 지속가능한 신제품과 새로운 서비스를 개발해야 한다. 경쟁사

보다 근본적으로 앞선 지속가능한 제품 및 서비스를 개발해야 한다는 의미이다.

넷째, 새로운 비즈니스 모델을 개발하는 것이다. 더 나아가 신기술, 신사고, 신개발을 통한 현재의 비즈니스를 대체할 새로운 비즈니스 모델을 개발하여야 한다.

마지막으로 새로운 Pratice Platform을 구축한다. 사업영역과 구조를 재편성하고 신경제구조에서 지속적으로 성장할 새로운 성장동력을 발굴하는 것이다.

녹색경영 사례: S그룹[4)]

S그룹의 녹색경영을 살펴보면 1992년 S사 환경 선언을 통해 환경오염 방지에 대한 다짐을 시작으로, 1996년에는 사람과 자연을 존중하는 기업활동을 위한 'S사 녹색경영'을 선포하였으며, 생명 외경사상을 바탕으로 사람과 자연을 존중하는 기업활동에 이바지하며, 인류의 삶의 질과 환경보전에 이바지하는 것을 기본으로 5가지 구체적인 목표를 선정하였다. 선정된 기본 목표는 제품의 녹색화, 사업장의 녹색화, 지역사회의 녹색화, 공정의 녹색화, 경영의 녹색화였다.

'경영의 녹색화'에서는 경영방침을 수립하고 정책 개발을 통해 우리 기업 및 산업계에 기여하는 것을 목표로 실천하고, '제품의 녹색화'에서는 전품 전생애 책임주의를, '지역사회의 녹색화'는 각종 이해관계자와의 그린파트너십을 강화하며, '사업의 녹색화'는 무오염, 무재해, 무질병의 3무 사업장의 구현을 목표로 하였다.

이와 함께 이를 실천하기 위한 행동 지침으로는 국내외 법규, 협약의 준수 및 더욱 엄격한 내부기준의 마련, 에너지 절약 및 폐기물 발생을 최소화하고, 종업원의 건강과 복리를 증진시키고 소비자의 알 권리 충족을 위한 감사 및 열린경영을 실천하고자 하였다. 또한, 협력업체와 공동

---

4) 백재봉(2009) 참고.

그림 5-4 S그룹의 녹색경영 요약

태동기-S사 환경 선언 (1992~1995)

- 환경시설 및 환경경영 시스템 구축
- 1992 지구환경연구소 개소
- 원격 환경 자동 측정 망 가동
- 반도체, 냉장고, 에어컨에 사용되는 CFC의 사용 중단
- 사용 연료를 선택 및 벙커C유에서 LNG로 대체
- S사에서 발생하는 산업폐기물을 3개 권역별로 공동 처리
- 모든 사업장 폐수를 완전 정화 후 방류
- 반도체 사 중 최초로 BS7750 인증

정착기-S사 녹색경영 (1996~1999)

- 환경, 안전, 보건을 경영 주요소로
- 경영의 녹색화: 녹색경영 체제 및 방침, 정책, 수립, 환경경영 인증제
- 제품의 녹색화: LCA(설계에서 폐기까지) 도입
- 공정의 녹색화: 철저한 원류 관리, 에너지 절감, 용수 재활용, 유해 물질 사용 감소
- 사업장의 녹색화: 3무(오염, 질병, 재해)
- 지역 사회의 녹색화: 환경 나눔 운동
- 협력사의 환경경영(그린 파트너십)
- GMIS(녹색경영정보시스템)을 통한 시스템적인 관리 체계 수립(e-Energy시스템, SMIS시스템 구축)
- ISO14001, OHSAS 18001 인증

성숙기-지속가능 녹색경영 (2000~현재)

- 2003년 국내 최초 지속가능 보고서 발간
- 폐제품 회수, 재활용 체계 구축(글로벌 재활용 체계 구축)
- 친환경 제품 개발(무연 솔더링, PVC-free, 무비소, 저전력, 친환경소재 기술 구현)
- 녹색구매시스템(원료, 부품 구매 시 협력사 환경 품질 검증 시스템)
- E-HMS(유해물질 관리시스템)
- 2009년 탄소 다이어리 시스템 구축
- 새로운 개념의 제품 및 사업군 개발: 수소 연료전지, 태양광발전소, LED 기기

자료: S그룹 녹색경영 자료.

으로 추진하며, 비상조치 계획으로 사회적 책임 및 지역사회 발전을 지원하고자 하였다.

S사는 지난 1997년부터 지금까지 SEE 21(S Company Energy Efficiency for the 21st centry)운동을 해오고 있다. SEE 21은 S사 녹색경영의 연장선에서 에너지 이용 효율화 및 CO_2 저감을 보강하고 지속가능한 개발과 국가경쟁력을 제고하자는 취지의 캠페인이다. SEE 21의 실천목표는 에너지 원단위를 경영의 주요 지표로 지표화하고 에너지 사용량을 매년 3% 저감하며, 에너지 비용의 10%를 에너지 효율개선에 투자하고 에너지 저소비형 제품을 개발하는 것이다. 뿐만 아니라 S사는 2005년 5대 경영원칙을 수립하면서 원칙의 하나로 '환경, 안전, 건강 중시'를 명시하였다.

현재 S사는 Inventory라는 온실가스 배출통계시스템을 구축하고 있으며, 2003년부터 전 그룹의 에너지 사용 및 온실가스 발생현황을 조사하

고 있다. 배출통계는 제3자 인증을 통해 국제공인을 취득하고 있으며, 측정기법의 신뢰도를 제고하기 위해 노력하고 있다. 사업장에서 배출되는 온실가스의 현황을 안다는 것은 매우 중요한 출발점이라고 할 수 있다. 이와 함께 온실가스 감축체제로 기후변화대책반, 온실가스 TF팀 등 전담조직을 구성해 운영해오고 있으며, 자체적으로 배출량을 측정하고 검증할 수 있는 심사원 양성을 위해 외부기관에 매년 80여 명 정도의 인원을 위탁, 교육하고 있다. 또한 자발적 감축실적에 대한 인증을 지속적으로 취득해 나가고 있다. 2012년까지 저탄소 사업장 구현을 위한 3대 목표로 전력사용의 효율 개선, 연료소비의 절감, 공정 온실가스의 감축을 설정했다.

녹색 커뮤니케이션의 확산을 위해서 이산화탄소를 축으로 한 온실가스의 전생애적 추적방법인 Carbon Footprint를 실시하고 있다. 사업장 외부의 온실가스 배출 조사를 실시하면서 국내외 협력사 및 물류과정을 모두 반영하고 제품의 사용 및 폐기단계도 포함하여 실시하고 있으며, 정부에서 실시하고 있는 '탄소성적 표지제도'에도 참여하고 있다. 사무 현장에서도 ABCD(All Businessman's Carbon Diary & Diet)라는 임직원용 탄소다이어리 프로그램의 운영을 통해 임직원의 업무상 온실가스 배출량을 측정하여 저감하자는 캠페인을 실시하고 있다. S사 지구환경연구소 홈페이지 접속을 통해 임직원들은 출퇴근, 출장시 교통수단 및 일과 중 PC, 물 사용량, 잔반량 등을 스스로 입력하고 자동 계산한 후 저감목표 및 상쇄 프로그램 제안 등을 작성하고 있다.

소재 및 제품 분야에서는 바이오 플라스틱, 폴리 실리콘, 태양광 전지셀, 태양광 충전 휴대폰, 유해물질 Free LCD TV, 대기전력 절감·에너지 저감형 가전 및 컴퓨터 제품, LED 조명 등을 개발 및 출시하였다. 신재생에너지 분야에서는 고효율 2차 전지, 연료전지, 태양전지, 태양광 발전, 풍력발전 등의 사업이 전개되고 있으며, 금융·서비스 운영 분야에서는 날씨보험 상품, Project Financing, 해외 CDM 사업, 조림 및 Plantation 등을 전개하고 있다. 일례로 S물산 생산부문은 인도네시아의 팜플랜트를 인수하고 팜나무에서 나오는 열매로부터 바이오연료를 추출해내는 사업을 실시하고 있다.

S사는 1994년도에 S사 지구환경연구소를 설립하고 1996년에 녹색경영을 선언했으며, 2000년도에는 TMS라는 시스템을 도입, 사업장에서 배출하고 있는 환경오염에 대해 모니터링을 실시했다. 이와 함께 환경친화기업 및 ISO14001 인증을 실시했고, 폐가전 리사이클링 센터를 설립했다.

이러한 S사 녹색경영은 ① 최고경영진의 경영 철학, ② 글로벌 규제에 선제 대응하는 중장기 경영전략, ③ 환경, 안전, 보건, 화재 등 인적 사고 예방을 중시하는 기업문화, ④ 기업의 사회적인 책임과 지속가능 경영을 접목한 경영 원칙, ⑤ 현장과 밀착하여 제품 및 기술 개발과 서비스 수준을 제고(친환경제품과 신기술서비스), ⑥ 저탄소 녹색성장을 주도할 미래 비전을 제시하였다는 특징을 보이고 있다.

녹색경영의 핵심 성공 요인

녹색화를 성공적으로 이끌기 위해서는 전략적 연계, 통합 운영, 지배구조 및 정보시스템 인프라와 함께 다양한 이해관계자와의 협업 등이 필요하다. 특히 가장 중요한 성공요인으로는 최고경영자의 전략적인 의사결정과 적시적인 추진이라고 할 수 있다.

저탄소 녹색성장 시대에서의 협업은 외부의 이해관계자 중 Up Stream 분야인 Supplier와의 협업이 가장 중요하다.

특히, Up Stream 관점에서 협력사 간의 관계는 조인트 관계로 발전되어야 한다. 또한 조인트 관계를 성공적으로 추진하기 위해서는 기존의 Supply Chain상의 영역과 더불어 새로운 영역으로의 활발한 교류가 필요하다.

저탄소 녹색성장 시기의 Supply Chain은 Cost, Supply, Demand 관점이 아닌 각종 규제, 이해관계자 및 주주들의 관점에서 성장할 수 있는 통합적 비즈니스 모델로 변화하고 있다. 즉, 녹색경영에서는 기존의 제품, 프로세스, 서비스를 근본적으로 혁신하는 새로운 형태의 Innovation이 요구된다.

환경 규제 대응과 기후 변화에 효과적으로 대응하기 위한 기업의 환

그림 5-5 Successful Phase for Win-Win

	거래 관계	정보공유 관계	조인트 관계 (기획 및 개발)
Typical Activities	• 판매자 및 구매자간 단순 거래 • 주요활동은 주로 비자동화된 포맷으로 이루어짐 • Electronic data interchange Based	• 다양한 정보를 공급자와 구매자와 공유함 • 일부 정보 조회는 가능하나 정보 변경 불가 • 전자형태로 주문 상태를 확인	• 공급자와 구매자간 협업할 수 있는 체계로 발전됨 • 효과적인 계획과 제품생산을 위한 커뮤니케이션 • 이해관계자는 계약(협약)이 이루어질 때까지 정보를 서로 교환하거나 변경할 수 있음
Business Impacts	• 협업이 ad-hoc 방식에서 행해짐 • 표준과 방법론이 동일하게 적용됨	• 단방향성의 정보 공유 • 제공된 정보가 제품생산에 이익이 될 수도 있지만, 이익이 안될 수도 있음	• 일관된 결과를 얻기 위해서 비즈니스를 수행하는데 기업 수준(Enterprise Level)의 협업 • 지속적인 협업은 이해관련자들의 니즈를 맞추기 위해 발전됨 • 높은 수준의 Visibility

자료: "Supply Chain Collaboration Today: It's a Tactic, Not a Strategy"

그림 5-6 정보시스템의 인프라 구축

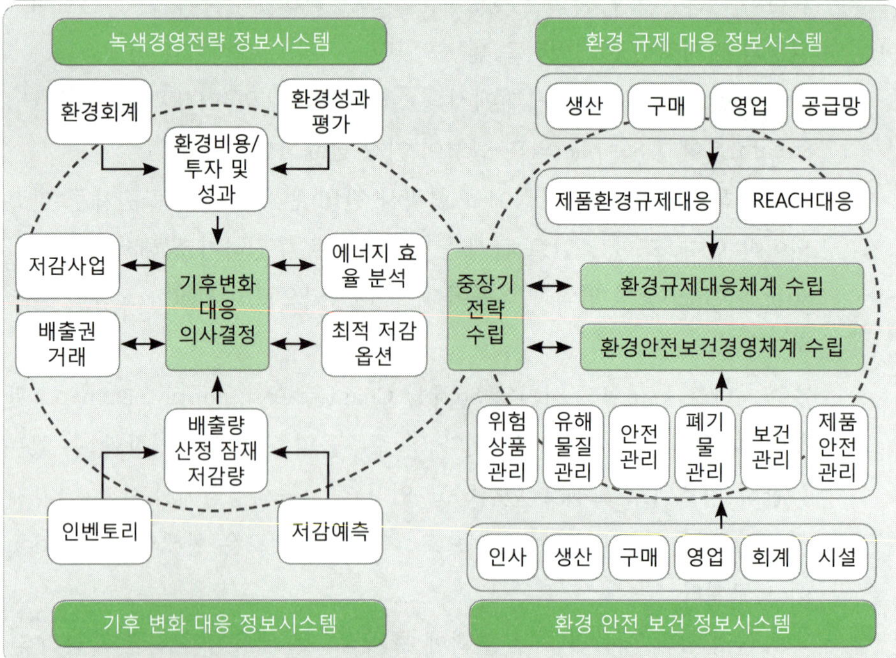

자료: Deloitte Development LLC 2008.

경 관련 정보를 전략부터 시작하여 운영까지 전사적으로 통합 운영하고, 협력사와의 다양한 협업을 위한 인프라를 구축하여 신속하고 정확한 경영 의사결정을 지원할 수 있어야 한다.

1. 기업 상생 협업: Green SCM

Green Supply Chain을 도입하여 진행했던 기업의 85% 이상은 투자 이상의 효과를 달성하였다.[5] 이는 현재 추진을 계획중이거나 도입을 하지 않은 기업들에게 동시대의 경쟁 우위를 확보하기 위해서는 반드시 변화의 물결에 동참이 필요하다는 것을 보여주고 있다.

기업들은 경쟁 우위를 확보하기 위한 방안 중 가장 중요한 과제로 Value Chain상에서 발생되는 탄소 발자국의 요인들을 파악하고, 이를 줄이기 위한 노력이 필요하다.

탄소 발자국의 투명성을 확보한 기업은 그린 기술을 위한 투자 및 연구로 인해 고성장을 달성하였음을 보여주고 있으나, 기타 영역은 상대적으로 활발한 투자나 논의가 미흡한 것으로 나타나고 있다.

기업간 사업 추진을 위해서는 이해관계자들과의 협력이 무엇보다 중요하며, 현재의 수직적 공급망 관리에서 수직·수평적 체계로의 변화가 필요하다.

주요 협력 과제로는

- 기업 간의 산업활동 Value chain상 재화 흐름 규명을 위해 탄소 발자국 측정 인프라를 구축
- 제품·서비스 기획, 설계 단계부터 밀접한 협업이 필수적
- 기업의 재무적인 접근을 통해 투명성을 유지(탄소배출, 에너지 원가, 기회비용 등의 공개)
- 협력업체의 성과에 대해 다양한 인센티브를 부여
- 투자 등의 공동 연구 실행으로 Green Technology 개발
- Green SCM 수행 시, 데이터, 프로세스 혁신관리, 품질에 대한 결

5) Deloitte 안진회계법인(2009).

그림 5-7 The state of green supply chains(미국)

Topics	What we Measured	What we Found	Gain
Alt-Fuel Vehicles	Corporate fleet purchase of hybrids, electric cars, flex-fuel vehicles and other alt-fuel vehicles	Creeping along, but fleet sales of AFVs are still negligible	Medium
Building Energy Use	Average energy use per square foot of office space	Holding steady despite growth of information technology	Medium
Carbon Transparency	Companies responding to Carbon desclosure Project	Growing slowly but steadily	Strong
Carbon Intensity	Emission of greenhouse gases per unit of GDP	Slight declines but far from what's needed	Medium
Carbon Trading	Tons of greenhouse gases reduced	Starting to grow from a standing start, but slowly	Weak
Clean-Technology Investments	Corporate, government, and VC investments	Strong, steady growth, especially from VCs	Strong
Clean-Technology Patents	Patents issued by U.S. Patent Office	Strong growth	Strong
Corporate Reporting	Number of reports from large companies	Growing, slowly	Medium
Emplayee Commuting	Number of employees carpooling or using mass transit	Holding steady, not much growth	Medium
Employee Telecommuting	Number of U.S. tele-workers	Growing very slowly	Medium

Legends: Strong Medium Weak

자료: State of Green Business 2008. Greenbiz.com

과 관리에 대해 문서화 및 보고체계 등을 관리, 수행하기 위한 조직 구축

- 이 업종간 친환경 협력 체계 구축 및 지원(협력사, 협회 등)
- 협력 기업 내 환경 전문가 양성을 위한 기술 및 인력 지원
- 기업의 환경 관리 가이드 및 인프라를 개발할 수 있도록 이해관계자의 참여 유도
- 저탄소 녹색성장의 혁신 활동을 지속적으로 추진할 수 있는 Green leadership 실시

의 10가지를 나열할 수 있다.

RICOH는 친환경 공급망을 도입하여 관리함으로써, 재화의 재활용을 통한 비용 절감 체계를 구축하였으며, Wal-Mart는 전반적인 Value Chain을 혁신하여 배송체계를 개선함으로써 배송비용 절감 및 탄소배출을 저감하였다.

녹색경영의 이익을 누리고 경쟁력 제고를 위해 대기업과 벤처, 경쟁사간, 국가 간에 다양한 협업에 의한 기술 개발, 공유 등 갈수록 글로벌 경영환경은 급변하고 있다.

성공적인 협력을 위해서는 단계별로 적합한 재무, 절차, 프로그램을 수행해야 하며 궁극적으로는 세계적 수준의 경쟁력 있는 친환경 Supply chain을 구축하여야 한다.

녹색경영 추진 방향

지속가능한 성장을 위해서 녹색화 영역을 선도하고 있는 기업들은 탄소 발자국으로 인한 부정적인 영향을 최소화함으로써 기업의 경쟁력을 높일 수 있다. 녹색성장의 과제는 결국 Input을 절감할 수 있는 새로운 형태의 제품, 서비스를 경쟁력 있게 제공하는 것이며, 기업의 목표는 탄소

| 표 5-4 | 분야별 추진 방향

정 부	정부는 녹색성장 기본법에 따라 정책 방안을 제시하고 있으나, 좀 더 포괄적 정착방안이 필요하며, 탄소 배출세제보다는 탄소배출권 거래 활성화 등 당근정책으로의 방향 전환이 필요(환경보전과 녹색성장이라는 두 가치의 시너지 극대화)
기 업	**비전 및 전략 수립:** 기업들은 기업경영을 위해서 어떤 핵심 비즈니스 모델을 고려하는지, 우선 순위가 무엇인지, 기업이 변화될 분야가 무엇인지 등 기본적인 경영 비전 재정립 필요
	새로운 사업 분야 발굴: 녹색기술을 새로운 성장 엔진으로 장착하고 세계 시장을 선점할 수 있는 새로운 산업을 발굴하고 기업의 사업 영속성을 위한 대응 전략 수립
	기존 사업의 녹색화: 사업 영속성을 위해 리스크 분석 및 활용, SCM의 끊임없는 혁신, 통합 환경관리 정보시스템(GMIS) 구축, 신기술 개발이 중요한 요소
NGO 등 이해관계자	많은 기업들이 서로 다른 방법으로 녹색성장 활동을 준비하고 있지만, 성공적인 녹색성장을 위해서는 폭넓은 이해관계자들과 '전략, 경영, 기업간 협력 및 통제'가 가능한 범위를 정하고 실행

자료: Deloitte 안진회계법인(2009).

발자국을 최소화하는 것이다.

저탄소 녹색성장에 맞춰 기업들은 환경 변화에 선제적으로 대응해야하며, 환경 시너지를 가져올 수 있는 상생 협력을 위해 전략적인 비즈니스 모델, 기업 협업, 이해 관계자들과의 관계 개선 등을 효과적으로 수행해야 한다.

한국 기업들이 정보기술 경영에서 집중하여 세계적인 기업들이 탄생했듯이 녹색경영도 제조업과 IT에 경쟁력이 있는 한국 기업들로는 글로벌 기업으로 도약할 수 있는 기회라 할 수 있을 것이다.

그림 5-8 녹색경영의 추진 과제

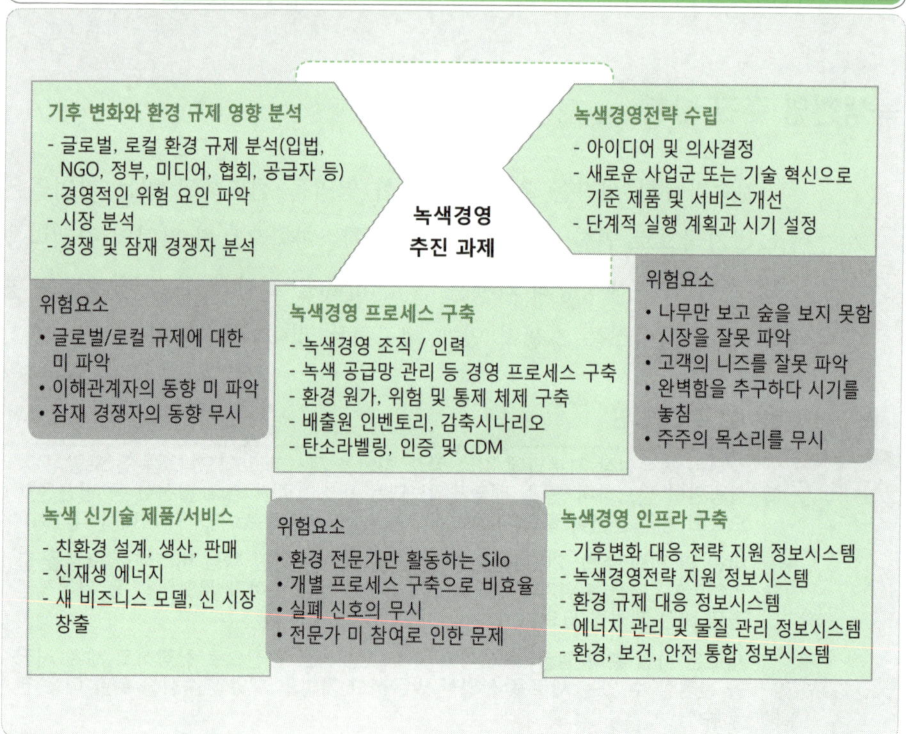

자료: Deloitte 안진회계법인(2009).

2 금융기관

금융기관의 녹색경영의 목적은 수익을 증대하고, 비용을 절감하며, 위험을 감소시킬 수 있는 기회를 제공하는 것이다. 금융기관의 전략을 녹색경영으로 전환하는 것은 Global trend이다. 투자자와 NGO들은 녹색경영을 통한 사회책임 및 환경경영을 강조하고 있으며, 기후변화 및 자원고갈에 대한 우려는 소비자들을 그린제품으로 인도하고 있다.

외국의 경우 녹색유통채널을 구축함으로써 녹색소비자가 출현하게 된다. 이러한 녹색소비자가 녹색금융소비자가 될 가능성이 많다.

Mega-bank들은 이러한 흐름에서 선두가 되어 금융산업을 이끌고 있다. 경제적 측면뿐 아닌 환경적 성과와 사회적 성과에 대한 투명한 보고가 요구된다. 은행들도 그들의 전략과 실행 계획을 녹색경영으로 전환하고 있으며, 이미 선행적으로 실행하고 있는 녹색실천에 대해 적절한 평가를 받고 있는 상황이지만 녹색경영은 리스크인 동시에 기회가 될 것이다.[6]

해외 금융기관의 경영전략[7]

선진국의 선도적인 금융기관들은 이미 탄소의 가격을 투자, 대출, 그리고 기타 영업활동에 대한 의사결정에 반영하고 있다. 또한 그들은 온실가스 배출과 관련된 새로운 시장을 개척하고 선점하기 위해 노력하고 있다. 미국의 NGO인 CERES(Coalition for Environmentally Responsible Economies, 환경에 책임을 지는 경제를 위한 연합)는 2008년 1월 시가총액기준 상위 40개 금융기관들이 기업지배구조 측면에서 기후변화에서 비롯되는 위협과 기회에 대하여 어떻게 대응하고 있는지를 평가하여 보고서를 발표하였다. 이들 40개 금융기관들의 시가총액의 합은 전세계 금융기관들의

6) 강동호(2009).

7) 박영석(2009).

시가총액 합의 60% 정도를 차지한다.

40개 대형 금융기관은 다각화된 은행(예: UBS, Citi 등) 29개사, 투자은행 5개사, 자산관리 6개사로 구성되어 있으며 금융기관의 국적은 북미가 19개사, 유럽이 15개, 아시아 5개사 그리고 기타 1개사이다.

CERES는 보고서를 통해 기후변화와 관련된 기업지배구조를 평가하기 위해 14개의 항목들로 구성된 평가표를 작성하였다. 14개의 항목들은 기후변화와 관련된 기업지배구조를 형성하는 이사회의 감시(Board Over-

| 표 5-5 | 금융기관의 기후변화 지배구조 점검표

이사회의 감시		점 수
1	이사회가 능동적으로 기후변화정책에 관여하고 있는가? 감시책임이 이사회 전체에 부여되었는가? 위원회 또는 이사회의 일원에게 부여되었는가?	0~16
경영진의 실행		
2	이사회의 의장/CEO는 기후변화 정책을 실행하는 데 리더십을 보여주고 있는가?	0~22
3	최고경영진들은 기후변화에 전략적으로 대응하고 있는가?	
4	기후변화 이니셔티브가 리스크관리 및 영업활동에 통합되어 있는가?	
5	임직원들의 보상이 온실가스 감축 목표에 연계되어 있는가?	
공시		
6	기후변화와 관련된 위험과 기회가 충분히 공시되고 있는가?	0~18
7	기업의 기후변화에 대한 목표가 포괄적이고 투명하게 대중에게 전달되고 있는가?	
배출권 회계		
8	영업활동에서 발생하는 온실가스 배출을 계산하여 기록하고 있는가?	0~14
9	연간 온실가스 목표 배출량을 대중에게 공개하고 있는가?	
10	미래의 온실가스 배출량을 평가하는 배출기준을 가지고 있는가?	
11	온실가스 배출 자료를 검증하는 제3의 기관을 보유하고 있는가?	
전략적 계획		
12	영업활동에서 발생하는 명확한 온실가스 방출 감소 계획을 가지고 있는가??	0~30
13	온실가스 배출권 거래제도에 참여하고 있는가?	
14	온실가스를 감축에 대응하는 효율적인 경영전략을 추구하고 있는가? 규제위험을 최소화하는 그리고 변화에서 오는 기회를 최대화하는 경영전략을 추구하고 있는가?	
총 점		100

자료: 박영석(2009).

sight), 경영진의 실행(Management Execution), 공시(Public Disclosure), 탄소배출회계(Emissions Accounting), 그리고 전략적 계획(Strategic Planning)로 구분되어 있다. CERES가 평가에 활용한 지표는 〈표 5-5〉와 같다.

이들의 조사결과에 따르면 이사회의 감시(Board Oversight) 부문에서 선도적인 금융기관은 ABN AMRO, Deutshe Bank, HBOS, HSBC, Royal bank of Scotland, UBS인 것으로 나타났다. 특히 HSBC의 경우는 16점 만점에 13점의 점수를 받았는데, 이는 HSBC의 경우 이사회의 기업책임위원회에 환경 및 기후변화와 관련된 감시책임을 부여하고 있고 이사회가 기후변화 정책의 수립에 적극적으로 참여했기 때문이었다.

경영진의 실행(Management Exection)의 선도 금융기관은 ABN AMRO, Citi, Credit Agricole, Goldman Sachs, HBOS, HSBC, Royal Bank of Canada인 것으로 나타났다. ABN AMRO의 경우 이사회의 의장이 직접 이산화탄소 감축의 당위성을 천명한 바 있기에 2번 항목에서 4점 만점에 4점을 받았다. 그리고 Goldman Sachs는 최고경영진들의 기후변화에 대응하는 전략을 인정받아 3번 항목에서 6점 만점에서 6점을 획득하였다.

환경 시장에 관한 위험관리에 있어서는 ABN AMRO, Bank of America, Citi, Fortis, HBOS, HSBC, Goldman Sachs, Merrill Lynch, Misuho Financial Group, Royal Bank of Canada, Royal Bank of Scotland들이 선도 금융기관인 것으로 나타났다. Royal Bank of Canada는 1992년부터 환경위험관리 전담부서를 설립하고 운영한 바가 있기에 9점 만점에 10점을 획득하였다. Credit Suisse는 임직원의 성과평가를 에너지 절약에 연계시켜 평가하고 있기에 5번 항목에서 2점 만점에 1점을 획득하였다.

공시(Public Disclosure)와 관련해서는 6번 항목에서는 Bank of Nova Scotia가 8점 만점에 4점으로 최고 점수를 받았으며, 7번 항목에서는 Bank of America가 10점 만점에 10점을 획득하였다. Emissions Accounting과 관련해서는 Citi가 활동을 인정받아 14점 만점에 10점을 받아 이 분야에서 최고 점수를 획득하였다.

투자상품은 ABN AMRO, Credit Suisse, Deutsche Bank, HSBC,

ING, JPMorgan Chase, Merrill Lynch, 그리고 UBS가 강점이 있는 것으로 나타났으며, 소매상품의 경우는 BOA와 Barclays 그리고 BNP Paribas, Fortis 등이 강점을, 배출권 거래와 관련해서는 BOA, Barclays가 상대적 강점을 가지고 있었다. 종합점수에 근거한 금융기관들의 순위는 다음과 같다.

위의 해외 금융기관들의 기후변화 지배구조 점수를 살펴보면 은행들이 IB나 자산운용사들보다는 높은 점수를 받고 있다. 이는 은행들의 대출자금이 기후변화 위험에 노출된 산업이나 기업에게 공급되어 있기 때문임을 반영하고 있는 것이라고 할 수 있다.

| 표 5-6 | 주요 40개 대형 금융기관들의 평가점수

금융기관명	점 수	금융기관명	점 수
HSBC Holding PLC	70	Wells Fargo & Co.	41
ABN AMRO Holding	66	Mitsubishi UFJ Financial Group Inc.	39
Bardays PLC	61	State Street Corp	36
HBOS PLC	61	Sumitomo Mitsui Financial Group Inc.	33
Deutsche Bank AG	60	Wachovia Corp.	27
Citigroup INC.	59	The Bank of Nova Scotia	26
Bank of America Corp.	56	Intesa Sanpaolo S.P.A.	26
Royal Bank Of Scotland PLC	55	Lehman Brothers Holdings Inc.	26
Fartis N.V.	54	TD Bank Financial Group	25
ColdMan Sachs Group. Inc.	53	Mizuho Financial Group Inc.	24
ING Group N.V.	52	Banco Santander S.A	22
Merrill Lynch & Co. Inc.	52	Banco do Brasil	14
UBS AG	52	Nothern Trust Corp.	14
Credit Suisse Group	50	Industrial & Commercial Bank of China	8
Morgan Stanley	49	Bank of China Ltd.	4
Royal Bank of Canada	49	BlackRock Inc.	4
BNP Paribas	48	T.Rowe Price Group, Inc.	4
Credit Agricole SA	47	Legg Mason. Inc.	3
Societe Generale	46	Franklin Resources, Inc.	1
JPMorgan Chase & Co.	43	The Bear Sterarns Companies Inc.	0

자료: 박영석(2009).

해외 금융기관의 녹색경영 정책 수립 사례

금융업은 제조업 등 타산업에 비해 환경영향이 상대적으로 작은 청정산업이다. 그렇기 때문에 금융업의 직접적인 환경영향은 전기사용, 용수사용, 종이사용 정도인 데 비해 너무 일반적인 것들이어서 흔히 받아들여지는 '위험'이라는 단어를 적용하기에는 부적절하게 보일 수 있다.

그러나 선진은행들은 이러한 위험도 놓치지 않고 관리하고 있으며, 이를 통해 상당한 원가절감을 이루어내고 있다. 이러한 근간에는 임직원의 마인드를 변화하는 데 녹색정책이 중요한 역할을 수행하고 있다고 볼 수 있다. 하지만, 금융기관의 녹색경영의 본질은 굼융활동을 통하여 어떻게 녹색성장에 기여하고 환경훼손을 방지할 수 있느냐 하는 데 있다고 할 수 있다.

Co-operation Bank의 경우 녹색경영 정책을 수립하여, 지속가능한 방법으로의 사업개발의 필요성을 인식하고, 기업의 사회적 책임 관점의 경영방식을 받아들이고 있다. Value-chain 내 모든 프로세스에서 환경 및 사회적 이슈를 고려하며, 내부 임직원의 윤리적 관행뿐만 아니라, 상품개발의 친환경성 고려까지 모든 영역에서 녹색경영 정책이 내재화되어 운영되고 있다.

UBS(Union Bank of Switzerland)에서는 환경정책 수행에 대한 결과를 바탕으로 환경정책을 수립하고 있다. 기업의 문화와 역량을 바탕으로 이전의 환경정책의 문제점과 성과를 평가하고 보다 나은 환경정책을 수립하고 있다. 수립과정은 먼저 Annual objective and environmental programs 단계에서 UBS의 환경정책과 고나련된 세부내용을 수립하고, Organization and Implementaion 단계에서는 수립된 세부계획을 수행한다. 이후에 Controlling and Audit 단계에서 수행된 환경관련 세부내용에 대한 점검을 실시하고, Management Review의 단계에서 그간 수행한 성과를 바탕으로 UBS의 환경정책에 반영하게 된다.

일본의 Mitsubishi UFJ Financial Group의 경우 '안심·안정의 추구, 새로운 가치창조, 환경보호, 인간존중의 실현'의 그룹 경영이념을 녹색경

그림 5-9 UBS의 환경정책 수립 사이클

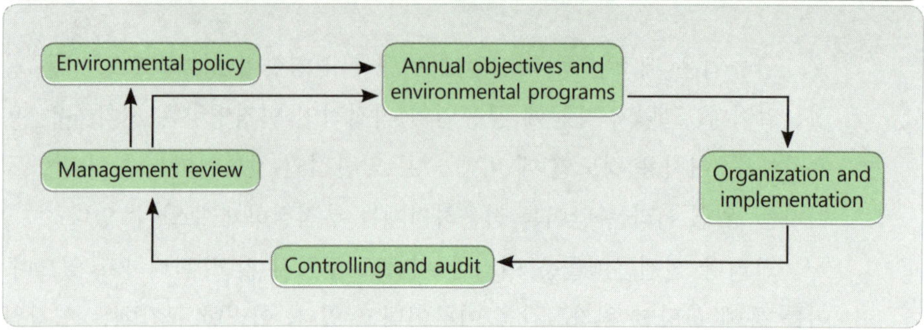

자료: UBS, UBS Environmental Report 2006.

영 활동의 축으로 설정한 후 이를 지향하는 모습을 제시하고 있다. 특히, 내부 환경부하 절감, 대외환경리더십 확보를 주요 활동으로 친환경 여신 관리, 투자활성화 등을 통한 기업의 미래 모습을 제시하고 있다.[8)]

또한 미국 금융기관의 녹색경영[9)] 사례에서, 넓은 의미의 녹색산업은 경제시스템과 자연시스템의 충돌을 해소하는 산업이고, 좁은 의미의 녹색산업은 탄소시장, 신재생에너지, 에너지 효율 개선 등으로 정의된다. 그린 제품의 수요는 증가할 것으로 예상하는바, 43%의 미국인은 향후 5년 내에 적극적 녹색 소비자가 될 것이라고 생각하고, 89%의 소비자들이 환경친화적 상품에 관심을 갖고 있다.

업무설비, 인력, 제품 및 서비스, 업무프로세스, 지배구조의 측면에서 녹색경영의 5가지 실행축을 제시하고, 녹색제품 및 서비스와 전략적 기회 발굴을 위한 구체적 사례를 제시하고 있다.

국내 금융기관의 녹색경영 전략 수립 사례[10)]

해외의 녹색금융 확산에 힘입어 우리나라 정부도 탄소시장 활성화 및 녹색금융 인프라 구축을 통한 녹색경제 기반 조성을 위한 정책방향을

---

8) 임대웅 외(2009) 참고.

9) 강동호(2009).

10) 임대웅 외(2009).

| 표 5-7 | 대구은행의 탄소배출 감축을 위한 전략과제

구 분	단 기	중장기
본 점	• 에너지원별 감축목표 수립 및 CO_2 배출량 관리 • 친환경 물품 구매 활성화, 환경마인드 제고 및 각종 에너지 절감 활동 추진	• 성과지표(KPIs)로 관리 • 녹색구매 선언
영업점	• 에너지원별 관리 • 환경지킴이 활동 강화	• 성과관리 • 에너지 절감 성공사례 공유
임직원 (가정)	• 에너지 절감 및 재활용 활동 전개 • 자연보호활동 참가, 대중교통 및 자전거 이용 생활화	• 성과관리 • 에너지 절감 성공사례 공유

자료: 임대웅 외(2009).

수립하였다. 녹색기업을 평가하여 여신관리의 녹색화를 추진하고, 녹색금융시장 활성화를 위한 정부차원의 지원을 마련하고자 하는 노력이 가시화되고 있다.

국내 금융기관의 경우, 대구은행은 국내 금융기관 최초로 2007년 에너지 절약과 친환경 활동을 통한 탄소배출을 위해 'DGB STOP CO_2' 플랜을 추진하였다. 본점 및 영업점뿐만 아니라 임직원을 대상으로 단기·중장기 전략과제를 마련하였으며 전력, 용수, 난방용 연료, 승용차 연료 등의 에너지 사용량을 온실가스 배출량으로 환산하여 구체적인 온실가스배출 저감 실천방안까지 마련하여 운영하고 있다.

국내 금융기관 경영에 주는 시사점[11)]

우리나라의 경제 현안인 저성장과 저고용의 문제와 글로벌 금융위기에 따른 경제위축 문제를 동시에 해결하고자 하는 정부는 저탄소 녹색성장을 새로운 패러다임으로 제시하고 있다. 기후변화 위험에 전세계가 현명하게 대처하기 위하여 세계적으로 탄소배출량을 줄이고자 하는 노력이 진행되고 있는 상황에서 저탄소 녹색성장은 우리경제가 활력을 찾을 수 있는 돌파구로서의 역할이 기대되고 있다. 이러한 경제 패러다임의 전환을 하기 위해서는 자본주의 시스템의 본질적인 측면에서 방법론을 살

11) 박영석(2009).

펴보면 금융의 역할이 강조될 수밖에 없을 것이다.

이러한 시대적 요청을 반영하여 우리나라 금융기관들이 다양한 녹색금융 상품을 시장에 내놓고 있으며 녹색금융이 많은 사람들의 관심과 주목을 받고 있다. 그러나 현재 우리나라에서 찾아볼 수 있는 녹색금융상품은 녹색산업을 지원하는 녹색금융의 본질적인 기능 측면에서 볼 때 매우 제한적인 역할만을 수행 할 수 있다고 본다. 따라서 탄소에 가격이 매겨지는 새로운 패러다임에서 우리나라 금융기관들이 위험을 적절하게 관리하면서 성장을 추구하려면 금융기관의 지배구조가 이러한 패러다임의 변화에 잘 적응할 수 있는 준비가 되어 있어야 할 것이다. 따라서 하루라도 빨리 지배구조 측면에서의 선진국 금융기관들의 기후변화에 대한 대응을 벤치마킹하여 우리나라 금융기관들도 지배구조 시스템을 갖추어야 할 것이다.

저탄소 녹색성장시대에 국내 금융기관들이 선제적으로 해야 할 일은 기후변화의 위험을 반영한 포트폴리오의 재평가, 기후변화에 대응하는 자기혁신 및 브랜드 관리, 그리고 이해당사자들과의 공조 등이라고 할 수 있다. 그런데 기후변화에 대하여 금융기관이 위와 같은 차원에서 효율적으로 대응하기 위한 필요조건으로 금융기관의 기업지배구조를 빼놓을 수 없을 것이다. 기후변화 위험을 반영하여 포트폴리오를 재평가하기 위해서는 금융기관의 위험관리 시스템에 탄소위험이 고려되어야 하는데, 이와 같이 탄소위험을 고려한 위험관리시스템이 제대로 구축되려면 이사회가 선도적 역할을 수행해야하기 때문이다. 또한 자기혁신이라든가 브랜드관리 및 이해당사자들과의 공조가 이루어지려면 지배구조 차원의 대응이 필수적인 인프라 역할을 하기 때문이다.

금융기관들은 온실가스의 증대로 발생할 수 있는 미래의 기후변화에 대처함과 동시에 이를 방지하기 위한 노력을 기울여야만 한다. 온난화와 그에 대응하는 규제들이 제품의 원가구조, 증권의 가격, 신용 그리고 근본적으로 자산과 부채에 근본적인 영향을 미칠 것으로 예상되기 때문이다.

기후변화를 대비하는 강건한 지배구조를 가진 금융기관은 미래의 위험과 기회에 보다 잘 대처할 수 있을것이고, 이에 선점자의 이득을 누릴 수 있을 것으로 예상된다. 따라서 금융기관의 경영자와 이사회는 기후변화에 대처할 수 있는 새로운 기업지배구조 원칙을 수립해야 한다.

금융기관이 녹색산업을 지원하는 녹색금융을 실현하는 것이 가능하기 위해서는 먼저 해당 금융기관의 이사회가 능동적으로 기후변화에 대한 금융기관의 대응정책에 대하여 비전을 제시하는 것이 가장 중요하다고 할 수 있다. 그리고 이사회가 제시된 비전을 구현하는 전략을 실행하는 데 있어서 경영진이 리더십을 보여주고 있는지 또한 이러한 리더십을 발휘할 수 있도록 임원진 보상체계가 제대로 작동하는지에 대한 점검이 필수적이라고 하겠다.

외환위기 이후 지금까지 우리나라 금융기관들은 글로벌 스탠다드에 맞는 지배구조를 갖추기 위해 노력해왔다. 지금은 우리나라 금융기관의 선진화된 지배구조에 기후변화에 대한 대응전략을 조화롭게 녹이는 방향으로의 노력이 필요한 시점이다.

또한 외국의 사례에서 보는 바와 같이 기존의 업무영역에 접하여 추가로 할 수 있는 녹색금융 업무의 발굴과 기존 자원의 합리적 재배치가 필요하다.

3 녹색경영 정보공개[12)]

지속가능경영보고서[13)]

지속가능경영 보고는 해당 기관의 경제적 성과뿐만 아니라 환경적, 사회적 성과를 외부에 공시하는 프로세스를 일컫는다. 최근 주주, 고객,

12) 임대웅 외(2009) 참고.

13) 조동성·산업정책연구원 지속경영본부(2007).

지역사회 등 기업을 둘러싼 이해관계자의 요구가 강화됨에 따라 기업의 총체적인 경영성과는 재무성과만으로 파악하기가 어려워졌다. 이에 따라 기업은 '지속가능경영보고서'를 발간하여 기업의 경제적인 성과는 물론 환경적, 사회적 성과에 대하여 목표 대비 성과를 보고하고 있다.

지속가능경영보고서에 포함되는 지속가능경영의 구성요소는 일반적으로 세 가지 축(Triple Bottom Line)의 내용에 대한 것으로 TBL의 요소인 경제, 사회, 환경성과와 이에 관한 윤리경영, 혁신경영, 창조경영의 내용까지 지속경영 보고의 내용에 포함하고 있다.

기업이 지속가능경영 보고를 하게 되는 배경을 살펴보면, 외부의 규제나 압력에 의해서 혹은 내부적으로 경영관리 능력을 향상시키기 위해서 시작되는 경우가 많다.

영국의 지속가능경영 컨설팅업체인 Sd3의 창립이사 Jason Perks는 기업들이 지속경영 보고를 하게 되는 이유로 첫째, 규제가 제정됨에 따라 점차 의무화되기 때문에, 둘째, 동종업계에서 보고서를 발간하는 기업들이 늘어남에 따라 '남들이 다하니까 우리도 하지 않으면 안 된다'는 경쟁의식 때문에, 셋째, 지속가능경영 보고서를 발간하라는 외부 이해관계자들의 압력 때문에, 넷째, 기업의 명성관리를 통하여 리스크관리를 할 수 있기 때문에, 다섯째, 지속가능경영 보고시스템을 통하여 내부관리능력이 향상되기 때문이라고 설명한 바 있다.

이렇듯 기업들이 지속가능경영 보고를 하는 이유는 기업이 장기적으로 존속할 수 있도록 도와주는 여러 장점들이 있기 때문이다. 대표적인 것이 지속가능경영 보고를 통하여 글로벌 경제의 새로운 커뮤니케이션 방식을 구현할 수 있다는 점이다. 인터넷이 발달하게 되면서 이해관계자들과 보다 적극적인 커뮤니케이션이 필요하게 된 기업들은 지속경영 보고를 통해 이해관계자와 대화함으로써 신뢰와 충성도를 증가시키는 효과를 가져오게 되었다. 지속가능경영 보고서는 이해관계자와 건설적인 관계를 구축하고 이들과의 커뮤니케이션 과정 및 성과에 대한 상세한 내용이 담겨있기 때문에, 이를 통하여 이해관계자는 자신들의 기대와 요구가 얼마나 이행되었는지 파악할 수 있다.

| 표 5-8 | 기업경쟁력 향상을 위한 지속경영보고서의 역할

주요 압력	보고서의 역할
산업 내부의 경쟁	지속경영 보고서는 기업에게 차별성을 제공하며 특히 경쟁자들과의 차별성을 표출함. 커뮤니케이션을 통하여 종업원의 충성심과 몰입을 도와줄 뿐 아니라 잠재 입사지원자들에게도 차별성을 보여줌
신규 진입자 위협	다양한 성과에 대한 투명한 공개는 새로운 진입자를 막는 효과가 있음
고 객	고객과의 신뢰형성과 브랜드 로열티(brand loyalty) 증진 효과가 있음
투자자/주주	명확하고 다양한 정보가 실린 지속경영보고서를 통하여 투자자는 기업과 시장에 대한 장기적인 리스크에 대한 우려를 경감할 수 있음
공급자	특정 공급업자와 계약하기 위한 경쟁이 있는 경우, 지속경영보고서를 통한 대화와 지원활동이 공급업자와의 관계를 원만히 유지시키는 효과가 있음. 원재료, 배출쓰레기 등에 대한 공급업자와의 민감한 문제들을 사전에 대처할 수 있는 수단이 됨
경쟁자	제품(제품의 라벨링 포함)의 사회적·환경적 성과공개를 통하여 대용품이나 하급 제품들보다 우수함을 표출할 수 있음
환경요인들	기업 경쟁력에 영향을 줄 수 있는 외부적 요인에 대해 보고해야 함(예: 신규 기술, 경제적·정치적 동향, 인구통계적 트렌드, 환경트렌드, 규제강화에 대한 이슈 등)

출처: BITC, "A Director's Guide to Corporate Responsibility Reporting," 2004 참조.

또한 기업은 지속가능경영 보고를 통하여 기업 내부의 기능들을 더욱 전략적으로 연계시키며, 현재수준을 파악하고, 개선방안을 모색할 수 있는 계기가 된다. 이러한 지속가능경영 성과에 대해 이해관계자에게 보고함으로써 기업의 지속가능성에 대한 투명성을 증명하고, 이를 대중에게 정직하게 공개했을 때, 기업의 대중적 이미지와 긍정적인 영향을 미친다.

한편으로 지속가능경영 보고는 정기적 정보공시를 통해 주식시장에서 기업의 안정성을 증명시킬 뿐만 아니라 불확실성과 자본비용을 감소시켜 주는 효과가 있으며, 급증하고 있는 사회책임투자(SRI)자들의 판단기준요소가 될 수 있다는 점에서도 의미가 있다.

기업의 대내외 이해관계자를 위해 발간하던 보고서는 초기에 경영성과와 일부 환경정보 공개 위주에서 점차 기업의 사회적 책임 활동 전반으로 보고서 내용이 확대되는 추세이다. 기업의 이해관계자경영은 초기에 투자자 관점에서 점차 그 범위가 확대되면서 기업의 영업활동에 영향을 미치는 이해관계자가 원하는 모든 정보의 표현을 담고자 지속가능경

그림 5-10 지역별, 업종별 지속가능경영보고서 독자 분포

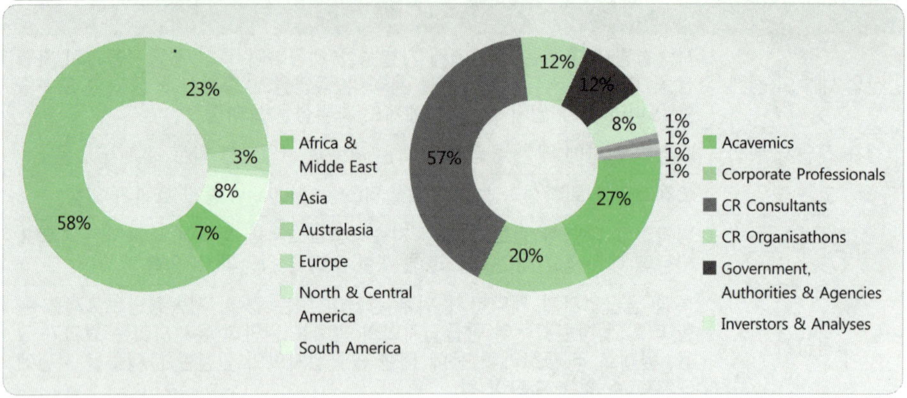

자료: CorporateRegister.com(2009).

영보고서를 발간하게 되었으며, 일부 기업의 경우 IR(Investor Relation)자료로 활용하고 있다.

지역별로는 이미 기업의 지속가능경영이 정착된 지역인 유럽과 북미지역의 독자들이 전체의 80% 이상을 차지하고 있다. 주요 이해관계자별로는 학생, 투자자, 학계, 전문가, NGO 등 다양한 독자들이 있는 것으로 조사되었다. 이해관계자별로 해당 기업에 대한 관심분야가 다르다고 할지라도, 지속가능경영보고서는 모든 이해관계자가 기업의 주요 이슈를 접할 수 있는 정보공개 수단으로 이용되고 있다.

특히 독자들은 금융권에서 발간한 지속가능경영보고서에 대한 관심이 가장 높으며 금융권도 전체 산업 중 3번째로 많은 수익 보고서를 발간하고 있다.[14)]

이러한 결과는 금융권이 기업의 투자자 관점에서 지속가능경영 이슈에 대해 자유롭지 못하며, 기업의 지속가능경영성과와 직간접적으로 연계되어 있다는 것을 입증하는 결과이다.

국내 100대 기업 중 보고서를 1회 이상 발간 기업은 총 39개사이며, 2008년에 보고서를 발간한 기업은 30개사이다. 금융권 중에는 신한은행,

---

14) Corporate Register.com(2009).

하나은행, 기업은행, 현대해상, 동부화재, 대우증권 등이 보고서를 1회 이상 발간하고 있다. 해외에 비해 국내는 금융권의 발간사례가 많지 않은 것이 특징이다.

3년 이상 연속으로 발간하는 기업은 총 21개사로, 2004년 이후 매년 보고서를 발간하는 기업은 8개사로 삼성전자, 현대자동차, 포스코, 기아자동차, 현대중공업, 대한항공, 삼성SDI, 한국중부발전 등 8개사로 분석되었다. 산업 특성에 따라 지속가능경영 이슈는 다르다고 할지라도, 해외와의 수출입이 매출에 상당한 영향을 미치는 기업들이 지속가능경영보고서 발간을 중요하게 고려하고 있는 것으로 판단된다.

보고서 발간주기는 매년 발간이 일반적이나, 일부 기업은 격년 발간을 하고 있는 경우도 있다. 지속가능경영보고서의 글로벌 가이드라인을 개발한 GRI(Global Reporting Initiative)에서는 매년 또는 격년 발간을 권고하고 있으나 이는 권고사항으로 법적인 규정사항은 아니다.

지속가능경영보고서 가이드라인

1. GRI Guideline

지속가능경영보고서의 규정된 기준은 없으나 2000년 GRI 가이드라인 발표 이후, 이를 적용하여 보고서를 발간하는 조직들이 많아지고 있다. 또한 적용 비율도 높아지고 있는 추세이다. GRI 보고 프레임워크는 크게 보고 방법에 대해 설명하는 원칙과 지침, 보고 내용에 대한 기준을 설정한 표준공시안으로 구성되어 있다.

원칙과 지침은 보고서 내용의 균형(조직의 긍정적 성과와 부정적 성과의 균형적 공개), 보고 경계(조직 성과에 대한 공개 범위), 비교 가능성(시간적, 공간적 등) 등에 대한 고려사항으로 구성되어 있으며, 보고서의 품질과 직결되는 중요한 사항이다.

표준공시안은 지속가능경영보고서에 직접 담겨야 할 내용으로 프로필, 경영방식(Disclosuer in Management Approach: DMA), 성과지표로 구성

되어 있다.[15)]

산업가이드(Sector Supplement)는 성과지표에서 다루지 못한 산업별 특정지표 성과를 제공하는 것으로, 금융권의 경우 Financial Sector Supplement를 필수적으로 공개하여야 한다.

2. GRI Index

GRI 가이드라인에서 제시한 GRI 지표는 경제, 환경, 사회분야 등 총 79개 지표로 구성되어 있으나, 모든 성과지표를 충족하는 보고서를 발간할 필요는 없으며 현실적으로 100%를 충족하는 보고서를 발간하기는 쉽지 않다. GRI 가이드라인이 글로벌기준으로 개발되어, 국내 현황에 적용하기 어려운 지표들이 있다. 가령 인권항목에 '투자심사시 협력업체의 인권 현황을 평가항목에 적용'하는 부분은 국내 계약 관행상 자칫 차별요소로 변질될 수 있는 소지가 있기 때문에 적용이 쉽지만은 않다.

경제적 성과지표는 총 9개로 구성되며, 기업의 재무적 성과와 관련된 지표로 구성되어 있다. 특히 기후변화 이슈를 반영한 재무영향 평가, 사회 인프라 구축을 통한 간접적 경제효과 등이 보고서 발간시 독자들의 관심이 높은 지표들이다.

사회적 성과지표는 고객에게 직접적인 영향을 주는 보고조직의 제품 및 서비스와 관련된 측면을 다루는 Product Responsibility, 임직원의 고용 안정성, 노사협력, 안전, 보건, 교육기회 제공 등에 대한 기업의 노력 및 성과 등에 대한 Labor Practices, 조직의 인권에 대한 Human Rights Responsibility, 보고 조직이 속해 있는 공간에 대한 책임을 나타내는 Society의 항목으로 구성된다.

환경적 성과지표는 계량화 정도가 높은 30개 지표로 구성되어 있다. 특히 온실가스 배출관리, 에너지 효율 관리 등에 대한 사회적 관심 증대로 보고 조직의 관리 노력에 대한 관심이 증대되고 있다. 2013년 온실가

15) 프로필은 보고 경계, 주기, 기업개요, 지배구조 등 기업의 일번적 사항에 대한 내용이며, 성과지표는 보고조직의 경제/환경/사회 성과에 대해 비교 가능한 정보를 제공하는 것이고, 경영방식은 성과지표가 도출되게 된 경영전략, 시스템 등 성과의 도출 배경으로 구성.

스 의무감축국으로 우리나라가 지정될 경우, 국내에서 사업장을 운영하고 있는 기업들은 의무 감축량을 할당받을 수 있기 때문에 사전대응 차원에서 많은 기업들이 온실가스 배출량 및 에너지 사용량을 측정하고 감축방안을 마련하고 있다. 국내외 금융기관의 경우, 기업 여신관리 시 이러한 외부여건 변화에 따라 기업의 온실가스 관리역량 및 리스크를 파악하고자 CDP(Carbon Disclosure Project)에 참여하고 있다.

3. Financial Service Sector Supplement(FSSS)

Financial Service Sector Supplement는 1,000만 달러 이상의 개발 프로젝트가 환경 파괴를 일으키거나 해당 지역 주민들의 인권을 침해할 경우 자금을 대지 않겠다는 금융회사들의 자발적 협약인 적도원칙(Equator Principle)의 주요 내용으로 구성되어 있다. 기업의 여신관리시 환경영향평가 실시 여부, 평가기준, 환경 감사 등의 성과 및 향후 계획에 대해 명시할 것을 권고하고 있다. 이는 기업의 경영활동에서 발생하는 지속가능경영 이슈에 금융권도 자유롭지 않다는 세계적 흐름을 반영하고 있다.

제 6 장

녹색금융의 환경리스크 관리

1 환경리스크와 녹색금융[1)]

녹색기업에 자금이 원할히 지원되지 않는 주요 이유 중 하나는 녹색기업에 내재하는 환경리스크의 평가가 어렵다는 데 있다.

기업의 녹색경영을 촉진하여 녹색성장에 기여하도록 하는 금융기관의 역할은 두 가지 측면에서 논의할 수 있다. 첫 번째는 대출기업의 환경법규 위반 여부를 조사하고 적절한 환경관리의 수행을 여신의 전제조건으로 하는 등 금융기관이 대출 관련 리스크를 최소화하는 것으로 기본적으로 상업적 대부자(commercial lender)로서의 역할이다. 이는 대부자 책임과 관련이 있는 것으로 금융기관에 대부자 책임을 부과함으로써 환경 및 지속가능성에 대한 감시를 금융기관에 위임한다는 것이다. 이러한 움직임은 금융기관에 대한 환경책임의 부과가 경제적 효익을 증진시킨다고 주장하는 학자들에 의해서 지지받고 있다. Bartsch(1998)는 환경책임을 부과하는 경우의 효익분석에서 환경책임이 환경피해를 축소시키기 위한 인센티브를 제공한다고 주장하였으며 Boyer and Porrino(2002)는 환경문제에 대한 직접적인 규제보다는 환경책임의 부과가 보다 효과적인 정

1) 홍정훈(2009) 참고.

책수단이라고 주장하였다.

둘째는 보다 적극적인 측면으로 환경성과가 높은 기업에 대출우대를 해 준다든가 혹은 환경우량기업에 집중 투자하는 펀드 등을 운영하여 수익가치를 극대화하는 측면으로 은행의 투자자로서의 역할이다. 전자는 규제환경에 대한 수동적 접근이라 할 수 있고, 후자는 법규정과 관련없이 환경적으로 보다 자발적이고 적극적인 입장이다. 은행과 같은 금융기관이 일차적으로 관심을 두는 측면은 역시 전자일 것이다. 대출위험의 최소화란 현재의 법환경 속에서 질 수 있는 책임의 소재를 없애는 것이기 때문에 금융기관의 입장에서 보면 훨씬 예측 가능한 것이다. 이와는 달리 후자는 뮤추얼 펀드나 또는 연기금 펀드와 같은 금융기관이 주로 관심을 가질 것이다.

금융기관을 통해 기업의 지속가능성을 제고하기 위해서는 먼저 당사자 간의 책임관계를 명확히 하는 법적인 토대가 구축되어야 한다. 환경오염에 대한 명백하고도 공정한 책임원칙이 없다면 일반대중들은 환경문제에 대해 거의 관심을 갖지 않을 것이고, 은행 혹은 대출기업들은 이러한 법적 책임에 대해 불확실성 때문에 환경위험을 환산, 내재화하여 궁극적으로 은행경영 및 대출 관행을 바꾸는 데 미온적 태도를 취할 것이기 때문이다.

녹색금융이 부각되기 시작한 배경에는 금융기관의 환경리스크(Environmental Risk) 노출과 관련이 있는데 환경리스크의 핵심은 대부자책임(lender liability)의 부담이다.[2] 환경리스크는 다른 리스크와 마찬가지로 금융기관을 포함한 대부분의 기업이 잠재적으로 노출이 되어 있는 리스크이다. 환경리스크는 경제개발이 가속화되면서 발생하는 여러 가지 환경문제가 오히려 장기적으로 경제발전을 저해하는 요소로 작용할 수 있다는 인식이 확산되면서 부각되기 시작하였다. 정부와 비정부단체(NGO)들은 기업이 환경보전을 위한 노력을 기울일 것을 요구하였고, 실제 환경

2) 대부자책임은 환경사고 등에 대한 처리 비용을 대부자(lender)가 책임져야 한다는 것임. 이는 환경책임을 은행이 부담해야 한다는 것으로 은행에게 심각한 영향을 미칠 수 있음.

오염을 유발하거나 환경사고를 발생시키는 경우, 기업에 대해 처리비용으로 부담시키는 것은 물론 손해배상을 청구하기도 하였다. 환경리스크가 문제가 되는 분야는 대기오염, 토양오염, 지하수오염 등 수질오염 그리고 해양오염 등인데, 이는 업종, 지역 등에 따라 다르게 나타난다.

금융기관의 특성상 금융기관이 대기오염, 토양오염, 수질오염 또는 해양오염에 직접적으로 관련되는 경우는 많지 않을 것이며 관련이 있다고 하더라도 일반제조업보다는 그 정도가 적을 것이다. 즉, 금융기관이 직접적으로 환경리스크에 노출되는 경우는 많지 않으며 노출되었다 하더라도 잠재적인 위험은 상대적으로 크지 않다고 할 수 있다. 그러나 1980년대 이후 일반기업과 특히 금융기관은 새로운 형태의 환경리스크에 노출되기 시작하였는데, 이는 금융기관에 대해 환경책임(Environmental liability)을 부과하는 각종 법적 규제에서 기인하였다. 즉, 금융기관이 직접적인 오염의 당사자가 아니더라도 환경책임을 부담하는 법안이 미국에서 마련되면서 환경리스크는 금융기관의 실체적인 위험요소가 되기 시작하였다.

이 법안이 SuperFund Act라고 불리는 CERCLA(Comprehensive Environmental Response, Compensation and Liability Act)인데 이는 유해화학 폐기물의 토양오염에 대한 사회적 관심이 높아지던 시기인 1980년에 제정되었다. 이 법안의 주요 내용은 대규모 재원을 마련하여 미국의 환경청(EPA, Environmental Protection Agency)으로 하여금 오염지역의 실태를 종합적으로 조사, 파악하고 위험의 정도가 심각한 지역을 우선적으로 정화하도록 하고 오염직역의 정화에 소요되는 비용은 그 오염의 원인자로부터 거두도록 한 것이다.

이러한 규제는 은행 등 금융기관 경영에 큰 영향을 미쳤다. 미국의 금융기관들은 환경리스크가 금융기관 경영에 실제적 위협 요소라는 것을 인식하고 이에 대한 노출을 축소하기 위한 다양한 노력을 기울였는데 그 가운데 하나가 환경리스크관리시스템의 마련이었다. 환경리스크관리의 핵심은 환경실사로서 해당 기업의 환경침해 또는 파괴 여부 및 가능성을 조사하여 이를 여신심사에 반영하는 것이다. 이 같은 은행권에서의 환경에 대한 인식의 제고는 녹색금융이 부각되는 계기로 작용하였다.

미국의 환경책임과 관련된 법제로부터 시작된 금융부문의 환경에 대한 인식은 환경보전 및 지속가능한 발전에 대한 사회적 관심이 확대되면서 새로이 변화하기 시작하였다. 환경책임으로 인한 금융기관의 리스크 노출은 금융기관으로 하여금 환경을 위험 요소 또는 비용 요소로 인식하게 되었다. 그러나 기후변화의 진전 및 이에 따른 환경문제의 부각으로 금융기관 환경을 새로운 수익의 기회로 인지하기 시작하였다. 특히 금융기관의 사회적 책임에 대한 강조와 금융기관의 평판의 중요성 인식 확대는 녹색금융을 보다 강화하는 계기가 되었다. 이러한 경향에 따라 자본시장에서도 에코펀드가 출현하고 환경 관련 파생상품이 등장하는 등 녹색금융에 대한 인식은 확산되었다.

이러한 추세는 녹색금융의 중요성을 인식한 여러 국제기구에서 녹색금융 관련 선언을 발표하고 금융기관을 참여시키는 협약을 발효시키면서 더욱 강화되었다. 예를 들어 "지속가능한 발전(Sustainable development)"이 최대의 화두로 대두한 1992년 리우 환경정상회의에서는 "환경과 지속가능한 발전에 관한 금융기관 선언문(Statement by Banks on Environment and Sustainable Development)"이 채택되고 이를 집행하고 관련 프로젝트를 수행하기 위해 "유엔환경계획 금융기관 이니셔티브(UNEP Financial Initiative: UNEP FI)"가 설립되었다. UNEP FI에 참여한 많은 유럽의 금융기관들은 미국의 금융기관들과 같은 책임에 노출되지는 않았지만 대부자 책임의 가능성에 대해 일찍부터 주목해 왔으며, 환경을 고려한 새로운 상품 개발에 관심을 가져왔다. 영국, 독일을 비롯한 유럽국가들이 환경책임법을 제정하게 된 것은 1990년 이후의 일인데, 모든 경우에 있어 대부자 책임에 대한 조항은 명문화되지 않았다. 그럼에도 불구하고 녹색금융을 금융기관의 평판 제고 수단 및 새로운 수익의 원천으로 인식한 유럽의 대형금융기관들은 보다 적극적으로 녹색금융을 수용하고 확산시키는 역할을 수행하였다.

한편 2003년 세계은행(World Bank)의 산하기관인 국제금융공사(International Finance Corporation: IFC)와의 협력하에 Citigroup, HSBC, ABN

Amro 등 10개 은행이 서명하면서 시작된 적도원칙(Equator Principles)도 녹색금융의 확산에 결정적인 역할을 하였다. 적도원칙은 5,000만 달러 이상[3]의 대형 개발 프로젝트에 대해서는 사전에 환경 및 사회적 영향평가를 실시하여 이에 대한 개선이 이루어지지 않는 경우 해당 프로젝트에는 투자를 하지 않겠다는 금융회사들의 자발적 협약으로 전술한 바와 같은 환경리스크에 대한 노출을 축소하기 위한 소극적 의미가 담겨 있다고 하나 금융기관이 환경파괴를 보다 적극적으로 막아야 한다는 의미도 포함되어 있다.

2 대부자책임과 환경리스크[4]

환경리스크에 대한 책임은 일반적으로 환경관련 법에서 법제적으로 규율되며, 일번적으로 환경 저해 제조업자가 책임을 진다. 그러나, 미국의 경우 CERCLA법에서 금융기관의 대부자 책임을 강화하였다.

CERCLA에서의 대부자책임

1. CERCLA에서의 책임 원칙

CERCLA에 의하면 책임당사자는 유해폐기물 오염지역에 관한 정화책임을 지는 잠재적 책임 당사자로서 오염토지 및 시설의 현재 소유자와 운영자, 유해물질 및 오염물질의 배출 당시 해당 토지 및 시설을 소유하였거나 운영했던 자, 유해물질을 야기한 자로서의 폐기, 처리 또는 운반을 주선한 자, 유해물질의 운반을 위탁받고 유해물질을 처리장 및 폐기장

3) 2006년 개정원칙에서는 대상 프로젝트 규모를 5,000만 달러에서 1,000만 달러로 축소하였다.

4) 홍정훈(2009) 참고.

소에 운반한 자 등으로 그 범위가 폭넓게 정의되어 있다. 이러한 잠재적인 책임당사자는 정부에 의해 소요된 오염물질의 제거 및 복구사업비용, 타인에 의해 지출된 일체의 대응비용, 자연자원에 야기한 피해 및 손해 등에 대하여 책임이 있다.

원칙적으로 오염물질 방출이 있을 때 현재 소유자 혹은 시설운영자에게 책임을 묻는데 현재의 소유자와 운영자는 과거 당해 시설에서 유해폐기물 취급, 처리에 관여했던지 안 했던지 관계없이 책임이 있다. 그러나 그러한 오염물질이 과거에 방출되었다면 당시의 소유자 혹은 시설물 운영자를 추적하여 책임을 묻는다. 어떤 토지가 오염되어 있다는 사실을 모르고 매입한 선의의 토지 매수인도 엄격한 항변사유를 입증하지 못하는 한 책임이 있다.

CERCLA의 책임원칙은 기본적으로 엄격책임(strict liability), 연대책임(joint and several liability), 그리고 소급책임(retroactive liability)이다. 이는 책임부담자로서 현재의 생산자, 운반자, 처리자 등 뿐만 아니라 과거 및 현재의 소유자 모두를 잠재적 책임 당사자로 포괄한다고 할 수 있다. 또한 잠재적 책임 당사자들은 원칙적으로 전원이 정화비용 전부에 대해 직접적인 책임을 진다. 이같이 연대책임을 부담시키는 이유는 토지가 장기간에 걸쳐 오염된 경우 또는 당사자가 여럿인 경우에 책임비율을 가리기 힘들 뿐 아니라 이미 파산했거나 배상능력이 없는 당사자도 있기 때문이다.

CERCLA에 의하면 금융기관은 다음과 같은 경우에 책임당사자가 될 수 있다. 즉, 양도계약 등에 의해 오염시설의 소유자 또는 운영자가 된 경우와 대출기업의 파산 후 금융기관이 담보권을 실행해서 당해시설의 소유자로 되는 경우, 또한 담보권 실행의 유무에 관계없이 당해시설의 운영자가 되었을 경우가 그것이다.

CERCLA에서는 금융기관의 책임에 관한 조항(소위 safe harbor 조항)이 명시되어 있는데, “소유권의 징표를 가지고 있다 하더라도 시설의 관리운영에 직접 참여함이 없이 동 시설에 대하여 담보권 확보를 주된 목적으로 소유권증서를 보유하는 자”는 책임당사자가 되지 않는다고 규정함으로써 담보채권자를 책임당사자에서 제외하고 있다. 그러나, 이 조항에서 "경영 참여"와 "담보권 확보"와 같은 주요 사항에 대한 명백한 정의가 없다는 것이 문제가 되었다. 즉 금융기관은 자신의 행위가 CERCLA상 기업의 시설경영에 직접 참여한 것이 아닌 단지 담보권 확보를 주된 목적으로 행한 것이라고 인정받아야 하는 것이다. 그렇지 않은 경우에는 금융기관도 환경책임에서 자유롭지 못하게 되는데 이러한 금융기관의 책임을 대부자책임이라고 한다. 초창기에는 법원에 의해 해당 조항이 엄격히 적용되어 금융기관이 대부자책임으로 인해 파산하는 경우도 발생하였으며 이후 은행 등 금융기관이 대부자 책임을 우려하여 여신을 축소하는 등의 부작용이 발생되기도 하였다. 이에 따라 대부자책임을 완화하는 법안이 제정되었으며 금융감독당국 등에서 금융기관이 면책 등을 위해 관련 리스크를 통제할 것을 요구하는 지침 등을 발표하였다.

2. 대부자책임에 대한 면책

미국연방환경청(EPA)은 Fleet Factors 판결[5]을 널리 적용할 경우 일반적인 금융 업무수행에 많은 어려움이 따른다는 금융권의 비판의 소리가 높아지자 1992년 CERCLA상의 담보권자 예외 조항 해석의 핵심이 되는 "경영참여"에 대한 규칙을 제정하였다. 이는 대부자 책임규칙(Lender Liability Rule 혹은 Safe Habor Rule)이라고 불리는데 금융기관이 대부자책임을 부담하게 되는 두 가지 기준을 제시하였다. 첫째 금융기관이 차입자의 환경규제 준수에 대한 기업의 의사결정을 통제하였거나, 둘째 금융기관이 차입자의 기업의 일상적인 경영에 참여하고 환경준수에 관한 일상적인 기업관리와 필적할 만한 정도의 통제권을 행사할 경우에만 환경책

5) CERCLA의 제정 이후, 1980년대 후반에 많은 법률적인 소송이 이어지는 가운데, 1991년의 Feel Factors Corporation 판결은 금융업계에 큰 충격을 불러일으켰음. 은행이 이 기업의 활동에 실질적인 영향력을 행사하고 있지 않았음에도 불구하고, 그 은행이 여신고객인 이 기업의 재무관리에 참여하고 있었고 "영향력을 미치는 지위(the capacity to influence)"에 있는 것으로 해석되어 토양오염을 정화하는 데 소요되는 비용을 부담하는 사태가 발생한 것. 은행은 CERCLA에 있는 "담보 채권자의 면제"조항으로 직접책임을 면제받을 수 있을 것으로 판단하였으나, 사법부는 면제의 범위를 좁게 해석하여 은행으로 하여금 이 위험을 심각하게 고려할 것을 요구하였음.

임을 진다는 내용이다.

EPA는 여기서 '경영참여'로 인정받지 않는 담보권 확보를 위한 일련의 자구책들을 예시하였는데, 예컨대 대출금 지급이 지체되었을 때의 대응책 협의, 대출기업의 환경법규 준수의 유무감시, 시설에의 출입 조사 등은 CERCLA상 대부자 책임이 적용되는 경영참여가 아니라는 것이다.

그러나 EPA의 대부자 책임 규칙은 얼마 후 연방항소법원에서 위헌 결정이 내려지게 되는데 그 이유는 연방의회가 CERCLA 제정시 EPA로 하여금 대부자 조항을 정의할 수 있는 권한을 부여하지 않았다는 이유에서이다. 즉 대부자책임에 대한 법률적 해석은 행정부서가 아닌 법원에 의해 이루어져야 한다는 것이다.

이와 같이 대부자책임과 관련하여 혼란이 발생하자 미국 의회는 결국 1996년 CERCLA의 관련 규정을 개정한 법률을 제정하게 되었다. 이것이 자산보전, 대부자책임 및 예금보호법(Asset Conservation, Lender Liability and Deposit Insurance Protection Act)인데 이는 1992년 EPA의 대부자책임규칙을 실질적으로 승인하는 내용이었다. 이에 따르면 일반적으로 금융기관이 책임을 부담하기 위해서는 대출기업의 일상적 기업운영에 관여하거나 그 사업상의 결정에 세부적 통제권을 행사하거나 또는 특별히 유해화학물질과 관련된 의사결정에 관여한 경우 등과 같이 차입자의 운영에 상당한 정도로 실질적이고 직접적인 관여를 한다는 등 이미 EPA 대부자책임규칙에서 규정된 해석과 예시적 상황들을 거의 그대로 수용하고 있다.

이 법률에 의하면 "경영참여"는 다음과 같은 경우를 포함하지 않는다.

① 담보이익을 보유, 포기, 이전하는 행위
② 신용을 연장하는 합의서 또는 담보계약서에 환경법상의 의무의 준수를 보증하거나 조건으로 삼는 행위
③ 신용의 연장 또는 담보이익의 계약 내용 및 조건을 감사(monitoring)하거나 집행(enforcing)하는 행위
④ 사업장을 감사하거나 1회 또는 그 이상 조사하는 행위
⑤ 신용거래의 시작 전 또는 진행중 또는 종료시 사업장에서 유해물

질의 누출이나 누출위험을 제거하거나 대응조치를 취하도록 요구하는 행위

⑥ 사업장의 가치저하나 채무불이행을 막을 목적으로 재정적 조언을 주거나 그 밖의 상담에 응하는 행위

⑦ 인내심을 발휘하여 신용 및 담보이익의 연장에 관한 계약내용 및 조건들을 재구성하거나, 재협상하거나 또는 변경하기로 합의하는 행위

⑧ 신용 및 담보계약의 위반이 있어 적용 가능한 법을 적용하여 계약위반에 대한 구제를 받는 행위

미국에 있어서의 대부자 환경책임 관련 조항은 이렇듯 오랜 시간을 걸쳐 발전되어 왔다. 초기의 포괄적인 책임범위가 법원의 판례를 통해서 서서히 정비되어 왔으며 현재는 대부자책임은 상당히 제한적인 경우에만 적용되고 있다. 그러나 미국 금융권의 대출관행이 CERCLA 제정 이후 급격히 변화하였다는 점은 사실이다. 특히 Fleet Factors 판결 이후 금융기관들은 환경위험이 조금이라도 있는 부지에 대한 대출을 극도로 삼가며 엄격한 수준의 환경실사 및 환경감사를 대출과정에 요구하게 되었고 지금도 그러한 관행은 지속되고 있다. 이러한 금융기관의 관행은 결국 환경리스크 관리를 강화하는 계기가 되었다.

금융기관에서의 환경리스크의 분류

일반적으로 기업이 경영활동에서 노출되는 리스크는 크게 경영리스크(business risk), 전략리스크(strategic risk) 및 재무리스크(financial risk)로 분류될 수 있다. 이 가운데, 금융기관의 리스크관리의 주요 대상은 재무리스크이다. 재무리스크에는 통상적으로 시장리스크(market risk), 신용리스크(credit risk), 이자율리스크(interest risk), 운영리스크(operational risk) 및 유동성 리스크(liquidity risk) 등이 포함된다. 전세계적으로 금융기관의 건전성 판별 기준을 제시하고 있는 국제결제은행(Bank for International

Settlement: BIS)은 향후 도입 예정인 BIS Ⅱ에서 재무리스크를 크게 신용리스크, 시장리스크 및 운영리스크(operational risk)로 분류하고 있다. 여기서 논의하는 환경리스크는 넓은 의미에서는 금융기관이 부담하여야 하는 재무리스크의 한 범주로 파악할 수 있다. BIS Ⅱ에서는 환경리스크를 명시적인 리스크로 인식하고 있지는 않으나 그 내용에 따라 환경리스크를 신용리스크 또는 운영리스크의 범주에 포함시킬 수 있다.

Case(1999)에 의하면 금융기관에게 노출되어 있는 환경리스크는 크게 직접리스크(direct risk), 간접리스크(indirect risk) 및 평판리스크(requtational risk)으로 나뉠 수 있다. 직접리스크와 간접리스크를 하나로 묶어 법률적 리스크(legal risk)으로 지칭하기도 하며 평판리스크를 정치적 리스크(political risk)라 하기도 한다. 법률적 리스크는 금융기관이 환경 관련 법규에 따라 오염 정화비용을 직접적으로 부담하거나 혹은 그 영향을 받게 되는 리스크를 의미한다. 법률적 리스크 가운데 직접리스크는 금융기관이 환경오염 시설을 인수하여 소유자 혹은 운영자가 되거나, 혹은 오염회사의 경영에 직·간접적으로 관여하였을 경우, 관련 환경법 규정에 따라 금융기관이 과실 여부에 관계없이 오염 정화에 대한 직접적인 책임을 지는 리스크를 말한다.

앞서 논의한 바와 같이 일반적으로 환경오염의 정화비용에 대한 책임을 환경책임(environmental risk)이라 하는데 환경책임을 금융기관이 부담하는 경우 이를 대부자 책임(lender liability)이라 한다. 금융기관이 대출기업의 환경오염 정화비용까지 부담하는 대부자 책임은 90년대 미국에서 새로이 나타난 것으로 금융기관에 노출되는 환경리스크 가운데 가장 심각한 위험 요인이다.

간접리스크란 금융기관이 직접적인 환경책임을 부담하는 것은 아니지만 환경오염을 발생시킨 대출기업이 정화비용 책임을 부담함으로써 담보물권의 가치가 떨어진다든가 혹은 대출기업이 채무 변제능력이 축소됨으로써 나타나는 리스크를 의미한다. 이는 금융기관이 전통적으로 노출되어 있는 신용리스크의 하나로 해석될 수 있다. 신용리스크는 금융기관의 여신에서 발생하는 가장 큰 위험으로 채무자가 채무를 완전히 이행하지 못할 가능성으로 인한 위험을 의미한다. 여기에는 채무자의 신용도 하락에 따른 대출의 가치하락도 포함된다. 만일 대출기업이 환경오염을 야기한다면 담보물의 가치가 하락할 가능성이 있으며 이는 곧 대출의 가치하락으로 연결된다. 따라서 이 경우 대출기업의 신용리스크는 커지게 된다. 나아가 대출기업은 환경오염을 정화하기 위한 비용을 추가로 지출하여야 하는데 이는 기업의 미래 수익력을 위축시키는 원인이 될 수 있으며 미래 수익력의 위축은 곧바로 채무상환능력을 축소시켜 신용리스크를 증가시키는 역할을 한다. 따라서, 간접리스크는 기업의 채무상환능력을 위축시키는 다른 일반적 요인과 크게 다를 것이 없으며 신용리스크의 한 요소로서 간주할 수 있다. 간접리스크는 광범위하게는 법적 리스크의 한 부분으로 인식되고 있으나 법률적 규제와는 별도로 순수히 경제적 의미에서 재무리스크의 한 부분이 될 수 있다.

법적 리스크 가운데 직접리스크는 미국과 같이 대부자책임의 원칙이 비교적 구체적으로 규정된 곳에서는 중요한 의미가 있다. 대부자 책임이란 대출기업이 환경오염을 유발하는 경우, 그 정화비용을 대부자, 즉 금융기관이 책임질 수도 있다는 것이다. 이 경우, 금융기관이 부담하여야 하는 정화비용은 대출금액을 초과할 수도 있다. 따라서 직접리스크는 금융기관이 노출되어 있는 다른 리스크와는 달리 그 상한을 추정하기 어려운 리스크이다. 그러나 대부자책임은 법률에 의해 규정된 책임으로서 대부자책임을 법률적으로 규정하지 않고 있는 국가에서는 대부자에게 환경책임을 부담시킬 수가 없기 때문에 주요한 리스크의 원천으로 인식되지 못했다. 즉, 미국 이외의 국가에서는 직접리스크의 가능성은 있지만 아직까지 뚜렷한 규정이 없어 그동안 관심의 대상이 되지 못했다. 그러나 최근 환경관련 법규에서 대부자 책임을 명시하고 있는 나라가 늘어나고 또 명시적 규정은 없더라도 암묵적으로 대부자 책임이 부과될 가능성이 확대되면서 금융기관들은 환경리스크를 심각한 문제로 인식하고 있다. 우리나라의 경우는 관련 법규의 미비로 인해 아직까지 간접리스크와 직접리스크가 모두 명확하지 못하다고 할 수 있는데, 그것이 금융기관이 환경을 진지한 경영 요소로서 받아들이는 것을 지연시켜 왔던 원인으로 추정된다.

정치적 리스크는 평판리스크(reputational risk)라고도 하며 환경오염의 원인을 발생시킨 기업의 명예실추에 따른 기업가치 하락을 지칭한다. 특히, 금융기관의 경우에는 환경오염 또는 환경파괴에 관련된 프로젝트에 대한 자금을 공여함으로써 금융기관의 명성 또는 공신력이 추락하는 것을 의미한다. 이는 앞에서 언급한 직접리스크 및 간접리스크와는 달리 추상적 형태의 리스크이다. 즉, 직접리스크와 간접리스크는 사전 또는 사후적으로 계량화하여 측정할 수 있으나 평판리스크를 계량화하는 것은 매우 어려운 과제이다. 평판리스크는 일반대중의 환경의식이 비교적 높은 사회에서 현저히 나타난다. 금융기관들은 기본적으로 고객의 신뢰를 바탕으로 경영을 영위하는 조직이라는 면에서 지역사회와의 원활한 유대관계를 유지해야 한다.

환경리스크와 금융기관의 역할

금융기관이 환경에 관심을 갖게 되는 일차적인 요인은 금융기관 자신이 환경리스크로부터 자유롭지 않기 때문에 여러 가지 환경규제에 대응하는 차원에서 시작한다. 그러나 이러한 규제 준수적 접근은 소극적인 대응이 아닐 수 없다. 기업의 지속가능성 측면에서 볼 때 환경위험은 동시에 기회가 될 수도 있는 것이다. 환경위험을 사전에 인지하고 이를 경영에 적극적으로 반영하여 부가가치를 창출한 기업은 대출자의 입장에서 상당히 매력적인 대상일 것이다. 기업의 지속가능성을 촉진하는 주체로서의 금융기관의 역할은 우리나라의 여건에서도 강조될 만하다. 선진 금융기관의 전향적인 추세에 발맞추어 우리 금융기관의 국제적 경쟁력을 확보한다는 점에서 중요하다.

금융기관은 실질적으로 정부의 행정규제와 아울러 추가적인 강제집행 기능을 수행할 수도 있다. 금융기관이 대출 및 신용평가 과정에서 환경성과를 고려한다면 기업은 기업경영에 환경적 고려를 하지 않을 수 없게 되며 또한 여신기관에서 기업의 환경문제에 대해 정기적으로 보고를 하도록 요구한다면 그것은 계속적인 감시자의 역할을 훌륭히 수행하는 것이다. 또한 이 과정에서 종종 여신기관은 환경책임을 보상해 줄 수 있는 보험을 들 것을 권유할지 모른다. 이를 통해 우리나라에서 그동안 상대적으로 덜 개발되었던 보험상품의 개발과 관련보험업계의 위험 평가능력 배양과 국제경쟁력 제고에도 기여하게 되어 전반적인 산업의 상승효과를 가져올 수 있을 것이다.

3 국제기구의 환경리스크 관리[6)]

UNEP/FI

1. UNEP/FI 개요

유엔환경계획 금융이니셔티브(United Nations Environmental Programme/Finance Initiatives: UNEP/FI)는 1992년 5월 UNEP내 은행기관 그룹들의 환경 이슈에 대한 관심으로 설립된 UN Financial Institutions Initiative와 1995년 설립된 보험업계의 UN Insurance Industry Initiative가 통합되어 2003년에 출범되었다.

UNEP/FI는 전세계 금융권의 지속가능발전에 대해 논의를 주도하고 있으며, 지난 10여 년간 선진금융기관들의 지원하에서 금융기관들이 환경과 지속가능발전을 위해 어떠한 역할을 해야 하며, 또 무엇을 해야 하는지에 대한 방법론을 제시해 왔다.

현재 UNEP/FI는 세 가지 작업반을 운영하고 있는데, 첫 번째는 환경경영과 보고서 작업반으로서 금융기관 자체의 환경경영과 환경보고서를 어떠한 방식으로 작성할 것인가를 논의하며, 투자대상 기업의 투명성을 어떻게 높일 것인가에 대한 논의도 진행되고 있다. 두 번째는 기후변화협

6) 환경부(2006) 참고.

약에 따른 작업반으로서 기후변화협약에 대응하기 위한 전략과 지구 온난화가스 보고 양식개발 등을 다루고 있다. 세 번째는 자산관리 작업반으로서 사회책임투자, 즉 투자 포트폴리오 구성시 투자대상 기업의 지속가능성 위험과 성과를 어떻게 고려할 수 있을지에 대한 논의를 진행하고 있다.

2. UNEP/FI의 주요 활동

UNEP/FI는 금융기관의 자발적인 지속가능경영 참여를 유도하기 위하여 성명서 채택 및 확산, 실무 작업반(Working Group) 운영, 지역별 태스크포스(TF)팀 운영, 라운드테이블회의 개최 등 다양한 활동들을 해오고 있다.

UNEP/FI는 지속가능한 발전을 위한 금융기관 성명서[7])를 개발하여 금융기관들의 자발적인 참여를 유도하고 있다. 성명서에는 금융기관들이 지속가능한 발전의 중요한 기여자임을 인식하여 지속가능한 발전에 대한 참여의지를 다지고 다양한 지속가능경영 프로그램을 수행하며, 지속가능경영 홍보 노력을 기울이겠다는 의지가 포함되어 있다. 참여국은 유럽이 가장 높은 비중을 나타내고 있으며, 우리나라의 경우 2010년 3월 말 현재 국민연금을 비롯한 14개 기관이 참여하고 있다.

3. UNEP/FI Global Roundtable

UNEP/FI에서는 2년에 한번씩 정기적인 Global Roundtable을 개최하고 있다. UNEP/FI Global Roundtable에서 주로 논의되는 사항은 향후 2년간 UNEP/FI의 활동계획, 사회책임투자, 마이크로 파이낸스, 이머징마켓 등과 같은 지속가능 금융이슈, 세계 지속가능한 발전을 위한 금융기관의 역할, 환경 및 기후변화 위기와 금융기관의 역할 등 녹색금융과 관련된 이슈 등과 함께 이와 관련한 지역별 Task Forces Team의 연구·활동 사례를 공유한다.

2007년 호주 Melbourne에서 열린 2007 Global Roundtable에는 호

---

7) UNEP 성명서에 대한 자세한 내용은 [부록 3] 참조.

주 국내에서 300여 명, 해외 각지에서 약 170여 명이 참가하였으며 한국에서는 UNEP/FI 가입기관인 대구은행과 수출입은행, 파트너기관인 에코프론티어에서 참가하였다.

2007 Roundtable에서는 소매금융(Retail Banking), 투자금융(Investment Banking), 자산운용(Asset Management), 보험부문(Insurance) 등 각 부문별로 지속가능 이슈에 대해 집중적으로 다루었다. 특히 장기적 관점에서 기후변화 이슈가 금융기관의 경영활동에 미치는 영향 등과 같은 녹색금융에 대한 관심도가 높았다.

Roundtable에서 논의된 주요 논제는 책임투자 성과에 대한 편견, 메가트렌드, 지속가능한 발전을 저해하는 정부의 세계화와 자유시장에 대한 방어, 이머징마켓, 환경과 기후변화, 인권문제 등이었다.

2009년에는 10월 22일과 23일 양일간 남아프리카공화국의 케이프타운에서 개최되었다. 2009년 Golbal Roundtable은 Financing Change를 주제로 하여 책임투자, 지속가능한 은행업, 저탄소경제, 재생에너지 투자, 지속가능한 보험, 투명하고 신뢰받는 보고방안, 부동산 책임투자, 마이크로 파이낸스, 금융과 물 산업, 자연 자본의 가치, 지속가능한 발전을 위한 금융 등이 주요 안건이 되었다.

또한 2009 Roundtable의 주요 안건으로는 전세계적인 금융위기 속에 지속가능한 금융시장과 경제를 향한 대안을 고민하고 발굴해 나가며, 2009년 12월에 개최되는 코펜하겐 기후변화협의에 따른 새로운 온실가스 감축 규제와 그에 따른 금융시장의 예측과 대응에 대한 토의가 진행됐다.

4. UNEP/FI 지속가능경영 보고서

UNEP/FI에서 2005년 발간한 “Finance and Sustainability in Central & Eastern Europe” 보고서는 중·동부 유럽 지역의 14개국 26개 금융기관의 지속가능성 도입 현황을 분석한 보고서이다. CEE로 통칭되는 중·동부 유럽은 우크라이나, 카자흐스탄 등 구소련 연방에서 독립된 소수 민족 국가체제의 신설국가들이 주를 이루고 있으며, 천연자원 및 관광 수입을 바탕으로 한 경제성장을 꾀하고 있다. 또한 서구 문명을 적극 받아들이면서 신흥시장으로 도약하기 위하여 노력 중이다.

북·서부 유럽 지역 금융기관의 여신관리 및 기업평가는 핵연료의 위험성 및 유전자 변이를 이용한 식품 개발 등 환경경영 측면으로 시야를 넓힌 반면에 중·동부 유럽지역의 경우에는 아직 환경관리 측면에 초점을 두고 있으며 유해화학물질 관리, 에너지 효율성 제고, 도심 공해, 수질오염, 폐기물 처리 시스템 등 북·서부 유럽지역에서 이미 주요 환경 이슈로 다루었던 문제들을 다루고 있다. 이는 우리나라 환경리스크평가의 주요 환경 이슈와 매우 유사하여 국내 금융권의 발전방향에 대한 역할 모델로 기대되고 있다.

〈그림 6-1〉과 〈그림 6-2〉를 보면, 중·동부 유럽지역 금융기관들이 가장 관심을 갖고 있는 지속가능성 분야는 환경리스크관리이며 환경보고

그림 6-1 중 · 동부 유럽지역 금융기관의 지속가능성 이슈

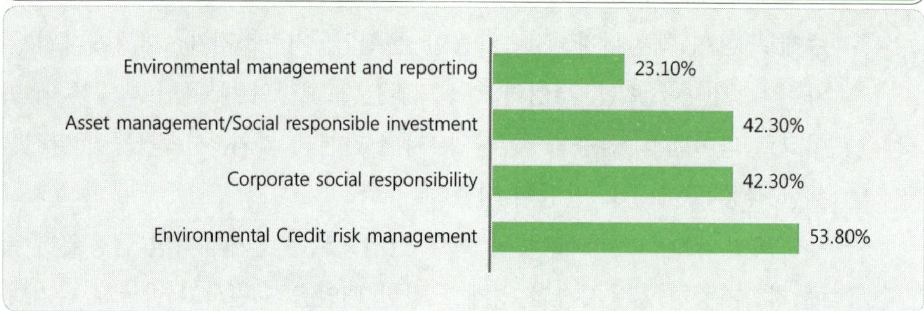

그림 6-2 중 · 동부 유럽지역 금융기관의 환경금융상품

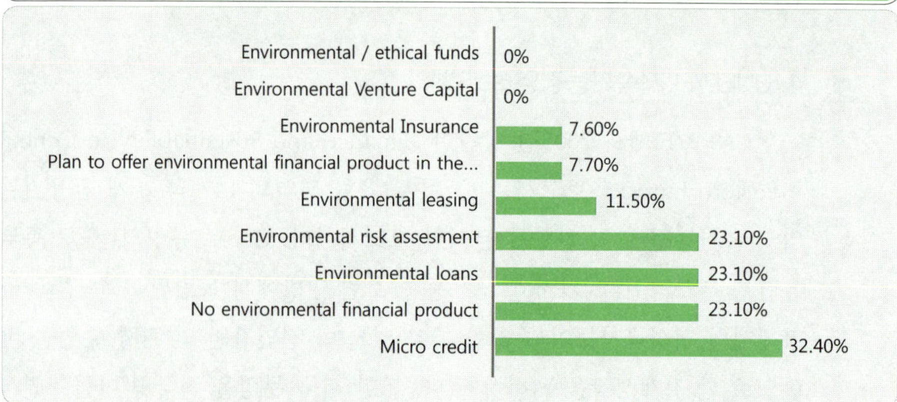

서 작성 여부도 상당한 관심을 가지고 있는 것을 알 수 있다.

환경관련 금융상품에서는 Micro Credit(소액저이자대출) 등 사회적 성격이 강한 금융상품을 제외하고는 환경관련 대출상품 및 환경보험 등 다양한 상품이 거래되고 있음을 알 수 있다. 향후에 환경관련 상품을 출시하겠다는 의견도 7.7%를 차지하고 있어 이 지역에서 환경관련 상품의 관심도 수준을 알 수 있다. 하지만, 북·서 유럽지역과는 달리 환경 및 윤리 관련 펀드 운영은 이루어지고 있지 않아 아직 자본시장 차원의 대규모 움직임이 없음을 알 수 있다.

"Sustainable Finance"를 통해 금융기관이 얻을 수 있는 최대의 기대효과는 금융기관이 입을 수 있는 위험의 최소화이며 이는 기업리스크관리를 통해 이루어진다. 또한, 비용절감 및 효율성 등을 제고할 수도 있다는 조사 결과가 나왔다. 리스크관리를 위해서 단순한 기업 관리 차원이 아니라, 기업이 행하는 환경, 사회, 경제적 활동 모든 면을 평가하며 향후 기업이 행하는 행위에 대해 사후 모니터링할 수 있는 시스템이 구축되어 있어 금융기관이 입을 피해를 최소화하고 있다. 또한, 금융기관의 지속가능성 도입은 금융기관뿐만 아니라 기업에게도 경각심을 불러일으킬 수 있으며 지속가능한 사회 발전에 한 걸음 더 나아갈 수 있는 계기가 될 것이며, 이러한 CSR분야의 일반적 확산 노력 여하에 따라 글로벌 수준까지 도달할 수 있다.

그림 6-3 Sustainable Finance의 도입으로 얻는 효과

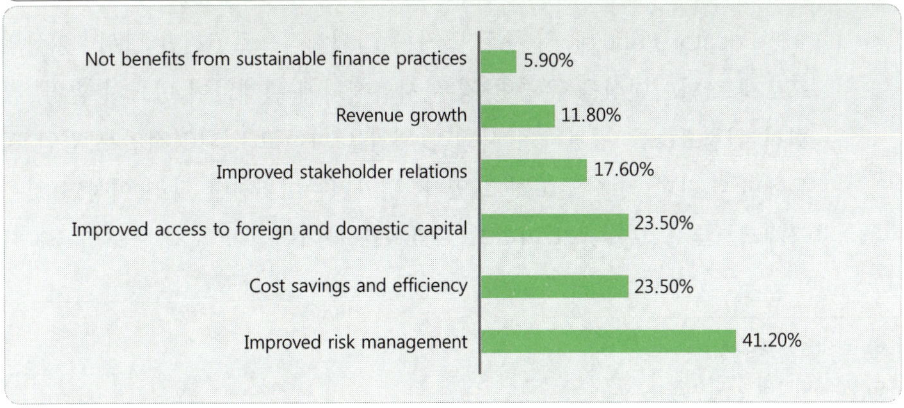

결과적으로 금융기관의 선두적인 환경기준의 정립은 혁신이고 투자이며, 성장 기회이자 새로운 사업영역이 될 것이며, 이에 따라 CSR분야의 일반적 확산 시기는 곧 도래할 것이란 전망이 나오고 있다. 또한, 본 연구에서 환경리스크관리를 금융기관에게 지원하기 위해서는 기업의 환경신용평가 정보를 제공할 수 있는 웹기반의 정보시스템 구축이 필요하다는 점을 지적하고 있다. 결국 환경리스크평가시스템이 효과적으로 운영되고 각 금융기관들이 효과적인 정보를 얻기 위해서는 중복이 되지 않으며, 모든 기업 데이터를 관리할 수 있는 시스템화가 지원되어야 할 것이다.

IFC[8)]

IFC는 The International Finance Corporation(국제금융공사)의 약자로 World Bank 산하기관이다. 개발도상국의 민간기업에 대한 투자를 목적으로 설립한 국제금융기구로 1956년에 설립되어 현재 170여 개국이 가입하고 있다.

자체적인 환경영향 판단 가이드라인인 Asset Management를 사용하고 있으며, 2002년 10월 IFC회의를 위해 런던에 모인 세계적인 금융기관의 모임에서 프로젝트 파이낸싱에 있어서의 환경 및 사회적 고려에 대한 산업별 기준을 제시하기 위해 Equator Principle(적도원칙)을 제정하였다.

1. Equator Principle(적도원칙)의 성격

Equator Principle의 주된 골자는 전세계적으로 5천만 달러[9)] 이상의 프로젝트 파이낸싱을 운영할 경우 사업성격에 관계없이 반드시 환경, 사회적 위험요소를 평가하여 사회적 책임을 다하고 친환경적인 사업인 경우에만 투자할 것을 권고하고 있다. 평가기준이 5천만 달러 이상인 것은 국제적으로 5천만 달러 이하의 프로젝트 파이낸싱이 전체 규모의 3% 미

8) 임대웅 외(2009) 참고.

9) 2006년 1천만 달러로 축소.

만을 차지하므로 그 영향력이 미비하고 규모면에서도 환경에 실질적인 영향을 미친다고 보기 어렵기 때문이다.

2. Equator Principles의 구조

제출된 프로젝트는 환경영향의 범위와 형태에 따라 환경검토(environmental screening)를 거쳐서 3가지 범주 중의 하나로 구분된다. 범주의 구분은 잠재적 환경 및 사회 영향, 사업의 특성 및 규모, 프로젝트의 형태, 위치, 민감성 등에 따라 달라진다.

범주 A(Category A): 환경적으로 민감한(sensitive) 경우이며 물리적인 측면에서 설비시설 또는 사업장보다 광범위한 지역에 영향을 미침 프로젝트 자체의 수해 여부 검토(해당 시점에서 선택 가능한 대안과 비교함-프로젝트 폐기시도 비교대상에 포함함)

범주 B(Category B): 중산수준의 환경영향(less adverse)을 줄 수 있는 경우이며 물리적인 측면에서 사업장 중심의(site-specific) 환경부하를 일으킬 수 있음

범주 C(Category C): 환경부하가 작거나 거의 없는 경우이며 더 이상 환경영향 평가가 필요하지 않음

범주 A(Category A) 사업

범주 A에 속하는 사업인 경우, 5,000만 달러 이상의 모든 프로젝트 파이낸싱에 대하여 독립성 있는 전문가를 고용하여 프로젝트 파이낸싱이 성사되기 전에 환경영향 평가 보고서에 대한 분석이 선행되어야 하며, 이에 대한 내용을 공청회 및 워크숍 등을 통하여 공개해야 한다. 범주 A에 속하는 사업[10]은 원유 관련 사업, 발전 사업, 핵관련 사업, 1차 자원관련 사업, 화학산업, 대규모 도로 공사, 대규모 자원운송 시스템 공사, 대형 댐 등 저류장치, 천연자원 파손 가능 사업, 대규모 자원 처리 시설, 대규

10) 구체적인 사항은 [부록 4] 참조.

그림 6-4 Equator Principle 평가 구조

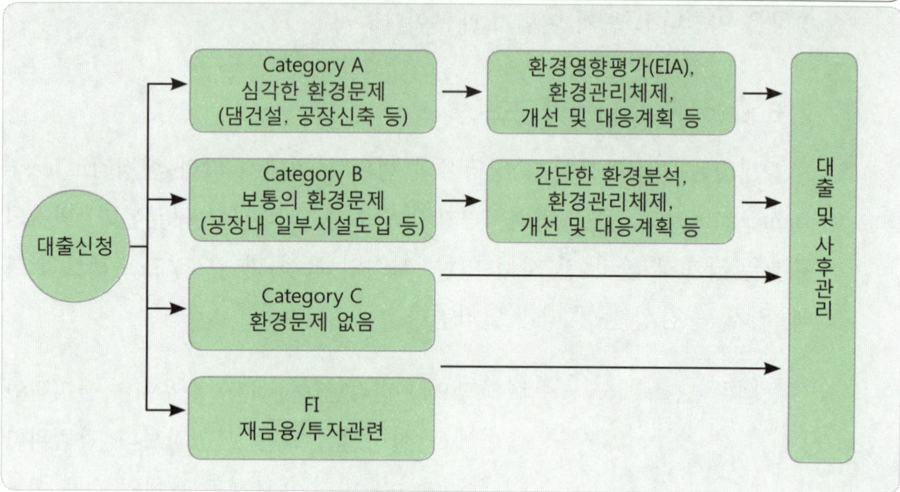

모 토지개량 사업, 대규모 목축사업 등이며, 이 같은 내용은 OECD에서 권고하는 "환경과 공적수출 신용에 관한 권고"에도 동일하게 적용된다.

3. 주요 원칙

IFC는 10개의 원칙에 따라 프로젝트 환경평가를 시행하고 있다.

① 원칙 1: 점검 및 분류화

프로젝트에 대해 대출을 신청할 때, EPFIs(Equator Principles Financial Institutions)는 내부의 사회·환경적 검토의 일환으로 프로젝트에 내재되어 있는 영향력 내지는 IFC 기준에 따른 사회·환경적 위험에 따라 Category A(환경적으로 민감한 영역), Category B(중간적으로 민감한 영역), Category C(환경부하가 작은 영역)로 분류하여야 한다.

② 원칙 2: 사회·환경적 평가

Category A 내지는 Category B로 평가된 프로젝트의 경우에, 차주는 EPFIs가 만족할 수 있는 적절한 수준의 사회적·환경적 영향 평가 프로세스를 통해 사회적·환경적 영향 및 제안된 프로젝트의 위험을 평가하여야 한다.

③ 원칙 3: 사회적·환경적 기준의 적용가능성

프로젝트가 비(非)OECD 국가, OECD 국가에 위치하나 경제적 기대효과가 낮은 국가 또는 World Bank Development Indicator 데이터베이스에 해당되는 국가인 경우에는 적용 가능한 IFC Performence Standards 및 산업군별로 특화된 EHS 가이드라인을 참조하여 평가를 하여야 한다.

④ 원칙 4: 실행 계획 및 관리 시스템

비(非)OECD 국가, OECD 국가이나 경제적 기대효과가 낮은 국가, World Bank Development Indicator 데이터베이스에 해당하는 국가의 Category A와 Category B의 프로젝트는 차주가 평가의 결과 및 특기사항 등을 담은 실행계획(Action Plan: AP)을 작성하여야 한다. AP는 영향력 경감 수단의 실행에 필요한 활동, 보정활동 그리고 평가과정에서 규명된 위험이나 영향력을 관리하기 위해 필요한 수단 및 감독 수단 등을 명시하여야 한다.

⑤ 원칙 5: 협의 및 공개

모든 Category A의 프로젝트 그리고 비(非)OECD 국가 또는 OECD 국가이나 경제적 기대효과가 낮은 국가, World Bank Development Indicator 데이터베이스에 해당되는 국가의 Category B 프로젝트는 정부, 차주 그리고 제3의 전문가에 의해 프로젝트가 지역사회 구조 및 문화에 미치는 영향과 적절한 활동에 대해 협의해야 한다.

⑥ 원칙 6: 고충처리 메커니즘

차주는 프로젝트가 야기하는 부정적 영향에 대한 관리 시스템의 일부분으로 고충처리 메커니즘을 수립하여야 한다.

⑦ 원칙 7: 독립적인 검토

모든 Category A의 프로젝트 및 일부 Category B의 프로젝트는 적도원칙(Equator Principles)의 준수를 위한 평가, AP 그리고 문서화된 협의과정에서 차주와 직접적인 관련이 없는 독립적인 전문가 집단의 검토를 받도록 해야 한다.

⑧ 원칙 8: 계약 조항

Category A 및 Category B 프로젝트 파이낸스의 경우 차주는 사회·환경적 조항을 파이낸스 계약 문서에 기록하여야 한다.

⑨ 원칙 9: 독립적인 감독 및 보고

대출기간 동안 감독 및 보고 활동을 유지하기 위해, 모든 Category A 및 일부 Category B의 프로젝트에 대해 EPFIs는 독립적인 환경·사회 전문가의 임명을 요구할 수 있으며 또한 차주로 하여금 감독 결과에 대해 지속적인 외부 전문가의 검증을 요구할 수 있다.

⑩ 원칙 10: EPFIs 보고

EPFIs는 적도원칙(Equator Principles)의 이행과정 및 경험, 내부적 참고사항 등에 관한 보고서를 적어도 연 1회 대중에게 보고하여야 한다.

4. 적도원칙 실천 사례[11)]

HSBC

HSBC는 2003년 적도원칙에 가입하여 해외 프로젝트 파이낸스(PF) 사업에 확대하여 적용하고 있다. 2008년 적도원칙을 고려해 PF대출을 한 사례는 148건으로 2006년(76건)과 2007년(129건)에 비해 증가하였다. 또한 자문서비스도 2006년 한 건도 없었으나, 2008년 48건으로 증가하였다. 2008년 적도원칙 적용은 유럽, 중동, 아프리카 지역이 과반수 이상(62%)을 차지하고 있다.

광공업, 임업, 화학업, 물 인프라 관련 산업 등 환경에 미치는 영향이 큰 산업에 대해 적도원칙에 입각한 세부 가이드라인을 설정하고 이에 따라 엄격한 대출심사를 실시하고 있다. 2008년 섹터별 적도원칙 적용은 전력(28%), 건설(27%), 운송(23%)이 큰 비중을 차지하였다. HSBC는 적도원칙 조정위원회(Equator Principles Steering Committee)를 구성하여 적도원칙과 관련한 사항을 결정하고 있다.

11) 임대웅 외(2009).

그림 6-5 적도원칙 적용 비율

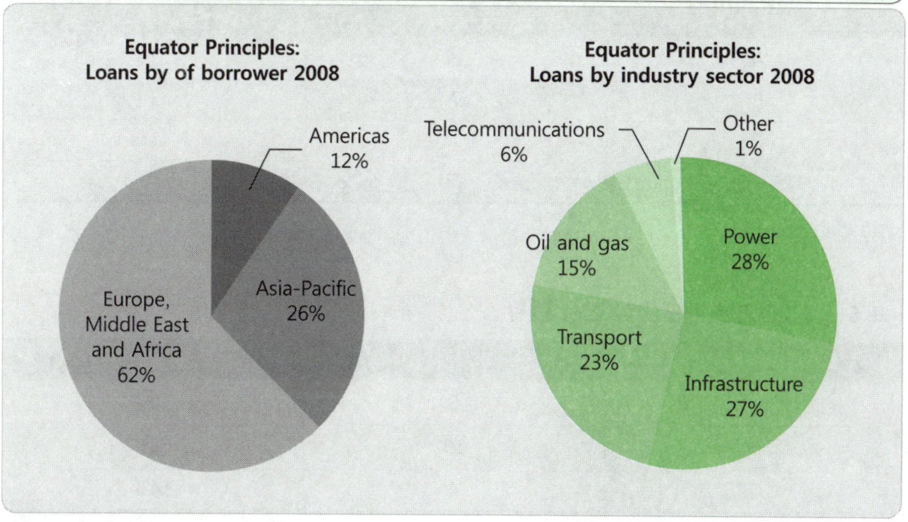

자료: HSBC(2009).

Citi group

Citi group은 투자활동에 관련된 환경적·사회적 리스크를 관리하기 위해 2003년 ESRM(Environmental and Social Risk Management)방침을 수립하여, 신용위험뿐 아니라 은행의 명성관리에 노력을 기울이고 있다. ESRM방침의 핵심은 적도원칙(Equator Principles)을 충족하는 수준으로 설정되어 있으며, Citi group은 적도원칙과 관련된 금융기관 네트워크인 EPFI(Equator Principles Financial Institution)에서도 리더로서의 역할을 수행하고 있다.

| 표 6-1 | 2008년 프로젝트 파이낸스 계약 현황

적도원칙 카테고리	투자검토	투자집행	투자규모
A	13	3	1,555억 달러
B	23	3	187억 달러
C	3	4	95억 달러
합 계	39	10	1,837억 달러

자료: Citi group.

| 표 6-2 | 2008년 프로젝트 파이낸스 자문 현황

적도원칙 카테고리	투자검토	투자승인
A	15	3
B	7	3
C	1	1
합 계	23	7

자료: Citi group.

| 표 6-3 | 2008년 적도원칙 적용 현황

적도원칙 카테고리	투자승인	투자승인 비율
A	5	18%
B	19	68%
C	4	14%

산업구분	투자승인 비율	총사업규모
정유/가스	31%	144.4억 달러
화 학	4%	55.2억 달러
기반시설	11%	13.9억 달러
전 력	25%	66.5억 달러
광 업	7%	11.6억 달러
신재생에너지	4%	1.6억 달러
바이오연료	0%	–
기 타	18%	37.1억 달러

자료: Standard Chartered(2009).

Standard Chartered Bank

Standard Chartered 은행은 2003년 적도원칙(Equator Principles)을 투자의사결정에 적용하기 시작하였다. 다른 은행과 유사하게 프로젝트파이낸스 투자 및 자문활동에 있어서 1천만 달러 이상의 사업에 대해서는 적도원칙을 철저하게 적용하고 있다.

DEFRA

1. 개 요

영국 정부는 2001년 6월에 농림부와 환경부, 그리고 여러 산하 기구들을 통합하여 환경식품농촌부(Department of Environment, Food and Rural Affaris: DEFRA)로 개편한 바 있다. 영국 정부의 그러한 조직 개편은 '지속가능한 개발'이라는 화두에 대해 정부 정책을 대폭 개혁해 나가겠다는 의지의 표현이다. DEFRA는 영국내 중앙정부부처들과 지방정부들이 추진하고 있는 지속가능한 개발을 더욱 촉진하고 지원하는 업무를 수행하고 있다. 환경청, 교통지방행정지역개발부, 재무성 등 중앙 정부부처들과 협조관계를 이루고 있으며, 지역마다 회의소 및 지역개발기구를 두고 지속가능한 발전을 위한 영국 정부의 의지를 표방하고 있다. DEFRA는 환경, 농촌, 식품공급사슬 분야에서 "지속가능한 개발"문제를 핵심 사안으로 다룬다. 그러한 세 분야에서의 정책목표를 달성하기 위해 DEFRA는 구체적인 정책지표들을 마련하고 있으며, 그 지표들에 따라 각 분야에서 어떠한 발전이 이루어지고 있는지를 정기적으로 점검하고 보고한다.

DEFRA의 지속가능한 개발 지표

1. 기후변화
2. 자원활용과 폐기물 처리
3. 해양환경
4. 공급사슬 및 생물 다양성
5. 보건과 후생
6. 환경리스크 감소
7. 농촌경제 발전

이 중 환경리스크 부분을 살펴보면, DEFRA의 정책 목표는 개방적이고 투명한 방식으로 수용 가능한 수준으로까지 환경 리스크를 감소시키는 것이다. 이러한 정책 사업에는 식품, 대기, 수질로부터 오는 오염뿐만 아니라 방사능, 화학물질, 홍수, 기후변화 등 다양한 원천으로부터 오는 리스크들이 모두 포함된다. 환경 리스크를 평가하고 검토함에 있어, DEFRA는 사회의 여러 부분에 걸쳐 발생할 수 있는 그 파급 효과들을 분석하고 있다. 이러한 작업을 위해서 매립지나 소각로와 같은 오염원이 보건에 미칠 수 있는 영향에 대해 보건부와 함께 평가작업을 진행하고 있으며, 금융기관에 환경리스크를 기업평가관리 치원에서 적용하기를 권고하고 있다.

FDIC

1. CERCLA 개요

Superfund 법이라 불리우는 CERCLA(The Comprehensive Environmental Response, Compensation and Liability Act)는 1978년에 발생한 러브커넬 사건 이후에 대부자에 대한 책임을 강조한 법률이다. 이 법은 미국의 연방환경보호국(EPA: Environmental Protection Agency)이 오염실태를 조사하고 그 결과 오염정도가 심한 지역을 조성된 기금으로 복구한 뒤 복구 비용을 차후에 오염 원인자에게 부담시키게 된다. 오염 원인자란 오염토지 및 시설을 현재 보유하고 있는 자와 보유 시설을 운영하고 있는 자, 오염실태를 조사한 당시 토지 및 시설을 소유하였거나 운영하였던 자, 유해물질을 발생시킨 자, 유해물질을 운반하였거나 운반을 주선한 자 등으로 정의할 수 있다.

2. CERLA에서의 금융기관의 잠재적 리스크

금융기관은 양도계약 등에 의해 오염시설의 소유자 및 운영자가 된 경우, 대출기업의 파산 후 금융기관이 담보권을 실행하여 당해 시설의 소유자가 된 경우, 또한 담보권 실행의 유무에 관계없이 당해 시설의 운영자가 되었을 경우에 책임당사자가 될 수 있다. 이러한 이유로 금융기관이 여신 대상기업 및 담보물에 대한 철저한 사전 조사를 선행하지 않았을 경우 이러한 잠재적 위험을 수반하게 되는 것이다. 이같이 대부자책임이 실질적인 위험 요인으로서 작용하면서 금융기관의 여신 관행에는 큰 변화가 생겼으며 FDIC(Federal Deposit Insurance Corporation)와 같은 금융감독기관도 이를 실질적인 위험 요소로 인식하여 이에 대한 금융기관의 철저한 여신관리를 강조하게 되었다.

3. FDIC 지침

1993년 FDIC는 금융기관에 대해 잠재적 리스크를 사전 제거할 수 있는 지침(Guidelines for an Environmental Risk Program)을 마련하여 적극 도입할 것을 권장하고 있다. 이 프로그램의 주요 내용을 살펴보면,

① 종업원 교육
② 은행의 환경정책 지침과 절차의 수립
③ 환경위험 분석
④ 상세한 환경영향 평가
⑤ 대출심사에서의 환경조항 반영
⑥ 적절한 모니터링 수행
⑦ 차입자에 대한 철저한 기업 운영 감시
⑧ 담보권 실행 시 적절한 대응시스템 마련

위와 같은 사항들은 금융기관의 환경위험 평가프로그램에 적극 도입할 것을 요구하고 있으며, 구체적인 사항들에 대해서는 금융기관 나름의 환경위험평가와 환경실사를 통해 보완하도록 하고 있다.

Federal Reserve

연방준비위원회(Federal Reserve)는 1995년에 환경위험에 관한 가이드라인을 금융기관에 제시하였다. 이는 금융기관의 대출업무와 관련된 환경실사에 대해 여신 관리 대상 기업에 고지하여야 하며, 환경책임을 평

가하는 데 있어서 포트폴리오 분석, 기업의 신용조사, 기업 대출 및 파산 위험성을 분석할 수 있는 프로그램을 개발할 것을 권장하고 있다. 이 가이드라인은 금융기관의 여신관리 프로그램에서 잠재적 환경위험성을 고려할 것을 강조하고 있다.

4 해외 금융기관의 환경리스크 관리[12)]

UBS

UBS는 스위스 연방은행(Union Bank of Switzerland Ag)의 약자로 1912년 토겐부르거은행(Toggenburger Bank, 1863년 설립)과 취리히주(州) 빈터투어에 있는 지역은행이 합병하여 설립하였으며, 수익 면에서 스위스에서는 1위이고 세계에서 10위권 안에 드는 국제적인 활동을 하는 은행이다. 주요 사업은 개인 금융서비스와 투자, 대출의 은행업 등이다.

국내에도 진출해 있는 UBS의 환경경영은 1998년 대형 상업은행인 스위스은행(SBC)과의 합병 직후 본격적으로 시작되었다. UBS는 동년 이사회에서 환경전략을 강화할 것을 의결하고, 같은 해 12월에 Global Environmental Risk Policy를 승인하였다. 또한 1992년 2월에는 투자은행부문에서는 세계 최초로 투자 시 환경리스크를 고려하는 시스템을 도입하였으며, 1999년 5월에 대출부문과 내부관리 부문에 대하여 ISO14001환경경영체제 인증을 받았다. UBS의 지속가능경영은 사회책임위원회, 글로벌 리더십 활동, 다양성 이니셔티브, 자금세탁방지, 지역사회 활동, 환경경영 도입, 사회책임투자 및 여신, 제3자 평가 등 다양한 영역에서 나타나고 있다.

12) 환경부(2006).

1. 환경리스크 관리

UBS 환경전략의 기본적인 목표는 자사의 일반적인 리스크관리 활동에 환경리스크를 포함시키는 것이다. 이를 위해 사업의 선택이나 여신관리 업무 과정에서 환경리스크를 체계적으로 고려하고 있다. 이를 위해 대출심사기업의 환경성과를 평가하기 위한 시스템(Screening and evaluation porcess)을 도입하고 있다.

환경리스크 평가는 크게 3단계로 나누어 진행된다. 우선 1단계에서는 부지오염이나 산업특성에 따른 환경 위험 등 일반적인 조사가 실시된다. 평가대상기업 활동 영역 중 환경적으로 의심스러운 지역에 대한 토양오염 조사나 관련 사업장의 오염 현황 등 일반적인 환경오염 현황을 조사한다.

1단계 조사 결과 별도의 위험파악이 없으면 환경안전성을 승인하며, 심층조사가 필요하다고 판단될 때는 2단계로 체크리스트를 활용한 심층인터뷰를 실시한다. 심층 인터뷰는 환경방침과 전략, 환경경영, 관련 비용과 절감액, 환경커뮤니케이션, 생산공정에 대한 전략, 환경데이터(투입물-산출물), 환경 제품전략의 7가지로 나누어 평가하고 있다. 이 평가과정은 기업전략과 환경활동과의 연관성이나 공정 및 제품 전략에서 환경측면의 반영도-전과정평가, 환경을 고려한 협력업체 관리, 에코디자인과 같은 정성적인 부분과 더불어 에너지 사용, 폐기물 발생량, CO_2 발생량, 산업별 환경성과지표 구축, 운영비용 등 정량적인 부분을 모두 포함하고 있다. 또한 은행권이 받을 수 있는 운영리스크를 최소화하기 위하여 기존의 환경프로필, 보험영역 등을 비롯하여 계획중인 투자방향이나 평가대상기업이 가지고 있는 기술상태 등도 평가항목으로 포함한다. 이 같은 심층 인터뷰 결과 예측되었던 환경위험 정도가 낮다는 결론이 나면 환경안전성을 인증하며 이 결과에서도 안전성을 입증받지 못한 기업에 대해서는 전문가를 통한 심층 조사가 이루어진다.

내외부 전문가를 활용한 심층조사가 이루어지는 3단계에서는 환경위험 정보 등을 종합하여 전문가로 구성된 평가단이 구체적인 위험평가를 수행하게 된다.

특히 본사에 환경리스크관리서비스(ERMS: Environmental Risk Management Services)를 설치하여 금융거래와 관련된 환경위험의 평가 및 관리를 지원해주고 있다. 이들의 주요 업무는 여신관리 과정에서 여신담당자가 올바른 환경평가보고서를 작성할 수 있도록 교육훈련 서비스를 제공하고, 각 지점에서 작성된 환경평가보고서를 평가하며, 필요에 따라 관련 외부전문가들을 연결시켜 주고 대출신청 기업들의 환경위험에 따라 수수료를 책정하는 전략을 수립하기도 한다. 또한 자체적으로 뉴스레터를 발간하고, 인트라넷에서 캠페인을 펼치는 등 사내 인식확산에도 노력하고 있다.

2. 지속가능경영 도입을 통한 효과

UBS가 환경에 관심을 가지게 된 배경에는 에너지 절감을 통한 운영비용 절감은 물론 환경상품의 성공적인 도입이 있었기 때문이다. UBS는 환경경영 도입 전후의 환경영향을 조사한 결과 1990년부터 1993년 사이에 에너지비용의 25%를 절감하는 등 실질적인 효과를 거두었다. 또한 1997년 6월에는 "에코퍼포먼스(Eco Performance)"라는 투자상품을 개발하여 현재까지도 이 분야의 선두그룹으로서 전세계적인 이목을 끌고 있다. 실제로 이 상품 출시 이후로 스위스에서는 약 5~6개의 유사 금융상품이 나왔으며, 1999년 10월에는 일본 스미토모와 제휴하여 이 상품을 일본에 성공적으로 도입시키기도 하였다. 이 상품은 환경친화적인 기업이 경영성과가 좋을 것이라는 가정하에 일반기업 중에서 상대적으로 우수한 환경경영을 하고 있는 기업들을 "에코리더스(Eco Leaders)"로 구분하고, 환경시장의 급성장에 따라 우수수한 환경기술을 가지고 있는 기업들을 "에코혁신자(Eco Innovators)"로 구분하여 투자 대상을 분류하고 있다. 이처럼 선두적인 환경상품 및 사회책임투자를 실시한 결과 2002년 현재 사회책임투자 규모는 전체 관리 자산 중 3.1%에 해당하는 약 53조원이며 환경을 고려한 여신이 전체 여신의 97.8%를 차지하는 약 122조원 규모이고 환경영향평가를 적용한 대출 건수도 43건이나 된다.

Allianz

Allianz는 1890년 설립된 독일의 손해보험회사로 1913년부터 해외로 진출, 1960년대에 이르러서는 독일의 최대 보험사가 되었다. 주요 사업은 생명, 화재, 산업 재해, 기업 및 개인 보험, 자산관리 등의 서비스이며, 2004년 총 당기순이익이 22억 유로에 달하는 국제적인 금융기관이다. 본사는 뮌헨이며, 700여 개의 지사 및 영업점이 77개국에서 운영중이다. 18만여 명의 임직원이 종사하고 있으며 고객은 6천만 명 정도로 추산된다.

1. 지속가능경영 체제

Allianz는 지속가능경영을 도입하고 그룹차원의 지속가능 원칙 지원을 약속하고 있으며 이의 실행을 위한 경영체계를 구축하고 있다. 그룹차원에서는 ICE(International Excutive Committee)가 운영되고 있으며 자회사별로 지속가능성 전략팀을 구성하고 있다. 지속가능성 전략팀에서는 Allianz의 지속가능발전에 대한 가이드를 제공하며 일관된 전략설정을 위한 데이터 수립 및 직원 교육 훈련 기준개발 등을 담당한다. 또한 각 자회사의 하부 조직에서는 환경경영, 환경상품 리스크관리, 자산관리 등을 책임지는 지속가능경영분야의 워킹그룹을 형성하여 독자적으로 운영하고 있다.

내부관리를 위해서는 환경경영시스템을 도입하고 각종 설비의 환경성 및 안전성을 상시 점검하고 있으며 지역사회와의 협력관계를 구축하고 다양한 사회공헌 활동을 펼치고 있다. 또한 지속가능경영에 대한 사내 인식을 확산시키기 위한 다양한 의사소통 방식을 활용하는데, 공익을 위한 프로그램 활성방안이나 주주보호 프로그램의 활성화 등이 그 예이다.

외부적으로는 고객 및 사회의 지속가능 발전을 위하여 보험, 컨설팅, 자산관리 및 예금분야에도 지속가능성을 도입한 상품을 출시하고 있다. 대표적인 상품으로는 보험 분야에서는 환경친화적 재설비 비용을 지원하는 “Company Property Insurance”가 있고 환경기준에 의해 가입을 허가하고 기업의 환경보호 활동 및 환경보호에 대한 투자 정도에 따른 인센티브를 제공하는 "Positive Incentives for Coporate Environment Pritection"이 운영된다. 자연환경보호를 위한 환경보호 상품으로는 농가의 생산비용 저감 및 지속가능발전을 도모하기 위한 "Agriculture Contents Insurance"와 생태학적 다양성 보존을 위한 산림지역보호에 투자하는 "Forest Fire Protection" 등이 있다.

2. 지속가능성 리스크 관리 시범사업

Alliantz에서는 "보험 및 지속가능성 관점에서 위험 관리"를 하기 위한 시범사업을 실시하였으며, 환경리스크평가를 한 단계 넘어선 지속가능성평가를 실시하고 있다. 평가는 기업이 안고 있는 위험 중 환경을 포함한 지속가능성을 정의하고 프레임을 개발해 기업의 지속가능성 리스크를 평가하는 과정으로 진행된다. 이와 같은 과정을 거쳐 기업의 여신관리 및 기업투자에 지속가능성 관련 리스크를 비중있게 다루고 더 나아가 대상 기업에게 지속가능한 발전을 위한 CSR의 통합적 관리를 요구하여 기업의 경영에 지속가능한 발전을 이루게 한다는 것이 시범사업의 취지이다.

Alliantz의 시범사업을 통하여 단순히 여신관리 및 기업평가를 위한 방법을 넘어 기업 활동 범위에 대한 새로운 해석을 내놓았으며, 이는 지속가능한 사회 건설을 위한 금융권의 선도적인 행동으로 평가받고 있다.

그림 6-6 Allianz의 지속가능성 리스크 관리 시범사업 개요

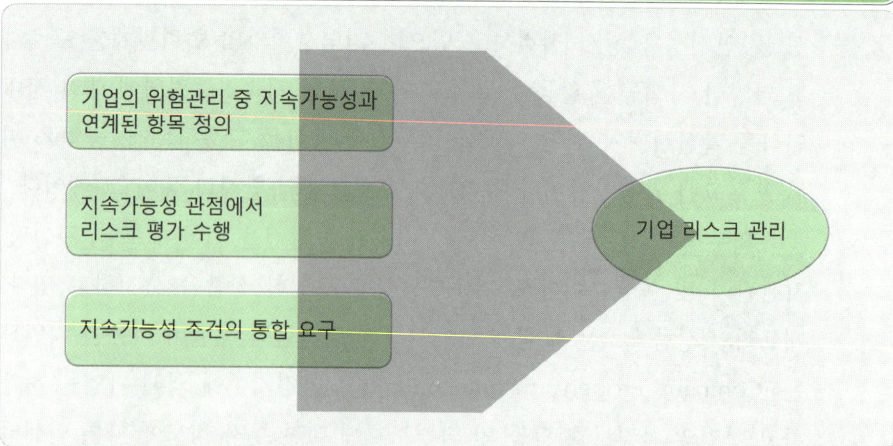

ABN-AMRO

ABN-AMRO는 네덜란드의 대표적인 은행으로 1824년 3월 29일 동인도회사의 무역을 부활시키기 위하여 설립된 NHM(Netherlandsche Handel-Matschappij)이 시초가 되어 1964년 더 트벤셔은행(De Twentsche)과 합병하여 설립된 ABN(Algemene Bank Nederland)은행과 암스테르담은행과 로테르담은행의 합병체인 AMRO(Amsterdam and Rotterdam Bank)가 1991년 통합되면서 지금의 체제를 구성하였다.

오늘날의 ABN-AMRO는 국제무역을 추동하는 전통을 구축하면서 세계시장을 대상으로 운영되고 있다. 총 자산 6,080억 유로로 1차 자산에 있어서 유럽에서 11위, 세계적으로 20위의 대기업으로 전세계 3,000여 개 지점에 10,500여 명의 임직원이 종사하고 있다. 글로벌 기업을 비롯하여 유럽, 미국, 브라질, 인도, 태국 등지의 중소기업에 이르기까지 45개 국가에 1만 명이 넘는 고객이 있으며 개인사업자와 중소기업 고객은 1천만 명 정도로 추산된다. 금융권의 다양한 분야로 사업을 확장하여 예금, 펀드 운용, 보험 및 임대업(Leasing business)등에 관련되어 있으며 Euronext Amsterdam, 런던, 뉴욕 증권시장에 상장되어 있는 그룹이다.

1. 지속가능경영 체제

그룹 운영에 있어서 일찍부터 지속가능경영을 도입하고 있으며 투자관계자 및 고객에 대해서는 장기적인 안목으로 이해관계자들의 가치를 최대화하기 위하여 전문적으로 지속가능성과 관련된 여신을 관리하고 그에 따른 정보를 공개할 것을 약속하고 있다.

ABN-AMRO의 지속가능한 발전을 위한 정책은 5SD(Sustainability Development)로 구분된다. 5가지 원칙 중 첫 번째는 “투명성 확보”로 향후 지속적인 기업 운영을 위하여 투자 및 조직운영에서 공정한 거래 및 원칙에 어긋나지 않는 운영을 통해 고객이 믿고 사업을 추진할 수 있는 투명성을 가지는 것이다.

두 번째는 “금융서비스 분야 지속가능성 평가”이다. 이는 ABN-

AMRO가 거래를 하고 있는 기업의 여신 심사 및 투자관리 시 지속가능성을 평가하여 사회 전반에 걸쳐 ABN-AMRO의 지속가능성 의지를 표명하고 지속가능한 사회 건설을 이룩하고자 하는 ABN-AMRO의 의지라 할 수 있다. 이를 통해 금융기관의 환경관리가 단순히 여신관리 차원에서의 환경리스크평가를 넘어 지속가능한 사회 건설에 상당한 영향력을 끼칠 수 있음을 알 수 있다.

세 번째는 "일하고 싶은 은행 건설"로 기업 조직 운영과 관계된 원칙이다. 임직원들이 자신의 직장에 대해 좋은 이미지를 갖고 지속적으로 일할 수 있는 동기를 부여하는 것을 기업의 지속적인 성장을 위한 주요 요소로 선정하여 지속적인 교육을 실시하고 최대한의 복지를 제공함으로써 애사심을 갖도록 유도하고 있다.

네 번째로 "객관적인 기업평가"부분이다. 이는 "금융서비스 분야 지속가능성 평가"부분과 상통하는 부분으로 일정 프레임워크를 통해 객관적으로 기업을 평가하는 방법은 향후 금융기관의 대외 이미지에 긍정적인 영향을 미치며, 평가결과에 대한 신뢰를 줄 수 있다는 개념이다. 이는 금융부문의 투명성과도 관계되어 있으므로 금융기관이 상당히 조심스러워하는 부분이라 할 수 있다.

마지막으로 "지역사회 지원"이다. 이는 사회적으로 기업 이미지를

그림 6-7 ABM AMRO의 5SD 정책

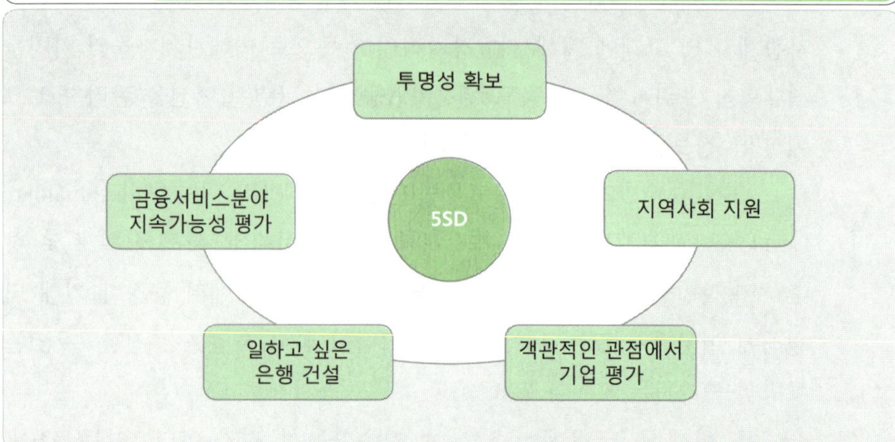

제고하는 데 상당한 영향력을 끼칠 수 있는 부분으로 금전적, 물질적 기부를 비롯하여 지역행사 지원 등이 있을 수 있으며, 비금전적인 방법으로는 지역사회 환경보전 활동, 교육활동 등이 있다. 이에 대해서는 국내 은행들도 1사1산, 1사1하천 가꾸기 등의 활동을 비롯하여 꾸준히 증가하고 있는 추세이다.

2. 지속가능성 관련 상품운용

금융상품에 있어서도 환경, 사회적 책임을 다하기 위한 다양한 상품을 보이고 있다. 1995년 발매된 “Green Fund”는 ABN-AMRO의 Green Investment의 대표적인 상품인 고정수익 펀드이다. 2002년 초 환경금융에 대한 세금 면제가 없어지면서 증권발행이 중지되었으나 그해 12월 그린투자우대정책의 재개로 발행이 재개되어 2003년 현재 6억 8백만 유로 정도의 자산을 보유하고 있으며 자산의 70%를 친환경 프로젝트에 투자하고 있다. 론(loan)상품으로도 Green Loan이 운용되고 있는데 정부가 발행한 그린증권을 통해 친환경 프로젝트에 론을 발행하는 “Green Label Greenhouse”와 자연개발, 유기농과 목축사업에 중점적으로 투자하는 “Sustainable Housing”이 대표적이다. 2002년 하반기 이후로는 그린프로젝트 파이낸싱은 마감된 상태이다. 환경부분에 중점을 둔 대출상품으로는 “Environmental Lease”가 있다. Amstel Lease는 환경리스로 특성화된 상품으로 재무능력이 부족하여 적정 대출 등급에 들지 못하는 기업이라 하더라도 기업의 대출 목적이 환경사업일 경우 지원해주는 상품이며 환경친화적 건축과 건축재재 수급을 위한 정부정책의 일환으로 운영되는 “Green Housing Finance & Sustainable construction”이 있다.

WestLB

WestLB는 1969년에 설립된 독일의 대표적인 은행으로 독일에서도 자산규모 우수 은행 중 하나이다. WestLB는 독일뿐만 아니라, 타국가에도 지사를 두고 세계 금융시장에 역동적으로 발맞추고 있으며, 금융권의 세계화를 유도하고 있다. 총 자산은 2,624억 유로이며, 전세계 19개국에 지점을 두고 있으며 6,360여 명의 임직원이 종사하고 있다. 주요 사업 분야는 예금, 자산관리, 보험 및 임대업(Leasing business)등이다. 지속적인 기업 운영을 위해 지속가능경영을 도입하고 있으며 지속가능보고서에서 주요 사업에 대한 리스크 최소화, CSR을 통한 상품 개발, 고객의 지속가능한 발전 기여, 에너지 효율 관리를 통한 비용 절감, 인적자원개발 등에 대한 기업 운영 성과 및 향후 방침에 대해 나타내고 있다.

1. 지속가능성 평가

WestLB가 자체적으로 운영하고 있는 지속가능성평가 이슈는 크게 기업 경영환경, 환경관리, 주요 상품 등 3가지 분야로 이루어져 있으며, 그 하부에 다양한 평가지표들이 있어 여신 및 투자 심사에 활용하고 있다. 환경관리 측면에서는 환경경영, 산업영향, 자연영향 부분을 다루고 있는데, 환경경영 부분에서는 환경정책, 환경관리, 환경보고서, 환경성과 등을 평가하고 있으며, 산업영향 부분으로 자원채굴, 핵발전, PVC 사용 여부 등을 대상으로 평가하고 있다. 마지막으로 자연영향 부분에서는 기후변화대응 여부 및 온실가스 배출관리, 수질오염 등의 다양한 평가 항목을 두고 기업평가를 수행하고 있다.

평가구조를 살펴보면, 환경, 조직운영, 이해관계자별 점수를 산정하고 가중치를 부여하여 기업의 지속가능성 성과 결과를 도출한다. 그 이후에 기업 명성에 영향을 줄 수 있는 항목을 평가하여 마이너스 요인으로 적용한다. 기업 명성 리스크와 지속가능성과 결과에 대해 다시 한번 가중치를 부여한 종합 점수를 도출한다. 이를 통해 얻은 점수는 기업의 지속가능성 결과이며, 이는 WestLB가 기업 여신 심사 및 기업 투자 시 활용하게 된다.

예를 들어, 성과평가의 점수가 64.6점이라는 것은 환경, 조직운영, 이해관계자에 대한 합산 점수를 말한다. 이는 각 항목별로 가중치를 따로 두어 계산한 결과인데, 환경은 26%, 조직운영은 24%, 이해관계자 관계는 50%의 가중치를 부여한다. 각 항목별 세부 항목 평가는 위와 동일한 방법으로 수행하게 된다. 이해관계자의 관계를 살펴보면, 직원에 대한 가중치 34%, contractors 18%, 소비자 30%, 지역사회 관계 18%를 부여하게 되며 계산방법은(73×0.34)+(24×0.18)+(63×0.3)+(77×0.18)=61.9점이 된다. 이와 동일한 방법으로 환경, 조직운영 세부항목을 계산하고 종합적으로 기업 성과 평가 결과가 나오게 된다. 여기에 기업 명성에 영향을 줄 수 있는 항목에 대해 성과평가 점수에서 가감해주면 한 기업의 지속가능성 점수를 얻을 수 있다. 예를 들어, (64.6×0.95)−0.05×{(3×0.5)+(15×0.5)}=60.9점이 이 기업의 지속가능성 점수이다.

2. 지속가능성 평가 결과

WestLB는 지속가능성 평가 프레임워크를 통해 얻은 지속가능성 평가 결과와 연동하여 환경리스크평가를 별도로 수행하고 있다. 환경평가 결과 그래프는 유럽지역에서 활동하고 있는 금융기관들의 환경성을 평가한 결과이며 이 방법은 통계학적인 방법을 활용하게 되는데 Z Squre 분포를 활용하여 도출한다. A++부터 B까지의 점수 분포를 가질 수 있으며, A++를 얻은 기업은 환경경영 우수 기업으로 여신심사 및 투자평가에서 우위의 점수를 얻을 수 있다. Swiss Reinsurance, ING, Alliantz 등의 금융기관들이 상위의 점수를 받고 있음을 알 수 있다.

5 평가기관의 환경리스크 평가[13)]

Innovest

Innovest Strategic Value Advisors는 1995년 미국 뉴욕에서 설립한 세계 최대 지속가능성평가 및 투자자문 전문기관으로 전세계 기업들을

13) 환경부(2006).

대상으로 지속가능성 평가를 수행하고 있다. 전세계 약 3,000여 개 기업에 대한 평가 D/B를 보유하고 있으며, 총 자산규모 7조 달러 이상의 전세계 기관투자가들이 각종 투자활동에 기업의 환경성 등 비재무적 가치를 고려할 수 있도록 평가정보를 제공하고 있다.

1. EcoValue 21

Innovest는 전략적 파트너인 PwC(Price Waterhouse Coopers), Morgan stanley, BCSD(Business Council for Sustainable Development, WBCSD의 전신) 등과 공동으로 3년에 걸쳐 환경신용평가 모델인 "EcoValue21™(EV21)"을 개발하였다. 이 모델은 Fortune500기업을 대상으로 5년간 검증되었으며, Morgan Stanley, Chase Manhattan Bank, Bank of Amercia,

| 표 6-4 | 신용등급의 정의

등 급	정 의
AAA	• 환경리스크가 매우 제한적이며, 매우 우수하게 관리되고 있는 기업 • 어떤 손실도 관리할 수 있는 능력을 가지고 있음 • 강화가 예상되는 규제를 관리할 수 있는 위치에 있음 • 환경적으로도 유도된 수익 기회를 포착할 수 있는 강력한 포지셔닝을 하고 있음
AA	• 환경리스크가 제한적이며, 비교적 우수하게 관리되고 있는 기업 • 규제가 강화에 따른 피해가 제한적인 위치에 있음 • 환경적으로 유도된 수익 기회를 포착할 수 있는 포지셔닝을 하고 있음
A	• 환경리스크가 존재하나, 비교적 잘 관리되고 있는 기업으로 리스크를 완화시킬 충분한 재무 및 관리 역량을 가지고 있는 기업 • 규제에 대응할 재정적인 여력이 있음 • 환경비즈니스 측면에서는 평균 이상의 잠재력을 보유한 기업
BBB	• 평균수준의 환경리스크가 존재하나, 관리 역량을 가지고 있는 기업 • 우발적 위험이 발생할 가능성이 일부 존재함 • 평균 수준의 환경비즈니스 추진 역량과 수익 창출 기회를 보유한 기업
BB	• 환경리스크가 실제 기업활동에 영향을 미칠 가능성이 있으나, 평균수준의 환경관리 역량을 보유하고 있는 기업 • 환경비즈니스를 통한 수익창출 가능성은 평균 이하인 기업
B	• 환경리스크가 기업 경쟁력에 중대한 손실을 초래할 가능성이 있는 기업 • 환경비즈니스측면에서 동종업종 평균 수준과 상당한 차이가 있는 기업
CCC	• 환경리스크 관리 능력에 대해 심각하게 의심이 되며, 심각한 손실을 만들 가능성이 있는 기업 • 환경비즈니스에 관한 최하 수준의 역량을 보유하고 있는 기업

Union Bank of Switzerland 등 선진 금융기관에서도 검증된 바 있다.

EV21모델을 활용한 녹색신용평가결과는 최종적으로 AAA~CCC까지의 7단계로 구성되어 있다. 이는 산업내 우수 기업 선정 방식(Best-In-Class)을 사용하고 있으며 같은 산업군 내에서 우수한 기업을 발굴할 수 있는 장점이 있어, 주요 투자자들에게 가장 선호되고 있는 방식이다. 즉, 타 산업군에 비해 상대적으로 환경적 위험이 큰 산업군 자체를 배제하지 않고, 해당 산업군에서 가장 우수한 기업을 선별할 수 있어, 기존 투자의사결정 과정에 위배되지 않고 최적의 투자수익을 얻을수 있는 방식이다.

EV21모델을 통해 분석된 평가결과는 〈표 6-4〉와 같이 해석될 수 있다.

현재 다수의 투자자들은 통상적으로 BBB 이상의 평가결과를 획득한 기업을 투자적격 대상으로 판단하고 있으며, 높은 등급을 취득한 기업에는 추가적으로 투자규모를 확대하기도 한다.

EV21의 평가항목은 환경리스크, 환경경영역량, 환경비즈니스기회

| 표 6-5 | EV21 세부 구성요소

<table>
<tr><td rowspan="3">Environmental Risk</td><td>Historical Liability</td><td rowspan="3">• 과거 사고 경험
• 운영상의 위험
• 에너지 및 자원의 효율성</td></tr>
<tr><td>Operating Risk</td></tr>
<tr><td>Sustainability Risk</td></tr>
<tr><td rowspan="8">Environmental Management Capacity</td><td>Environmental Strategy</td><td rowspan="8">• 기업의 환경방침 및 비즈니스와의 통합수준
• 환경담당 조직
• 환경경영시스템
• 환경보고서 발간 유무
• 환경회계 및 전 과정평가</td></tr>
<tr><td>Environmental Organization</td></tr>
<tr><td>Environmental Management Systems</td></tr>
<tr><td>Environmental Audit</td></tr>
<tr><td>Environmental Accountin & Reporting</td></tr>
<tr><td>Environmental Training & Development</td></tr>
<tr><td>Certification</td></tr>
<tr><td>Product / Materials</td></tr>
<tr><td rowspan="3">Strategic Profit Opportunity</td><td>Strategic Competence</td><td rowspan="3">• 환경친화 제품
• 환경 개선 가능성
• 관련 제품, 기술 및 서비스의 성과</td></tr>
<tr><td>Environmental Opportunity</td></tr>
<tr><td>Performance</td></tr>
</table>

등 크게 3개의 대분류로 구성되어 있다.

환경리스크 부문은 기업활동에서의 환경사고, 오염물질 배출, 에너지 및 자원의 효율적 활용 등에 대해 평가하고 있다. 오염물질 배출 수준이 매우 낮고, 에너지 및 자원 사용 효율이 뛰어난 경우 우수한 평가를 받게 된다.

환경경영역량 부문은 실제 기업의 환경경영 수준을 평가하고 있다. 환경경영과 기업활동이 어떻게 연계되어 있는지를 평가하고 있으며, 환경경영과 관련된 전략, 조직, 시스템 등을 종합적으로 판단한다. 환경성과를 주기적으로 측정하고 이를 개선시켜 나가는 기업이 상대적으로 우수한 평가결과를 획득한다.

환경비즈니스기회 부문은 환경 측면에서의 경쟁력, 잠재적 가능성, 실제 성과 등을 평가한다. 친환경성을 보유한 제품을 통해 매출향상을 이끌어내는 기업이나, 우수한 환경기술을 보유한 기업, 지속적으로 연구개발을 추구하는 기업들이 우수한 평가를 받을 수 있다.

2. 환경리스크 평가 결과의 활용

평가등급에 따라 펀드매니저는 포트폴리오에서 우수한 평가등급을 받은 기업들에 대한 투자를 늘려가고, 그렇지 않은 기업들은 줄여가는 방식으로 펀드를 운영하고 있다. Innovest사는 실제로 CalPERS의 다양한 투자펀드에 EV21 모형을 적용하여 이러한 요소를 투자에 반영하는 것이 그렇지 않을 때보다 우수한 성과를 나타낸다는 것을 입증하였다.

이 과정에서 경우에 따라서는 무형적인 요인에 대한 고려를 했을 경우 투자수익이 낮아질 수도 있으나, 평균적으로는 약 1.5%의 추가 수익을 얻을 수 있다는 결과를 도출하였다. 세계 40대 연기금 중 13개가 Innovest사의 평가정보를 활용하고 있으며, 유럽과 미국의 최대규모 연기금인 네덜란드공무원연금(APG), 캘리포니아공무원연금(CalPERS)을 비롯하여 세계적인 연기금 및 UBS, HSBC, BNP Paribas, Schroders Investment Management 등 대형 자산운용기관들에서 사용되고 있다.

“다보스 포럼”으로 알려져 있는 세계경제포럼(World Economic Forum)에서는 SRI투자가 향후 주류투자방식이 되도록 하기 위한 논의를 해 나가고 있다. 이러한 활동의 일환으로 2005년 이후 Innovest사의 평가결과를 이용, 매년 "세계 100대 지속가능기업"을 발표하고 있다. Global 100에 포함된 기업은 환경, 사회, 지배구조를 포함한 비재무적 가치가 전세계에서 100위권 내에 속하는 기업들이다. Global 100에 포함된 기업들은 주식시장에서 벤치마크 대비 상대적으로 주가가 더 높은 것으로 보고되고 있다.

SAM

SAM은 스위스에 본사를 둔 평가기관으로 다우존스사와 공동으로 "다우존스 지속가능성지수(DJSI)"를 개발하였다. DJSI World는 1999년 9월에 시작된 세계적인 글로벌 기업을 대상으로 하는 지속가능성 지표로 전세계 5,000여 개 주식에 관여하고 있으며 34개국의 기업이 이에 속한다. DJSI는 "다우존스 글로벌 지수(DJGI2500)"에 포함되어 있는 기업을

그림 6-8 DJSI와 DJGI 성과지표

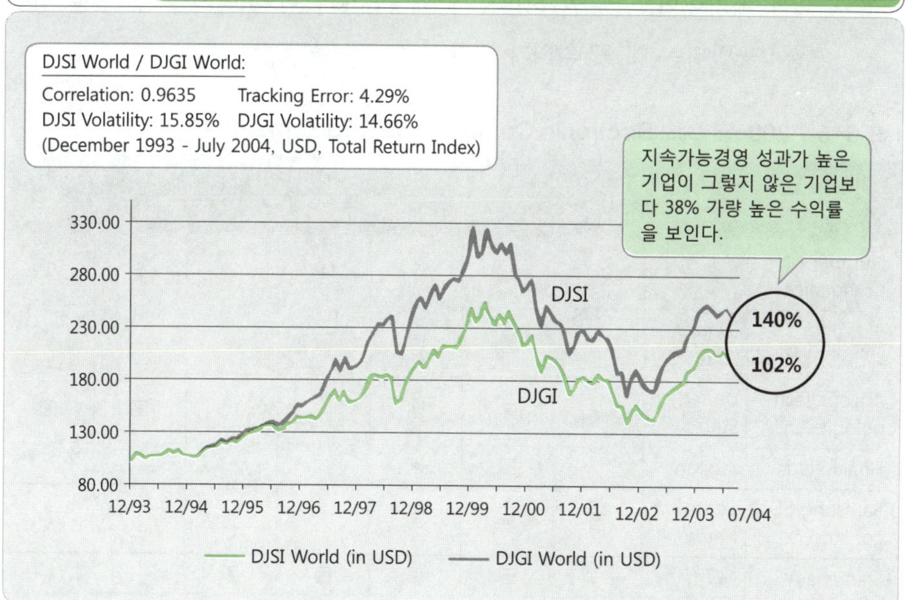

대상으로 평가하며, DJSI는 올해 58개 산업부문을 대상으로 전세계 2,508개(국내 28개사) 대형 상장사를 분석하고 이 가운데 최상위 12.6%에 해당하는 24개국의 317개 기업만 포함시켰다. 담배, 주류, 도박과 관련된 기업군은 무조건 배제되며 군수산업과 관련된 기업도 타당한 이유를 바탕으로 하는 요청시에만 고려된다.

DJSI는 평가 결과를 바탕으로 각 산업 섹터별로 지속가능성 1위 기업을 발표하고 있으며 DJSI의 투자 수익률은 기준 지수인 DJGI보다 50% 가량 높은 성과를 보이고 있다. 우리나라에서는 삼성 SDI가 '06년 DJSI Electronic Components & Equipment' 부문에서 1위를 차지하였으며, 삼성 SDI가 1위를 차지할 수 있었던 데에는 CEO의 지속가능한 발전을 위한 강력한 의지뿐만 아니라 꾸준한 개선 활동 및 지속가능한 발전을 위한 투자, 구체적인 실행 전략이 뒷받침되었기 때문이다.

또한, POSCO가 국내에서 두 번째로 DJSI에 편입되었다. POSCO가 DJSI에 편입되었다는 것은 높은 수익을 내고 성장성이 높을 뿐만 아니라 사회적·윤리적·환경적 책임을 수행하고 있는 기업으로 국제적인 공인을 받았다는 뜻이다. 이는 국내에서 지속가능한 발전을 확산시킬 수 있는 중요한 계기이며, 글로벌 리더로서 국내업체가 한발 다가설 수 있는 장을 열어 놓았다는 데 큰 의의가 있다.

| 표 6-6 | 2006년 DJSI Electronic Components & Equipment 부문 순위

Company	Country	Industry Leader	DJSI World		DJSI STOXX		DJSI North America	
			Universe	Member	Universe	Member	Universe	Member
Number of Companies			27	5	4	2	5	1
ABB Ltd.	Switzer-land		▣	▣	▣	▣		
Agilent Tech-nologies Inc.	United States		▣	▣			▣	▣
Hitachi Ltd.	Janpan		▣	▣				
Samsung SDI co. Ltd.	South Korea	▣	▣	▣				
Siemens AG	Germany		▣	▣	▣	▣		

1. DJSI 주요 평가 방법

DJSI의 주요 고려 요소는 환경경영, 환경성과, 환경보고서 등의 환경 분야와 기업지배구조, IR, 전략, 평가, 위험관리, CRM, 재무건전성, 노사 관계, 인적자원 개발, 인재확보 및 유지, 지식경영, 협력업체 관리, 사회 책임 등의 사회분야로 이루어져 있다. 최근 DJSI에 편입되는 기업들은 지속가능성 전략이 기업의 핵심사업 전략으로 통합되고 있으며 자사의 방침이 협력업체까지 점차 확대되고 있고, 기존의 연례보고서와 지속가능 보고서가 통합되는 경향을 보이고 있다. 또한 온실가스 배출, 에너지 소비, 수자원 사용, 폐기물 배출 등과 같은 환경적인 부분의 성과도 꾸준히 향상되고 있는 것을 볼 수 있다.[14)]

DJSI 편입 기업 선정은 60% 정도의 기업일반 기준과 40% 정도의 산업군별 특성 기준이 반영된다. 기업일반 기준은 〈표 6-7〉에서 보듯이 경제부분 27.6%, 사회부분 22.2%, 환경부분 10.2% 정도로 구성된다.

| 표 6-7 | DJSI 평가기준

구 분	환경기준	가중치(%)	구 분	환경기준	가중치(%)
경 제	기업활동 규범/규제준수/투명성	4.2	사 회	기업의 사회공헌/자선활동	2.4
	기업지배구조	4.2		이해관계자 관계개선	3.6
	고객관리(CRM)	3.0		노동기준	3.0
	투자관리(IR)	3.6		인적자원 개발	3.0
	위험관리	4.2		지식관리/조직 내 교육	3.0
	성과관리/성과평가	4.2		사회 보고서	1.8
	전략기획	4.2		인재확보 및 유지	3.0
환 경	환경정책/환경경영	3.6		협력업체 관리	2.4
	환경성과평가	4.8			
	환경보고	1.8			

14) Results of DJSI Review 2004에서 인용.

FTSE 인터내셔널

FTSE 지수는 영국의 유력경제지인 파이낸셜타임스지(FT)와 런던증권거래소(LSE)가 공동으로 소유하고 있는 FTSE 인터내셔널사가 작성하여 발표하는 세계 주가지수로서 "FT지수"라고도 한다. 전세계를 대상으로 투자하는 대형 펀드지만 유럽계 펀드를 주로 운영하고 있다. 매년 3월과 9월에 투자 적정 기업 리스트를 재선정하며 SRI의 필요성과 기업의 사회적 책임이행 필요성을 일치시키기 위한 수단으로 만들어졌다.

1. FTSE4GOOD의 탄생

FTSE4GOOD은 2001년 2월에 처음 공개되었으며 2001년 6월에 첫 리스트를 공개하였다. FTSE의 기준은 10여 개의 국제 환경·사회·인권 기준을 바탕으로 작성되었으며 대표적인 국제 기준으로는 Universal Declaration of Human Rights, UN Global Compact, CERS, The Global Sullivan Principle, SA8000, GRI Sustainability Guideline 등이 있다.

2. FTSE4GOOD 평가 방법

FTSE는 기업 활동이 환경 및 사회에 미치는 영향을 기업이 이해하고 책임져야 할 의무가 있음에 기준하여 일반적으로 기업정책에 환경·사회에 대한 책임감을 반영하도록 하고 있으며, 기업정책이 실행되고 리스크를 관리하는 과정에 대한 절차 및 체계를 수립하고, 설정된 목표에 대해 환경 및 사회성과를 지속적으로 개선하고 성과를 모니터링 하는지 여부를 평가한다. 또한 기업은 정기적인 보고서를 통하여 환경 및 사회에 대한 기업 운영 방침 및 경영시스템과 기업 활동 영향에 대한 성과를 명확하게 알려야 하며, 공개된 자료에 대한 독립적인 검증 과정을 거치도록 하고 있다. 기업의 활동과 영향에 대해서는 주요 이해관계자들과 논의하여야 하며 이해관계자들의 관심사항이나 고려사항이 의사결정과정에 반영되어야 한다.

FTSE의 환경 평가 항목은 경영방침 부분과 보고 부분으로 크게 나눌 수 있으며 경영방침 부문은 Core Indicator와 Desirable Indicator로 구분되며 보통 4~5개의 Core Indicator와 1~2개의 Desirable Indicator로 6개 정도 항목을 만족해야 한다. Core Indicator는 환경이슈에 대한 기업의 방침, 이사회 및 환경부서의 구성 및 위치, 환경경영 목표, 제3자 검증을 거친 정기적인 보고서 발간, 기업 활동에 대한 모니터링 및 감사시스템으로 구성되며 Desirable Indicator는 해외 지사에도 공통적으로 적용되는 기업 기준의 존재 여부, 이해관계자의 의사결정 참여 정도, 제품이나 서비스의 환경영향, 지속가능성을 위한 전략적인 프로그램 운영으로 구성된다.

보고부분의 경우 보고서가 3년 이하의 빈도로 정기적으로 발행되어야 하며 환경방침, 기업 활동의 주요 영향, 정량적인 환경활동 자료, 목표 대비 성과 등 핵심항목 중에 최소한 3가지 이상을 반영한 보고서만이 인정되며 이외에도 환경경영시스템의 개요, 법규위반/벌금/사고율 등에 대한 정보, 재무측면의 정보, 제3자 검증, 이해관계자와의 커뮤니케이션, 지속가능성 이슈 등이 포함된다.

3. FTSE4GOOD 환경영향 기업 분류

FTSE의 경우 기업별 특성에 따라서 환경에 미치는 영향을 구분하고 있는데 담배, 핵발전시설이나 핵무기, 군수산업 등은 투자가능 지수에 포함되지 않으며 기타 산업은 환경영향에 따라 Low Impact Setor, Medium Impact Sector, High Impact Sector로 구분하고 있다.

농업, 항공, 공항, 건축자재, 화학 및 제약, 건축, 주요 시스템 엔지니어링, 패스트푸드 프랜차이즈, 식음료/담배, 광업, 석유 가스, 전력, 육상 유통 및 해운, 슈퍼마켓, 자동차 제조, 폐기물, 병충해 방제 등의 산업이 High Impact Sector로 구분되고 있으며, 건축자재, 전자·전기기기, 에너지 및 연료 유통, 엔지니어링 및 기계, 기타 금융업, 호텔, 케이터링, 장소 운영, 기타 제조업, 항만, 인쇄 및 신문, 부동산 개발, 차량 대여, 대중 교통 등이 Medium Impact Sector로 구분된다. 반면 Low Impact Sector에

| 표 6-8 | FTSE4GOOD 환경산업 분류표

High Impact Sectors	Medium Impact Sectors	Low Impact Sectors
• Agriculture • Air Transport • Building Materials(includes Quarrying) • Chemicals and Pharmaceuticals • Construction • Major Systems Engineering • Fast Food Chains • Food, Beverages and Tobacco • Forestry and Paper • Mining & Metals • Oil and Gas • Power Generation • Road Distribution and Shipping • Supermarkets • Vehicle Manufacture • Waste • Water • Pest Control	• DIY & Building Supplies • Electronic and Electrical Equipment • Energy and Fuel Distribution • Engineering and Machinery • Financials not elsewhere classified • Hotels, Catering and Facilities Management • Manufacturers not elsewhere classified • Ports • Printing & Newspaper Publishing • Property Developers • Retailers not elsewhere classified • Vehicle Hire • Public Transport	• Information Technology • Media • Consumer / Mortgage Finance • Property Investors • Research & Development • Leisure not elsewhere classified(Gyms and Gaming) • Support Services • Telecoms • Wholesale Distribution

는 정보기술, 미디어, 소비자 및 주택담보, 금융, 부동산 투자, 리서치 및 개발, 기타 레저산업, 자원서비스, 텔레콤, 도매 유통업 등 서비스 중심의 산업들이 포함된다.

SiRi

SiRi(Sustainable Investment Research International Company)는 벨기에의 광업회사인 SiRi 그룹의 자회사로 2000년에서 설립되었다. SiRi는 벨기에뿐만 아니라, 타국가에도 지사를 두고 있는 기업 평가기관이다. 전세계 11개 지사에 100여 명의 임직원이 종사하고 있으며, 주요 사업분야는 SRI 연구 및 컨설팅, 기업평가 등이다.

SiRi Company는 글로벌 600대 기업의 프로파일을 가지고 지속가능성을 평가하고 있으며 SiRi 그룹의 자회사들이 제공하는 지역 및 전세계

4,000개 기업의 지속가능성투자 정보를 평가하고 투자기관에 자문을 하고 있다. 또한, SRI fund 및 연기금 펀드에 대한 투자 자문 및 지속적인 모니터링을 수행하고 있으며, 기업의 SRI 전략을 위한 컨설팅을 수행하고 있다.

1. 지속가능성 평가

SiRi Company의 지속가능성평가는 기업윤리, 지역사회 관계, 조직운영, 소비자 만족도, 임직원 만족도, 환경 등의 세부항목을 기반으로 하여 투명성, 전략, 관리, 실행 등의 면을 고려해 기업에 대한 항목별 점수를 산정한 후 가중치를 부여하여 평가하는 방식을 채택하고 있다. 주목할 점은 환경에 대한 가중치가 30%로써 기업윤리, 임직원, 고객 등 타평가 항목보다 높게 나타난다는 점이다.

모기업인 SiRi Group이 광산업이 주요 업종이라, 환경 문제에 민감하다는 것을 감안하더라도, 타항목에 비하여 높게 나타나고 있다. 이는 지속가능성에 대한 이해의 의지가 북·서부 유럽에서는 높다는 것을 반증하는 것이며, 환경에 대한 관심 및 위험성 평가에 대해 준비하는 자세를 엿볼 수 있다.

2. 지속가능성 평가 결과

SiRi Company 지속가능성평가 프레임워크를 통해 독일의 DAX30 지수에 속해 있는 기업의 지속가능성을 평가한 결과를 보면, Henkel, BMW, Deutsche Telekom 등의 환경부하가 많은 생활용품, 자동차, 통신 부분에서 높은 지속가능성 평가를 받았으며, RWE 발전소에서 높은 점수를 받을 수 있었다는 것은 오염물질 저감시설 설치 및 지역사회 관계개선을 위한 지속적인 노력을 하였다는 증거이다.

이슈별 평가결과를 살펴보면, 효율적인 조직운영 및 환경영향에 대한 철저한 모니터링 및 대응에 대한 점수가 가장 높았으며, 기업 조직 내에서 투명한 기업 의사 결정 및 환경부하의 최소화가 기업의 지속가능한 성장을 필요한 요소 중에 중요한 항목이라는 것을 알 수 있다.

6 GRI 금융부문 지침서

지속가능경영을 위한 정보공개의 지침을 제공하는 GRI(Global Reporting Initiative)에서는 산업별 특성에 따른 세부 지침서를 발간하여 각 산업의 지속가능경영 활성화를 지원하고 있다. 그 중 금융부문의 지침서는 2005년 3월에 환경부분의 지침서가 별도로 분리되어 작성되었다. 기존의 사회부문 지침서는 기업경영과 금융상품으로 구분되어 있으며 기업경영에 관한 측면은 경영방침, 성과관리, 협력업체, 지역사회 등 4부분으로 구성되며, 금융상품에 관한 측면은 소매금융, 투자금융, 자산관리, 보험 등의 4부분으로 구성된다.

기업경영에 관한 내용은 각 부분을 정책 등 관리부분과 성과평가 부분으로 세분화하여 특성에 맞는 기준항목을 제시하고 있다.

사회부문

우선, 경영방침(Management System) 부분의 항목은 CSR 항목으로 표기되어 관리부분 5개항과 성과평가부분 1개항으로 총 6개 항목이다.

- CSR 1: CSR Policy—CSR 정책에 대한 기준 및 정의
- CSR 2: CSR Organization—CSR을 집행하는 조직·기구에 대한 설명 및 조직 흐름도
- CSR 3: CSR Audits—CSR 정책수준 정도 및 경영 상황과 내·외부 감사 구분 여부 및 감사기준의 출처
- CSR 4: Management of sensitive Issues—대립적인 이해관계자간 혹은 사회적으로 민감한 반응을 야기할 수 있는 문제에 대한 기업의 대응 방향
- CSR 5: Non-Compliance—모든 방면에서의 법적·규제적 위반사항 여부 및 조치사항

- CSR 6: Stakeholder Dialogue—이해관계자 사이의 의사소통 및 이견 조율과정

두 번째 부분인 내부관리(Internal Performance) 부분은 기업운영에 있어서 지속가능성 요소에 대한 항목을 제시하고 있다. INT 항목으로 표기되며 관리부분 1개항과 성과평가부분 6개항으로 총 7개 항목이다.

- INT 1: Internal CSR Policy—기회의 평등, 임금정책, 노사결정, 훈련 및 인적자원 개발 과정, 보건·안전 부분 등 사내 인사관리에 대한 CSR 정책의 여부
- INT 2: Staff Turnover & Job Creation—이직률, 고용창출 능력
- INT 3: Employee Satisfaction—직업분야, 복지 및 임금, 직업/사생활의 조화 정도, 교육 및 인적자원 개발 과정 등에 대한 직원 만족도
- INT 4: Senior Management Remuneration—고위경영진이나 이사회에 대한 보상체계 및 적합성 여부
- INT 5: Bonuses Fostering Sustainable Success—단기간의 이익이 아닌 보다 장기적인 이익을 위해 기업이 내세우고 있는 보상체계
- INT 6: Female-Male Salary Ratio—직급체계, 임금, 보너스 등에 대한 성별 비율
- INT 7: Employee Profile—임직원의 성별, 지역, 종족, 장애 여부 등에 대한 직급별 특성

세 번째 부분인 협력업체(Suppliers) 부분은 협력업체 관리 부분 및 협력업체 선정 시 기준에 관련된 내용을 포함하고 있다. SUP 항목으로 표기되며 관리부분 1개항과 성과평가부분 1개항으로 구성되어 있다.

- SUP 1: Screening of Major Suppliers—주요 협력업체 선정 규칙에 관한 내용으로 협력업체의 사회적 활동 및 환경경영 도입 여부
- SUP 2: Supplier Satisfaction—납기, 가격, 보수 등에 관한 협력업

체와의 관계 증진을 위한 노력 여부 및 기준 제시

기업경영부분의 마지막 분류인 지역사회(Society)는 기업이 지역사회에 미치는 영향과 지역사회에서 기업이 얻는 영향에 관한 고찰 여부에 관한 내용을 포함하며 SOC 항목으로 표시하고 관리부분 1개 항과 성과평가부분 1개 항으로 구성되어 있다.

- SOC 1: Charitable Contributions—금전적 지원을 비롯하여 임직원 봉사활동, 사회활동 지원에 들어가는 관리비용 등 기업의 사회기부활동에 관련된 내용을 LBG(London Benchmarking Group) Guidelines 등에 따른 기준 제시
- SOC 2: Economic Value Added—기업 활동으로 인한 경제적 이익 창출 결과물을 판매총액, 세금 순이익, GNP 기여율, 배당금 등 다양항 방법으로 제시

금융업종에 따른 기준은 금융상품의 성격에 따라 소매금융, 투자금융, 자산관리, 보험으로 구분된다.

소매금융(Retail Banking), 투자금융(Investment Banking), 자산관리(Asset Management) 부분에서는 각각의 상품 정책에 사회·환경적 관점을 포함하는지 여부를 묻는 1개의 관리항목과 실제 상품운용에서 사회, 환경적 측면을 어느 정도 고려하여 시행하고 있는지를 묻는 항목과 각 상품별 특성을 묻는 항목 등 2개의 성과 평과 항목을 바탕으로 하여 각각 RB, IB, AM으로 표시하여 3개 항목씩을 다루고 있다.

- RB 1: Retail Banking Policy—소매금융상품정책에 대해 최근 화두가 되고 있는 사회적 문제나 금융권의 이슈에 대한 사회적인 접근 등을 다루고 있는지 여부
- RB 2: Lending Profile—대출자의 산업, 기업규모 등 다양한 기준에 따른 대출기준 변화 및 이자율 차등 여부
- RB 3: Lending with High Social Benefit—특출한 윤리성 혹은 지속가능성을 갖춘 서비스나 상품에 대한 투자결과나 총 대

출금액 중 사회, 환경적 부분에 대한 대출량과 비율 제시

- IB 1: Investment Policy—금융기관의 투자금융에 대한 정책 여부로 연관 산업군에 대해 사회, 환경적 악영향을 줄일 수 있도록 금융권이 펼친 활동 여부
- IB 2: Customer Profile: Global Transaction Structure—World Bank의 경영 기준에 따른 고객사 구분 기준
- IB 3: Transactions with High Social Benefit—특출한 윤리성 혹은 지속가능성을 갖춘 서비스나 상품에 대한 투자결과나 총 대출금액 중 사회, 환경적 부분에 대한 거래 비율
- AM 1: Asset Management Policy—자산관리부분에 대한 사회적 관점에서의 관리 방법
- AM 2: Assets under Management with High Social Benefit—특출한 윤리성 혹은 지속가능성을 갖춘 서비스나 상품에 대한 지원 여부나 총 자산관리 금액 중 사회, 환경적 부분에 대한 거래 비율
- AM 3: SRI Oriented Shareholder Activity—이사회 또는 경영자층에서 야기된 지속가능관련 이슈나 이해관계자의 이익 창출에 대한 기업의 투자 활동

보험(Insurance)에 관련된 부분은 상품 관리방법을 묻는 1개의 관리 항목과 실제 상품운용에서의 특성을 묻는 3개의 성과평가 항목을 INS로 표시하여 다루고 있다.

- INS 1: Underwriting Policy—사회적인 이슈를 다루고 있는 기업에 대한 신주공모정책
- INS 2: Customer Profile—개인보험 및 기업보험에서의 기업규모
- INS 3: Customer Complaints—민원 내용 및 대응 전략, 민원처리에 드는 비용, 처리효과 기각 사유
- INS 4: Insurances with High Social Benefit—특출한 윤리성 혹은 지속 가능성을 갖춘 서비스나 상품에 대한 지원 여부

환경부문

간접적인 환경영향은 그 범위가 직접적인 환경영향(총원료 소비량, 총용수 사용량, 온실가스 배출량 등)보다 평가범위가 광대하여 금융권 및 기업이 환경성과를 평가하기가 곤란한 면이 없지 않다. 이러한 점을 고려하여 GRI에서는 간접적 환경영향을 평가할 수 있는 항목을 정하여 금융권이 도입하기를 권장하고 있다. 간접적 환경영향 평가 항목은 FI(Financial Institutions)로 표기되며 총 13개의 간접환경영향에 대한 평가 지표로 나타낸다. 이 중 F1은 정책방향, F2~F6은 환경정책의 실행 방법, F7~F13은 실행결과 측정방법에 대한 지침을 소개하고 있다.

- F1: 기업의 환경정책 수립 여부
- F2: 환경리스크평가 및 스크리닝(Screening)
- F3: 각 주요 사업영역에서 적용되는 환경리스크평가 절차
- F4: 여신관리 대상의 환경성과를 모니터링하는 과정
- F5: 환경위기를 사내에 전파하고 대응능력을 증대
- F6: 환경리스크평가 시스템 및 과정을 포함한 감사의 빈도
- F7: 환경 위기 요인에 대한 고객과의 커뮤니케이션
- F8: 기업 발간 보고서에서 환경이슈를 다루는지의 여부
- F9: Environmental Screening과 관계된 자산 비율
- F10: 주주가 기업의 환경 이슈에 대해 의결권을 행사할 수 있는지의 여부
- F11: 환경이슈 관련 의결권 행사
- F12: 환경사고 발생시 하락하는 금융기관의 총 자산가치
- F13: 특정 지역 및 분야에서 타격을 입을 수 있는 핵심 사업의 포트폴리오 가치

각 Indicator별로 범위(Scope), Indicator가 적용될 수 있는 영역(Applies to), 각 Indicator의 정의(Definition), 어떤 내용을 포함하는지의 여부(Compilation)를 살펴보면 다음과 같다.

F1. 기업의 주요 사업영역에서의 환경정책 수립 여부

Scope	• 기업의 상품 및 서비스의 디자인, 상품 수송체계 등과 관련된 기업 자체적인 환경정책 수립 여부 • GRI 가이드라인에 따른 환경정책
Applies to	• 모든 핵심 사업영역 Definition
Definition	• 핵심사업영역 - 중소기업 및 개인거래 등의 소액규모 대출 업무(Retail Banking) - 기업 여신관리 - 자산관리 - 보험
Compilation	• 지배구조에서 환경정책의 비중 • 환경정책에 영향을 받는 상품 및 서비스 • 정책수립을 위한 목적, 목표 및 단계별 수행계획 등의 존재 • 정책의 재검토하는 빈도 • 정책의 공공성 여부

F2. 환경리스크평가 및 스크리닝(Screening)

Scope	• 상품 및 서비스의 환경영향을 평가하고 감소하기 위한 F1의 과정 및 절차에 대한 이해
Applies to	• 모든 핵심 사업영역
Definition	• 환경리스크평가는 여신 관리 대상(기관, 기업, 고객 등)의 환경영향을 평가 • 환경기준, 정량적인 환경위험요소 측정
Compilation	• 환경리스크평가 및 스크리닝 절차의 주요 요소를 포함

F3. 각 주요 사업영역에서 적용되는 환경리스크평가 절차

Scope	• 포트폴리오 구성 시 고려되는 환경리스크평가의 정도
Applies to	• 모든 핵심 사업영역
Definition	• 환경리스크평가를 실행하는 데 고려해야 할 사항 - 사업규모 - 사업유형 - 투자기간 - 금융서비스 형태(개인대출, 부동산 담보 대출, 정부기관 대출 등)
Compilation	• 금융서비스에서 금융기관의 리스크평가 절차가 적용될 때, 포트폴리오 구성에서 포함되어야 할 항목과 배제되어야 할 항목 구분

F4. 여신관리 대상의 환경성과를 모니터링하는 과정

Scope	• 리스크평가가 완료된 후 그 결과에 대해 고객의 환경성과를 모니터링
Applies to	• 소액규모 대출 및 기업 여신관리
Definition	• None
Compilation	• 모니터링 과정 - 환경리스크평가를 통해 제기된 문제에 대해 고객의 이행정도 평가 수단 - 결과에 대해 순응하지 못하는 고객에게 타당한 이유를 설명하는 기간 - 잠재적인 위험이 있는 요소에 대해 대응

F5. 환경위기를 사내에 전파하고 대응능력을 증대

Scope	• 환경위기를 사내에 전파하고 대응능력을 증대시킬 수 있는 방법
Applies to	• 모든 핵심 사업영역
Definition	• 대응능력 창출 방법 • 인식확산, 지식 창출, 의식함양 및 환경위기요인 관리 등
Compilation	• 사내 확산을 위해 필요한 데이터 - 교육 및 훈련을 받는 종업원의 직위 - 교육 및 훈련 내용 - 교육 및 훈련의 빈도 - 전사차원의 프로그램 및 부서 차원의 세부프로그램의 통합 정도 - 환경성과가 인사고과에 반영되는지 여부

F6. 환경리스크시스템 및 과정을 포함한 감사의 빈도

Scope	• 기업의 주요 사업영역에서 정기적인 환경정책과 절차의 적용 여부 • 금융기관의 환경감사 범위 • F1에서 제기한 정책에 초점
Applies to	• 모든 핵심 사업영역
Definition	• None
Compilation	• 환경감사의 범위와 빈도 명시 • 환경정책, 절차, 시스템 등에 대한 통합적인 환경감사 실시 • 환경감사의 범위 - 정책의 이행 정도를 평가하는 회계감사 유형[정책만을 평가하는 환경감사, EMS(Environmental Management System) 감사, 준법수행 여부 감사, 일반 기업감사] - 내외부 전문가에 의한 환경감사 시행 - 감사 기준의 정의

F7. 환경 위기 요인에 대한 고객과의 커뮤니케이션

Scope	• 감사 후의 협의 결과에 대한 이행 수준 및 이미 제시된 수준뿐만 아니라 새로운 환경성과 개선 노력의 이행
Applies to	• 모든 핵심 사업영역
Definition	• 주주와의 계약시 이행되어야 할 일반적인 사항 • 고객의 정의 - F1에 속한 기업 - 사업 파트너 - 자금 및 융자 수령자 - 보험 수령자
Compilation	• 다음과 같은 사항 명시 - 환경이슈와 연계된 고객과의 교류 여부 - 여신 우선 대상 기업의 선정 기준 및 과정 - 금융기관을 대신해 여신 대상 기업의 환경성과 개선 노력을 모니터링할 수 있는 기관 및 기업 명시 - 커뮤니케이션 방법(토론, 질의 응답 등) - 커뮤니케이션의 효과가 모니터링되고 있는지의 여부 - 커뮤니케이션의 실패시 이루어지는 조치

F8. 금융기관의 환경이슈를 포함한 포트폴리오에 속하는 기업 비율 및 수

Scope	• 금융기관이 환경이슈를 포트폴리오에 적용하는 범위 • 금융기관의 포트폴리오에 환경이 우선적으로 고려되고 매년 포트폴리오가 검토
Applies to	• 모든 핵심 사업영역
Definition	• 금융기관의 여신관리, 투자 및 보험 등의 금융서비스에서 기업의 환경이슈에 대해 금융기관이 원하는 수준을 기업에게 전달
Compilation	• 포트폴리오 구성 기업과 비율은 다른 방식으로 산출 • 독자가 원할시 포트폴리오에 속한 기업의 총수를 밝혀야 할 의무 이행

F9. Environmental Screening과 관계된 자산 비율

Scope	• 총자산 중 Environmental Screening의 규모 • Environmental Screening 활동의 통합 정도
Applies to	• 자산관리
Definition	• Environmental Screening: 기존의 환경기준에 기초를 두고 평가하도록 배정된 기금 • Positive Screening: 지속가능한 발전을 위해 적극적으로 활동하는 기업을 평가하도록 배정된 기금 • Negative Screening: 구체적인 기준에 기초한 환경부하물질 저감 노력을 실행하지 않는 기업을 배제하고 평가하도록 배정된 기금 • Best–in–class Screening: 명확한 환경기준에 따라 각각의 산업군에서 리딩기업으로 벤치마킹 대상이 되며 금융기관의 포트폴리오에 구성되어 있는 기업들을 평가하도록 배정된 기금
Compilation	• 3가지 Screening(Positive Screening, Negative Screening, Best–in–class Screening)이 총자산 중 차지하는 비율 제공 • Screening에 대한 정보를 제공 • Screening이 어디에 적용되는지를 명시 • 환경이 포함된 통합적 Screening은 총자산에서 차지하는 비율 계산

F10. 환경이슈 관련 의결권행사

Scope	• 환경이슈에 대해 의결권(의결권대행 포함)을 행사하는 금융기관의 세부실천계획
Applies to	• 자산관리
Definition	• 의결권대행은 주주총회나 기타 다른 공식석상에서 주주가 타인 및 기관에게 결정권을 위임한 절차 • 환경 및 사회적 이익을 창출할 수 있는 의결권행사를 의미
Compilation	• 의결권행사에 대한 내용 - 환경이슈와 범위를 다룰 수 있는 일반적 원칙에 기초한 의결권행사 - 환경이슈에 대한 의결대행권 비율 - 공공적으로 인정되는 의결 지침 - 공공적으로 인정되는 의결 기록

F11. 의결권을 행사할 수 있는 주식의 자산 비율

Scope	• 의결대행권을 통한 고객의 변화를 추구하기 위해 포트폴리오 구성
Applies to	• 자산관리
Definition	• 사회책임투자 측면에서 환경 및 사회적 이익을 창출할 수 있도록 결정하는 의결권을 대행
Compilation	• 단순히 고객에 의해 행해지는 의결이라기보다는 의결권행사의 원칙 및 결정 상황의 중요성을 의미

F12. 환경사고 발생시 하락하는 금융기관의 총 자산가치

Scope	• 기업의 주류 상품 및 서비스의 디자인, 수송체계에 대한 환경리스크 평가의 활동과는 별도로 환경적 관점에서 평가되는 특정 상품 및 서비스의 범위
Applies to	• 모든 핵심 사업영역
Definition	• 환경친화적 상품과 서비스는 환경적 이슈에 대해 민감히 대응한 디자인 및 수송체계를 의미(신재생에너지, 에너지 효율성 향상 등)
Compilation	• 환경친화적 상품 및 서비스 판매 시 얻을 수 있는 총 화폐가치 • 환경친화적 상품 및 서비스가 환경적 이익을 창출하는 원인 설명

F13. 특정 지역 및 분야에서 타격을 입을 수 있는 핵심 사업의 포트폴리오 가치

Scope	• 금융기관의 포트폴리오에 대한 정보를 제공 • 주요 핵심 사업영역에 대한 환경정책 및 리스크평가, 스크리닝(Screening)과 관계된 정보 제공 • 이해관계자는 잠재적으로 환경영향이 있는 지역 및 분야에서 금융기관의 포트폴리오를 인지하기를 원하며, 환경영향이 있는 지역 및 분야에서의 투자 결정 여부 및 어떠한 방식으로 투자가 진행될지에 대해 관심이 있음
Applies to	• 모든 핵심 사업영역
Definition	• 금융기관들은 자체적으로 환경영향이 큰 지역 및 분야에 대한 데이터베이스 보유
Compilation	• 대차대조표에 기초한 총자산가치 및 비율로 보고 • 분석자료를 제공할 시 환경영향이 높은 지역 및 분야에 대해 강조

7 녹색금융지원시 환경리스크 관리[15]

녹색금융지원 가이드라인

1. 녹색금융 지원업무 Framework

은행연합회는 녹색금융지원시 고려해야 될 위험요소를 포함하여 녹색금융의 지원 틀을 제시하였다.

| 표 6-9 | 녹색금융 지원업무 Framework

업무개요	• 녹색인증에 따른 녹색프리미엄 효과로 낮은 금리의 조달비용(B) 달성 • 녹색영향도 및 환경개선도에 따른 환경성과 프리미엄(금리우대) 반영 • 환경위험에 따른 스프레드 반영 • 신용위험 및 신용스프레드는 기존과 동일한 기준으로 적용

재원속성	우대조건	고려사항	자금운영	추가 고려사항
일반자금		신용위험	• 조달비용(A) • 신용스프레드 • 기타 조정요소	
녹색자금	녹색프리미엄 (세제 및 정책 효과)	• 신용위험 • 환경성과	• 조달비용(B) • 신용스프레드 • 환경성과프리미엄 • 환경위험스프레드 • 기타 조정요소	환경위험
• 재정, 정책자금 • 녹색채권, 주식 • 녹색펀드, 유동화 • 녹색예금, 적금	• 이자/배당소득세 비과세 • 소득공제			

15) 은행연합회(2009).

2. 녹색금융 지원업무 Process

현행 여신평가시스템을 바탕으로 하여 기업의 환경성과와 환경위험을 새로이 반영할 수 있도록 심사프로세스의 변경 및 내부평가기준의 정립이 필요하다.

그림 6-9 녹색금융 지원업무 Process

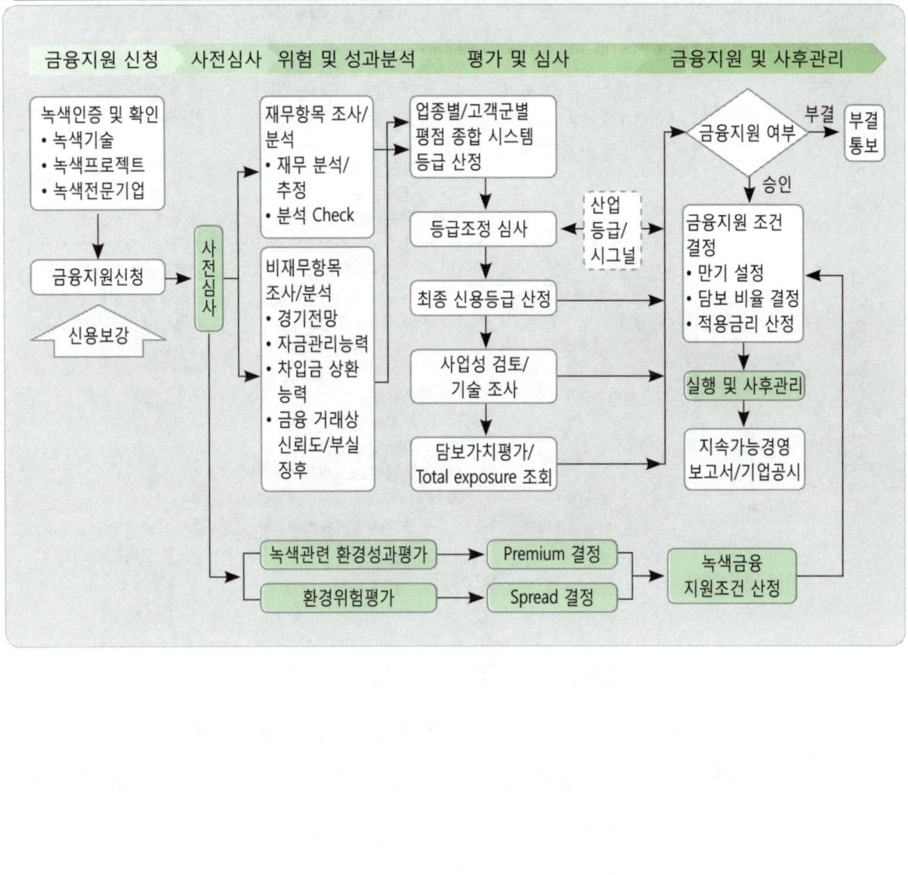

3. 환경평가 Process

녹색금융 지원업무 프로세스에서 환경평가 프로세스에 대해 구체적으로 살펴보면 〈그림 6-10〉과 같다.

그림 6-10 환경평가 Process

기업 및 은행의 지속가능경영 기준지표

자금신청	녹색기술 보유업체	녹색전문기업 녹색 프로젝트	고려사항
Environmental Knowing & Screening	• 업종별 환경위험 특성 • 사업고유의 환경위험 특성 • 신청금액 규모 • 조직구조 및 환경규정 • 자금의 용도	• 업종별 환경위험 특성 • 사업고유의 환경위험 특성 • 기업의 환경사고 이력 • 매출규모 • 신청금액 규모 • 자금의 용도 • 조직구조 및 환경규정	• Check list 방식에 따른 개별 요인의 Scoring 및 종합평가방안 고려
Perfomance & Risk Profiling	• 환경성과 - 기술의 녹색성 • 환경위험 - 환경영향평가보고서(선택) - 환경실사보고서(선택) - 환경리스크관리계획서	• 환경성과(전문기업) - 매출액비중 • 환경성과(프로젝트) - 녹색기술 활용성 - 환경기대효과 • 환경위험 - 환경영향평가보고서 - 환경실사보고서 - 환경리스크관리계획서	• 금융지원대상의 특성을 고려하여 구분된 환경성과평가 및 위험평가 적용
Monitoring	• 은행의 지속가능경영조건을 고려한 사후관리 기준	• 은행의 지속가능경영조건을 고려한 사후관리 기준	• 은행의 환경적 지속가능금융을 고려한 모니터링

4. 환경성과와 위험에 대한 Spread 제공

환경 Screening 과정을 통하여 자금신청 대상의 환경위험에 대한 기초 인식을 한 이후 은행은 공식적인 여신심사 프로세스를 준수해야 한다.

이때 은행은 자금신청 대상의 특성에 따라 구분된 기준으로 환경성과와 위험을 평가할 수 있어야 하고, 그 결과를 금융지원 조건결정 시 반영하는 내부기준을 구비하여야 한다.

또한 이러한 환경평가 결과는 은행의 지속가능경영지표에 반영될 수 있어야 한다.

그림 6-11 Performance & Risk Profile

❶

기업의 지속가능경영을 고려한 환경성과평가

- 녹색기술 인증업체
  - 기술의 녹색성
- 녹색전문기업
  - 매출액비중
- 녹색프로젝트
  - 녹색기술 활용성
  - 환경기대효과

저성과

환경성과 Premium	
1	–20bp
2	–18
3	–16
4	–14
5	–12
6	–10
7	–8
8	–6
9	–4
10	–2

❷

기업의 지속가능경영을 고려한 환경위험평가

- 녹색기술인증업체
  - 환경영향평가보고서 (선택)
  - 환경실사보고서(선택)
  - 환경리스크관리계획서
- 녹색기업/프로젝트
  - 환경영향평가보고서
  - 환경실사보고서
  - 환경리스크관리계획서
- 환경 Screening 결과

저위험

환경위험 Spread	
1	50bp
2	45
3	40
4	35
5	30
6	25
7	20
8	15
9	10
10	0

5. 환경감시

녹색금융지원이 실행된 이후 은행은 해당 지원대상에 대해 체계적이고 지속적인 사후관리를 할 수 있어야 한다.

이때 모니터링 기준은 은행의 환경적 지속가능금융지표와 일관성을 지녀야 하고, 금융지원 대상의 환경위험 수준을 고려한 차등적인 모니터링 기준을 수립해야 한다.

그림 6-12 Environmental Monitoring

❶ 지속가능금융을 고려한 모니터링지표 선정

- 은행 측면(직접)
  - 환경성과
  - 환경전략
  - 환경시스템
- 기업 측면(간접)
  - 환경특성
  - 환경성과
  - 환경위험

❷ 모니터링에 대한 기준 설정

- 모니터링 주기
- 모니터링 방법
- 담당부서

❸ 외부공시 및 내부보고서

- 감독기관 및 외부
- 보고기관을 대상으로 한 보고서 작성기준
- 내부보고서 작성기준

❹ 사고발생 대응기준 및 내부감사 기준

- 금융지원대상 및 담보물에 대한 환경사고 발생시 은행의 대응방안
- 환경위험을 고려한 내부 감사기준

또한 은행은 환경사고 발생 시 대처방법 및 내무감사기준을 정비하여야 한다.

6. 녹색금융 실행기준

기업의 신용위험 평가결과에 근거하여 은행의 금융지원이 최종 승인된 경우 지원대상의 환경성과 및 환경위험 평가결과를 지원조건에 반영하여야 한다.

그림 6-13 녹색금융 실행기준

구분	내용
지원금액	• 내부적용 담보비율을 반영한 담보가치와 해당 기업의 Total Exposure를 고려하여 산정 • 내부기준에 의거 여신승인위원회 등의 인정과정 필요
적용금리	• 녹색프리미엄을 반영한 은행조달금리(FTP) • 신용등급에 따른 예상손실률(EL) 반영 • 업무원가(overhead cost) 반영 • 위험헤지비용(Hedge cost) 반영 • 환경성과프리미엄과 환경위험스프레드 반영 • 내부기준에 의거 여신승인위원회 등의 인정과정 필요

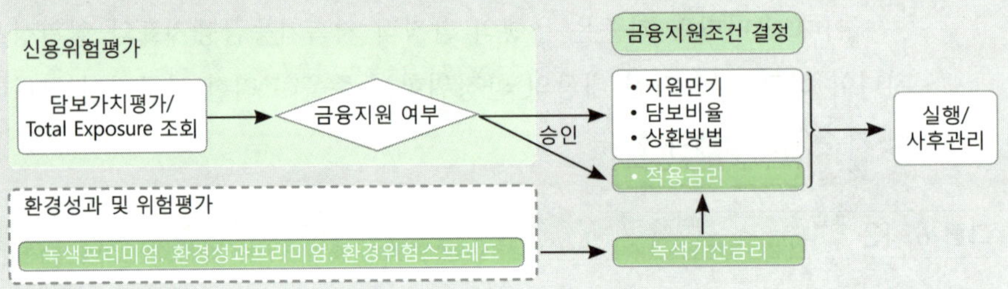

7. 사후관리

사후관리는 녹색금융을 포함한 모든 유형의 금융지원 과정에서 수행되어야 하지만, 특히 녹색금융의 경우 다음 사항에 대해 일반여신의 사후관리 프로세스와 구분된다.

녹색금융을 포함한 모든 유형의 금융지원 대상기업에 대해 신용도 및 자산건전성 관점의 동태적 모니터링은 공통적으로 필요하다.

그림 6-14 사후관리 프로세스

구분	내용
① 조직구성	• 환경분야 전문가로 구성된 전담조직 구성 및 활용 • 주관부서의 지정 및 업무정의
② 교육훈련	• 환경평가 프로세스에 대한 교육 • 내부 환경교육 프로그램 작성 • 교육내용에 대한 문서화
③ 보고체계	• 이사회의 환경평가 프로그램 검토 및 승인 • 내부 보고체계 수립
④ 내부감사	• 조직구성 및 배치의 적정성 분석 • 환경교육 프로그램의 적정성, 시행 여부 및 문서관리 여부 파악 • 환경평가 프로세스의 적정성 분석

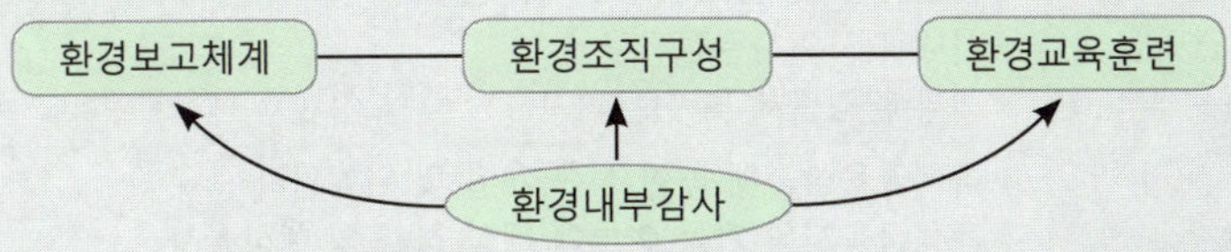

그림 6-15 사후관리

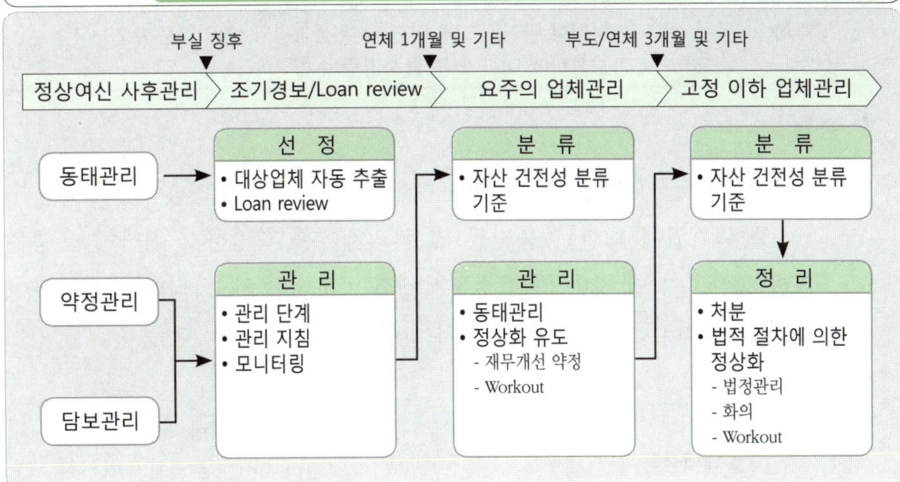

환경리스크 관리

1. 환경리스크 관리 통제구조

환경위험에 대한 통제구조는 의사결정 프로세스, 리스크관리 프로세스, 그리고 리스크 관리기준에 대한 내부체계 수립 및 결과에 대한 성과평가에의 반영이라는 피드백 메커니즘을 통하여 효과를 증대시킬 수 있다.

I 표 6-10 I 환경리스크 관리 통제구조

① 이사회 및 경영진	• 관련규정 및 평가방법에 대한 심의, 의결 • 사내 최고의사결정기구 • 외부 환경단체 및 전문기구
② 환경리스크 관리 담당조직	• 녹색금융상품에 대한 신규 개발 및 위험평가 • 녹색금융지원 가능 여부에 대한 심사 및 현장실사 • 지속가능경영 및 윤리경영 실천을 위한 환경리스크관리 전략 수립 • 법률 또는 규정에 대한 준수 및 위반 여부 감사
③ 환경리스크 관리 기준 및 지침	• 환경위험 평가를 위한 내부기준 수립 • 환경사고에 대한 내부 대처기준 수립 • 환경위험 관리결과에 대한 내부 성과평가 반영 기준 수립 • 환경성과에 대한 외부 공시기준 수립

2. 환경리스크 관리 정책 및 규정

녹색기업에 대한 금융지원 및 관리체계를 확립하기 위하여 은행은 관련 제반 규정의 정비 및 필수문서를 구비하여야 하고, 나아가 정기적인 감사를 통하여 준수 여부를 확인하여야 한다.

정책 및 규정	① 녹색금융지원 업무 기준 ② 환경성과 및 위험평가 기준 ③ 환경사고 대처 기준 ④ 내부감사 기준

문서화	• 환경비전 및 전략 • 은행의 정기적 환경성과 보고서 • 녹색금융지원 신청서 • 환경성과를 평가하기 위한 설문지 • 환경감사 기준서 • 환경성과평가 기준서 • 환경교육 매뉴얼

3. 환경리스크 관리체계 구축

은행 내부적으로 구체화된 환경위험 평가 및 관리체계를 수립하여 녹색전문기업, 녹색프로젝트에 대한 계량화를 할 수 있어야 하고, 그 결과에 따른 차등 금융지원 전략 수립이 필요하다(〈그림 6-16〉).

그림 6-16 환경리스크 관리체계 구성요소

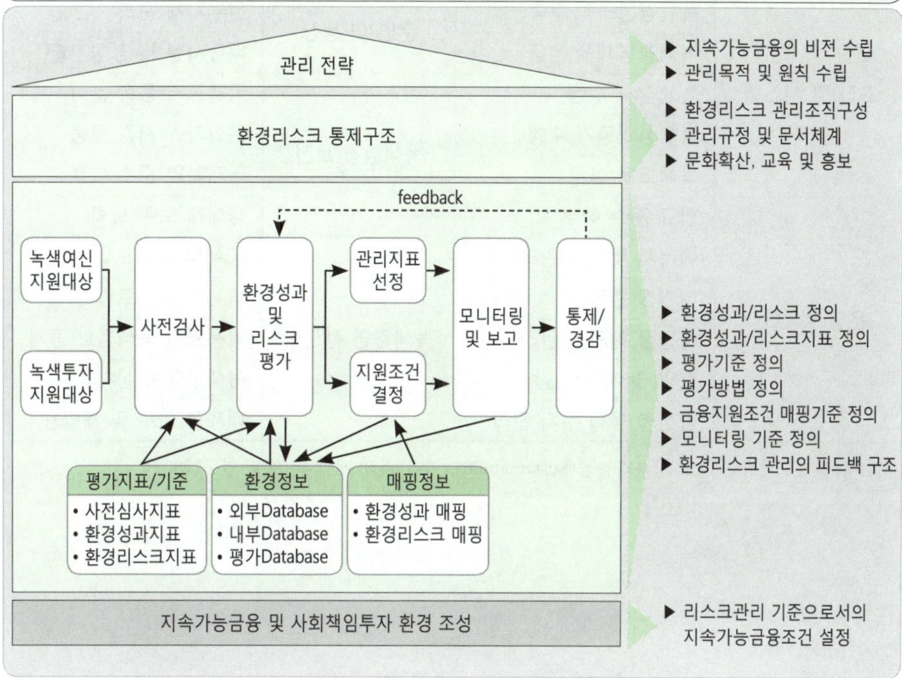

4. 환경리스크 평가의 주요 항목

환경리스크 평가를 위한 주요 평가항목은 다음과 같이 정의할 수 있다(〈표 6-11〉).

| 표 6-11 | 환경리스크 평가의 주요 항목

평가영역	평가항목	평가영역	평가항목
조직 및 시스템	녹색경영조직 구축	운영 및 생산	원부자재 관리
	녹색경영체제 운영		배출시설 및 청정기술
	녹색감사 수행	녹색환경 보전	국제규격 동향 분석
	녹색성과평가 수행		온실가스 저감 활동
	녹색교육 실시		국제협약 준수 여부
운영 및 생산	법규 준수 여부		생태계 보존 노력
	에너지 및 용수관리	녹색경영 선진화	LCA 및 DFE 도입
	대기질 관리		녹색회계의 도입
	사업장 폐기물 관리		제품관련 녹색정보 공개
	토양 및 지하수 감시		녹색구매의 실시
	공정별 물질 수지 관리		폐제품 회수 및 재활용

자료: 삼성지구환경연구소, 지속가능성(Sustainability) 평가 지표 개발 및 활용 연구(2002).

제 7 장

탄소배출권 거래제도와 시장

1 배출권 거래제도 개요

지구 온난화에 대한 노력이 필요하다는 인식이 확산되어, 1992년 브라질 리우데자네이루에서 열린 환경 회의에서 "기후 변화에 관한 UN협약(UNFCCC)"이 채택되어 1994년 3월에 발표되었다. 기후변화협약의 구체적 이행 방안으로 선진국의 온실가스 감축 목표치를 규정하였으며, 1997년 12월 일본 교토에서 개최된 기후변화협약 제3차 당사국총회에서 채택되었고, 2005년 2월 16일 주요 의무이행 대상국들은 2008년~2012년 사이에 온실가스 총배출량을 1990년 수준보다 평균 5.2% 감축한다는 내용의 교토의정서가 발표되었다.

교토의정서에는 온실가스를 효과적이고 경제적으로 줄이기 위하여 공동이행제도(JI), 청정개발체제(CDM), 배출권거래제도(ET)와 같은 유연성체제를 도입하였는데 이를 교토메커니즘이라고 한다. 배출권 거래제도(Emissions Trading: ET)는 온실가스 감축의무국 간 온실가스 배출권의 매매를 허용하여 온실가스 감축의무 보유국가가 의무감축량을 초과 달성하였을경우 이 초과분을 다른 부속서 국가와 거래할 수 있도록 하는 제도이며, 공동이행제도(Joing Implementation: JI)는 선진국 간의 온실가스 감축사업 공동 수행을 인정하는 것으로 한 국가가 다른 국가에 투자하여 감축한 온실가스 감축량의 일부를 투자국의 감축실적으로 인정하는 제도이다. 청정개발체제(Clean Development Mechanism: CDM)는 선진국이 개발도상국에서 온실가스 감축사업을 수행하여 달성한 실적의 일부를 선진국의 감축량으로 허용하는 것으로 2005년 2월 제18차 CDM집행위원회 회의에서 개도국 자체 또는 개도국 간의 CDM사업인 Unilateral CDM사업이 기후변화협약에 등록 가능하도록 결정되어 개발이 가능해졌다. 현재 개도국으로 분류된 한국이 온실가스 감축사업에 참여하는 유일한 메커니즘이 바로 CDM사업이며, 현행 CDM사업기간이 1차 공약기간이 만료되는 2012년 이후까지 지속된다.

또한, 코펜하겐 기후변화협약회의에서 개별국가의 2020년까지의 감축예정계획을 UN에 제출하도록 하였기 때문에, 2020년까지도 이러한 사업이 지속될 것으로 생각된다.

탄소시장은 크게 Kyoto Compliance시장, Non-Kyoto Compliance시장, 자발적 시장, 소매시장의 4개로 세분화되어 있다. Kyoto Compliance시장은 EU, 캐나다, 일본 등 교토의정서 비준 국가들이 교토의정서에서 정한 규정에 따르는 것으로 EU ETS가 주요 시장이다. Non-Kyoto Compliance시장은 호주와 미국 등 국가 차원에서 교토의정서를 비준하고 있지 않으나, 자체적으로 거래가 이루어지고 있는 시장이며, 자발적 시장은 기업들이 자발적으로 참여하는 시장으로 대부분 프로젝트 거래 형태로 거래가 이루어지고 있다. 소매시장은 탄소배출과 관련이 없는 기업이나 개인이 사회적 책임을 수행하고 있음을 보이는 등 홍보차원에서 소량의 배출권을 구매하고 있는 시장이다. 탄소시장 내에서의 거래 형태는 국가나 기업에 할당된 배출량 중 일부를 거래하는 할당량거래(총량제한방식)와 온실가스를 감축하는 프로젝트에서 발생하는 배출권을 거래한는 개념의 프로젝트 거래(기준인정방식)의 두 가지로 이루어지고 있다.

탄소시장과 같은 기존에는 없었던 새로운 형태의 금융시장 정비에 대한 하부구조가 필요하다. 유엔과 선진국들을 중심으로 기후변화를 야기시키는 온실가스(green house gases)의 저감을 위해 도입된 교토메커니즘에 따라 온실가스에 경제적 가치가 부여되고 있다. 우리나라의 경우 유엔기후변화협약에 개도국(non-annex I countries) 지위를 가지고 있으며, 당장의 온실가스저감의 의무는 없으나 지금도 온실가스를 줄일 경우 탄소배출권을 얻어 국제탄소배출권시장에 참여할 수 있다. 또한 제1차 온실가스 의무감축기간인 2008~2012년 이후로는 우리나라도 유엔에 의해 온실가스 의무저감국가가 될 가능성이 높다. 이 과정에서 정부는 가급적이면 탄소세(carbon tax) 등과 같은 직접적인 명령과 규제(command and control)보다는 탄소배출권에 대한 거래제도(tradable permit)와 같은 경제적 수단의 도입이 요구된다.

이 과정에서 국가 차원의 온실가스 저감목표의 설정과 더불어 사회 각계 각층의 온실가스 저감을 위한 참여가 중요하며, 특히 산업계의 온실가스 저감목표의 설정과 저감을 위한 다양한 제도의 도입, 특히 탄소배출권거래시장의 도입은 매우 중요하다. 이 과정에서 탄소금융(carbon finance)이 중요해지며, 생소한 탄소배출권(carbon credits) 및 온실가스 의무저감량(carbon allowance)에 대한 법적, 제도적 기반이 필요하게 된다. 또한 탄소배출권의 거래에 대한 규칙과 거래시스템, 거래소가 요구되며, 탄소배출권의 경제적 가치에 대해 판단을 해줄 수 있는 탄소회계(carbon accounting)의 도입과 금융거래를 위한 법적 지위의 부여 등이 중요한 과제가 될 수 있다. 일반적으로 온실가스 저감활동을 통해 얻어진 탄소배출권(carbon credits)은 재산권(property right), 무형자산(intangible assets)으로 구분하며, 의무저감량의 미준수부분에 대해서는 부채(liability)로 간주할 수 있을 것이다. 탄소배출권의 법적 지위에 대한 논란이 존재한다. 논란의 핵심은 일반상품으로 인식하느냐 또는 금융상품으로 인식하느냐 하는 것이다. 그 성격에 따라 적용받는 법이 달라질 수 있다. 만약 탄소배출권이 일반적인 상품(commodity)이라면 거래시 탄소배출권의 거래에 따른 부가가치세를 부과해야 하는 문제가 있다.

이와 더불어 기관별 온실가스 발생량과 목표대비 저감실적 등에 대한 검인증 절차와 국가 온실가스 레지스트리(registry)가 필요하다. 일반적으로 검인증은 정부기관과 더불어 민간기관들이 역할을 분담하며 지정될 필요가 있다. 국가 온실가스 레지스트리도 매우 중요한데, 어떤 국가들의 경우 정부기관에서 직접 관리를 하거나 민간 기관들(예, 은행, 청산소, central depository 등)에서 맡는 경우가 있다. 이들의 역할은 정부의 국가할당계획(national allocation plan)에 따라 개별 시설(installations)이나 기관(organisations) 등에 대해 온실가스 저감목표, 즉 탄소배출권의 할당량(allowances)과 연도별 달성률과 달성방법(예, 배출권거래소를 통한 달성)과 CDM, JI 등에서 발생되는 교토유닛(예, Certified Emission Reductions and Emission Reduction Units) 등을 관리하는 것과 유엔의 CDM 레지스트리 및 다른 국가들의 레지스트리 또는 유엔의 중앙 레지스트리와의 연계를 담당한다.

탄소배출권 거래소와 관련해서도 많은 금융하부구조가 필요하게 된다. 탄소배출권의 거래만을 생각해봤을 때는 어떤 거래소 인프라를 사용해도 문제가 없을 것이다. 그러나 전세계의 트랜드가 탄소배출권을 선물거래나 옵션 등 기존 금융메커니즘과 연계하여 진화되고 있다. 예를 들어 ECX(European Climate Exchange)는 ICE Futures의 거래 플랫폼을 그대로 사용하고 있으며, EEX(European Energy Exchange)는 약 30% 가량의 지분을 가지고 있는 Euronext와 협력하고 있고, BlueNext도 약 60%의 지분을 가지고 있는 NYSE Euronext와 약 40%의 지분을 가지고 있는 Caisse des Depots의 합작법인으로 구성되어 있고, NordPool도 NASDAQ이 소유하고 있다. 이 과정에서 탄소배출권은 다양한 금융기법을 통해 여러 가지 금융상품으로 발전하게 된다. 따라서 배출권의 거래와 관련되어 있는 거래소에 대한 법적 제도, 거래 플랫폼, clearinghouse와 settlement, 선물옵션거래나 탄소배출권펀드와 같은 금융상품으로의 연계과정에서 금융상품에 대한 규제감독 등의 다양한 이슈들과 인프라들이 연계되어 형성된다.

이 과정에서 제도적인 측면 이외에도 가장 중요한 인프라로는 인적자원을 들 수 있다. 탄소배출권은 자연적인 시장이라기보다는 유엔을 중심으로 정치적으로 인위적으로 만들어진 시장이다 보니 아직까지는 각국정부나 유엔의 정책에 의해 큰 영향을 받는다. 또한 에너지가격이나 경제발전 정도 등 다양한 요소들에 의해 영향을 받는 시장인데다가 아직까지 초기시장이여서 시장의 변화와 관련된 패턴이 명확히 규명되고 있지 않다. 따라서 기존 탄소배출권에 대한 정치적 법적 제도와 더불어 금융제도 관점에서 기회를 포착하고 금융활동과 시장참여를 통해 부가가치를 창출하는 전문성있는 탄소배출권 거래자(carbon traders)의 육성이 무엇보다 중요하다.

현재 우리나라에서는 탄소배출권에 대한 법적 기반을 만들어가고 있다. 또한 우리나라 온실가스 저감목표수준[1]이 결정되어지면 이를 바탕으로 국가할당계획을 수립할 필요가 있다. 아직 국가 온실가스 레지스트리가 구축되어 있지 않으며, 탄소배출권거래를 위한 제도나 기술적인 인프라도 구축되어 있지 않다. 그러나 금융위원회, 환경부, 지식경제부 등을 중심으로 탄소배출권거래를 위한 모의거래시스템, 개별 시설 및 기업별 온실가스 할당전략, 목표의 검인증 절차, 기업별 온실가스 인벤토리 구축방안, 배출권거래소의 설립방안, 국제 레지스트리와의 연계방안 등이 모색되고 있는 실정이다.

이 외에도 본격적인 탄소배출권거래 및 탄소금융을 위한 금융권의 자발적인 시도들이 전개되고 있다. 한국투자신탁운용, 한국탄소금융, 한국수출입은행 등이 여러 가지 기능을 갖춘 탄소펀드들을 출시하고 있고, 최근에는 탄소배출권의 미래가격에 대한 옵션상품이 출시되기도 하였다. 그러나 탄소배출권의 현물에 대한 투자나 탄소배출권 선물투자 등에 대해서는 실제로 거래가 매우 저조한 편인데, 우리나라에는 아직 배출권 할당이 이루어지지 않고 있고, 탄소배출권이 정치적인 합의에 의해 인위적으로 만들어진 시장이므로 탄소배출권 트레이드를 위해서는 다양한 지식이 많이 요구되기 때문이며, 시장에 대한 정보가 불확실한 만큼 실질적으로 거래활성화에 제약이 되고 있다. 따라서 탄소배출권 거래를 보다 쉽게 해줄 수 있는 탄소배출권 거래플랫폼과 탄소배출권 거래전문가(carbon traders)의 양성이 무엇보다 필요할 것이다.

---

1) BAU(Business As Usual)기준 2005년 대비 2020년 30% 감축목표를 정부가 밝힌 바 있음.

② 국제 동향

탄소배출권 시장과 거래제도의 전반적 현황

1. 탄소배출권 거래 현황

탄소시장은 2004년 이후 급성장세를 보이면서 2008년 1,260억 달러를 기록하였으며, 2010년까지 지속적으로 확대될 전망이다. 이는 선진국의 기업들이 많은 비용이 드는 온실가스 감소나 청정에너지 개발을 위해 투자하기보다는 상대적으로 비용이 저렴한 배출권구매에 투자하고 있기 때문이다.

2008년 말 전세계 탄소거래금액은 2007년 대비 2배 이상이 증가하였고, 거래금액 기준으로 EU ETS가 전세계 거래의 78%를 차지하였으며, 세계 탄소배출권 시장이 2010년에는 1,500억 달러 시장으로 확대될 전망이다.

2008년중 허용량시장(Allowances Markets)은 전년도에 비해 88% 증가하였으며, 프로젝트시장(Porject-based Transactions)은 전년도에 비해 145% 증가한 것으로 나타났다.

지역별 거래규모는 탄소배출권 의무감축국이 집중된 EU ETS가 전체 허용량 시장의 대분을 차지하였으며 의무감축국이 아닌 미국지역의 경우 전체 거래대금의 0.6%(5억 6천만 달러)를 기록하였다.

우리나라가 현재 참여 가능한 CDM시장의 경우도 활발한 거래가 이루어지고 있으며, 전체 Primary CDM 거래는 2007년에 74.3억 달러에 달하였고, 2008년에는 65.2억 달러로 소폭 감소하였다. 그러나 2006년의 58.0억 달러에 비해서는 확대된 수치이며, 이는 전세계적인 경기침체로 인한 CDM 사업의 위축 및 배출권가격 회복 기대심리에 의한 판매 연기에 따른 것으로 분석되고 있다.[2)]

---

2) World Bank(2009).

| 표 7-1 | 세계 탄소배출권 시장규모

(단위: 백만 톤CO_2, 백만 달러)

구 분		2005		2006		2007		2008	
		거래량	금 액	거래량	금 액	거래량	금 액	거래량	금 액
허용량 시장	EU ETS(EU)	321	7,908	1,104	24,436	2,060	49,065	3,093	91,910
	New South Wales(호주)	6	59	20	25	25	224	31	183
	Chicago Climate Exchange(미국)	1	3	10	23	23	72	69	309
	RGGI(미국)	–	–	–	–	–	–	65	246
	AAU	–	–	–	–	–	–	18	211
	소 계	328	7,970	1,134	2,109	2,108	49,361	3,276	92,859
프로젝트시장	Primary CDM	341	2,417	537	551	552	7,433	389	6,519
	Secondary CDM	10	221	25	240	240	5,451	1,072	26,277
	Joint Implementation	11	68	16	41	41	499	20	294
	자발적 시장	20	187	33	42	43	263	54	397
	소 계	382	2,893	611	874	876	13,646	1,535	33,487
합 계		710	10,864	1,745	2,983	2,984	63,007	4,811	126,345

자료: World Bank(2009).

CDM 등록 현황을 보면 2005년에는 62건, 2009년 9월에는 1,834건의 CDM사업이 UN에 등록되어 있으며, CDM사업 등록 건에서는 중국이 637건, 인도가 456건, 브라질이 156건을 차지하고 있으며, 멕시코 등이 그 뒤를 잇고 있다. 우리나라는 총 33개의 CDM사업이 등록되어 있어, 전체의 약 1.8% 가량을 차지하고 있다.

Point Carbon(2009)은 2008년 기준 EU ETS가 전세계 탄소배출권 거래량의 64%, 거래금액의 73%를 차지하는 것으로 보고하고 있다. 2008년 기준 EU ETS에서 3.1 G/T(Gross Ton)의 탄소배출권이 거래되며, 총 가치는 670억 유로에 달한다. 또한, 유럽지역에서 탄소배출권거래의 대부분은 장외시장을 통해서 거래되고 있다고 한다. 전체 EUA(Europe Allowance) 거래량 대비 거래소 거래비중은 2007년 26%에서 2008년 37%로 증가하였는데, 이는 금융위기로 거래상대방 위험이 커져 거래소를 통한 거래가 증대한 것에 기인한 것으로 보고 있다. 특히, 2008년 11월 이후 거래소를 통

그림 7-1 2008년 지역별 탄소배출권 거래량과 거래규모 비중

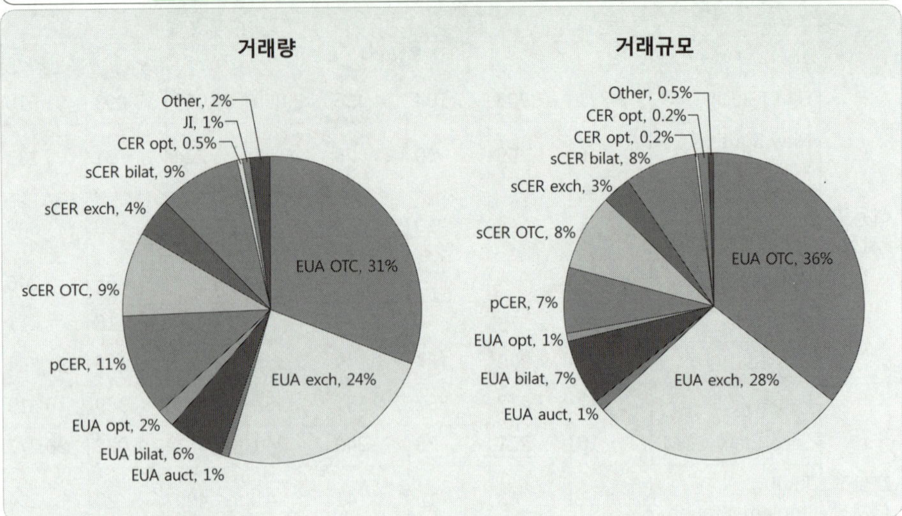

자료: Point Carbon(2009).

그림 7-2 2008년 EUA 월별 거래량

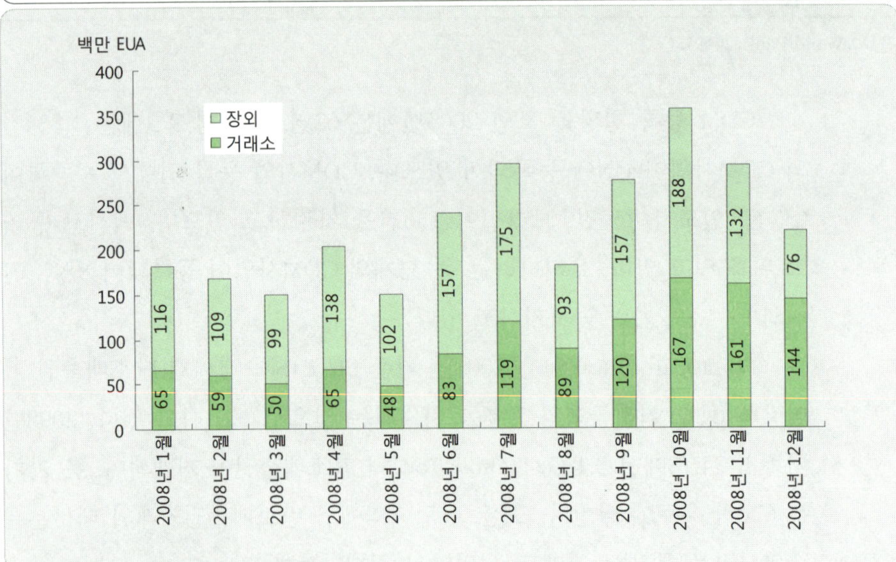

자료: Point Carbon(2009).

한 거래량이 장외시장을 통한 거래량을 초과하는 것으로 나타났다.

이외에 탄소배출권 거래시장을 중심으로 탄소펀드, 탄소자산운용,

탄소배출권거래보험, 탄소은행 등 다양한 금융서비스가 제공되고 있으며, 전세계적으로 약 30개 이상, 총 25억 달러 규모로 탄소펀드가 운영되고 있다.[3] 세계적인 탄소자산운용사인 영국의 Climate Change Capital은 15억 달러의 운용자산을 가지고 있으며, 8억 3천만 달러 규모의 탄소배출권에 특화한 Carbon Finance Fund를 운용하고 있다.[4]

ECX에서 거래되는 2009년 12월 EUA 선물의 가격은 2006년 4월 20일 최고가 32.9유로를 기록한 이후 하락세로 전환되어 2007년 2월 20일 12.8유로로 최저가를 기록하였으며, 이후 상승세를 유지하다가 2008년 중 재하락하여 2008년 4월 20일 8.2유로로 최저가를 기록한 후 2009년 12월 14일 13.47유로를 기록하였다.

거래량의 경우 ECX를 통한 EUA 선물의 총거래량 및 일평균 거래량은 2006년 이후 지속적으로 증가한 것으로 나타났다. 총거래량의 경우

그림 7-3 ECX EUA 2009년 12월 선물가격 및 거래량 동향

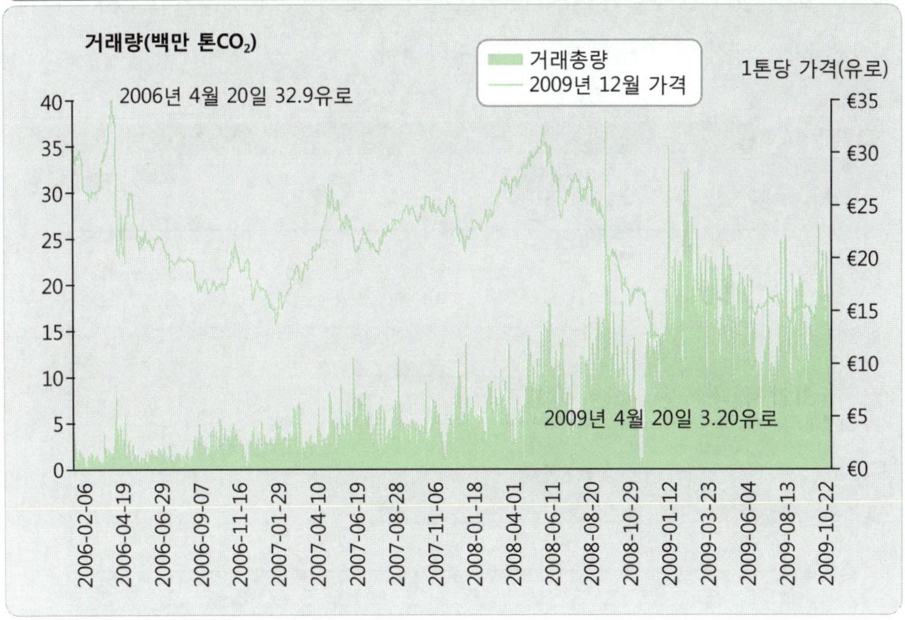

주: 거래량의 경우 ECX에서 거래되는 모든 EUA Future의 총량임. | 자료: www.ecx.eu

---

3) 김필규(2009) 참고.

4) 동 기관을 2009년 9월 직접 방문하여 자료 입수.

| 표 7-2 | ECX EUA 선물 거래량 추이

(단위: 톤CO_2)

	총거래량	일평균 거래량
2006년	443,151,505	1,731,061
2007년	980,780,000	3,801,473
2008년	1,988,877,000	7,769,051
2009년	3,777,885,000	14,815,235

주: 총거래량의 경우 ECX에서 거래되는 모든 EUA 선물의 총량이며, 일평균 거래량은 총거래량/거래일수로 계산함.

자료: www.ecx.eu

2009년 37억 7,788만 톤이 거래되어 2006년 거래량 4억 4,315만 톤에 비하여 약 8배 증가하였고, 일평균 거래량의 경우 2009년 1,481만 톤이 거래되어 2006년 173만 톤에 비하여 약 8.5배 증가하였다.

2009년 12월 선물 탄소배출권 EUA 및 CER의 스프레드는 2008년 3월 14일 7.31유로에서 2008년 4월 22일 10.04유로까지 확대된 이후 축소되어 2009년 2월 16일 0.68유로까지 축소되었으며, 동기간 CER 가격은 EUA 가격 대비 평균 83%를 유지하였다.

그림 7-4 ECX EUA-CER 2009년 12월 선물 스프레드

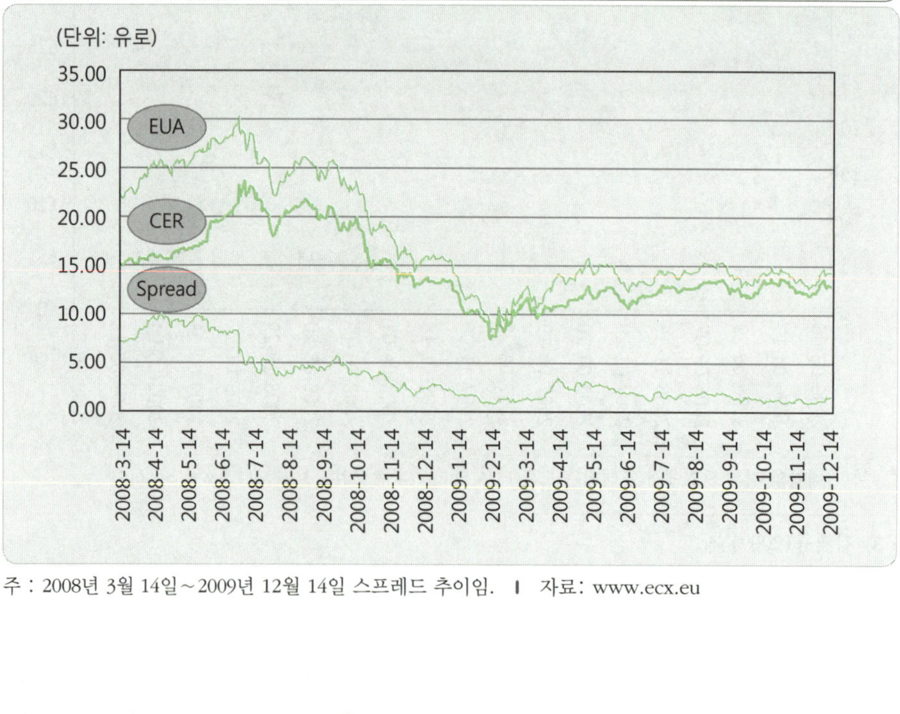

주 : 2008년 3월 14일~2009년 12월 14일 스프레드 추이임. | 자료: www.ecx.eu

CERs 발급은 2009년 9월 말 현재 약 3.3억 톤 규모의 CERs이 발급되었다. 현재는 CER가격 책정 메커니즘 및 매매를 위한 통일된 시장이 없다. CER의 거래는 대부분 CDM사업관련 회사나 탄소 펀드 등을 통하여 이루어지고 있으며, 정해진 시장가격이 없기 때문에 Project Base로 1대1 거래에서 가격이 결정되며, 가격은 비공개를 원칙으로 하고 있다. CER 가격과 EUA 가격은 CER이 EU ETS에서 사용될 수 있는 관계로 밀접한 관계를 맺고 있다. EUA 가격은 EU 및 참가국 정책과 밀접하게 연관되어 있으며, 날씨, 연료가격 등에 의해 영향을 받는다. 대부분의 CER은 선도/선물 형태로 거래되고 있으며, 기타 파생상품과 마찬가지로 선물 형태로 거래되는 CER의 가격은 리스크 노출 수준에 따라 결정된다. 또한 거래되는 CER의 수량이 적거나 장기계약을 하게 되는 경우 가격이 낮게 책정되는 경향을 보이고 있다.

최근 프로젝트 거래시장의 활성화를 배경으로 평균 CER 가격은 2005년 톤당 €5.82에서 2008년 톤당 €15 선으로 꾸준한 상승세를 보이고 있다. 2009년 거래가격 역시 CER 기준 톤당 €13~€14에 거래되고 있다.

현재 11,000개 이상의 EU기업들이 EU ETS에 의무적으로 참가하고 있으며, 참가기업들은 정부에 의하여 EUA를 할당받거나 경매를 통해 구입하고 있다. EUA의 가격은 2006년 3월까지 €30 이상을 기록하는 상승세를 보였으나 2006년 4월에 EUA가 과다 할당되고 있다는 보고서가 발표되면서 급락하였으나, 2008년 이후 Phase Ⅱ에 과다 할당에 대한 우려가 사라지면서 €14~€15 선의 안정적인 가격대를 형성하고 있다.

CER과 EUA의 가격 형성 관계를 보면 CER 가격은 계약 조건과 사업 진행 정도에 따라 다르나 세계적 탄소시장 조사연구기관인 Point Carbon에 따르면 CER 가격은 EUA 가격의 85%~90% 수준을 기록할 것으로 전망된다. CER의 경우 CDM 사업이 내포하고 있는 예측하기 어려운 공급량 등의 리스크 요인으로 인해 EUA보다 저렴한 가격에 거래될 것으로 전망되며 Allowance 시장에 있어 산업별 CER의 대체한도가 있어 CER 가격이 EUA보다 낮게 결정된다.

탄소배출권시장의 가격결정 요인은 공급 측면에서는 탄소배출에 대한 규모, 수요 측면에서 이산화탄소를 배출하는 기업이 주요 요인이 될 수 있다.

단기적 EU ETS에서 배출권가격의 경우 회원국의 국가할당계획(National Allocation Plan: NAP), 연료의 가격, 경제성장, 기온에 의한 계절적 요인 등의 다양한 요인을 들 수 있다. 계절적 요인 측면에서는 장기적 관점에서의 지구 온난화로 인한 기후변화의 심각성에 대한 인식의 확산과 이를 근거로 하는 정책적 선택에 의해 좌우될 수 있다고 할 수 있다.

국내에서는 한국의 온실가스 총 배출량이 2000년 이후 연평균 2.82% 증가하여 온 추세를 유지한다는 가정하에 2차 공약기간(2013년~2017년) 동안의 연평균 총 배출량을 산정하면 802.6백만 톤에 달하여 동기간 동안 배출권 거래시장을 통해 연평균 372.4백만 톤을 감축해야 할 것으로 추정하고 있다.

우리나라가 1차 공약기관과 유사하게 1995년 기준으로 온실가스의 5% 감축의무를 부담하고, 배출권 가격이 톤당 €10로 가정할 경우 매년 약 7조원의 부담이 발생하게 된다. 현재 배출권가격이 과거에 비해 하락해 있다는 점을 감안하면 향후 실제 부담할 금액은 매년 11조원 이상의 직접적인 배출권 구매 부담이 발생하며, 또한 항공운송 및 국내 수출품에 대한 추가적인 비용이 발생할 수 있다.[5)]

전세계적인 금융위기에 따른 금융시장의 유동성 위축에도 불구하고 2009년 1/4분기 중 전세계 탄소배출권 거래량은 전분기 대비 37%, 전년 동기 대비 128% 증가한 19억 톤을 기록하였다. 향후 우리나라와 미국을 비롯한 다수 국가가 의무감축국이 될 가능성이 높아지고, 비의무감축국의 경우에도 탄소 감축을 위한 자발적 노력이 있을 것으로 예상됨에 따라 탄소 관련 거래가 활성화될 것으로 예상된다.

2009년 12월 덴마크 코펜하겐에서 열린 기후변화협약 당사국총회에서 전세계 123개국 정상들은 국제적 기후변화 대응 노력의 강화 방안을 담은 "코펜하겐 협약문"에서 ① 기온 상승을 2℃ 이내 제한하기 위한 과감한 탄소감축(deep cut), ② 선진국은 교토의정서보다 강화된 목표제출

---

5) 노희진 외(2009b).

및 이행 약속(commit), ③ 개도국은 자발적 감축계획 제출 및 이행결과에 대한 보고와 검증 수용, ④ 선진국은 개도국 기후변화 대응 지원을 위해 기금 조성, ⑤ 개도국의 산림파괴 방지를 위한 선진국의 자금지원 메커니즘 수립의 내용에 합의하였다. 본 협약의 결과 교토의정서에서 탈퇴했던 미국이 온실가스 감축 체제로 복귀하는 등 주요 배출국의 감축 참여가 확대될 전망이다.[6)] 단, 본 협약은 선진국·개도국간 책임공방으로 단일 감축 목표의 설정이 지연되고, 자국의 경제적 부담에 대한 우려로 인해 협약의 법적 구속력의 확보가 지연되며, 향후 구체적 이행방안 마련을 위한 협상 시한이 설정되지 않았다는 한계점을 지니고 있다.

2. 거래소별 거래상품

배출권 거래소의 거래상품으로 현물은 EUA, CER 및 CFI(Carbon Financial Instrument)이며, 파생상품은 현물을 기초상품으로 한 선물·옵션 등이 있다. 미국 시카고기후거래소(Chicago Climate Exchange: CCX)에서는 탄소배출권 현물만이 거래되고 있으며, 미국 시카고기후선물거래소(Chicago Climate Futures Exchange: CCFE)에서는 탄소배출권 파생상품만이 거래되고 있다. 반면 ECX, Nord Pool ASA, BlueNext, 유럽에너지거래소(European Energy Exchange: EEX AG)에서는 탄소배출권 현물과 파생상품이 동시에 거래되고 있으며, 이를 위해 탄소배출권 현물시장의 가격변동 위험을 헤지하기 위하여 현물·파생상품의 동시 상장이 필요하며, 탄소배출권 현물과 파생상품 간의 차익거래 기회를 제공할 수 있다는 장점이 있다.

EU ETS 거래의 중심인 ECX의 경우 대부분 선물과 옵션 형태로 탄소배출권이 거래되고 있다. 2009년 3월 13일부터 EUA Daily Futures와 CER Daily Futures가 현물 형태로 거래되고 있는데, 2009년 말 기준 EUA 현물은 1.2%, CER 현물은 0.1%를 차지하고 있다.

Bluenext에서 거래되는 상품은 탄소배출권 현물과 파생상품으로 현

6) 미국이 총량제한 방식의 온실가스 배출규제를 도입할 경우, 미국의 배출규모가 유럽보다 크므로 유럽시장보다 더 큰 탄소배출권 시장이 형성될 것임.

| 표 7-3 | 탄소배출권 거래소별 상품현황

거래소	현 물	파생상품
ECX(영국)	EUA(1일물 선물 형태)	• EUAs 선물·옵션 • CERs 선물·옵션
Nord Pool ASA (노르웨이)	EUAs	• EUAs 선도거래 • CERs 선도거래 • EUAs·CERs 스왑
BlueNext (프랑스)	EUAs CERs	• EUAs·CERs 선물
EEX AG (독일)	전력(Power Intraday·Hour Contracts), 천연가스(Natural Gas Day Ahead), 탄소배출권(EUA)	• 전력(Phelix Futures·Options, German Power Futures, French Power Futures) • 천연가스(Natural–Gas Futures) • 탄소배출권(European Carbon Futures·Options, CER Futures) • 석탄(Coal Futures)
CCX(미국)	CFI	–
CCFE(미국)	–	• CCAR–CRT 선물·옵션 • CFI 선물·옵션 • CER 선물 • CFI–US 선물·옵션 • DJSI–W 선물 • ECO–Index 선물 • IFEX Event Linked Futures(Gulf Coast Tropical Wind, Northeast Tropical Wind 등) • Nitrogen Financial Instrument (Annual) • Futures·Options, REC(Renewable Energy Certificate) 관련 선물, RGGI 선물·옵션, SFI 선물·옵션

주: EEX AG의 경우 EEX에서는 천연가스와 탄소배출권 선물과 파생상품, 석탄 파생상품이 거래되며, EPEX에서는 독일, 오스트리아, 프랑스, 스위스(옥션), 프랑스(연속거래), 프랑스, 독일(일중거래) 관련 전력 현물상품이 거래되며, EEX Power Derivatives에서는 전력에 대한 파생상품이 거래됨.
자료: 각 기관 홈페이지.

물상품의 거래 비중이 높다. 현물거래량은 2008년 2억 5,524만 톤에서 2009년 11억 6,054만 톤으로 약 4.5배 증가한 반면, 파생상품거래량은 2008년 159만 톤에서 2009년 22만 톤으로 감소하였다.

EEX에서 거래되는 전력, 가스 및 탄소배출권은 파생상품 중심으로 거래되고 있는데 전력의 경우 2008년 현물거래는 154조 와트인 반면 파생상품을 통해서는 1,165조 와트가 거래되어 현물거래의 약 8배 규모이며, 가스의 경우 2008년 거래 이후 거래량이 증가하고 있는데, 2008년 현물을 통해서 1,170기가와트가 거래된 반면, 파생거래는 현물거래의 약 14

| 표 7-4 | ECX 현물 · 파생상품별 거래규모

(단위: 톤CO_2, %)

		2008	2009
EUA	현 물	–	60,500,000 (1.2%)
	선물·옵션	2,232,043,000 (79.5%)	4,193,352,000 (81.9%)
CER	현 물	–	5,239,000 (0.1%)
	선물·옵션	575,579,000 (20.5%)	863,067,000 (16.8%)
총 계		2,807,622,000 (100.0%)	5,122,158,000 (100.0%)

주: 1) 현물의 경우 ECX EUA Daily Futures (Spot) Contract와 CER Daily Futures (Spot) Contracts의 거래규모를 합산함.
2) 괄호 안의 전체 거래량 대비 비중임.
자료: www.ecx.eu

| 표 7-5 | BlueNext 현물 · 파생상품별 거래규모

(단위: 톤CO_2, %)

	현 물	파 생	계
2008년	255,243,000 (99.4%)	1,592,000 (0.6%)	256,835,000 (100.0%)
2009년	1,160,547,000 (99.9%)	225,000 (0.1%)	1,160,772,000 (100.0%)

주: 1) 현물의 경우 BNS CER, BNS CER OTC, BNS EUA 05-07, BNS EUA 08-12, BNS EUA 08-12 OTC의 거래량을 합산함.
2) 괄호 안의 전체 거래량 대비 비중임.
자료: www.bluenext.fr

| 표 7-6 | EEX 현물 · 파생상품별 거래규모

	전력 (단위: TWh)		가스[1] (단위: GWh)		탄소배출권[2] (단위: 1,000EUA)	
	현 물	파 생	현 물	파 생	현 물	파 생
2005	86	517	n.a	n.a	2,749	448
2006	89	1,044	n.a	n.a	8,775	2,925
2007	124	1,150	405	3,698	5,006	17,673
2008	154	1,165	1,170	16,341	654	77,644

주: 1) 가스의 경우 2007년 7월부터 거래되기 시작함.
2) 탄소배출권 현물은 2005년 3월, 탄소배출권 파생상품은 2005년 10월부터 거래되기 시작함.
자료: EEX(2009).

배에 달하는 16,341기가와트가 거래되고, 탄소배출권의 경우는 2008년 현물거래는 65만 4천EUA가 거래되어 2007년 비해 큰 폭 감소했지만, 파생상품을 통한 거래는 상승하여 7,744만EUA가 거래되었다.

결론적으로 탄소배출권 시장은 전세계적으로 파생상품 거래가 주도를 하고 있는 것으로 볼 수 있다. 파생상품 거래가 주인 ECX의 거래량이 현물상품이 주인 BlueNext의 약 5배에 이르며 현물과 파생상품을 동시에 취급하는 EEX에서 파생상품 거래가 현물거래를 훨씬 초과하고 있다.

3. 지배구조 및 거래시스템

세계 탄소배출권 거래소는 지배구조 측면에서 세 가지 형태로 분류할 수 있다.

첫째, 최초 설립은 전력거래소에서 출발하여 파생상품 거래소 중심으로 재편한 형태로서, NYSE-Euronext가 PowerNext(프랑스전력거래소)가 운영하던 탄소시장 부문을 인수하여 BlueNext를 설립하였고, Nasdaq-OMX는 Nord Pool 그룹이 운영하던 전력파생상품(국내전력상품 제외) 및 배출권 거래부문을 인수하여 Nasdaq- OMX Commodities을 설립하였으며, EEX는 파생상품 거래소인 모회사 Eurex와 거래 및 청산·결제 연계를 통하여 Eurex 회원의 배출권 거래에 참여한 형태이다.

둘째, 탄소배출권 거래전문거래소로 설립한 형태로서, 자발적 탄소배출권 전문회사인 CCX가 설립되었고 CCX 자회사로서 탄소배출권 파생상품 거래소인 CCFE 및 ECX가 설립되었다. CCX와 ECX를 CLE(Climate Exchange PLC)의 자회사로 편입하여 대체투자시장(Alternative Investment Market: AIM)에 상장하였다.

셋째, 증권·파생상품 거래소가 자회사로 탄소시장을 개설한 형태로서, 동경증권거래소(Tokyo Stock Exchange)는 탄소시장 개설을 목표로 설립을 추진중에 있으며,[7] 호주증권선물거래소(Australian Securities Exchange)는 호주정부가 추진중인 탄소배출권거래제도 계획에 맞추어 2010년 개설을 목표로 설립 추진중이다. 또한, 시카고상업거래소(Chicago Mer-

---

7) 일본은 2005년부터 탄소배출권 거래제도를 시범운영하기 시작하였고, 2010년 현재 4기 시범사업(Japan Voluntary Emission Trading Scheme)을 운영중이며, 시범사업은 자발적으로 참여한 공공기관과 사업장을 대상으로 운영되고 있음.

| 표 7-7 | 탄소배출권 거래소 지배구조 및 거래시스템

거래소	지배구조	거래시스템
ECX(영국)	• CCX의 자회사로 설립 • 2006년 3월 CCX와 함께 지주회사인 CLE로 편입	ICE Futures Europe[1]
Nord Pool ASA (노르웨이)	• Statnett SF(노르웨이 전력회사)와 Svenska Krafthät(스웨덴 전력회사)에서 각각 50% 지분 출자 • 2008년 10월 NASDAQ-OMX[2] Commodities가 Nord Pool ASA의 에너지(국내전력상품 제외), 탄소파생상품의 상장 권한 및 Nord Pool Clearing ASA와 Nord Pool Consulting AS의 지분을 인수	Nasdaq-OMX
BlueNext (프랑스)	• NYSE-Euronext[3]가 60%, Caisse Des Depots[4]가 40%의 지분 출자	NYSE-Euronext
EEX AG (독일)	• Eurex(Europe Exchange)는 EEX AG의 34.7%의 지분을 보유한 최대주주	Eurex
CCX(미국)	• 2003년 설립 후 2006년 3월 ECX와 함께 지주회사인 CLE로 편입	CCX 시스템
CCFE(미국)	• 2004년 설립된 CCX의 자회사	CCFE 시스템

주: 1) 원유, 전력, 천연가스, 석탄, 석유제품의 파생상품을 취급하며, 영국의 국제석유거래소(International Petroleum Exchange), 미국의 뉴욕상품거래소(New York Board of Trade), 캐나다의 위니펙 상품거래소(Winnipeg Commodity Exchange) 등 3개 거래소를 합병하여 출범.

2) NASDAQ-OMX Group은 NASDAQ과 OMX(오슬로, 헬싱키 등 범북유럽증권거래소)가 2008년 2월에 합병·설립된 거래소로 이후 미국 필라델피아, 보스턴거래소 등을 추가 인수함.

3) NYSE를 중심으로 Euronext(파리, 네덜란드, 벨기에, 포르투갈 등 유럽증권거래소와 런던 국제금융선물옵션 거래소(London International Financial Futures and Options Exchange)의 합병거래소)를 2007년 4월에 합병·설립된 거래소.

4) 민간펀드를 관리하는 프랑스 공공금융기관으로 탄소크레디트펀드(Carbon Credit Investment Fund)와 프랑스 온라인등록소 Seringas를 설립함.

5) 독일거래소그룹(Deutsche Borse)과 스위스거래소그룹(Swiss Stock Exchange Group)이 공동 소유하고 있으며, Eurex취리히와 Eurex프랑크푸르트가 각국의 법에 따라 독립 법인으로 운영.

자료: 노희진, 녹색금융협의회(2009) 발표자료.

cantile Exchange)는 브라질종합거래소(BM&F BOVESPA)와 공동으로 상품을 개발하여 탄소배출권 시장에 진출할 예정이다.

CLE(ECX, CCX, CCFE)와 EEX AG의 소유 구조면에서 보면 CLE는 런던증권거래소의 AIM에 상장된 거래소로, 자회사로 유럽 ECX와 미국의 CCX와 CCFE를 보유하고 있다. CLE 주식의 63%는 대표이사 Dr. R. L. Sandor 등 6명의 임원진이 보유하고 있으며, 나머지는 회원, 기관투자자 등이 보유하고 있다. ECX에서는 EUA/CER 선물·옵션거래, CCX에서는 CFI거래, CCFE에서는 CFI 선물·옵션거래가 이루어지고 있다.

EEX AG는 Eurex가 34.7% 지분을 보유하고 있으며, 하부에 3개의 자회사를 각각 두고 있다. EEX AG에서는 EUA 현물·선물·옵션, CER 선물이 거래되고 있으며, EEX Power Spot GmbH에서는 전력현물이 거래되고 있고, EEX Power Derivatives GmbH에서는 전력파생상품이 거래되고 있다.

그림 7-5 CLE의 소유구조

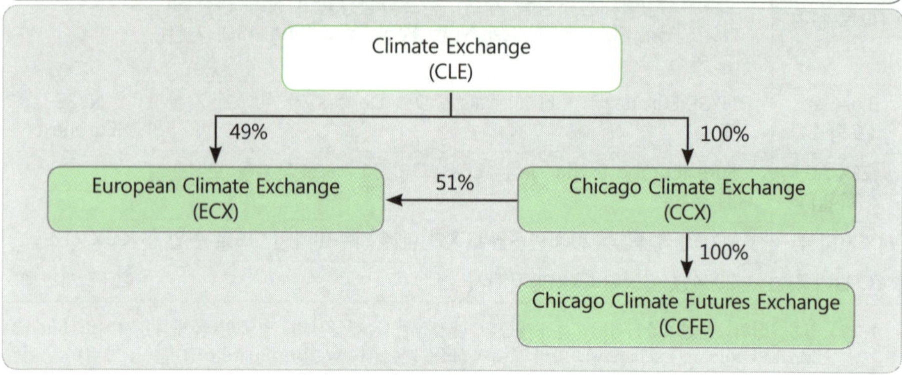

자료: www.climateexchange.com, www.chicagoclimateexchange.com

그림 7-6 EEX AG의 소유구조

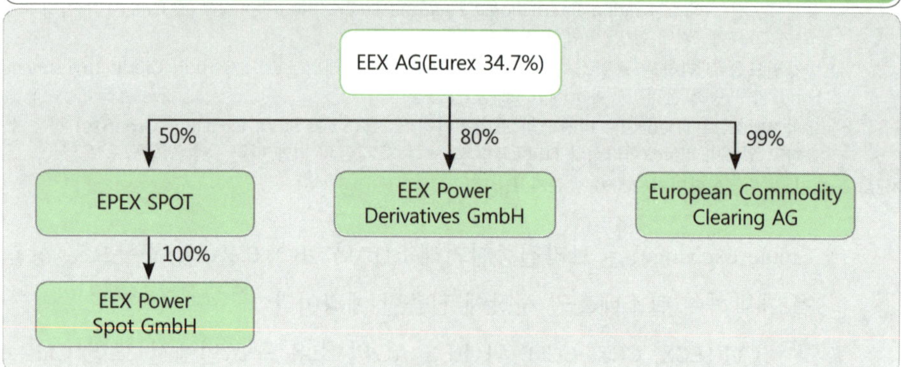

자료: www.eex.com

4. 거래에 대한 법적 근거 및 감독기관

탄소배출거래에 대한 법적 근거는 탄소배출권을 기초자산으로 하는 증권과 파생상품의 경우 모두 금융투자상품적인 시각에 입각하고 있으며, 대부분의 거래소에서 현물은 일반상품으로 간주되어 환경법 또는 배

| 표 7-8 | 탄소배출권 거래 법적 근거

거래소	현 물	파생상품
ECX(영국)	기후변화법	금융서비스시장법
Nord Pool ASA(노르웨이)	배출권거래법	증권거래법
BlueNext(프랑스)	환경법	금융증권법
EEX AG(독일)	배출권거래법	증권거래법
CCX(현물), CCFE(파생상품) [미국]	-	상품거래소법

자료: 녹색금융협의회(2009) 내용을 정리함.

| 표 7-9 | 탄소배출권 제도 감독기관

국 가	감독기관
영 국	에너지기후변화부 (Department of Energy and Climate Change: DECC)
노르웨이	공해감독청(Pollution Control Authority)
프 랑 스	환경부(Ministry of Environment)
독 일	연방환경부 (The Federal Ministry of Environment, Nature Conservation and Nuclear Safety)

자료: 녹색금융협의회(2009) 내용을 정리함.

출권거래법의 영향을 받고, 파생상품은 금융상품으로 간주되어 증권 관련 법제의 영향을 받고 있다.

일본의 경우 금융상품 거래법에서 취급할 수 있는 거래대상물로 지정, 금융상품거래업 등에 관한 내각부령에 탄소배출권 현물·선물 ·옵션 거래근거를 마련하였다.

감독기관은 탄소배출권 할당·등록기관(registry)에 대한 감독기관과 거래소를 통한 탄소배출권 현물·파생상품 거래에 대한 감독기관의 두 가지로 나누어볼 수 있다. 탄소배출권 할당·등록기관(registry)에 대한 감독은 환경부, 공해감독청 등 환경관련 부처가 탄소배출권 제도를 담당하고 있다.

거래소를 통한 탄소배출권 현물·파생상품 거래에 대한 감독기관은 금융감독청, 경제노동부 등 각국의 경제·금융감독기구가 감독하고, 현물에 대해서는 법적 관할권이 없으나, 실질적으로는 파생상품의 기초상품으로 감독한다.

| 표 7-10 | 거래소 현물 · 파생상품 거래 감독기관

거래소	감독기관
ECX(영국)	금융감독청(Financial Services Authority: FSA)
Nord Pool ASA(노르웨이)	금융감독청(FSA of Norway: FSAN)
BlueNext(프랑스)	금융청(Autorité des Marchés Financiers: AMF)
EEX AG(독일)	작센주 경제노동부(Saxony Ministry of Economics and Labour)
CCX(미국)	FINRA(Financial Industry Regulatory Authority)
CCFE(미국)	상품선물거래위원회(Commodity Futures Trading Commission)

자료: 녹색금융협의회(2009) 내용을 정리함.

5. 회원제도

ECX(영국)[8)]

은행, 증권회사 등 금융기관 106개사의 일반회원과 일반회원 중 36개사의 청산회원으로 나뉘며, 거래를 위한 사무실 확보, 책임자 주소 제공 및 고객정보를 포함한 관련 자료 요구시 제출, 적절한 시스템과 인력통제시스템을 확보 , 전자사용자 계약서(electronic user agreement)에 승인할 것, 거래에 대하여 감독기관으로부터 승인을 받을 것, ICE Futures Europe이 요구하는 재무요건 충족 및 감사보고서 제출, ICE Futures Clearing의 청산회원으로 가입하거나, 청산회원과 청산협약을 맺을 것 등을 요건으로 한다.

BlueNext(프랑스)[9)]

금융기관, 배출권관련 기업 등 110개사의 현물회원과 현물회원 중 18개사로 구성된 파생상품 회원으로 구분되며, EU 회원국의 온라인 등록소에 거래계좌 보유하며, EU 등록소인 CITL(Commodity Independent Transaction Log)의 사전 인증이 필요하고, 시장규정의 준수를 보증하는 1인 이상의 대표자 선정, BlueNext 거래계좌당 1인의 대표 중개인(delegate trader)과 1인 이상의 대체 중개인(alternate trader)을 임명해야 하

8) 회원 수는 2010년 2월 말 기준이며, www.ecx.eu 참고.

9) 회원 수는 2010년 2월 말 기준이며, www.bluenext.fr 참고.

며, 청산기관인 Caisse des Depots에 결제계좌를 개설해야 함을 요건으로 한다.

파생상품회원의 경우는 EU 회원국의 경우 해당 국가에서 파생상품 거래면허를 취득해야 하고, EU 회원국이 아닐 경우(Non-MiFiD) 프랑스 금융청(AMF)과 해당 국가 감독기관 간에 정보교환협정 체결, 내부통제 및 거래와 관련하여 적정수준의 인력 확보, BlueNext 시장 규정의 숙지 및 거래를 위한 전산요건을 충족해야 한다.

EEX AG(독일)[10)]

금융기관, 배출권관련 기업 등 105개사의 현물회원과 금융기관, 배출권관련 기업 등 140개사로 이루어진 파생상품회원으로 구분하며, 현물 및 파생상품 중복회원은 76개사이다.

회원요건으로는 거래에 대하여 감독기관으로부터 승인을 받을 것, 해외 신청자는 독일 감독기구와 해당 국가 감독기관 간에 정보교환협정이 체결되어 있어야 하고, 법인이어야 하며, 구성원 중 거래 관련 전문가가 포함되어 있어야 한다. 금융회사가 아닌 경우 자본금이 50,000유로 이상이어야 하며, 거래를 위한 적절한 전산설비의 확보해야 하고, 결제기구인 ECC AG(European Commodity Clearing AG)의 회원으로 가입해야 한다.

Nord Pool ASA(노르웨이)

회원구분[11)]은 금융기관, 배출권관련 기업 등의 31개사로 구성된 현물회원과 금융기관, 배출권관련 기업 등 68개사로 구분되며 NASDAQ-OMX 회원으로 420개사가 있다.

회원요건[12)]은 법인체로서 Nord Pool Clearing의 회원으로 가입해야 하며, EU 회원국의 온라인 등록소에 거래계좌 보유해야 하고, 법적지위, 재무건전성, 조직체계 등에 대한 자료 요구시 제출해야 할 것을 규정하고 있다.

---

10) 회원수는 2010년 3월 5일 기준으로 www.eex.com 참고.

11) 녹색금융협의회(2009) 참고.

12) Nord Pool Spot AS(2007) 참고.

CCX(미국)[13]

항공, 자동차, 화학, 대학 등 109개사를 회원(members)으로 하고, 레지스트리 참가회원(registry participant members), 에너지 서비스사, 소비, 환경 재생에너지 등 64사로 구성된 준회원(associate members), 자원개발 회사 29개사의 배출권 공급자(offset provider), 자원개발 관련 자문회사 등 85개사의 배출권 모집자(offset aggregator), 투자사, 펀드 등 68개사로 구성된 유동성 공급자(liquidity providers) 등으로 구성되어 있다.

각 회원별 회원요건은 회원(members)의 경우 감축의무가 있는 개체로 법적으로 CCX 온실가스감축 계획을 따라야 하며, 연간 FINRA의 검증을 받아야 한다. 레지스트리 참가회원(registry participant members)은 직접적 온실가스 배출의무를 가진 개체로 온실가스에 대하여 CCX 레지스트리를 설정하고 검증을 받아야 하며, 연간 FINRA가 정규·독립적 제3자 검증을 제공한다. 준회원(associate members)은 직접적 온실가스 배출의무를 가지고 있는 않은 기업이나 기관이며, 배출권 공급자(offset provider)는 감축사업 추진기업, 배출권 모집자(offset aggregator)는 감축사업 추진기업의 대리인이다. 유동성 공급자(liquidity providers)는 시장조성자와 같이 CCX 감축 계획에 따라 거래하는 개인이나 개체이며, 거래소 참가자(exchange participants)는 CFI를 구매하거나 다른 활동과 관련하여 배출권을 공급하는 개인이나 개체이다.

유럽 탄소배출권 거래제도와 시장[14]

1. 유럽 탄소배출권 거래제도(EU ETS)

개요 및 연혁

2005년 1월, 유럽 25개국이 참여하는 통합 배출권 거래시장을 개설, EU 15개국은 2008년부터 2012년 사이에 1990년 대비 온실가스 8% 감축

13) www.chicagoclimatex.com 참고.

14) 노희진 외(2009b).

을 목표로 범유럽 배출권 거래시장(EU ETS(Emission Trading Scheme))을 준비하였다. 2004년 이후 12개국이 추가로 참여하면서 현재 27개국이 참여중이며, 2008년부터 노르웨이, 아이슬란드, 리히텐슈타인 3개국도 연계형태로 참여하고 있다.

EU ETS는 시범사업 성격의 1단계(2005년~2007년)와 2단계(2008년~2012년)로 구분하여 운영하고 있으며, 단계별로 국가별 배출량 목표를 부여하고 위반시는 패널티를 부여하고 있다.

현재 전력, 석유, 철강, 화학, 시멘트, 유리, 제지 등의 산업군을 대상으로 11,000여 배출업체에 할당하고 있으며, 거래대상은 6대 온실가스 중 CO_2만 대상이었으나, 2단계부터는 회원국의 요청으로 아산화질소까지 일부 편입되고 있으며, EU ETS 업종 외에 추가 업종도 유럽위원회의 승인 시 참여가 가능하다. 향후 거래대상 가스와 ETS 참여업종(항공 등)이 확대될 예정이다.

EU 온실가스 배출량의 40%(전세계 온실가스 배출량의 약 7%)가 EU ETS에서 거래되는 세계 제일의 배출권거래제도로 2008년 배출권(EUA) 가격은 연평균 톤당 €18였다.

EU ETS는 교토의정서에 의거, EU 15개 국가가 의무기간(2008년~2012년) 중 1990년 대비 8% 감축에 동의하여, 2002년 12월 CO_2 Emission Directive에 따라 EU 환경장관 회의에서 배출권거래시장 개설에 합의하였다. 2003년 10월에는 CO_2 Emission Trading 관련 EU Directive를 발효하였으며, 2005년 1월에는 범유럽 배출권거래 1단계를 개시하여 EU지역 내 EUA 배출권거래소인 EEX, Powernext 등이 출범하였으며, 2008년 1월에는 2단계 거래 개시로 노르웨이, 아이슬란드, 리히텐슈타인의 배출권거래제와 연계하기 시작하였다.

배출권 거래제의 단계별 실시 계획은 3단계로 나누어 볼 수 있다. 1단계(2005년~2007년)는 EU 총 온실가스 배출량의 40%를 배출하는 10,000~15,000여 곳의 발전, 정유, 유리, 철강, 제지, 화학 등의 산업설비 및 공장에 적용하여 배출권할당량의 95%를 무상할당(5%는 경매)하고 1단계 내에서만 Banking을 허용하였으며, 감축 의무 미이행 시 CO_2 1톤당 €40의 벌금을 부과하였다. 2단계(2008년~2012년)에서는 1단계와 동일한 산업체에 적용하되, 영국의 경우 자발적으로 알루미늄 업종을 추가하고, 배출권할당량의 90%를 무상할당(10% 경매)하고 Banking을 허용, 감축 의무 미이행 시 CO_2 1톤당 €100의 벌금을 부과하였다. 3단계(2012년 이후)에는 경매에 의한 할당 비중이 증가함은 물론 거래대상 가스 확대 적용이 예상되며, 조선, 육로 및 항로 운송 부문까지 확대 적용할 예정이다.

EU ETS는 1단계(2005년~2007년)와 2단계(2008년~2012년)로 구분하여 Cap-and-Trade 방식으로, 해당 국가의 총배출량, 개별 사업장별 배출량에 대한 할당계획을 유럽위원회(EC)로부터 사전 승인을 받아 국가할당계획(NAP)에 따라 할당된 배출권할당량(EUA)을 참여자 간에 거래하는 형태로 운영되고 있다. 거래 가능한 배출권은 초기할당을 받은 EUA와 교토의정서상의 CER, ERU(Emission Reduction Unit)를 배출권감축 의무수준에 이용할 수 있다. 배출권할당량을 받은 사업체는 매년 종료 후 지난 1년간의 배출량보고서를 외부기관의 검증을 거쳐 해당 국가의 검인증기관에 제출하여 배출량보고서에 나타난 배출량만큼 기존에 할당받은 배출권할당량을 상각(초과분은 매도 또는 이월 가능)하게 된다.

○ 거래현황

EUA의 연간 거래는 CO_2 배출권 거래량 기준으로 2006년에 약 11억 톤, 2007년에 약 21억 톤, 2008년에 약 31억 톤으로 매년 급속히 증가하고 있으며, 2008년의 거래금액은 약 920억 달러로 전년도 500억 달러에 비해 2배 증가하였고, 전세계 배출권허용량(Allowance)시장에서 EU ETS의 거래비중은 99% 이상을 차지하고 있다.

1단계에서 EUA의 톤당 가격은 2005년 최고 약 €30 수준에 육박하였으나, 과다할당으로 인한 배출권할당량의 수요가 없고 1단계의 배출권할당량이 2단계로 뱅킹이 허용되지 않아 1단계의 EUA가격은 2007년 말에 거의 "0"화 되었다. 다만, 2단계의 EUA는 1단계의 과다할당 문제가 정정될 것으로 판단되어 2008년에는 톤당 €20 수준을 상회하기도 하였다.

설계원칙 및 할당절차

EU 배출권거래제는 '배출량 상한(cap)을 설정하여 거래(trade)하는' 시스템으로, 대형 산업 CO_2 배출업체를 초기 대상으로 선정하고 감축의 이행은 단계별로 이루어지며 주기적인 검토와 다른 종류의 가스 및 다른 산업 부문과 연계가 가능하도록 구성하였다. 배출권 할당 계획은 주기적으로 정하며 EU ETS 각 Phase 시작 전에 할당된다. 배출권거래제는 강력한 준수 체계를 포함하고, CDM 및 JI 사업 등 도쿄의정서에 따른 크레디트의 사용을 허용하고, 참여기업의 배출량 감축 비용을 절감하는 수단 및 개발도상국에 온실가스감축 프로젝트에 투자유인을 제공하는 것을 기본 원칙으로 한다.

EU 배출권거래제의 적용대상은 산업 활동을 수행하는 인스톨레이션[15)]으로 제한하고 있으며, EU ETS 1단계와 2단계 모두 EU-ETS Directive에 명시된 6개의 대상 온실가스(CO_2, CH_4, N_2O, HFCs, PFCs, SF_6) 중 CO_2만을 거래대상 가스로 지정하고 있다. 2단계에서는 해당 국가의 국가할당계획에 포함하여 EC로부터 승인받은 경우 Opt In 방식으로 아산화질소(N_2O)를 포함하여 거래가 가능하고, 배출량 감축을 위해서는 수송 부문 등이 매우 중요하나, EU ETS에서의 거래와 관련해서는 수송 및 주택 부문(sector)의 개인별 배출량 관리의 한계로 인해 배출권 거래제도에서 제외하였다.

EU 회원국별 감축목표는 '책임분담 협약(Burden Sharing Agreement)'에 따라 국가할당계획(National Allocation Plan: NAP)을 통해 차별적으로 각 국가에 할당하며, EU 회원국 중 독일, 덴마크, 영국은 교토의정서에 명시된 감축량보다 더 많이 감축한 반면, 프랑스는 1990년도 배출량과 동일한 감축량을 할당받았으며 스페인, 포르투갈, 그리스는 1990년보다 증가(+)된 감축목표를 할당받았다.

EU-ETS에 참여하는 시설은 거래제도에서 요구하는 감축량을 준수

---

15) 인스톨레이션은 고정 기술 설비(Stationary Technical Unit) 및 이에 연계된 활동(Directlu Associated Activities: DDA) 설비로 정의되며 배출원 및 배출량을 규정하는 기본 단위로 사용됨.

| 표 7-11 | EU ETS 주요 설계 내용

구 분	내 용
유 형	절대 목표량(총배출량)
할당 방법	2005년~2007년 최고 5%까지 경매 2007년~2012년 최고 10%까지 경매 경매 이외의 할당량은 무상 배분
참여 시설	Directive Annex Ⅰ에서 배출 시설 정의
대상 가스	CO_2
이월(banking)	허용
신규 진입자	신규 진입자에 대한 할당량은 회원국에서 정함 (신규 진입자를 위한 할당량, 할당방법)
부담금	€40 / ton (1기) €100 / ton (2기)

하여야 하며, 그렇지 않을 경우 이에 대한 벌칙금(penalty)이 부과된다. 매년 인스톨레이션은 해당 연도에 검증된 CO_2 배출량을 제출해야 하며, 배출권의 잉여분을 창출한 운영자는 시장에서 잉여분을 판매하거나 향후의 부족분을 보충하기 위해 비축할 수 있다. EU ETS 1기(2005년~2007년)에는 최대 5%까지 선택적으로 회원국에서 경매로 할당가능하고, 2기(2008년~2012년)에는 최고 10%까지 경매에 의한 할당이 가능하다. 국가할당계획에서 개별 기업 수준까지 배출권 할당을 위해 미시 수준에서 이월, 신규 진입 및 폐쇄, 범칙금 등에 대한 기준이 설정된다.

EU 배출권거래제도에 대해 기업관련 단체들은 지구 온난화를 방지하기 위한 정책의 일환으로 배출권거래 제도를 찬성하였으나, EU ETS로 인하여 비용이 증가하는 것을 우려하였다.

배출량의 모니터링 및 보고

배출권거래제에 참여하는 각 인스톨레이션은 교토의정서의 6가지 온실가스로부터 발생되는 배출량을 관할당국으로부터 할당받아야 한다. 할당량은 모니터링 및 보고능력을 갖춘 운영자 공장(plant)에 부여하게 된다.

운영자는 매년 유럽 위원회가 발간한 모니터링 및 보고 지침서에 따라 인스톨레이션의 CO_2 배출량을 보고해야 하며, 독립적인 검증기관은 EU 배출권거래제 규정에 입각하여 인스톨레이션의 보고서를 검토한 후 공개를 하게 된다.

배출권할당량은 각 회원국에 설치된 거래기록 등록시스템(Transaction Registries)의 계좌에 기록·유지되어야 하며, EU-ETS Directive에 따른 JI와 CDM 프로젝트에 의한 감축량(Credit)도 등록시스템에 기록·유지되어야한다. 등록시스템은 은행 계좌를 통해 현금 소유권을 추적할 수 있는 금융시스템과 유사한 형태이다.

EU ETS에 참여하는 기업들과 기타 참여자들은 상호간에 직접 상대거래하거나, 브로커 또는 신규 시장의 거대한 규모의 장점을 이용하고자 하는 모든 형태의 시장 중개인을 통해 매매 또는 교환이 가능하다.

2. 유럽의 주요 배출권 거래시장

앞 부분의 탄소배출권 거래 제도 부문에서는 요소별로 탄소배출제도를 살펴보았는바, 여기에서는 유럽의 대표적 시장과 온실가스 등록기관을 구체적으로 살펴본다.

European Climate Exchange(유럽기후거래소)

(1) 개 요

유럽기후거래소(European Climate Exchange: ECX)는 기후거래소(Climate Exchange Plc: CLE)의 100% 자회사로 2005년 4월 시카고기후거래소(CCX)에 의해 설립된 유럽 내 최대의 탄소배출권거래소이다. ECX는 상품개발, 마케팅 및 교육, 대외홍보 업무만 담당하며, 영국 선물거래소인 ICE(InterContinental Exchange) Futueres Europe과 파트너십을 구축하여, ICE Futures Europe이 매매시스템 구축, 청산·결제(ICE Clearing Europe), 법규를 담당하고 있다.

CLE는 런던증권거래소의 AIM에 상장된 거래소로, 자회사로 유럽 ECX와 미국의 시카고기후거래소(CCX)와 시카고기후선물거래소(Chicago Climate Futures Exchange: CCFE)를 보유하고 있다. CLE는 3개 자회사 외

| 표 7-12 | Climate Exchange Plc의 재무성과

(단위: £1,000)

		2008년	2007년	2006년	2005년
ECX	거래수수료 수입	10,814	3,558	1,479	302
	연회비 수입	162	187	148	40
	기타 수입	131	–	83	1
	영업비용	5,925	3,509	3,250	3,409
	영업순익	5,182	236	(1,540)	(3,066)
CCX	거래수수료 수입	3,467	1,120	396	62
	연회비 수입	3,175	2,828	258	174
	기타 수입	2,418	1,789	460	102
	ECX이체관리비	–	735	687	683
	영업비용	7,176	5,680	3,644	3,524
	영업순익	1,884	792	(1,843)	(2,503)
CCFE	거래수수료 수입	1,501	776	60	1
	회비 수입	1,030	3,310	979	94
	기타 수입	–	–	–	–
	영업비용	3,322	1,748	1,305	1,073
	영업순익	(791)	2,338	(266)	(978)
CLE	세전 순익	2,757	849	(4,972)	(6,512)

자료: www.climateexchange.com

에, Joint Venture 형태로 캐나다 몬트리올기후거래소(Montréal Climate Exchange: McEX)와 중국 텐진기후거래소(Tianjin Climate Exchange: TCX)에 참여하고 있으며, 호주환경거래소(Enviromental Marketplace: Envex)에는 지분을 소유하고 있으며, 인도기후거래소(India Climate Exchange: ICX) 설립을 위한 자문위원회에 참여중이다.

(2) ECX 상품 현황 및 거래량

EUA 선물·선물옵션, CER 선물·선물옵션, EUA 현물의 5개 상품을 거래하고 있으며 세부 사항은 〈표 7-13〉과 같다.

2009년 9월 현재 ECX가 EUA와 CER 장내 파생상품거래량의 88.5%를 점유하고 있으며, 프랑스 BlueNextrk 9.2%, Nordpool ASA가 1.1%, Climex 0.8%로 나타나고 있다. ECX 전체 거래량은 2008년 전년대비 약

| 표 7-13 | ECX 상품 현황

	EUA선물	EUA옵션(유럽형)	CER선물	CER옵션(유럽형)	EUA와 CER현물(1일 선물)
거래종목	2009년 12월부터 2012년 12월까지 매분기월(16개), 2013년 12월과 2014년 12월물(총 18개 분기)	연속 8개 분기월, 2011년 12월과 2012년 12월(총 10개 분기)	2009년 12월부터 2012년 12월까지 매분기월(16개)	연속 8개분기월, 2011년 12월과 2012년 12월(총 10개 분기)	1일 만기
거래단위(1계약)	1,000톤 CO_2 EUA	1,000톤 CO_2 EUA	1,000톤 CER	1,000톤 CER	EUA: 1,000톤 CER: 1,000톤
호가단위	€0.01				
최종결제방법	실물인수도(T+3일 결제, 계좌간 이체)	동일 분기월의 EUA선물(선물만기 3일전)	실물인수도(T+3일 결제, 계좌간 이체)	동일 분기월의 CER 선물(선물만기 3일 전)	실물인수도(T+1일 19:00)(T+1일 9:00까지 매도자-증거금, 매수자-매수대금)
결제가격	16:50~16:59:59 거래량가중평균가격				
거래시간	07:00~17:00(영국시간 기준)				

자료: www.ecx.eu

| 표 7-14 | ECX 상품별 거래량

(단위: 계약)	EUA선물	EUA옵션	CER선물	CER옵션	합계
2007년	980,780	57,541	–	–	1,038,321
2008년	1,991,276	243,166	507,779	67,800	2,810,021

자료: www.ecx.eu

3배 증가하였으며, EUA선물은 전년대비 103% 수준이다. ECX의 EUA 선물과 옵션 거래량은 전체 EUA선물과 옵션거래량의 92%를 점유하고, ECX의 CER선물과 옵션 거래량은 전체 CER선물과 옵션의 거래량의 87%에 달하고 있다.

ECX의 청산 및 결제 기구는 2008년 11월 LCH.Clearnet에서 ICE Clear Europe으로 이전하였으며, ICE Clear Europe은 중앙결제상대방(Central Counterparty)으로서 결제자금과 탄소배출권의 실물인수도(Delivery)결제를 보증, 결제회원과 고객은 사전에 NR(National Registry)에 "Personal Holding 계좌"를 개설해야 하며 이는 EU27개국의 개별 국가 등록

그림 7-7 ECX EUA의 청산 및 결제 프로세스

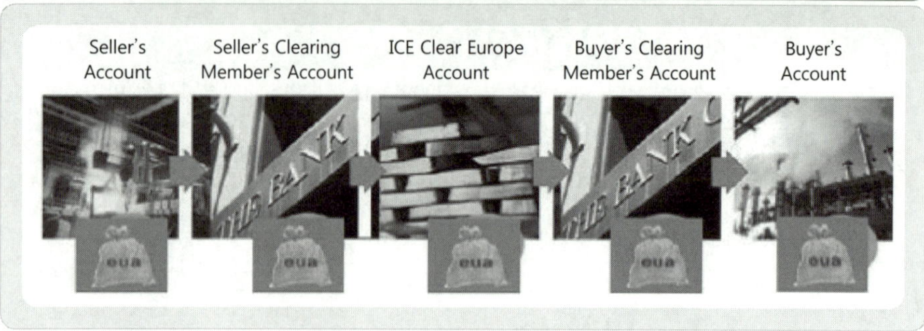

자료: www.ecx.eu

소 내 계좌에 기록된다. ICE Clear Europe은 대형 금융기관 위주로 24개 기관이 결제회원으로 참여하고 있으며, ₤570백만 상당의 결제이행보증기금(Default fund)를 조성하여 이행보증기금 이외에 개시증거금(initial margin) 예탁 및 일일정산(variation margin)을 통해 결제위험을 최소화하며 EUA선물의 경우 톤 당 €1.246~€1.4, CER선물의 경우 톤당 €1.1, 현물상품의 경우는 상품별 결제대금의 18%를 증거금액으로 요구하고 있다.

(3) 회원제도

2009년 9월 현재, 이산화탄소를 배출하는 산업체와 금융기관 위주로 103개 회원이 참여중이며, 산업체는 탄소배출량을 할당받은 업체 위주로 할당받은 배출량을 맞추기 위해 참여하며, 금융기관은 배출권시장에 대한

| 표 7-15 | 회원별 권한 · 회비

회원종류	결 제	권 한	최소 순자산	ICE Futures 정회원비	ECX 배출권 거래 회원비
일반 참가자 (General Participant)	결제회원	자기 매매/결제 위탁 매매/결제	₤5백만	₤2,500(가입비) ₤6,000(연회비)	€2,500(가입비) €2,500(연회비)
	거래전문 회원	자기 매매 위탁 매매	–	₤2,500(가입비) ₤6,000(연회비)	€2,500(가입비) €2,500(연회비)
거래 참가자 (Trade Participant)	결제회원	자기 매매 및 결제	₤5백만	₤2,500(가입비) ₤2,500(연회비)	€2,500(가입비) €2,500(연회비)
	거래전문 회원	자기 매매	–	₤2,500(가입비) ₤2,500(연회비)	€2,500(가입비) €2,500(연회비)

자료: www.ecx.eu

trading 목적으로 참여하여 시장에 유동성을 공급하는 역할을 하고 있다.

투자자의 경우 회원신청서를 제출하여 ICE Futures Europe의 Authorisation, Rules and Conduvt Committee로부터 회원가입을 승인받은 ICE Futures Europe의 ECX 회원이어야 하며, 거래소 회원의 위탁자(Order-routing Customer)로 참여하여 위탁자들은 거래소 회원과 업무 약정을 체결하고 회원이 제공하는 ICE 전산플랫폼에 접근하여 주문하게 된다.

(4) 시장감시: ICE 플랫폼

지정된 시장감시원들은 거래가 Rules and the Trading Procedures에 적합하게 이행되는지를 모니터링하고, 위반사항 적발 시 ICE Futures 컴플라이언스부에 통지하게 되며, 특정 사용자의 거래 활성화 관련 권한을 가지며 시스템을 통해 시장공지를 전송할 수 있다.

(5) 탄소배출권의 법적 기반 및 규제

탄소배출권 현물의 경우 배출허용권(Allowance)은 소유권(Property Right)으로 취급하며 일반적인 소유권 개념으로 영국 상법의 적용을 받는다.

탄소배출권 파생상품의 배출허용권(Allowance)과 감축실적(CER)을 기초자산으로 하는 파생상품은 금융상품(Financial Instrument)으로 취급하여 배출권파생상품을 취급하는 거래소, 거래업자 등은 금융감독청(Financial Services Authority)의 감독을 받게 되며, 영국 FSMA(금융서비스시장법, Financial Services and Market Act) § 22 및 부속규정을 대상물 규제 근거법으로 한다.[16)]

BlueNext(프랑스 배출권거래소)

(1) 개 요

Powernext(2001년 설립된 프랑스 전력거래소)에서 탄소 현물거래를 고려했었으나, 규제적 측면과 거래 목적에서 탄소시장과 에너지시장이 다를 수 있어 2007년 12월 프랑스 전력거래소 Powernext SA의 탄소시장 부문

16) FSMA는 모든 형태의 금융기관 행위를 감독할 수 있는 단일하고 통일성 있는 입법체계를 구축함으로써 금융산업간의 형평성을 도모하기 위해 제정됨.

을 NYSE-Euronext가 인수하여 BlueNext를 설립하였다. 주주구성은 NYSE-Euronext[17] 60%, Caisse Des Depots[18] 40%로 이루어져 있다. CEO, Deputy CEO 및 5개 부서를 설치하여 법무, 재무·인력, 운영·시스템, 마케팅·커뮤니케이션, 업무개발, 세일즈 등의 업무를 담당하며, 특히 7~8명으로 구성된 자체 시장감시팀을 운영하여 경고시스템(Warining system)을 통해 모니터링하고 이상거래로 판단되는 경우 거래를 중지시킨다.

BlueNext의 탄소배출권 현물은 환경법(Environmental Code) 제9장(온실가스 효과)의 적용을 받고, 탄소배출권 관련 파생상품은 금융증권법(Financial Security Act)의 적용을 받는다. 프랑스 배출권 거래소의 설립과 관련하여 Comite des etavlissements de credit et des entreprise d'investissement(프랑스 신용, 투자회사 위원회)가 "Multilateral Trading Facility"로 승인하여 설립되었으며, 프랑스 금융청(Autorité des Marchés Financiers, AMF)의 규제를 받고 있으나 현물거래에 대해서는 구체적인 감독을 하고 있지 않은 것으로 보이며, 신생시장인 점과 투명하게 거래되는 점을 감안하여 규제 강도를 높이지 않고 있다.

BlueNext에서는 현·선물이 모두 거래되며 EUA 현물시장은 70% 이상(장외거래 제외), CERs 현물 시장도 90~100%를 차지(장외거래 제외)하는 만큼 상당한 수준의 시장 점유율을 보이고 있다. BlueNext는 보다 금융 관점의 상품을 상장시킬 계획으로 스프레드(Spreads), 스왑(Swaps), 경매(Auctioning) 등을 고려하고 있으며, 현재 유럽 전역(27개 국가)을 커버하고 있으나, 파트너십을 통해 각 국가의 거래소와의 협력을 추진중이다.

(2) 회원제도

BlueNext의 회원은 현물회원과 파생상품회원으로 나뉜다. 현물회원은 금융기관, 배출권 관련기업 등 99개사가 해당되며, EU등록소인 CITL(Commodity Independent Transaction Log)의 사전 인증을 받아 EU회원

---

17) 뉴욕증권거래소(NYSE)를 중심으로 Euronext(파리, 네덜란드, 벨기에, 포르투갈 등 유럽증권거래소와 런던파생상품거래소(LIFFE)의 합병거래소)를 2007년 4월에 합병하여 설립된 거래소.

18) 프랑스 공공금융기관으로 국가 레지스트리 관리, 탄소크레디트펀드(Carbon Credit Investment Fund) 운영 및 프랑스 온라인등록소 Seringas를 설립하기도 함.

국의 온라인 등록소에 거래계좌를 보유하고, Caisse des Deppots에 결제계좌를 개설하며, 시장규정의 준수를 보증하는 1인 이상의 대표자를 선정하여 BlueNext 거래 계좌당 1인의 대표 중개인(Delegate Trader)과 1인 이상의 대체 중개인(Alternate Trader)을 임명해야 한다. 파생상품회원은 현물회원 중 17개사이며 금융감독기구가 탄소 관련 중개업무에 대한 라이센스 제도를 운영하고 있지는 않으나, 탄소선물시장에서는 선물이 금융상품이므로 관련 라이센스가 필요하다. EU회원국의 경우는 해당 국가에서 파생상품 거래면허를 취득해야하며, EU회원국이 아닐 경우는 ① 프랑스 금융청(AMF)과 해당 국가 감독기관 간에 정보교환 협정을 체결하고, ② 내부통제 및 거래와 관련하여 적정수준의 인력을 확보해야 하며, ③ BlueNext 시장규정의 숙지 및 거래를 위한 전산 요건을 충족해야 한다.

(3) 배출권거래 추진현황

현물 거래·결제(청산) 프로세스는 매일 장 시작 전 각 회원의 현금계좌와 등록소 계좌의 사전 검증을 통해 이에 상응하는 수량으로 거래가 제한되며, 매수주문과 매도주문 간 거래를 체결하여 매수자의 현금과 매도자의 EUA가 충분한지 사후 검증(Caisse des Depots)과정을 거쳐 대금 결제 및 실물 인수도(Delivery versus Payment)로 즉각적인 교환이 이루어지므로 청산기구가 불필요하고, Caisse des Depots는 중개인으로서 대금 및 배출권 실물인수도(Delivery)를 보증하는 역할을 하게 된다.

파생상품 거래·결제(청산) 프로세스의 경우는 매수주문과 매도주문 간 거래를 체결하고 LCH Clearnet이 CCP(Central Counteparty)로서 대금 및 배출권 실물 결제를 보증한다. 다만, LCH Clearnet은 청산회원간의 청산·결제를 담당하고, 그 이후 거래회원으로의 인도는 청산회원이 담당하게 된다. 대금의 결제는 T+2 또는 T+3일, 배출권결제는 T+1 또는 T+2일이 소요된다.

특정 매매수요의 충족을 위해 BlueNext 내에 OTC 시장을 개설하였으며, 일반적 OTC 수요를 흡수하기 위해 병행 개설하였고, Global Vision(거래시스템), Caisse des Depots의 DVP 시스템을 이용하고 있다.

매매거래 일시 정지와 관련하여 CITL에 배출권 인수도 문제 발생시 거래가 정지되며 기타 가격 변동성으로 인한 일시정지 제도는 없다. 시장조성자로 현물시장에 1개사(벨기에 에너지기업 Electrable), 선물시장에 1개사(프랑스 탄소금융업자 Orbeo)가 지정되어 있다.

그림 7-8 BlueNext의 현물거래 및 결제 프로세스

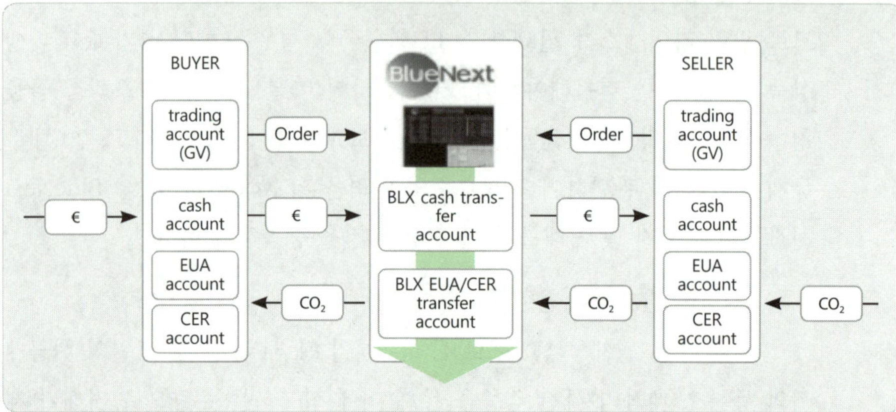

자료: www.bluenext.fr

그림 7-9 BlueNext의 선물거래 및 결제 프로세스

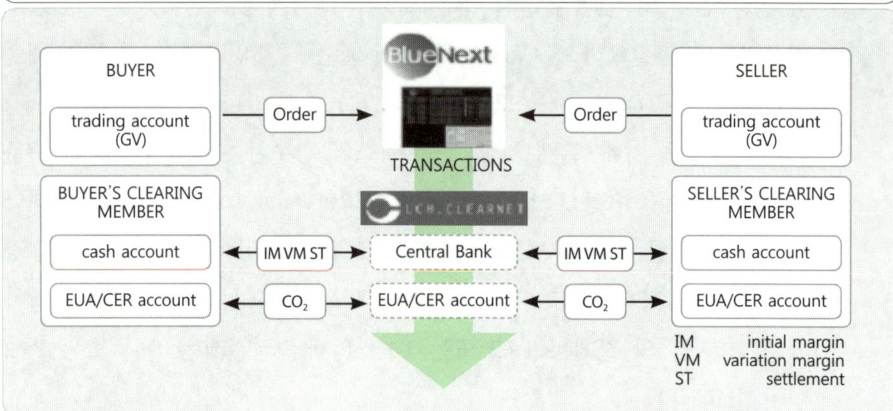

자료: www.bluenext.fr

| 표 7-16 | EUA 현물

매매거래시간	09:00~17:00, Paris Time 기준
매매수량단위	1 Lot(=1,000 EUA = 1,000톤 CO_2 배출허용권)
화 폐	€
호가가격단위	€0.01/톤 (=€10/톤)
거래시스템	Trayport사의 Global Vision
주문(호가)종류	지정가주문(Limit Order), 시장가주문(Markeet Order) 등 일반 증권거래소에서 사용되는 주문 종류
가격제한폭	없 음

주: EU ETS Phase 2(2008년~2012년)의 EUA 2008-2012 매매.

| 표 7-17 | CER 현물

매매거래시간	09:00~17:00, Paris Time 기준
매매수량단위	1 Lot(=1,000 CER = 1,000톤 CO_2 배출허용권)
화 폐	€
호가가격단위	€0.01/톤 (=€10/톤)
거래시스템	Trayport사의 Global Vision
주문(호가)종류	지정가주문(Limit Order), 시장가주문(Markeet Order) 등 일반 증권거래소에서 사용되는 주문 종류
가격제한폭	없 음

주: BlueNext의 Export Committee의 권고에 따라 선정된 CDM 프로젝트에서 발행된 CER 거래.

| 표 7-18 | EUA 선물

매매거래시간	08:00~17:00, Paris Time 기준
매매수량단위	1 Lot(=1,000 EUA = 1,000톤 CO_2 배출허용권)
화 폐	€
호가가격단위	€0.01/톤 (=€10/톤)
거래시스템	Trayport사의 Global Vision
결제일	11월 마지막 영업일 또는 12월 첫 번째 영업일
만 기	2008년부터 2012년까지의 매년 12월
가격제한폭	없 음

주: 기초자산은 EUA 2008-2012, EUA현물과 동일한 화면에서 거래.

| 표 7-19 | CER 선물

매매거래시간	08:00~17:00, Paris Time 기준
매매수량단위	1 Lot(=1,000 EUA = 1,000톤 CO_2 배출허용권)
화 폐	€
호가가격단위	€0.01/톤 (=€10/톤)
거래시스템	Trayport사의 Global Vision
결제일	11월 마지막 영업일 또는 12월 첫 번째 영업일
만 기	2008년부터 2012년까지의 매년 12월
가격제한폭	없 음

주: 기초자산은 BlueNext Spot에서 거래되는 CER, EUA현물과 동일화면에서 거래.

3. 국가 온실가스 등록기관

Caisse des Dépôts(프랑스 국가레지스트리)

(1) 개 요

프랑스 정부 100% 소유의 공공금융기관으로 상업은행, 외국환은행, 연금, 정부신용보증기관, 생명보험 업무 등을 담당, 정부, 우체국, 해외 면세기금(상호저축은행 예탁)의 투자 관리자로 해당 자금을 공공 프로젝트(주택 및 도시건설 등)에 투자하였다. 기타 퇴직기금 관리, 공공주택 및 대중교통 구축사업의 수행 및 2005년 프랑스 국가 온실가스 레지스트리기관으로 승인되어 온실가스 국가레지스트리 업무 등을 수행하고 있다. 이후 2009 Voluntary Carbon Standard(VCS)에 의해 발행된 자발적 탄소 감축실적(VCU)의 레지스트리 업무를 개시하였다.

(2) 녹색금융 추진

주택, 도시건축, 환경개선, 사회책임투자 분야에서 지속가능 발전을 추진하고 있으며, 환경 개선을 위해 신재생에너지, 기후변화, 생물 다양성 보존, Eco 중소기업 분야에의 집중 투자 등을 통해 사회책임투자에도 초점을 맞추고 있다. 그룹내 자회사(CNP Assurance 등)에 책임투자원칙을 설정하고, 2005년부터 PRI 가입, UNEP Financial Initiatives에 적극 참여함은 물론 공공부문의 신재생에너지 사용 증진을 위해 풍력, 바이오매스,

태양열, 수력 발전을 위해 자금(투자금액의 10%) 지원 또는 직접 투자를 수행하고 있다,

(3) 온실가스 레지스트리업무

프랑스 환경부에 의해 2004년부터 국가온실 레지스트리(Seringas registries)관리 업무를 수행하고, Voluntary Carbon Standard(VCS, 자발적인 온실가스 배출권감축에 대한 국제표준) 레지스트리 업무를 병행하며, Sagacarbon, BlueNext, Metnext의 주주로 금융과 기후변화의 가교 업무 및 탄소경제를 위해 탄소배출권의 거래 및 저장, 탄소회계, 레지스트리 업무, 배출권 획득을 위한 펀드 및 직접 투자를 수행하고 있다.

프랑스 국가레지스트리는 배출권 계좌(Account) 개설 및 관리, 배출권 계좌에 자국 내 모든 배출권허용량(Allowances)과 UN감축실적(CER, ERU) 보유 내역 및 모든 배출권(Allowance, Credit)의 이전에 관한 기록을 하고 있다. 국가 및 기업별 배출권에 대한 감리(Compliance)를 제고하며 정부 및 일반인에 대한 배출량 정보를 제공하는 역할을 수행하고 있다.

이러한 국가 레지스트리는 정확성(Accuracy), 추적가능성(Traceability), 안전성(Security), 투명성(Transparency), 통신가능성(Communicability)이 그 핵심 요소가 될 것이다.

2004년 11월 프랑스 국가레지스트리 지정 및 2005년 3월 유럽위원회(European Commission)로부터 승인을 받아 2005년 5월 공식 업무를 개시하고, 약 1년간 레지스트리 구축팀을 운영, 4명의 레지스트리 시스템 구축 전담직원을 배치하였고 계좌 보유자에 대한 교육 등을 실시하였다. 레지스트리 구축과 함께 프랑스 기업에 자발적인 계좌 개설을 유도하고 유럽 배출권허용량 거래를 위한 전산거래 플랫폼과 연결을 시도하였다.

프랑스 국가레지스트리의 운영 체계를 단계별로 나누어보면, 1단계에서 국가 온실가스 인벤토리에서 과거 배출량을 수집하고 이를 국가할당계획을 담당하는 정부 부처(환경부)에 송부하고, 2단계에서 배출권거래 주관부처는 국가할당계획(NAP)을 수립, 배출권 거래 참여자의 사업장별 배출허용량 할당, 3단계에서는 NAP 수립 후 이를 국가 레지스트리(National Registry) 운영자에게 송부하여, 4단계에서 국가 레지스트리 운영자

그림 7-10 국가레지스트리 운영 체계

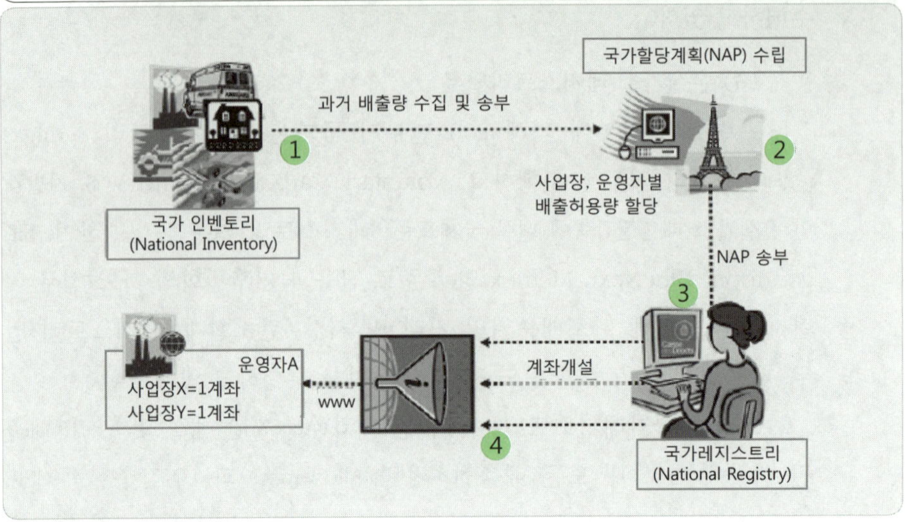

자료: www.caissedesdepots.fr

는 사업장, 운영자별로 계좌를 개설하고 NAP에 의해 할당된 배출권허용량을 기록하고 해당 운영자는 온라인을 통해 조회할 수 있다.

국가레지스트리의 사업장별 배출량 수집 및 관리절차에 관해 살펴보면 1단계에서 사업장 운영자가 자신의 배출량 정보를 수집, 2단계에서 사업장 운영자가 수집된 배출량을 검증한 후 인터넷을 통해 중앙데이터 관리시스템에 입력한다. 3단계에서는 지역별 관리기관에서 입력된 배출량을 확인하고 수량을 인증하며, 4단계에서 지방 관리청은 인증된 배출량 정보를 중앙관리청에 전송, 5단계에서 중앙 관리기관은 배출량 정보를 확인하고 재검증하며, 6단계에서 중앙 관리기관은 검인증 완료된 자료와 배출량 수량을 국가레지스트리에 전송하게 된다. 7단계 레지스트리의 운영자가 계좌별로 인정된 배출량을 기록한다.

프랑스 레지스트리시스템은 타은행 계좌와 온라인 연결을 해주는 온라인 Banking 역할을 하며, 레지스트리 시스템에 대한 접속 보안, 자금 이체명세서 작성, 배출권 이체, 국가, 사업장, 거래자, 개인, NGO 등 다양한 계좌형태 구성 및 다양한 형태의 배출권과 자금을 관리하며, 국가 배출허용량 감리 관리, 배출권 취소(Cancel) 기능, 다양한 종류의 보고서

Ⅰ 표 7-20 Ⅰ 2008년 프랑스 배출권 할당, 발행, 이전 현황

(단위: unit)

	뱅킹취소	취 소	발 행	할 당	소 각	국내이전	국외유출	국외유입
AAU	0	0	2,962,853,449	0	0	0	0	0
CER	0	15,040	0	0	0	16,668,178	24,279,531	36,455,001
EUA	37,984,999	3,500	1,039,639	129,470,477	130,443,227	745,061,502	244,208,871	246,192,474

자료: www.caissedesdepots.fr

제공과 NAP 업로드, 계좌 초기화, 국가별 특성에 맞는 맞춤 기능 보강을 가능하게 한다.

또한, 현물거래 촉진을 위해 거래플랫폼 구축에 참여하여 프랑스에서 현물거래는 일반재화로, 선도/선물거래는 금융상품으로 간주하고, 배출권거래소(BlueNext) 설립에 참여하여 40%의 지분을 갖고 DVP시스템 제공 및 CDC에서 배출권계좌와 은행계좌를 동시에 제공하여 CDC의 배출권거래 촉진 기능을 하고 있다.

Iberclear(스페인 국가레지스트리 운영기관)

Iberclear는 스페인 거래전문기관인 BME-X[19)]의 100% 자회사로서 민간기관이며, 스페인의 Central Depository의 역할을 하고 있다.

스페인 정부는 EU Directive 2216/2004와 UNFCCC의 원칙과 기준을 따라 1,047개 Installations(약 600개 기업)에 온실가스 저감할당량인 EUA(European Unit Allowances)를 할당시켰으며, 환경부를 중심으로 여러 정부 부처와의 협의를 거쳐 국가 온실가스 레지스트리인 RENADE(Registro Nacional de Derechos de Emision)를 구축하였다.

스페인 정부는 2004년 11월 19일부터 RENADE를 Central Depository 성격을 가지고 있는 Iberclear에게 위탁운영하기로 결정하고, Iberclaer는 5명으로 구성된 팀을 구성하여 스페인의 국가레지스트리를 관리하고 있다. Iberclear는 BME(스페인 증권거래소)의 산하기관으로써 인프라나, 거래지식, 유사경험이 있기 때문에 아웃소싱을 할 수 있게 되었다. 초기에

19) BME-X(Bdlsas Y Mercados Espanoles)는 민간회사로써 "스페인(Espanoles)" "시장(Mercados)" "거래소(Bolsas)라는 의미로 BME-X는 증권선물거래와 관련하여 Clearing과 Settlement 서비스를 제공하고 있음.

| 표 7-21 | 스페인 배출권 거래의 기본 절차

2월 28일	Allocation of emissions/ Verified emissions (Verification)	• 각 Installations에 Allowance를 할당함 • 각 기업들은 2월 28일 전까지 정부의 인증을 받은 민간 기업들로부터 검증(Verification)을 받음
3월 31일	Validation of Verified Emissions	• 3월 31일 전에 각 Local Authorities의 Validation을 받아야 함
4월 30일	Surrender of allowacnes and Kyoto Units	• 각 기업, Installations는 매월 검증을 받아서 배출권 관련 Allowances나 Kyto Units을 제시함 • CERs은 EUA의 전력회사는 42% 이하, 일반기업은 7.9% 이하만 인정 • 이를 만족시키지 못할 경우 €100/톤의 패널티를 내도록 되어 있음
6월 30일	Retirement of allowances	• 당해 연도 Allowance(EUA)를 없애면서 AAU를 확정하며 국가 온실가스저감 실적을 확정

자료: www.iberclear.es

는 프랑스의 Caisse des Depots가 제공한 레지스트리 소프트웨어를 사용하였으나, 현재는 이 시스템을 보완하여 사용하고 있으며, 스페인 내에서 account holders를 관리, 산업계 account holders 및 브로커리지를 하는 intermediary account holders도 있다.

미국 REC시장 및 자발적 탄소시장[20]

1. REC(Renewable Energy Credit)의 개요

현재 전세계 전력생산량의 약 80% 가량이 생태계를 해치고 지구 온난화를 야기하는 화석연료로부터 생산되고 있다. 미 EPA[21] 조사에 따르면 화석연료로 인한 전력생산이 공해의 원인 중 가장 큰 비율을 차지하고 있으며, 화석연료 의존도를 낮춰야 한다는 의식이 신재생 에너지에 대한 관심을 증폭시키고 있다. "21세기 신재생에너지 정책 네트워크[22)]"라는 보

20) 노희진 외(2009b).

21) EPA; Environmental Protection Agency(미국 환경보호국).

22) Renewables Global Status Report 2009.

고서에 따르면, 인도와 중국을 포함한 세계 48개국이 신재생 에너지에 관련된 프로모션 정책을 현재 실시하고 있는 것으로 나타나고 있다.

RECs(Renewable Energy Certificates)는 유럽, 호주, 미국에서 신재생 에너지 관련 상품에 대해 인센티브를 주는 흥미로운 메커니즘으로 미국에선 신재생 연료로부터 발생된 전력의 1MWh가 REC의 한 단위가 된다. 생산된 전력 중 재생가능에너지 부분은 REC(Renewable Energy Credit)로서 따로 팔리게 되며, 신재생에너지 발전을 분류시켜 두 개의 상품으로 만드는 프로그램을 개발하였다. REC는 신재생 자원의 녹색 요소, 사회 및 환경적인 이득의 의미를 내포하고 있으며, 신재생에너지 발전을 통해 생산된 에너지는 일반적인 전기와 통합되어 거래되게 되었다.

REC가 중심으로 거래되는 대형 시장은 없지만 여기저기 작은 규모의 시장이 흩어졌으며, 유럽과 호주에서는 자발적 탄소시장과 별개로 자발적 REC시장이 운영중에 있고, 미국에서는 그와 반대로 탄소시장과 같이 다루어지기 시작하였다.

탄소시장과 마찬가지로 미국 REC시장 또한 의무감축과 자발적 감축의 두 개 시장으로 나뉜다. 연방정부차원의 규제가 없기에, 다수의 주정부들이 RPS(Renewable Portfolio Standards)를 신재생 에너지로 인한 인센티브를 주는 데 사용하고 있으며, RPS 요구사항을 충족시키기 위해서는 신재생 에너지 자원을 스스로 만들고, Grid와 연결되어 있는 다른 프로젝트에서 green power를 구매하며, 신재생 에너지 제공자에게서 REC를 구매해야 한다.

대체적으로 세 가지 모두를 이용하는 경우가 많지만, 어찌되었던 REC는 의무감축분야에서는 가장 유연성과 융통성(flexibility)이 있다. 체계적인 RPS사업계획안을 갖고 있는 주정부일수록 거대한 REC 수요를 창출하여, 특히 신재생 에너지 목표가 늘어나고 정책이 생겨날수록 더욱더 그러하다. 애널리스트들은 2004년 한해, 8백만 MWh 가량의 REC가 RPS 의무감축으로 미국 뉴잉글랜드 지방과 텍사스 주에서 사용된 것으로 추정하고 있으며, 현 REC 거래가격과 시장규모를 생각해볼 때, REC시장은 1년에 미화 1억 달러 규모이다. 2010년까지 RPS 정책은 4천5백만 MWh

이상의 REC나 신재생 에너지 발전을 요구할 것으로 예상되며, 캘리포니아 같은 경제규모가 엄청난 주정부에서 RPS 의무감축으로 REC의 사용을 인정하게 되면 그 규모는 훨씬 더 커질 가능성이 높다.

RPS 의무감축에 부합하는 REC 가격은 공급량, 지역에서 나오는 신재생 에너지 자원, 새 프로젝트를 내다보는 능력, 지리적 가능성, 미감축의 벌금의 정도 등에 따라 결정된다. 예를 들어, 메인(Maine)주와 코네티컷(Connecticut)주는 최저치인 $0.70/MWh인 반면, 텍사스주는 더 평균수치에 까가운 $10.00~15.00/MWh, 그리고 뉴잉글랜드 지방은 매우 높은 $35.00~49.00/MWh 수준이다. 신재생에너지 중에서도 태양 에너지(S-REC)는 2006년 3월 뉴저지주에서 $115에서 $265/MWh로 상승하였다. 이전 사례를 볼 때 REC 가격은 공급이 은행과 거래법에 의해 유동성이 제한된 시장인 뉴잉글랜드 지방에서 가장 높았으며, 이 지방은 다른 곳에 비해서 인센티브나 리베이트제도 등이 약했던 것으로 나타났다. Holt and Bird(2005)는 총가치가 2010년에는 미화 6억 8백만 달러에 이를 것으로 예측하고 있다.

2. 자발적 REC시장

탄소시장과 마찬가지로 자발적 REC시장 또한 의무감축시장보다 더 나뉘어져 있다. 자발적 REC시장의 유연성은 소비자들이 신재생 에너지 개발을 소매상을 거치거나 다른 전기 제공자를 거치지 않게 하고, 현재 수많은 회사들이 증명서를 베이스로 한 green power 제품을 제공하며, 다수의 개인 혹은 회사가 REC를 인터넷에서 온라인으로 구매할 수 있게 하였다. 자발적 REC는 소비자들에게 다음의 세 가지 형태로 판매된다. 첫 번째는 각 지방, 혹은 나라별로 독립상품(stand-alone product)으로 판매되는 형태, 두 번째는 대체자원이 아닌 기존 자원들의 에너지와 번들로 판매하는 형태, 그리고 세 번째로 새로운 혹은 미래에 지을 예정인 신재생 에너지 시설에 따른 REC를 약속하는 계약을 함으로써 판매되는 형태이다.

독립상품(Stand-alone products)

신재생 에너지 프로젝트의 개발을 지지하는 개인 혹은 상업적인 구매자들에게 개별 REC 상품의 판매가 늘고 있는 추세이다. 2005년 1월 국립신재생연구소(National Renewable Energy Laboratory: NREL)의 발표에 따르면 2003년 한 해 650,000MWh의 개별 REC들이 20군데의 회사와 약 5,000명의 소비자들에게 팔린 것으로 집계되었다. 2005년 10월의 또 다른 NREL의 발표에 따르면 2004년 한해 REC는 전기와 별도로 구분되어 팔리면서 매출량이 거의 세 배로 증가하였다. 대부분 REC 독립상품은 주거용보다는 대학이나 정부, 정부기관 등의 상업적 소비자들이 타깃이 되며, 최근에 가파른 성장을 보이고 있는 시장분야이다.

미국 REC 검증기관의 선두주자인 Green-e는 2002년부터 Green-e 보증된 독립상품이 큰 폭으로 늘어나고 있으며, Green-e가 REC 마켓의 반 이상의 인증을 담당하고 있다고 보고하였다. 상업적 소비자들은 주로 브랜드 목적, CSR 등의 목적을 위해 지역 프로그램에 참여하려고 한다. 예를 들어, 펜실베니아(Pennsylvania)주의 Community Energy(CEI)사는 뉴욕, 웨스트버지니아, 펜실베니아 등 동북 지역에 중심을 두고 있으며, 오리건(Oregon)주의 포틀랜드(Portland) 기반의 Bonneville Environmental Foundation은 오리건, 워싱턴(Washington), 와이오밍(Wyoming) 등 오리건을 중심으로 한 지역에서 활동하고 있다.

지형적 경계를 넘어서서 REC 독립상품을 판매하는 곳도 있다. 이들은 REC가 대체 가능하다는 점을 이용하여 미전역에 판매하고 있으며, 조지아(Georgia)주의 Sterling Planet사가 그 예이다.

번들상품 (Bundled Products)

자발적 시장의 표준적 거래법의 두 번째로는 그린에너지 상품을 신재생 에너지 자원의 개발과 연결해 프리미엄 가격을 지불하려 하는 소비자들에게 판매하는 것이다.

REC가 전기와 같이 번들화되어 그린파워(green power), 클린파워(clean power) 혹은 신재생 전기로써 판매되면 REC의 사용은 소비자들의 눈에 안보일 수 있다는 점에 유의해야 한다. 에너지 소매상 측에서는 소비자의 역할을 하고 도매를 하고 REC는 철수시킴으로써 그린 에너지 조항을 따른다는 규정을 입증하기 위한 도구가 될 수 있다. 2005년 NREL의 보고에 따르면, 2003년 420,000MWh의 REC 정도가 그린 가격 프로그램(green pricing program)을 충족하기 위해 구매되고 있으며 이는 총 판매의 33%에 해당하는 양이다.

또한, REC를 도매하고 신재생 에너지상품을 더욱 경쟁력이 있는 전기시장에 번들로 판매하는 일도 적지않다. 다시 말해 REC를 특정 지역에서 구매하여 기존 전기와 번들로 판매하는 것이다. NREL은 270만(2,700,000)MWh 신재생 에너지가 2004년 한해 경쟁력 있는 기존시장에서 판매된 것으로 추정하였으며, 이는 전해의 190만 MWh보다 훨씬 늘어난 수치이다. 예를 들어, 미국 최대의 주거 및 상업적 목적의 그린에너지 판매자인 그린마운틴에너지(Green Mountaion Energy)는 자발적 시장에서 도매로 REC를 구입하여 뉴저지(New Jersey), 오하이오(Ohio), 텍사스(Texas)주에서 기존 전기 상품과 번들로 판매하고 있다. 그린마운틴 에너지는 그들의 제품이 100% 재생가능하며 50%가 지역의 수력을 이용하여 환경오염과 전혀 무관하다고 주장하였다. 소비자들이 신재생 제품을 구매할 때, 그린마운틴사는 신재생자원에서 나온 전기의 월별 전기이용을 지불하면서 실제로는 지역의 사업체가 서비스와 관리를 담당하고 있다. Kwh당 90센트씩을 지역 관리비와 별개로 지불해 가면서, 뉴저지주의 750kWh를 매달 사용하는 평범한 가정집은 2.04톤의 이산화탄소 배출을 막고 있다고 알려졌다.

REC 선불판매제(Forward Selling of RECs)

자발적 시장에서 미래의 재생에너지 상품을 미리 판매하는 것으로 버몬트(Vermont)주의 Natice Energy 사는 이러한 비즈니스모델을 취함으로써 사우스다코타(South Dakota)주에 750kWh의 풍력터빈을 건설하고 있다. Native Energy사는 풍력터빈의 수명을 25년으로 내다보고, 터빈의 수명, 화폐의 시간가치, non-delivery의 위험성 등을 감안하여 그 기간 동안에도 계속 REC를 판매해왔다. 혹시 계약된 프로젝트가 완성되지 못할 경우, Native Energy사는 구매자들에게 대안의 프로젝트를 제공하기로 약속하고, 프로젝트 개발자들은 추진중인 프로젝트의 자금조달을 돕는 선불판매제를 선호하게 되었다. 그러나 non-delivery의 가능성과 위험도가 높기 때문에 현재까지 이 제도의 범위는 한정되어 있다.

3. REC 인증제도

CRS(Center for Resource Solutions)

Green-e 신재생에너지 프로그램(Green-e Renewable Electricity Program: Green-e REP)은 1997년 그린파워(green power)에 대한 소비자 신뢰도 향상을 위해 설립되었으며 1990년대 중반의 미국 전력산업 restructuring 과정에서 신설된 미국 최초의 신재생에너지에 관한 자발적 검증/인증 프로그램으로 친환경 전기에너지 기준 수립 및 정보공개를 요구하고 있다.

Green-e 인증제는 미국에서 가장 광범위하게 쓰이는 인증체계로써 2005년 Green-e가 인증한 RECs의 총 판매량이 4,000,000 RECs를 상회하고 있다. Green-e의 인증조건으로는 공급전력의 최소 25% 이상을 승인된 재생가능한 원료로부터 생산해야 하고, 재생가능하지 않은 원료를 사용하여 생산한 전력에 대해서는 대기 배출이 통상적인 전력 생산의 경우보다 작거나 같아야 하고, 마지막으로 신재생에너지 시설에서 생산되어야 하며 국가 기관에서 운영하거나 RPS(Renewable Portfolio Standard)를 달성하기 위한 시설에서 생산되는 상품은 제외해야 한다. 모든 Green-e 인증을 통한 RECs는 신규설비로부터 발생되어야 하고 정부기관에 의해 의무적으로 할당된 경우에는 인증될 수 없다. 모든 Green-e 인증은 매년 전력생산 및 마케팅 비용에 대한 회계감사를 모두 수행해야 한다.

ERT(Environmental Resources Trust)

ERT는 REC를 CRS와 다른 형태로 정의하고 있다. ERT는 전력망으로 전달되는 에너지 생산 기록을 바탕으로 인증을 수여하고 있으며, REC에 해당하는 특정 환경적 요소에 대한 검증 및 대기배출 저감량을 계산하며 또한 회계 감사를 통해 REC 수가 정확히 계산되고 있음을 입증한다.

EcoPower SM Programme을 통해 재생가능 전기에너지가 환경적 기준에 적합하도록 보증하며, 법인회사 및 지방자치 등의 요구에 맞추어 재생전력을 공급하고, 인증제 역할뿐만 아니라 각 기관의 요구에 맞는 청정원료를 개발한다는 점에서 Green-e 인증과 차별화된다.

4. REC 가격 동향

자발적 REC시장은 교토 컴플라리언스 시장에 비해 상대적으로 규모가 작으며 가격도 낮은 수준이다. 자발적 시장의 경우 상품의 다양성, 주거용 및 비주거용 목적에 따른 상품 가격의 다양성, 시장에 공급하는 원료의 다양성으로 인해 가치 산정이 어렵다. 시장가치 산정 시에는 NREL(National Renewable Energy Laboratory)를 기준으로 US $5/MWh에서 US $15/MWh 사이로 선정하며, 자발적 REC시장 가치는 연간 US $15 million에서 US $45 million으로 추산, 2010년까지 US $300 million을 달성할 것으로 예상하고 있다. 연간 최소 8,000,000MWh, 최대 61,000,000MWh을 지원할 것으로 예측하며 개별 REC 인증기준으로 kWh당 US $0.015～$0.04의 프리미엄을 적용한다.

5. REC와 자발적 탄소시장

REC시장에서 가격 변동이 이루어지는 가운데 시장 트렌드에 있어서 흥미로운 점은 RECs와 탄소상쇄(Carbon offset)를 위한 자발적 시장의 통합이 증가하고 있다는 것이다. 미국의 자발적 시장의 RECs와 관련한 많은 계약들을 살펴보면 REC를 발생시키는 프로젝트의 결과로 온실가스 배출이 줄어들 것이라는 것을 알 수 있다. RECs의 수요는 탄소 배출 감축을 위한 보이지 않는 수요로써 해석될 수도 있고, 배출 감축에 대한 수요는 더 많은 형태의 에너지 기반에 대한 수요에 의한 것일 수도 있다.

구매자들과 관련 소매자들이 탄소시장과 REC시장을 이끌게 되면서 첫째, 두 시장의 verification and tracking 시스템은 호환성이 있는가? 둘째, 확고히 규제된 탄소시장이 미국 내에 등장한다면 REC시장에 어떤 영향을 미칠 것인가?하는 두 가지 질문을 해볼 수 있다.

RECs는 일반적으로 로컬 화석연료 발전소의 kWh당의 이산화탄소 배출량을 알아냄으로써 탄소 상쇄(carbon offset)으로 전환된다. 예를 들어, 풍력 터빈에 대한 온실가스 오프셋을 계산하기 위해서는 배출량 데이터로부터 로컬 전력 관리지역에 대한 정보를 모으고 로컬 전력발전소에서 생성되는 에너지의 kWh당 2.370lbs의 이산화탄소가 발생한다는 것을 알아야 한다. 천연에너지에서는 이 비율을 향후 기술 발전을 통하여 전력 발전소에서 이 비율(배출량/kWh)을 감축할 수 있는 가능성을 계산하는 데 이용하고 있다. RECs를 탄소상쇄(carbon offset)의 형태로 판매하는 아이디어를 지지하는 이들은 tracking시스템이 전자 뱅킹의 형태를 통하여 탄소시장과 REC시장의 통합에 도움을 줄 수 있기를 바라고 있다.

CRS는 현재 제3자 검증의 입증 기준을 통과한 GHG 감축과 RECs를 사용하는 소매 온실가스 상품에 대한 인증 기준을 만들고 있다. 미국 내 상당수의 소매상들이 이미 인증을 받은 RECs를 탄소 상쇄(carbon offset)로 기관과 개인에게 제공하고 있기 때문에 Green-e 프로그램 안에서 소매 온실가스 상품에 대한 RECs의 인증 절차는 당연한 것이 되었기 때문이다.

Mark Trexler[23)]는 정교하게 제작된 tracking 시스템이 있더라도 RECs와 탄소 크레디트에 대한 입증 절차는 본질적으로 다르기 때문에 교차시장(cross-market)의 거래는 타당하지 못하다고 보고 있다. Non-additional RECs를 탄소 상쇄(carbon offset)시장에 파는 것은 탄소상쇄(carbon offset)의 핵심인 추가성 요구를 줄이는 것이고 자발적 탄소상쇄(carbon offset)시장의 가치를 하락시킬 것이기 때문이며, 배출권 거래제도(cap-and-trade) 내에서 배출 할당량이 배타적으로 재생가능에너지 시설보다 배출기관(emitter)에게 부여된다면 시설들의 배출감축은 더 적은

23) Mark Trexler(2007).

할당량을 적용 받을 것이기 때문이다.

Rob Harmon[24]은 배출권 거래제도(cap-and-trade) 내에서 여러 오염물질로부터 공해를 줄일 수 있는 유일한 방법은 할당량을 줄이는 것이라고 하였다.

6. REC시장과 탄소시장에 관한 전문가 견해

미국 내의 REC와 탄소시장 사이의 효과적인 이해를 위하여 2명의 전문가의 논쟁에 대한 상반된 의견을 살펴보도록 하겠다.

Mark Trexler

REC의 탄소상쇄(carbon offset)로의 전환은 일반화되어 소비자에게 탄소중립을 제공하는 많은 웹사이트들은 RECs를 구매하거나 회수하고 있다. RECs는 일반적으로 한정적인 재생가능 에너지 기술로부터 발생된 전기의 MWh으로 자발적 시장에서 사람들은 재생가능 에너지 촉진을 돕고자 RECs를 구매하게 된다. 사람들의 비판을 받기도 하고 개별적으로 파는 REC는 MWh의 환경적 특성을 포함하지 않을 수도 있으며 환경적 특성을 포함하고 있을지라도 이산화탄소 배출량의 한도를 정하는 기준이 실질적인 시스템 모델링인지, 평균시스템 혼합비인지 기준이 다를 수 있다는 것과 환경적 이익은 간접적이라는 점에서(생산포인트보다는 발생이 일어나는 시설에서 발생하기 때문에) 할당된 배출량에 대하여 어떠한 소유권도 없을 거라는 점과 중복 계산의 가능성이 있다는 점을 염두에 두어야 한다는 현실을 인지하고 있어야 한다. RECs는 물리적이고 측정 가능한 unit이고 환경적 특성이 함께 동반하며 기술만 있다면 REC를 발생시키는 것은 어렵지 않다.

탄소상쇄(carbon offset)는 1t CO_2의 배출을 방지하는 활동으로 자발적 시장에서 사람들은 지구 온난화를 줄이기 위하여 탄소상쇄(carbon offset)를 구매하게 된다. 탄소상쇄는 책임감 있는 활동과 관련된 환경적 이익이지만 직접적으로 측정되지는 않는다. 프로젝트 없는 상태에서 CO_2

---

24) Rob Harmon(2007).

배출이 무엇인지를 알기 위해 탄소상쇄 프로젝트의 기준선(baseline)에 대한 가설을 세워야 하며, 기준선 파악이 어려운 경우에는 탄소상쇄를 발생시키기 어렵다. 탄소상쇄 발생에 있어서 가장 어려운 부분은 진행중인 활동의 추가성(일반적인 비즈니스인지 아니면 탄소상쇄의 상품 가치의 결과인 것인지 또는 가치 있는 탄소상쇄 없이도 일어날 수 있는 것인지에 대한 질문)을 나타내는 것이다.

RECs는 탄소상쇄와는 대조적으로 추가성 요구가 없기 때문에 이러한 교차 시장은 중요한 문제가 될 수 있다. RECs는 일반적으로 탄소상쇄에 의해 요구되는 같은 형식의 환경 이익을 나타내지 않는다. 예를 들어 미국에서는 풍력발전 지역에서는 매년 20,000,000MWh의 전기를 생산하며 REC시장의 규모의 성장을 방해하고 있다. REC시장이 의도적으로 재생가능 에너지에 대한 수요를 수년에 걸쳐 늘리려고 한다면 현실적으로 통상적인 사업으로 간주되는 재생가능 자원으로부터 많은 RECs를 제공할 수 있기 때문이다.

탄소 오프셋 시장에 non-additional RECs를 파는 것은 탄소상쇄의 핵심인 추가성 요구를 약화시키는 일이며 자발적 탄소상쇄 시장의 가치를 낮출 수도 있다.

Robert Harmmon

정보 공개 차원에서 BEF(Bonneville Environmental Foundation)는 2000년부터 Green Tags(RECs)의 구매를 통하여 소비자들의 이산화탄소 배출량을 줄일 수 있는 옵션을 제공하고 있다.[25] 자발적 REC시장은 가장 큰 환경 인증의 자발적 시장이 될 것이다. 국제 재생가능 에너지 연구실의 최근 데이터에 따르면 50만 이상의 소비자들이 2004년에 자발적 시장에서 6,200,000kWh의 재생가능 에너지를 구매하였고 그 해에 시장은 62% 성장하였으며, 모든 것이 풍력으로부터 발생하였다고 가정한다면 이것은 설치된 풍력에너지 용적의 2,000MWh 이상과 같다.

25) BEF는 2001년에 Northwest Power와 Conservation Council의 세심한 분석을 거친 후 에 Climate Neuttral network의 심의를 거쳐 인터넷에 기반을 둔 이산화탄소 계산기를 출시하였음.

RECs는 화석 연료가 아닌 전기와 재생가능 에너지로의 전환을 통하여 이산화탄소 주요 문제를 파악하는 비용이 효과적인 방법으로 소비자들은 이것을 이해하고 참여하고자 한다. REC 판매자는 이산화탄소 오프셋을 지역 전기 시설망에 대한 평균 배출량에 기반을 두어 계산하며, 어떤 이들은 새로운 재생 가능 에너지로써 분류되지 않는 요소들이 어떤것인지를 분석한다. 공간적 제약으로 인해 어떠한 옵션이 우선될까에 대해 깊이 접근하는 것은 어렵지만 이산화탄소 감축이 재생가능 에너지 시설이 운영됨으로 발생한다는 것은 확실하다. 배출 감축의 재생가능 에너지 시스템이 소비자에게 전달될 것인가는 또 다른 문제이다. 미국에는 현재 이산화탄소에 대한 배출권거래제(cap-and-trade)의 규제가 없기 때문이다. 현 시점에서 Green-e의 인증을 받은 품질 좋은 REC 상품을 구매하는 소비자들은 이산화탄소 배출 이익이 자신들에게만 주어졌다는 것을 확신할 수도 있을 것이다. 소비자들은 또한 그들의 구매로 인하여 이익이 창출되고 구매가 이루어지지 않는다면 어떤 일이 발생할지에 대하여 알고 싶어하는데 이는 추가성과 관련되어 있다.

주요 소비자와 RECs 판매와 관련된 환경 보호 이슈를 나타내기 위하여 다양한 이해관계자들은 1997년 Green-e를 설립하여, 1997년 1월 1일 이후에 설립된 재생가능 에너지 시설만이 RECs를 판매할 자격을 가지며, 강제적 시장에서 판매된 RECs는 자발적 시장에서 판매될 수 없고, 거래는 중복 계산되는 것을 막기 위하여 감사 절차를 거치고, 모든 마케팅 요소들은 정확성 확보를 위해 검토되어야 하고 탄소 요구 방법론은 명확하게 기록되어야 한다는 규정을 통해 시장은 발전하게 되었다. RECs를 위한 온실가스 감축 방법론이 존재하지 않는다고 논쟁하는 평론가들은 Green-e의 규정을 제대로 이해하지 못한 것이거나 Green-e가 미국 내에서 RECs로부터의 자발적 오프셋 구매를 위한 최고의 품질 기준이라는 점에 대해 인식을 못하고 있는 것이다.

RECs의 과잉 공급에 관련한 우려가 생겨나고 있으나 이는 잘못된 것이다. 1997년 이전에 지어진 설비의 RECs는 Green-e에서 권한을 부여하지 않으며 현재 발생되는 주요 RECs는 강제적 시장에 배당되므로

Green-e 인증 제품으로부터 권한을 받지 못한 것이기 때문이다.

어떤 이들은 프로젝트가 자발적 온실가스 지불 자격을 위하여 재무적 요건을 표명해야 한다고 주장하고 있으나 프로젝트가 추가적인지에 대한 결정을 위한 재무 비교 기준 설정은 본질적으로 불가능하며, 각 프로젝트의 재무제표를 검토하는 것도 시간 낭비이지만 제공된 정보들이 정확하다는 보장도 없고 프로젝트의 최종 비용을 나타낸다는 보장도 없다.

추가성을 입증하기 위하여 GHG와 REC 지불 금액을 모두 회수 후에 재생가능 에너지 시설이 건설되어야 한다고 주장하는 경우도 있지만 지불 금액을 선불로 처리하는 것은 단지 재무적 절차일 뿐이다. 대부분의 REC 판매자는 재생가능 에너지 사업자들에게 재무적 위험 감수에 대한 질문을 받는다면 새로운 재생가능 에너지 수천만의 MW를 추가한다고 대답할 것이며 collect-the-premiums-up-front model로 새롭게 설치된 MW의 수는 극소수일 것이다.

Up-front 모델과 관련하여 약정 내용을 이행하는지와 20~30년의 프로젝트 기간 동안 지속적으로 이행을 하는지에 대한 감사를 할 수 있는 Green-e 프로그램과 같은 소비자 보호프로그램이 없으며, Collect-the-premiums-up-front 모델은 소비자가 금액을 지불하는 해에 이산화탄소 오프셋 이익을 30년 흐름으로 약속하며 30년 이상 구체화되지 않는 오늘날의 이산화탄소 감축을 포함하고 있어 환경적 요구에 대한 정확성에 대한 근본적 문제를 발생시킨다는 것, 그리고 Collect-the-premiums-up-front 모델과 관련된 다른 위험은 미래 규제가 REC 구매자 이외의 다른 업체들에게 탄소 흐름의 이득을 할당할 수 있다는 점을 고려해야 한다.

REC 지불 방식은 둘 다 소비자 구매에 합당하며 추가성이 다른 한쪽이 추가성에 대해 더 나은 방식이라고 하기 어렵다. 추가성은 재무적 비교 기준이나 자금 조달 프로젝트의 특정 방법을 갖고 판단해서는 안되며, REC 지불 방식의 Green-e 모델은 소비자가 지불하는 것에 대한 거래 보증을 해주고 있기 때문이다.

재생가능 에너지는 에너지 변환으로 화석연료의 사용을 감축할 수 있고 수많은 사례에서 검증되었듯이 재생가능 에너지는 또한 온실가스

배출 감축에 있어서 가장 비용이 적은 방법이기도 하여 온실가스 배출 감축에 있어서 최상의 방법이다.

소비자들이 시대에 뒤쳐진 재생가능 에너지 지원방식에 얽매이지 않도록 RECs와 Green-e는 이러한 절차를 본래의 역할을 하는 시장의 특징인 간편하고 투명하며 저비용으로 조정하여 주어야 한다.

7. Cap-and-Trade 제도와 자발적 재생에너지 시장

미국 Cap-and-Trade 개요

미 연방, 주 및 지방의 입법 기관들과 규제자들은 이산화탄소를 포함하여 지구 온난화의 주된 원인으로 작용하는 다양한 대기오염원의 배출을 감소시킬 방안을 마련하고 있다. 서부 캘리포니아, 오리건, 워싱턴 주의 정책담당자들이 이산화탄소 배출 상한제도에 대한 열띤 토론이 진행 중이며, 동부도 적어도 8개 주가 이와 유사한 정책을 추진중에 있다.

미 EPA조사에 따르면 미 이산화탄소 배출의 39% 가량이 전력생산으로 인한 것이며, 생산이 계획중인 전력은 대부분이 그 기반이 화석연료라는 점에서 에너지소비, 재생에너지, 온실가스 배출, 기후변화는 불가분의 관계에 있다고 할 수 있다.

입법기관들이 재생에너지 산업을 적극 지원하고자 해도 바람직한 규제 메커니즘이 없다면 큰 효과를 기대할 수 없을 것이다.

재생에너지 시장은 주로 입법기관이 정해 놓은 재생에너지 목표수준을 달성하기 위해 REC를 매입하는 공공기관들로 이루어진 컴플라이언스 시장(compliance market)과 친환경을 위해 자발적 구매를 하는 주거, 기관, 상업, 공업 소비자들로 이루어진 자발적 시장(viluntary market)으로 나눌 수 있다.

자발적 시장을 이끄는 요인은 무엇인가?

자발적 시장 구매는 보통 기후변화와 온실가스 배출 등과 연관된 환경적 요인으로 이루어진다. 미국내 자발적 REC시장과 새롭게 떠오르는 자발적 탄소시장의 잠재적 시너지를 고려할 때, REC 자발적 구매자들이 어떤 환경적 구매 동기를 갖는지 살펴보고 그에 맞는 법률을 제정하는 것이 중요하다. 이전의 규제는 대부분 재생에너지 포트폴리오 기준을 제시하는 형식이었으나 최근 연방정부와 서부 및 동북구 주정부들은 이산화탄소 배출의 상한을 두는 추가적인 규제를 추진하고 있으며, Cap-and-Trade 규칙을 어떻게 설계하고 실행하는지에 따라 재생에너지 산업은 막대한 영향을 받게 될 것이다.

기존 Cap-and-Trade 규칙

1990년 청정공기개정안(Clean Air Amendments)에 따라 미 연방정부는 이산화황 배출의 상한을 정하고 그 배출권의 거래를 허용하는 "투입량 기반 시스템(Input-based System)"을 채택하였고, 정부는 기존 배출자들에게 모든 배출권을 할당하였다.

예를 들어, 아래 〈그림 7-11〉에서 보듯이 이산화황 배출 상한이 매년 1,000톤, 전력생산 요구량은 1,000GWh인 국가 전력 시스템의 경우 1GWh의 전력당 1개의 배출권이 필요하며, 석탄 발전소 두 곳에서 1,000톤의 이산화황을 배출하며 1,000GWh의 전력을 생산하게 된다.

〈그림 7-12〉는 보다 깨끗한 연료인 천연가스로 연간 전력생산량을 500GWh 추가하는 경우를 보여주는 것으로 배출상한은 여전히 1,000톤

그림 7-11 현재의 투입량 기반(input-based) cap-and-trade 시스템

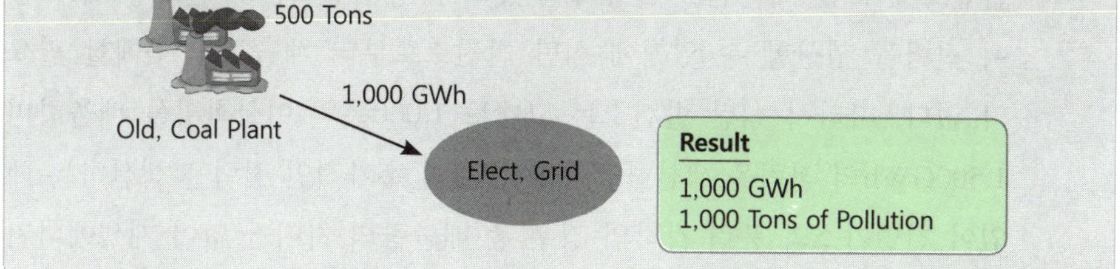

그림 7-12 현재 시스템에 500GWh의 천연가스발전 추가

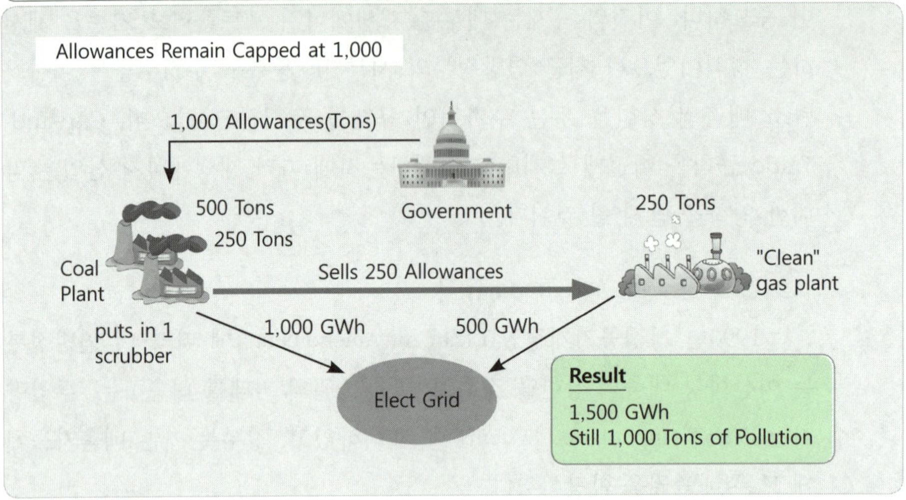

이다. 정부는 계속 기존 배출자인 석탄 발전소에 모든 배출권을 할당함에 따라 천연가스 발전소가 전력을 생산하기 위해서는 석탄 발전소로부터 배출권을 구매해야 하고, 천연가스가 석탄에 비해 대기 오염을 덜 시키므로 500GWh의 전력을 생산하기 위해서 250개의 배출권이 필요하게 된다. 석탄 발전소는 250개의 배출권을 팔아 얻는 수익보다 적은 비용으로 250톤의 배출량을 저감할 수 있으므로, 배출량을 줄임과 동시에 이산화황 집진기를 통해 배출량을 억제할 수 있게 된다. 그 결과 전체 배출량은 1,000톤으로 유지하며 1,500GWh의 전력을 생산하게 되고 이 시스템은 결과적으로 비용 효율적으로 목적을 달성하게 된다.

〈그림 7-13〉은 늘어난 500GWh의 전력량을 천연가스 대신 풍력설비로 대체하는 경우를 보여주고 있다. 정부는 계속 기존 배출자인 석탄 발전소에 모든 배출권을 할당하고 있으며, 풍력설비는 이산화황 배출 없이 전력을 생산할 수 있기에 석탄 발전소로부터 배출권을 구매할 필요가 없다. 따라서 석탄 발전소는 그대로 1,000톤의 이산화황을 배출하며 1,500GWh의 전력을 생산하고, 500GWh의 추가적인 전력을 생산하는 데 있어 천연가스와 풍력 각각의 경우 총 배출량의 차이가 없어 재생에너지로 인한 이산화황 배출저감이 있었다고 할 수 없다.

그림 7-13 현재 시스템에 500GWh의 풍력발전 추가

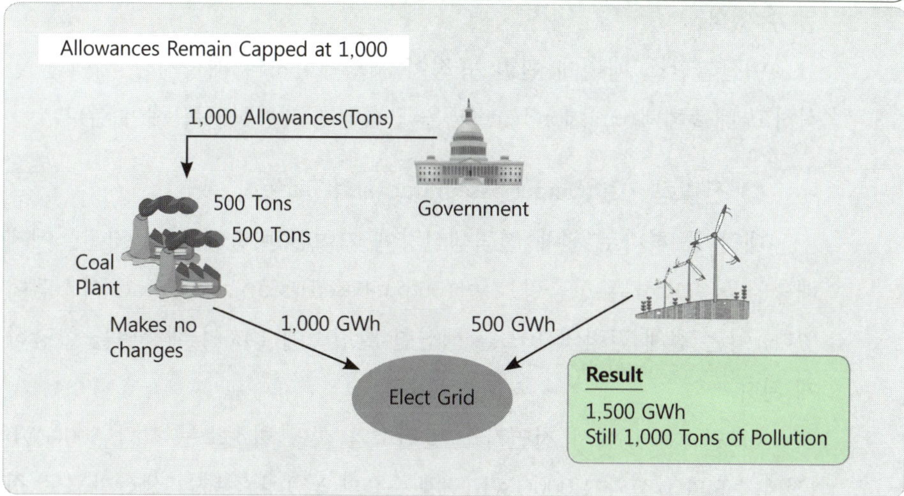

이러한 투입량 기반 시스템(Input-based System)하에서는 어떤 기술로 전력을 생산했는가보다 얼마만큼의 배출권을 보유하고 있는지에 따라 이산화황 배출량이 달라지게 된다. 따라서 이와 같은 시스템에서 대기 오염을 줄이기 위해서는 배출권의 수량을 줄이는 방법밖에 없다. 배출기관은 설비의 운영이 정지되어도 배출권을 할당받으며, 신규 재생에너지 설비가 노후화된 배출설비의 문을 닫게 할 만큼 충분한 전력을 공급한다고 해도 배출권을 이미 할당받은 배출기관은 남은 배출기관들에게 이를 판매할 것이다. 이로써 남은 배출기관들은 추가적인 배출권을 확보하였기에 오염 저감 노력을 지연하거나 오염도가 높은 저렴한 석탄을 사용하게 된다.

이산화탄소 규제의 리스크

이산화탄소는 현재 Cap-and-Trade에 따라 규제되지 않으므로 재생에너지가 화석연료를 대체하면 이산화탄소 배출량이 확실히 줄어들게 된다. 연방 및 주 정부에서 최근 대두되는 이산화탄소 규제는 많은 경우 투입량 기반(Input-based)의 Cap-and-Trade 시스템인 이산화황 규제를 따라 설계되었다. 이 경우, 재생에너지 판매자들은 고객에게 이산화탄소 저감 혜택을 제공할 수 없으며 이는 자발적 시장과 컴플라이언스 시장 발전의

주 원동력이 없어짐을 뜻하고 재생에너지 산업에 있어서 심각한 위협이 될 수 있다.

이산환탄소 배출에 관한 규정이 재생에너지의 배출저감 혜택을 인식하고 배출혜택(emission benefit)을 고객에게 제공하도록 해야 한다.

산출량 기반(Output-based) Cap-and-Trade

대안 중 하나로 전체 전력생산량에 기여한 비중에 따라 기관들에게 배출권을 할당하는 산출량 기반(output-based) Cap-and-Trade 시스템이 있다. 이는 전체 전력의 10%를 생산한 발전소에 10%의 배출권을 할당하게 된다.

〈그림 7-14〉에서 천연가스 발전소와 석탄 발전소는 각각 500GWh(전체 수요의 1/3)와 1,000GWh(전체 수요의 2/3)의 전력을 생산하므로 정부는 각각 333개(배출권의 1/3)와 667(배출권의 2/3)의 배출권을 할당한다. 천연가스 발전소는 대기오염을 덜 시키므로 250개의 배출권만 필요하며, 나머지 83개의 배출권을 석탄 발전소에 판매한다. 1,000개의 배출권이 필요한 석탄 발전소는 750개(667+83)의 배출권을 확보하고 나머지는 배출 저감을 통해 절감해야 한다.

그림 7-14 산출량 기반 시스템에 500GWh의 천연가스발전 추가

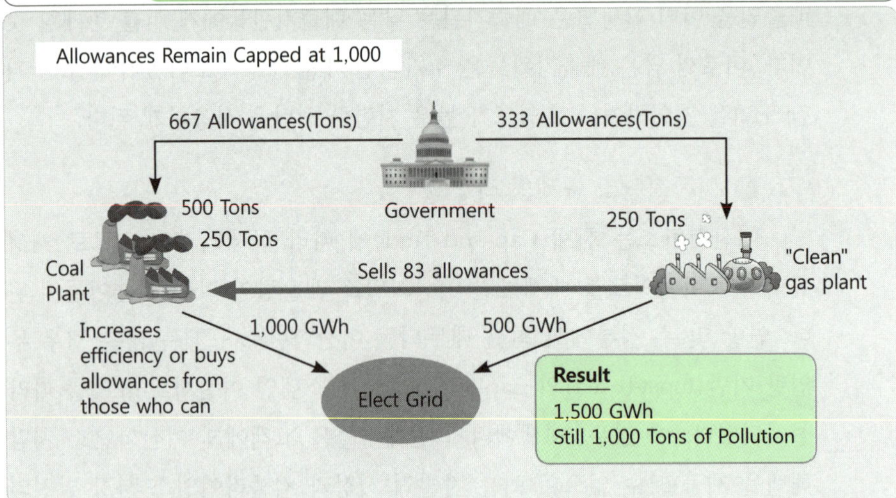

그림 7-15 산출량 기반 시스템에 500GWh의 풍력발전 추가

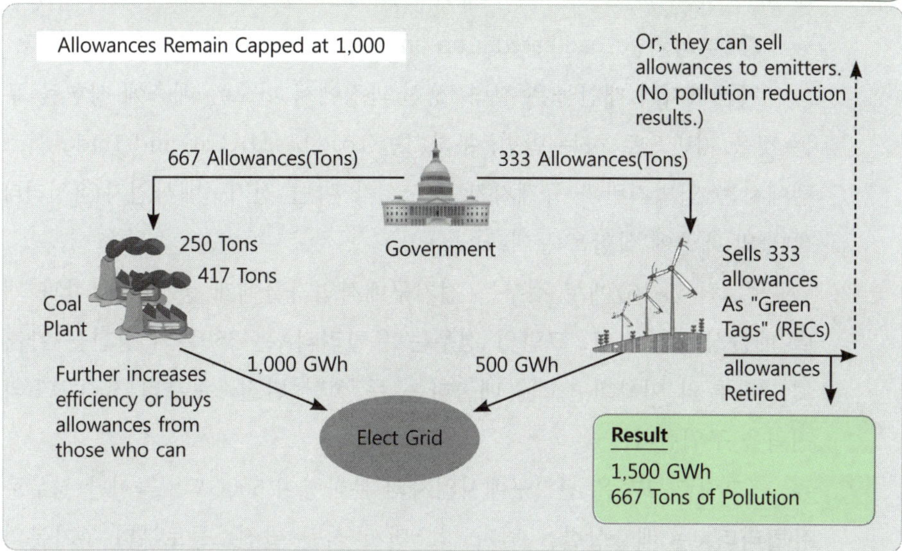

〈그림 7-15〉는 천연가스 대신 풍력설비가 추가적인 500GWh 전력을 생산하는 경우를 보여주고 있다. 배출권이 필요 없는 풍력설비는 할당받은 배출권을 다양한 방법으로 사용할 수 있다. 먼저 녹색전력상품의 형태로 판매하거나 자발적 소비자나 공공기관 등의 컴플라이언스 소비자에게 판매할 수 있으며, 이 경우 모두 시장에서 333개의 배출권이 감소하는 결과를 가져오게 된다. 이러한 배출권의 감소는 총 배출량의 감소로 이어지며 이는 소비자와 규제자들이 원하는 바람직한 결과가 된다. 다른 옵션은 시장보다 높은 가격을 제시하는 석탄 발전소에 배출권을 판매하는 것이다. 이는 시장에서의 배출권 감소는 이루어지지 않아 풍력설비가 생산한 전력은 자발적 시장에서 녹색전력으로 인정받지 못하며, 배출량을 줄이는 데는 기여하지 못한다.

배출권 유보(Allowance Set-aside)

다른 대안인 배출권 유보(Allowance Set-aside) 시스템에서는 입법기관과 규제자가 총 배출권 중 일부를 신규 재생에너지 설비를 위해 유보하는 시스템이다. 결과는 산출량 기반(output-based) 시스템과 동일하나, 관

리가 어렵다는 점과 재생에너지를 특별하게 취급한다는 점이 다르다.

부하기반(Load-based) Cap-and-Trade

지금까지의 대안들은 전력 '생산'과정에서 나오는 배출에 상한을 두는 것을 기반으로 하는 반면, 부하기반(Load-based) Cap-and-Trade 시스템에서는 입법기관과 규제자가 발전소가 아닌 전기구매사업자(유틸리티 섹터)의 배출에 상한을 둔다.

〈그림 7-16〉에서 정부는 전기구매사업자들에게 총 배출상한과 개별 배출상한을 둔다. 그림의 경우는 유틸리티A는 350톤의 상한을 가지고, 350톤의 이산화탄소를 배출하는 두 석탄 발전소로부터 350GWh의 전력을 구입한다.

〈그림 7-17〉은 전기구매사업자의 부하량이 500GWh 늘어난 경우로 유틸리티A는 배출상한을 넘지 않으면서 석탄 발전소들로부터 추가분의 전력을 구입할 수 없기 때문에 풍력 발전소와 같이 CO_2 배출이 없는 전기 생산업자로부터 전력을 구입하여 배출상한을 넘지 않고 추가적인 부하량을 채울 수 있다.

그림 7-16 부하 기반 cap-and-trade 시스템

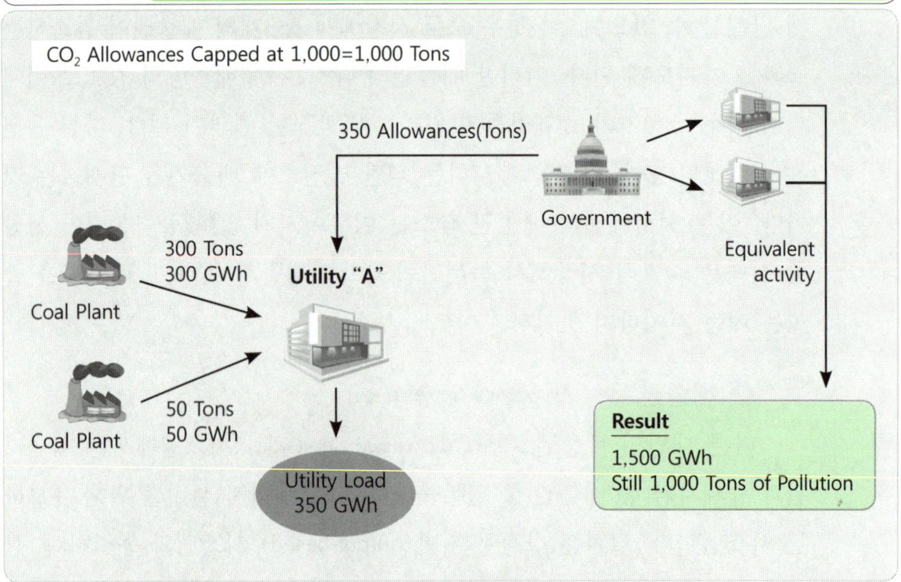

그림 7-17 부하 기반 시스템에 500GWh의 풍력발전 추가

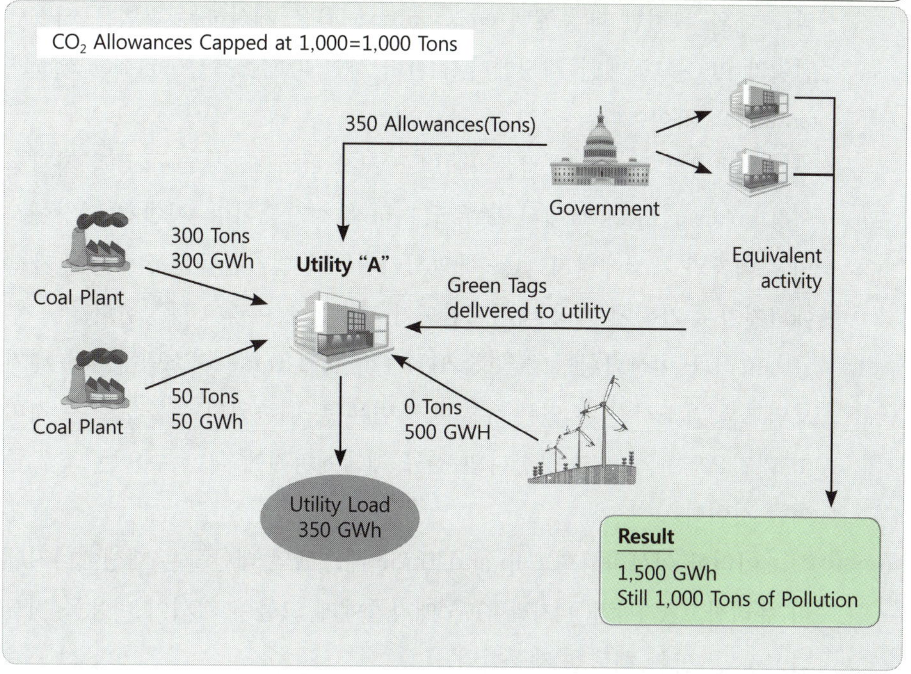

◐ 시스템전력(System Power)에의 가치 부여

많은 전기구매사업자들은 특정 발전회사와의 장기계약보다는 전력시장을 통해서 전력을 나누어서 구매한다. 이처럼 유동적인 시장에서는 시스템전력(system power)의 배출 특성(emission characteristics)을 실시간으로 알 수 없고, 시스템전력 구매와 연관된 배출을 배출상한이 적용되는 전기구매 사업자들의 배출량에 제대로 포함시키기 위해서는 규제자들이 시스템전력에 대해 배출계수(emission factor)를 부여하고 정기적으로 이를 갱신할 필요가 있다.

부하 기반(load-based) 시스템에서는 녹색전력의 자발적 구매자들이 주로 REC를 구매한다. REC 판매 후 남은 전력은 그 배출혜택(emission benefit)을 더 이상 보유하지 않기 때문에 시스템전력으로 분류되어야 한다. 이런 분류체제하에서는 REC의 권리가 소멸된 전력을 구매한 전기 구매사업자는 자발적 구매자가 이미 권리를 주장한 배출혜택(emission benefit)을 중복해서 누리지 못하게 되어 형평성이 유지된다. 자발적 구매자의 구매와 관련한 배출혜택(emission benefit)을 계산하는 방법은 시스템 전력과 REC를 구매한 재생에너지 설비 사이의 배출특성(emission characteristics)의 차이이다.

재생에너지 시장은 컴플라이언스 시장(compliance market)과 자발적 시장(voluntary market)에서 모두 급격하게 성장중이며, 자발적 시장에서의 구매자와 재생에너지 법을 통과시키려는 입법기관들은 전력망에 재생에너지가 추가됨에 따라 대기오염도가 감소할 것이라고 예상한다.

그러나 이산화황형(투입량 기반) Cap-and-Trade 시스템하에서 대기오염도를 감소시킬 수 있는 유일한 방법은 총 배출권의 수를 줄이는 것이며 대기오염을 줄이지 못한다면 신규 재생에너지에 대한 수요는 크게 줄어들 것이다.

이러한 이산화황형 Cap-and-Trade 시스템의 대안들은 재생에너지에 더 유리하고 (자발적, 비자발적) 구매자들에게 그들이 기꺼이 비용을 지불하고자 할 만한 혜택을 제공한다.

| 표 7-22 | 대안 시스템들의 비교

시스템	장 점	단 점
산출량 기반 (Output-based)	• 재생에너지 프로젝트에 직접적인 혜택 • 자발적 시장이 추가적인 감소를 가져옴	• 지역 cap-and-trade 시스템에서는 효과적이지 못함 • 배출상한 적용 지역 내에서의 전력생산비용 인상 • 전기구매사업자(utility)들이 배출상한 적용 지역 밖에서 오염도 높고 저렴한 전력을 구매할 유인 제공
유보 (Set-aside)	• 재생에너지 프로젝트에 직접적인 혜택 • 자발적 시장이 추가적인 감소를 가져옴	• 관리가 복잡하고 비용이 많이 들 수 있음 • 배출권을 신청해야 하는 청정에너지 개발자들에 부담
부하 기반 (Load-based)	• 재생에너지 프로젝트에 직접적인 혜택 • 자발적 시장이 추가적인 감소를 가져옴 • 전기구매사업자(utilities)들로 하여금 저배출 공급자들과 계약하도록 유도	• 시도된 적 없음

자료: 노희진 외(2009b).

재생에너지 산업의 이해관계자들은 문제가 무엇인지 잘 파악하고 재생에너지가 구매자들이 기대하는 실제적인 환경적 혜택을 확실히 제공할 수 있도록 제휴하고 협력해야 하고, 각각의 시장기반 메커니즘들이 환경에 어떤 영향을 미쳤는지, 왜 어떤 시스템들은 기대되는 환경적 혜택을 제공하지 못하는지 이해하는 것이 중요하다. 마지막으로 탄소에 대한 규제(regulated) 시장과 자발적(voluntary) 시장에서 이러한 시장이 재생에너지 시장에 어떤 영향을 미치는지 잘 관찰할 필요가 있다.

일본 탄소배출권 정책과 시장[26)]

1. 정부의 정책

2008년 7월 29일 각의결정된 「저탄소사회건설행동계획」은 2050년까지 60~80%의 온실가스 배출량 감소를 목표로 하고 있으며, 다음과 같이 구체적인 정책항목들을 제시하고 있다.

- 배출량거래의 시험적 실시를 2008년 10월부터 개시
- 녹색세제 추진의 일환으로 지구환경세에 대한 연구 성과 공표
- 탄소발자국(carbon footprint)제도 도입으로 상품·식품·서비스 등의 CO_2 소비량 계산을 보편화하여 배출량산정·표시방법 등의 가이드라인을 작성하여 2009년 시행 목표로 하고 있음
- 탄소상쇄(carbon offset) 모델사업 실시계획
- 탄소회계의 실시방법에 대한 검토·공표 계획
- 기업의 환경친화적 행위에 대한 종합적 평가방법 및 주가지수에의 활용가능성 검토와 객관적인 기업환경정보공개 방침의 수립을 통한 환경사업 투자의 확대를 위한 관련정책의 정비

2008년 10월 21일 실제 수요에 의한 CO_2 거래가격 형성으로 시장의 건전성을 확립한다는 취지하에 「국내배출권거래 통합시장의 시험적 실

26) 노희진 외(2009b).

시」를 시작하였다. 2008년 5월 20일 환경성은 「배출권거래제도에 관한 중간보고」를 공표하여 의무적인 배출권거래제도의 시험적 방안을 제시하였고, 이에 앞서 국내배출권거래제도검토회를 개최하여 산업계와 학계의 의견을 수렴하고 시장메커니즘을 통한 CO_2 감소기술 개발 유인 증가를 강조하였다. 2008년 10월 「국내배출권거래 통합시장의 시험적 실시」에 관한 세부안이 결정되었고 본격실시 도입은 아직 미정이며, 제도 방안도 추후 검토될 예정이다.

「국내배출권거래 통합시장의 시험적 실시」는 「배출권거래 시범계획」의 도입과 해당계획에서 활용이 가능한 크레디트(국내크레디트·교토크레디트[27])의 거래로 구성되며, 「배출권거래 시범계획」의 참가기업은 자율적으로 감소목표를 설정·달성하며, 목표미달 시 각종 배출허용량·크레디트를 조달하여 충당하게 된다. 환경성은 JVETS(자발적 국내배출권제도)를 2005년부터 시행하여 배출권거래제도의 실시에 관한 지식·경험을 축적하고, 목표미달 시 배출허용량의 초과달성분 및 국내크레디트·교토크레디트를 활용하여 충당, 거래에 관한 가격지수 등을 제공할 예정이다. 「국내크레디트제도」는 소정의 절차를 거쳐 중소기업 등이 행하는 배출량감소사업에 크레디트를 인증하는 제도로 교토크레디트 조달에 주력해온 대기업들이 국내배출량 감소 관련 투자를 확대할 것을 기대함은 물론 경제산업성이 추진해온 CO_2 인증사업, 국내CDM검토회, 국내크레디트지원사업 등을 포함한다.

「배출권거래 시범계획」은 참가기업의 형태 및 감소 목표의 설정 등에 관해 기업의 자율성과 유연성을 중시하고 있다. 2008년 10월 21일~12월 12일을 집중모집기간으로 참가기업을 한정하였으나, 2009년 이후 수시 참가가 가능해져 2009년 3월 19일 현재 목표설정참가자 449사를 포함한 523사의 참가신청이 제출되었다. 자주행동계획[28] 참가기업의 경우, 감소 목표를 최근 실적 이상으로 하되 소속업종의 자주행동계획 목표

27) 교토크레디트는 해외 배출량감소사업 실시에 의해 취득하는 배출권으로 교토의정서에 기초하여 거래 등에 대한 규칙이 정해져 있음.

28) 정부가 평가·검증을 실시하는 자발적 업계별 온난화대책으로, 현재 103개 업종에서 책정.

그림 7-18 일본의 국내 크레디트제도의 체계

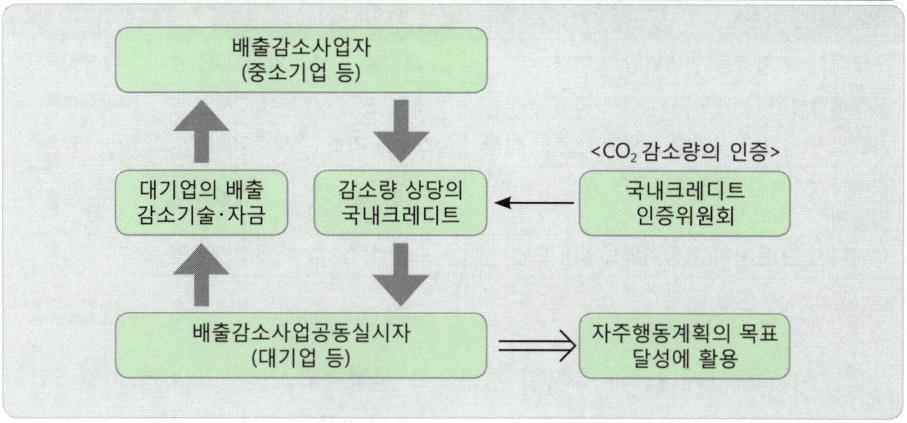

자료: 野崎麻子(2009).

치와 실적치 중에서 높은 수준 이상으로 설정하고, 자주행동계획에 참가하지 않은 기업은 최근 3년간의 평균치 대비 1% 이상을 감소 목표로 설정하되 JVETS 참가자는 JVETS 규칙에 따라 목표를 설정한다. 목표 연도는 2008년~2012년의 전부 내지 일부로 임의 선택하게 되며, 감소 목표의 타당성에 대해서는 소관부서 심사를 행한 후 운영사무국이 확인한다. 참가기업은 목표연도 종료 후 배출량을 정부에 보고하며, 목표 미달시 배출허용량·크레디트 등을 활용하여 목표치를 달성하게 된다. 총배출량목표를 설정한 참가자는 사전교부와 사후정산 중 택일하되, 사전교부를 총배출량 목표에 상당하는 배출허용량을 교부하나, 9할은 목표달성 확인 전 매각이 불가능하며, 사후정산은 목표의 초과달성 시 초과분이 교부된다. 배출허용량 거래를 원하는 참가자는 정부가 운영하는 시스템상의 구좌개설이 필요하며 투기적 거래를 방지하기 위하여 배출허용량의 보유와 차용을 허용할 방침이며, 배출허용량에 대한 가격지수 도입을 검토한다.

「국내크레디트제도」는 대기업이 기술자금을 제공하여 중소기업의 CO_2 배출억제조치(에너지절약형 설비 및 기기도입 등)를 지원한 후, 이에 따른 배출감소량을 대기업의 자율행동 목표달성에 활용하는 제도이다.

배출감소사업자는 사전 승인된 사업계획을 실시한 후 배출량 감소에 대한 보고서를 작성하고, 국내크레디트인증위원회는 간편성을 고려하

| 표 7-23 | 2008년 11월 사업 승인 내역

사업개요	공동사업자	예상설비 투자액	연평균 감소량
도쿄대학 내 형광등 인버터방식 변경	로 손	6억7,000만 엔	1,960톤
도쿄대학병원 내 냉동기의 설비 교체	로 손	1억8,000만 엔	2,034톤
시즈오카 현 통조림공장 보일러 연료의 전환	시즈오카 가스	2,700만 엔	457톤
시마네 현 병원 공기열보일러 도입, 공조열원설비·조명 교체	츄고쿠 전력	9,000만 엔	310톤
야마나시 현 온천시설 공기열보일러 도입	도쿄전력	8,100만 엔	203톤

자료: 山本美紀子(2009).

여 교토크레디트와 유사한 기준으로 설정하고 있다. 2008년 11월 5건의 사업을 승인하여 연간 5,000톤의 감소효과를 기대하며 잠재적인 CO_2 감소사업을 발굴하는 등 국내배출량 감소노력이 경제적 가치를 지니게 되어, 중소기업에 대한 인센티브 향상이 기대된다.

2. 도쿄도의 정책

2010년부터 도쿄도 내 대규모 건물·시설단위에 대해 온실가스배출량의 감소를 의무화하였다. 종래의 자율적 배출감소정책으로는 부족하다고 판단하여 일본에서는 최초로 총량제도 방식을 채택하였으며, 도쿄도 건물·시설의 1할에 미치지 못하는 대규모 건물·시설들이 산업·업무부문 배출량의 4할을 점하고 있어 대책이 시급하다.

2008년 6월에 개정된 「환경보호조약」은 온실가스의 총배출량을 의무화하였고, 도쿄도 전체의 감소목표는 약 455만 톤으로 1,300만 톤×7%×5년에 해당하는 수치이며, 2000년 대비 25% 배출량 감소를 2020년까지

| 표 7-24 | 도쿄도 내 CO_2 배출량 순위

순위	시설	배출량
1	롯폰기힐스 에너지센터	13만 7,043톤
2	도쿄도 하수도국 남부폐기물플랜트	13만 6,736톤
3	오쿠다마공업 석탄화공본부 히카와공장	12만 804톤
4	브릿지스톤 도쿄공장	11만 7,101톤
5	도쿄도 하수도국 스나마찌 수자원재생센터	11만 6,669톤

자료: 山田俊浩(2008).

실현하기 위해서는 업무·산업부문에서 17%의 감소가 필요함에 따라 감소의무이행방법 중 하나인 배출권거래제도도 정비해야 할 필요가 있다.

대상 건물·시설은 배출감소량을 산정하여 감소대책보고서·진행현황보고서 등을 제출·공표해야 한다. 전년도 연료·열·전기사용량이 원유환산 1,500kl 이상인 건물·시설을 대상으로 하며, 개별 건물·시설이 기본단위이나, 에너지관리의 연동성이 있는 경우 복수의 건물을 묶어 단일단위로 취급이 가능하며, 현재 약 1,300여 건물·시설단위가 그 대상이다. CO_2, CH_4, N_2O, PFC, HFC, SF_6가 배출량보고대상에 포함되며, 현재 총량감소의무대상은 CO_2로 제한, 이외 다른 온실가스들은 거래가 불가능하도록 되어 있으나, 감소의무에는 활용이 가능하다.

앞으로 5년간 배출가능 상한량을 (기준배출량)×(감소의무율)로 산정하며, 기준배출량은 2002년~2007년 내에서 연속 3년의 평균에너지사용량으로 하며, 연도는 사업자가 선택이 가능하나, 배출량에 대해서는 등록검증기관의 검증이 필요하다. 감소의무율은 2014년까지 평균 6% 배출량 감소를 목표로 책정하고 2015년 이후에는 평균 17%로 상향조정할 것으로 예상하고 있으며, 우량 특정온난화대책 건물·시설에 대한 적용감소의무율은 1/2 혹은 3/4으로 경감하여, 적극적인 배출량감소노력이 평가받도록 하고 있다.

감소의무의 이행수단으로 배출권 거래를 허용할 방침이며, 효율적인 에너지소비 설비·기기로의 교체 및 운용대책을 추진하고 있다. 제3자기관의 배출량 검증·인증 제도를 책정할 계획이며, 배출권 거래의 대상은 다음과 같다.

| 표 7-25 | 시설별 감소의무율

구 분	감소의무율
사무실건물, 관공서, 상업시설, 숙박시설, 교육시설, 의료시설 등	8%
지역냉난방에서 공급받는 비율이 전체 사용량의 20%를 넘는 건물 및 시설	6%
공장·상하수시설·폐기물처리시설 등	6%

자료: 東京都環境局(2009).

- 의무량을 초과한 배출 감소량
- 중소규모 건물·시설 등의 에너지 절약대책으로 인한 감소량
- 그린전력증서 등의 재생에너지 크레디트
- 도쿄도 외부 대규모 건물·시설 등의 배출량 감소

현재는 그린전력증서만이 구입가능하며, 나머지에 대한 운용방침은 미정이다.

기간 내에 목표 달성에 실패한 후 배출권거래도 행하지 않았을 경우에는 3할의 추가의무가 부과되며, 이후 위반시에는 벌금 외에도 부족분에 대해 조달비청구가 이루어지므로, 목표달성에 대한 유인이 충분하다.

3. 민간부문

탄소상쇄를 통하여 자율적으로 배출량 감소에 노력하는 기업이 증가하고 있다. 2008년 2월 환경성의 「국내 탄소상쇄의 정책방향(지침)」에 따르면 탄소상쇄란 삼림보호, 녹색에너지사업 등에 투자하는 배출감소·흡수활동을 통해 목표배출감소량에서 부족한 부분을 보충하는 것을 의미한다. 2009년 3월 현재, 시장을 통한 국내 탄소상쇄활동은 347건에 이르며, 대부분이 상품·서비스 형태이다. 주된 대상은 일반소비자이며, 자동차판매·리스·보험 등과 같은 자동차 관련이 활발하였으며, 기타 식품, 서적 관련의 경우도 다수가 포함되어 있었다.

2008년의 탄소상쇄 모델 사업으로 채택된 9건 중 5건이 시장유통의 형태로 세부 내용은 다음과 같다.

| 표 7-26 | 일본내 탄소상쇄활동(2009년 3월)

분 류	설 명	건 수
상품·서비스	상품·서비스와 연계된 크레디트를 구입하여, 해당 상품을 사용하거나 서비스를 이용 시에 배출되는 온실가스를 상쇄	231건
회의·행사	국제회의·공연·스포츠대회 등의 주최자가 행사관련배출량 상쇄 조치를 취함	58건
자기활동	시민이나 기업이 자발적으로 크레디트 구입	58건

자료: モデル事業公募説明会資料(2009).

| 표 7-27 | 2008년 탄소상쇄 모델 사업

관련단체	사업설명
GConsicous 주식회사	식품업자의 제조시 CO_2 배출량을 표시하며, 배출량을 CER로 상쇄
환경에너지정책연구소	2009년 FIS 프리스타일 스키세계선수권대회의 CO_2 배출량을 그린전력 등으로 상쇄
효고 환경창조협회	스포츠·문화시설의 입장료 증가분으로 설치된 태양열 발전을 이용하여 VER로 상쇄
리사이클원 주식회사	대형가전판매점이 폐기가전제품 처분시 운반업무를 담당하여 VER 혹은 CER로 상쇄
히타치제작소 주식회사	에너지효율기기와 사용전력최적화시스템의 도입으로 감소불가능한 배출량을 CER로 상쇄

자료: モデル事業公募説明会資料(2009).

환경청이 설치한 J-Ver(Japan Verified Emission Reduction)제도는 탄소상쇄에 사용되는 크레디트가 일정기준을 만족하도록 인증기중을 설정하고, 국내프로젝트에 의해 실현된 배출감소·흡수량을 크레디트로 인정하여 등록부에 보관하였으며, 2008년 12월에 고우치현 산림자원에너지활용사업(배출량감소프로젝트의 VER인증관리시행사업)이 등록되어 사업을 실시하고 있다.

3 국내 도입방안

배출권 거래제 도입 방향

국내에 탄소배출권 거래제를 도입하기 위해서는 다음과 같은 점을 고려해야 한다.

첫째, 탄소배출 감축 필요성에 대한 사회적 공감대 형성이 필요하다. 이산화탄소를 비롯한 온실가스가 대기중에 축적되어 온실효과를 유발하고, 이에 따라 해수면 상승 등 기상이변을 초래하여 미래 인류 생존권에 대한 불확실성이 커짐에 따라 기후변화에 대처하기 위해 대기중의 이산화탄소를 현재 수준 이하로 안정시켜야 한다는 사회적 공감대를 형성할 필요가 있다. 기업의 경우 탄소배출 총량 제한 방식 도입에 따른 비용 부담의 우려가 있을 수 있으나, 경쟁상대국 기업도 유사한 비용부담을 할 수밖에 없으므로, 효율적인 탄소배출 거래시스템 구축은 기업의 경쟁력 제고에 기여할 수 있다.

둘째, 총량제한방식(Cap&Trade)의 배출권 거래제를 도입할 필요가 있다. 교토의정서에 의해 EU를 비롯한 선진국의 Cap&Trade 방식의 탄소배출권 거래 체제가 탄생하였으며, 전세계적으로 탄소배출권 거래가 가장 활발한 EU-ETS 시장에서도 Cap&Trade 방식의 탄소배출권 거래를 실시하고 있다. 미국 의회의 왁스만·마키 의원은 2009년 3월 31일 Cap&Trade 방식의 탄소배출권 거래제 내용을 담은 "미국 청정에너지 및 안보법(American Clean Energy And Security Act)"을 의회에 제출하였으며, 탄소배출권 한도를 2005년 기준으로 2050년까지 83%를 감축할 예정이다. 탄소배출 감축을 위한 국가적 노력은 Cap&Trade 방식의 도입 여부에 따라 대외적으로 인정받게 될 것이며, 탄소관세에 대한 국제적 논의가 진행되고 있으므로 우리나라 수출기업의 보호를 위해서도 총량제한방식의 도입이 필요하다.

셋째, 아시아 지역에서의 선점 효과를 위해 가능한 빠른 시기에 설립할 필요가 있다. ECX의 높은 시장 점유율 요인 중에는 선점효과가 있으며 그만큼 개소시기는 상당한 의미를 갖기 때문에 가능한 빨리 개소하여, 국제적으로 개소사실을 알리고 아시아 지역에서 선점 효과를 노릴 필요가 있다.

넷째, 거래시스템의 효율성을 확보해야 한다. 초기 시장 개설비용이 과다하게 투입될 경우 이를 회수하기 위하여 높은 거래 수수료를 징수할 수 있으며, 이는 시장 활성화의 저해요인으로 작용할 수 있다. 이에 최소 필요 인원으로 운영하되, 가능한 기존 거래의 거래, 청산, 결제 시장감시 등의 시스템을 활용하는 방안을 강구해야 한다.

다섯째, 시장의 투명성을 확보해야 한다. 기존의 시장감시 시스템과의 연계를 통해 시장감시 시스템을 구축할 필요가 있다.

여섯째, 시장의 유동성을 확보해야 한다. 국가 차원에서의 탄소배출량 저감 목적을 달성하기 위해서는 금융부문의 참여가 필요하다. 금융시장에서의 투자자로부터 자금을 조달해 펀드를 조성한 후 온실가스 저감사업이나 배출권에 투자하여 얻은 수익을 배당하고, 프로젝트 파이낸스 및 펀드 구성 등을 통해 CDM 사업에 투자하여 CER을 확보할 수 있을 것이다. 또한, 다양한 투자자의 확보를 통해 직접적인 탄소 다배출 사업장뿐만 아니라, 증권·선물회사 등의 참여를 유도하고, 온·오프라인 네트워크 활용을 통하여 거래의 접근성 및 편의성을 제고해야 한다. BlueNext의 경우 금융기관, 배출권 관련기업이 회원사로 참여하며, 시장조성자제도를 도입하고 있다.

일곱째, 탄소배출권 현물·파생상품을 동시 상장할 필요가 있다. 탄소배출권 현물과 파생상품간의 차익거래 기회를 제공함으로써 탄소배출권 현물시장의 가격변동 위험을 헤지하기 위함이다. 현재 유럽지역의 주요거래소인 Nord Pool ASA, BlueNext, EEXAG가 현물과 파생상품을 동시에 거래하고 있으며, ECX는 EUA/CER 파생상품만을 취급하고 있으나, 현물과 유사한 만기 1일의 단기 EUA/CER 선물을 거래하고 있다.

마지막으로 해외거래소와 연계할 수 있는 시스템의 구축이 필요하다. 향후 전세계적인 배출권 거래가 표준화되어 국가 간의 배출권 거래도 가능할 것으로 전망된다. 따라서, 국제적 연계거래를 위해서는 거래시스템의 유연성 및 시장운영 노하우가 중요하게 되고 이를 위해서는 거래규칙, 참가자의 자격, 거래절차 등이 국제 표준에 부합되도록 설계되어야 한다. 국제시장과의 연계는 투자자에게 다양한 거래정보를 제공함으로써 시장의 투명성을 확대할 수 있다. 유동성의 부족으로 생길 수 있는 거래의 제한, 가격의 왜곡현상 등을 방지하며, BlueNext의 경우 아시아 지역과의 협력을 고려하고 있다.

배출권 거래제도의 도입요건

우선적으로 배출권거래제 기본 추진 계획을 수립함에 있어 경제 구조 변화에 따른 탄소세, 배출권 거래제, 직접 규제 등 다양한 경제 수단의 경제적 영향 분석을 위한 연구가 수행되어 국제 동향 및 각 수단별 경제 파급효과 분석, 우리나라의 감축의무방식에 따른 배출권 거래제 방식과 활용 방안 등의 검토가 필요하다. 이후 배출권 거래제 도입 시 예상되는 국가 감축 목표 달성을 위한 비용 효과적인 정책 수단의 조합, 총량제한, 원단위 등 거래 운영방식, 구성 요소별 주관 기관 검토 등의 구성 요소별 쟁점 사항을 조정하여 "배출권 거래제 기본 추진 계획"을 수립하여야 한다.

Post-2012 협상 결과에 따라 국가 온실가스 감축 수준이 결정되면 산업, 건물, 수송 등 부문별 감축 수준을 결정·배분하고 시범사업 실시 준비를 위해 거래제 요소별 상세 설계 및 검/인증 체계, 레지스트리, 거래소 등의 시스템을 구축한다.

다음 단계로 배출권 거래제 시행에 필요한 법적 쟁점 사항별 EU 등 주요 국가의 법률 및 제도를 조사하고 배출권의 법적 정의, 검인증 체계 등 쟁점 사항별 검토 및 국제 협상과 시범 사업 결과를 반영하여 배출권 거래제법을 제정해야 한다.

배출권 거래제 시범사업을 자발적 참여의 배출권 거래제 시범사업 실시를 통해 자발적 참여로 총량관리 또는 원단위 방식으로 진행하고, 배출권 거래제법 제정 이후, 국내 배출권 거래소 등 기본 인프라를 구축함은 물론 국제 협상 추이를 고려, 본격 도입하도록 한다.

탄소시장 활성화 추진

탄소관련 금융기관 육성 및 금융상품 개발을 위해 탄소자산관리, 탄소배출권 브로커리지, 탄소관련 지수 개발, 거래 플랫폼 서비스, 기타 기업탄소경영평가 전문회사 등의 설립을 지원 및 육성하고, 국내 전문 기관의 창업지원, 해외 전문기관 국내 유치 및 기술 이전을 위한 정책자금 지원 및 법인세 감면의 혜택을 부여하며, 탄소관련 금융상품 개발을 촉진하기 위한 투자자 소득세 감면, 탄소배출권 펀드, 탄소관련 지수 및 ETF, 배출권 선물, 보증보험 등의 탄소상품 활성화를 위한 세제 혜택을 포함한 정책적 지원을 하도록 고려할 필요가 있다.

이외에 해외 탄소배출권 사업개발을 지원하여 개도국 탄소배출권 사업개발을 위해 국내 탄소배출권사업 개발기관 및 투자기관의 해외 탄소배출권 확보사업 개발을 지원하는 자금 지원 및 세제 혜택을 부여하고, 리스크가 높은 탄소배출권사업의 특성상 사업개발 관련 경비보조, 자금융자, 펀드조성 및 세제 감면 등의 지원 정책 강구가 필요하다.

개도국 탄소배출권 사업개발 관련 금융서비스 개발을 위해 국내외 탄소배출권 개발사업자에 대한 대출, 지분투자, 채권발행, PF, 투자자금 중개, 신용보증한도 확대 등 금융서비스 개발을 지원하고, 민간부문의 해외투자 금융서비스 개발 시 정부-민간 매칭펀드 조성을 통해 금융서비스 개발을 촉진함은 물론 개도국 지역 탄소배출권 개발사업자에 대한 금융서비스 확대로 아시아 탄소금융시장을 선점할 수 있는 기회가 될 수 있을 것이다.

아시아 탄소시장의 허브 육성

아시아 탄소시장의 허브 육성을 위해 범아시아통합 탄소배출권 거래소의 설립을 검토할 필요가 있다. 우선, 주요 아시아 개도국의 탄소배출권 거래소 설립을 위해 우리나라 경험을 바탕으로 관련 정책 개발, 법·제도의 정비, 거래 메커니즘의 설계, 거래 시스템을 구축하고 우리나라 배출권 거래소와 시스템적으로 연계될 수 있는 거래소 설립을 지원하는 국가 간 협력 사업을 추진할 수 있다.

이를 바탕으로 우리나라의 탄소배출권 거래소와 주요 개도국 탄소배출권 거래소를 연계한 범아시아 탄소 배출권 거래소를 추진하며, 이것은 단순히 배출권거래뿐만 아니라 투자 및 자금중개 등 관련 금융서비스 등을 제공하여 아시아지역 탄소금융허브의 기반을 구축하는 의미가 될 것이다.

녹색산업 및 탄소배출권사업에 필요한 사업개발자금 지원, 대출, PF, 수출금융, 환율헷지, 보증 등 종합적 탄소금융 서비스를 제공하고, 정부와 민간금융기관 등의 공동출자 방식으로 추진, 수출금융, 환율헷지, 보증 등 특수서비스는 관련 기관들의 서비스를 연계하여 운영하는 형태의 종합 녹색은행(가칭)의 설립을 검토할 수 있다.

4 탄소금융[29)]

탄소금융(Carbon Finance)에 대한 세계은행의 정의는 기후변화에 대한 시장메커니즘을 활용한 해법이라는 탄소금융의 근본취지를 명확하게 설명하고 있다.[30)]

> Carbon Finance is the term applied to the resources provided to a project to purchase greenhouse gas emissions reduction.(World Bank 2006)

즉, 탄소금융이란 온실가스와 같이 경제적 외부효과(external effect)를 갖는 산출물에 대해 배출권 거래제와 같은 형태로 한 국가가 달성하고자 하는 환경목표에 따라 비용효과 측면을 감안하여 총 배출한도를 정한 뒤 이를 배출할 수 있는 권리, 즉 배출권을 각 경제주체에게 할당하여 경제주체로 하여금 시장원리에 따라 배출권을 거래하게 하는 제도인 배출권거래제의 도입으로부터 파생되는 시장거래를 지원하는 금융상품 및 금

---

29) 진익 외(2009) 탄소시장 및 녹색보험 활성화방안 참고.

30) Labatt White, Carbon Finance, p.2.

그림 7-19 탄소금융의 역사

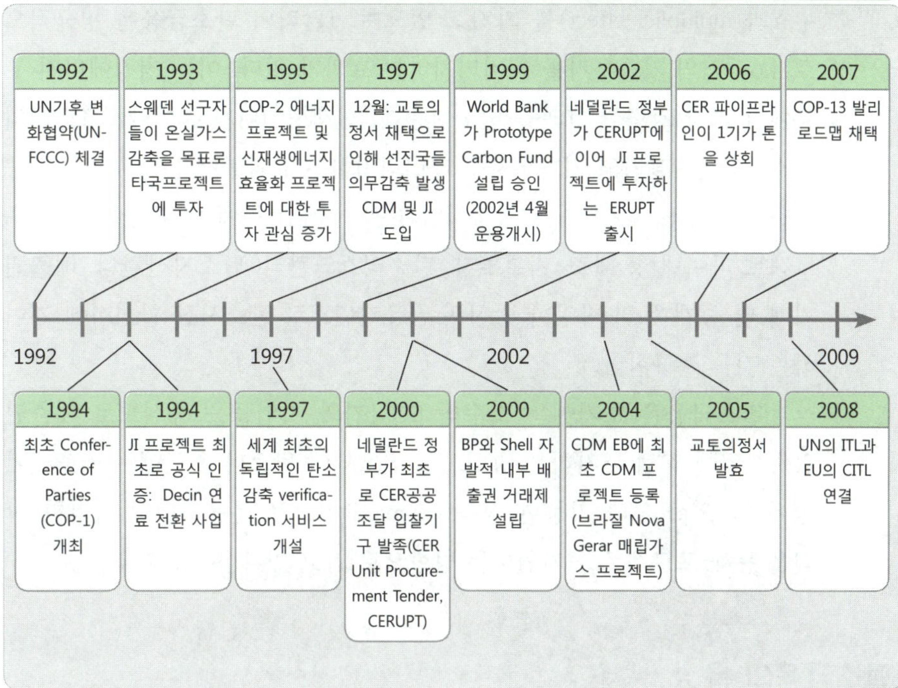

자료: 박형건(2009).

융거래체계라고 할 수 있다.[31)]

온실가스 감축을 통한 기후변화 대응이라는 측면에서 신재생에너지 투자, 에너지효율 향상 등 에너지수요관리와 온실가스 배출이 경미한 원자력발전소 건설 투자 등이 탄소금융의 범위에 포함하기도 하나, 세계은행이 정의하는 탄소금융은 온실가스 감축에 기여하는 청정기술에 대한 투자를 위한 잠재적인 재원의 의미이다.

탄소금융은 최소한의 비용으로 가능한 많은 온실가스를 지속가능한 방식으로 감축할 수 있는 사업에 대한 금융지원으로 탄소시장 활성화에 기여함을 목적으로 하며, 자본 레버리지, 프로젝트 IRR개선(추가수익 제공), 기술 이전 촉진, 리스크 저감이라는 효과면에서 그 필요성이 강조

31) 배출권거래제의 정의에 대한 내용은 이기훈 외(1998) '배출권거래제를 활용한 전략산업의 온실가스 저감방안' p.5 요약, 김영경(2007).

되고 있다. 탄소금융은 다양한 산업분야에서 기초투자를 증대시키고 승수효과(multiplier effect)를 가지고 있으며, 1달러의 탄소금융은 평균적으로 4.6달러의 기초투자를 레버리지하는 효과가 있다. 이는 청정에너지 부문에서 가장 강력한 효과를 발휘하는데, 신재생에너지 분야에서 1달러의 탄소금융은 9달러의 기초투자를 레버리지하는 효과를 갖는다.[32)]

탄소금융은 온실가스 감축사업과 관련 기업 등에 대해 탄소펀드, 프로젝트 파이낸싱, 대출·지분투자, 탄소리스크관리, 탄소자산관리, 배출권 거래 및 중개 등의 다양한 방식의 금융지원으로 탄소시장 활성화에 기여하는 것을 추구한다.

탄소금융은 초기에는 소수의 EU국가와 기업들을 중심으로 배출권 감축사업에 직접 투자하는 방식으로 진행되어 왔으나 최근에는 배출권이 전세계적으로 거래 가능한 상품(commodity)으로 통용되면서 다양한 방식을 통해 프로젝트를 지원하는 방향으로 가고 있다.

탄소금융의 특성

1. 생태 친화적 금융수요의 증가

최근 들어 소비자들의 환경태도와 인식의 변화가 급속하게 이루어지고 있다. 이러한 소비자들의 환경문제에 대한 태도는 생태 친화적(eco-friendly) 금융상품에 대한 수요를 증가시켰을 뿐만 아니라 다수의 환경관련 NGO의 출현과 정부정책에 대해서도 적극적인 제안을 요구하는 사회적 분위기를 이끌어 내고 있다.

2007년에 미국 예일대학의 환경법 및 정책연구소에서 실시한 환경태도와 소비자 행태에 관한 여론조사의 결과에 따르면, 약 83%의 미국인들이 환경문제를 심각하게 인식하고 있는 것으로 조사됐는데, 이는 2004년도에 비해 약 13%나 증가한 비율이다. 아울러 응답자의 75%는 자신들의 환경 친화적 행동을 통해 지구 온난화의 감소에 기여할 수 있다고 응

32) 박형건(2009).

그림 7-20 미국인의 환경태도에 대한 인식 설문조사결과

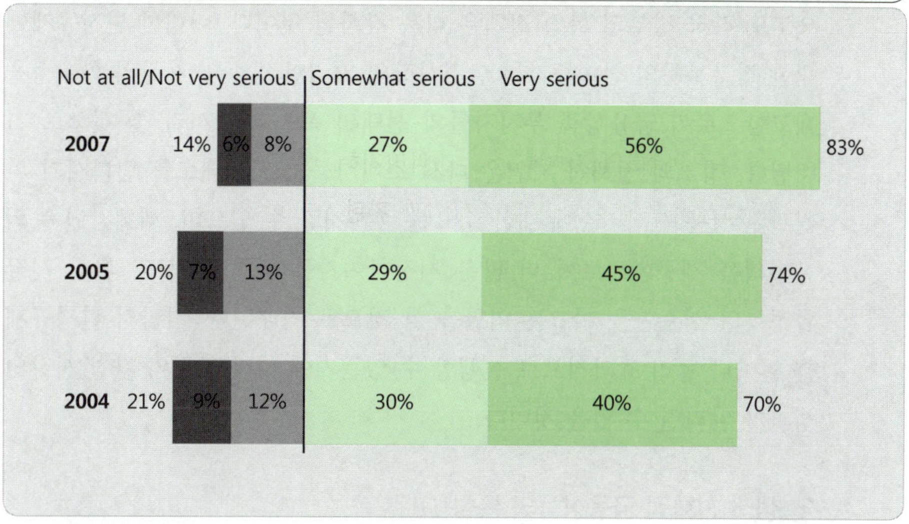

자료: Environmental attitudes and behavior project(2007) by Yale Center for Environmental Law & Policy.

답하였으며, 81%의 응답자는 실질적으로 자신들이 이러한 환경문제에 책임을 공감할 뿐만 아니라 기꺼이 환경 친화적 제품이나 서비스를 구매할 의사가 있고 새로운 기술에 대한 적극적인 투자를 통해 온실가스 방출을 줄일 수 있다고 대답하였다. 이러한 결과는 소비자들의 환경인식의 변화가 환경관련 상품의 수요증가로 이어지고 있으며 환경관련 정부정책에도 보다 적극적인 대응을 요구하는 것으로 해석할 수 있다.

이러한 환경 상품에 대한 주요한 수요증가요인으로는 환경지식이 발달하고 환경관련 언론보도의 확대로 자연스럽게 소비자들이 환경문제에 대한 노출빈도가 높아지면서 환경에 대한 관심이 증가된 점을 꼽을 수 있다. 이는 나아가 소비패턴에도 영향을 미치면서 재화부터 금융에 이르기까지 전 분야에 걸쳐 생태 친화적 상품에 대한 수요증가로 이어지고 있다.

2. 환경규제의 강화

소비자의 환경에 대한 태도와 인식의 변화는 환경상품에 대한 수요증가를 넘어 환경위험에 대한 규제정비 및 법제강화를 유도하고 있다. 아

울러 교토의정서 비준, 환경 NGO 등 사회적인 변화가 가시화되면서 앞으로도 각국 정부의 환경 정책은 더욱 강화될 것이다. 이러한 환경규제에 대한 정부부문의 참여증가는 환경시장의 가격안정성 및 시장의 확실성을 제고함으로써 금융상품 투자자들의 선택의 폭을 확대시켜 줄 것으로 기대된다. 정부의 정책적 지원은 다시 소비자들의 환경태도를 변화시켜 환경관련 상품과 서비스에 대한 수요를 증가시킬 수 있으며, 세제감면 등의 유인책을 제공함으로써 더 많은 시장참여자들의 참여유도와 환경 시장 활성화의 선순환을 이끄는 역할을 할 것으로 기대된다. 따라서 환경규제를 얼마나 빨리 효과적으로 실행할 수 있는지에 따라 각국의 환경 시장의 성과가 달라질 수 있을 것이다.

3. 생태 친화적 금융상품의 특성

오늘날 환경 금융상품들은 거의 모든 자본시장 분야에서 광범위하게 제공되고 있다. 이러한 금융상품들은 환경문제와 각 금융상품의 고유 특성을 효율적으로 융합한 해결책들을 투자자에게 제공함으로써 투자기회의 확대와 사회 전반적인 환경위험을 줄이는 역할을 하고 있다.

금융상품은 은행, 증권, 보험, 자산운용 등 서비스를 제공하는 금융기관에 따라 각기 다른 고유의 상품 특성을 갖는다. 이들 금융상품이 투자자에게 제공하는 본질적 기능은 다를 수 있으나 환경 금융상품에 내재된 환경 특성은 동일하다.

탄소중립이나 탄소상쇄에 기여할 수 있는 금융상품이 주요한 생태 친화적 금융상품이 될 것이다.

탄소중립성

환경 금융상품은 탄소중립성(carbon neutrality)의 개념을 근거로 설계된다. 탄소중립성이란 생산이나 소비활동 시 탄소발자국(carbon footprint)을 제로 상태로 균형을 맞추어야 함을 뜻한다. 탄소발자국은 사람이 걸을 때 땅에 발자국을 남기듯 사람의 활동이나 상품을 생산, 소비하는데 직·간접적으로 발생하는 이산화탄소(CO_2)의 총량을 가리키며, 이는 보다 넓은 환경문제에 대해 사용되는 생태발자국(ecological footprint)과 같다고 볼 수 있다. 또한 탄소중립성은 위험요인에 따라 기후중립성(climate neutral)으로 사용되기도 한다.

따라서 탄소배출권뿐만 아니라 모든 환경 금융상품의 설계에는 중립성 개념이 적용되며, 유사한 정도의 재생에너지 사용 시 방출되는 온실가스량[33]을 기준으로 초과 방출되는 온실가스에 대하여 소비 주체인 개인이나 기업은 이를 자본시장을 통하여 정산할 의무가 있다.

금융기관들은 이 과정에서 탄소중립성을 준수하고자 하는 소비자나 기업들을 간접적으로 연결해주거나 혹은 자신들이 직접 설계한 상품을 판매하는 위험인수자 혹은 시장조성자의 역할을 수행한다.

탄소상쇄

환경 금융상품은 투자자에게 탄소상쇄의 기능을 제공한다. 탄소상쇄(carbon offset)란 생산이나 소비과정에서 할당량을 초과하여 배출된 이산화탄소를 시장거래를 통해 정산하거나 탄소배출량에 합당하는 금액을 식림, 재생에너지, 청정에너지 사업에 투자함으로써 배출분을 상쇄하는 것을 가리킨다. 이는 개인이나 기업이 컴플라이언스 준수를 위해 거래하는 컴플라이언스 시장과 투자수요에 의한 자발적인 시장으로 구분될 수 있는데, 최근에는 탄소중립성의 라이프스타일을 추구하고자 하는 소비자들이 증가하면서 탄소상쇄가 금융상품에 포함되고 있는데 개인들은 운송수단, 전기사용 등 자신들이 소비하는 과정에서 발생한 온실가스 방출량에 대한 해소를 위해 개인적으로도 탄소상쇄를 구입할 수 있다.

환경지속성

환경 금융상품은 상품설계 시 환경지속성(environmental sustainability)을 고려한다. 세계경제포럼에서는 2001년부터 환경지속성지수(ESI)를 발표하고 있는데, 이는 이산화탄소 외에 교토의정서에 규정된 모든 종류의 온실가스를 포함한다. 즉 온실가스인 CO_2, CH_4, N_2O, HFC, PFC, SF_6

---

33) 이산화탄소 외에 교토의정서에서 규정된 모든 종류의 온실가스를 포함.

등을 유발하지 않으면서 경제성장을 이룰 수 있는 능력을 측정하는 지표이다.

따라서 금융상품의 환경지속성이란 각 금융기관들이 상품의 설계뿐만 아니라 고유 사업을 영위하는 데 있어서도 각자의 환경지속성을 고려하여야 한다는 뜻이다.

탄소펀드

탄소펀드(carbon fund)는 이산화탄소 저감 활동에 투자하거나 CERs/ERUs 등을 거래하는 집합투자기구를 뜻한다. 정부 주도의 탄소펀드들이 정부차원에서 교토의정서 이행수단으로 활용되고 있다면, 민간 주도의 탄소펀드들은 대규모 프로젝트 비용을 충당할 수 없는 개별기업들의 컴플라이언스 수단으로 활용되고 있다. 아울러 탄소펀드의 경우 배출권 및 환경관련 금융상품은 자본시장과의 상관성이 낮으며 포트폴리오 편입 시 전통적인 금융상품들과의 분산효과가 높다는 투자이점을 갖고 있다.

공적기금 펀드(fiscal fund)는 정부 주도로 운용되며 자본이득세 감면 등의 투자자 인센티브를 제공함으로써 투자자들로부터 환경관련 프로젝트 자금을 조달한다. 공공펀드의 효용은 대략 세 가지 정도인데 중소기업들이 더 낮은 이율로 대출을 받을 수 있다는 점, 개인 투자자들이 세제혜택요건 등 유리한 투자이율을 얻을 수 있다는 점, 모금된 자금을 다양한 환경 프로젝트의 개발에 투자함으로써 사회 전체적인 효용이 증가될 수 있다는 점 등이다. 민간기금 펀드(investment fund)는 금융기관에 의해 운용되는 일반적인 펀드를 뜻한다. 펀드 선택 시 가장 중요하게 고려해야 되는 요인은 바로 서비스 제공기관의 투자적격성 평가 능력이다. 1세대 펀드들은 무조건적으로 사회 환경적 요인만을 고려하여 제외적인 투자기준(exclusionary rule)[34]을 적용하였던 반면, 2세대 펀드들은 사회 환경적 요인을 고려하되 일세대 투자기준에 비해 좀 더 적극적인 기준(positive

---

34) exclusionary rule [미국법] (위법수집증거) 배제의 원칙을 뜻하며, 그 외의 경우에는 배타적인 기준이 적용된다는 의미로 사용됨.

criterior)을 준거기준으로 삼았다. 현재의 3세대 펀드들은 두 가지 기준 모두를 고려하여 섹터 내에서 가장 우수한 투자안에 투자하는 방식(best-in-class method)을 사용하고 있다.

1. 배출권 관련 투자 펀드

헤지펀드

현재 전세계적으로 상당한 규모의 자금이 환경 분야에 투자되고 있는 것으로 추정되는데, 주요 기관투자자인 헤지펀드의 경우도 탄소거래시장을 비롯한 미숙한 환경관련시장을 이용하여 차익거래이익을 얻을 수 있다는 점에서 탄소거래시장을 상당히 선호하고 있다. 구체적인 헤지펀드 투자사례를 살펴보면 120억 달러 규모의 미국계 헤지펀드인 Citadel Investment Group은 이미 ECF에 참여하고 있으며, 런던의 헤지펀드인 Carbon Trading Fund는 125백만 유로를 EUA 거래에 투자하기 위해 자금을 모집중이다.

헤지펀드들이 탄소배출권 시장을 매력적으로 보는 이유는 탄소시장이 가격 등락폭이 심한 반면 기대수익률도 높을 것이라 전망하기 때문이다.

탄소펀드

탄소배출권 투자상품 시장의 규모도 꾸준히 증가하고 있다. 대표적인 탄소배출권 투자상품은 탄소펀드인데, 탄소펀드란 금융시장에서 투자자로부터 자금을 조달해 펀드를 조성한 후 온실가스저감사업(IJ/CDM)이나 배출권에 투자하는 펀드를 가리킨다. JI 시장은 규모와 성장성이 CDM에 비하여 상대적으로 적기 때문에, 현재 대부분의 탄소펀드는 CDM 사업이나 CER에 투자되고 있다. 탄소펀드의 운영방식은 조달된 펀드를 CDM 사업에 투자한 뒤, CDM 사업에서 감축실적을 인정받은 CER의 판매를 통해서 투자자금을 회수하는 방법과 CER 선물을 직접 매입한 후 재판매하는 방식으로 투자수익을 확보하는 방식이 있다. 또한 탄소펀드는 CDM 사업이나 CER뿐만 아니라 CDM 관련 기업, CDM 관련 주식, CDM 관련 타펀드 등을 투자대상으로 삼기도 한다.

탄소펀드는 펀드투자자 입장에서는 전통적인 투자대상에 비해 시장위험에 대한 상관성이 상대적으로 낮다는 이점을 제공할 뿐만 아니라 사업차원에서는 막대한 투자자금이 소요되는 탄소 저감 프로젝트의 자금조달을 도와주는 경제적 기능을 갖고 있다. CDM 프로젝트 수행 기업이 단독으로 탄소저감투자를 추진하기보다는 펀드 구성을 통해서 투자자 간에 적절히 위험을 배분함으로써 위험부담이 완화되고 CDM 사업의 활성화에도 기여를 할 수 있게 된다.

탄소펀드의 조성 현황을 살펴보면 현재 전세계적으로 약 40여 개의 탄소펀드에 총 25억 달러 이상의 규모로 운영되는 것으로 알려져 있다. 탄소펀드는 펀드 조성방법에 따라 공적기금 형태 펀드, 민간기금 형태 펀드, 탄소파생상품 등이 있다. 대표적인 공적기금 형태 펀드는 World Bank의 프로토타입 카본펀드이다. World Bank 주도로 2000년 4월에 만들어진 '프로토타입 카본 펀드(PCF)'는 세계 최초의 탄소펀드이며 공적기금 형태 펀드에 해당한다. 현재 PCF를 포함한 9개의 탄소펀드가 World

| 표 7-28 | 탄소펀드 현황

펀드명	주요 주주	투자금액
프로토타입 카본펀드(PCF)	일본, 캐나다 등 6개 정부 17개 기업	1억 6,500만 달러
덱샤 FE 에너지 효율 배출 감축 펀드	벨기에 덱샤은행, 유럽개발은행 등	8,800만 달러
FE 라틴아메리칸 청정에너지 서비스펀드	도쿄전력, 스미토모상사, 멕시코 개발은행	3,610만 달러
네덜란드 청정개발 설비	네덜란드 정부	1억 7,000만 달러
FE글로벌아시아청정에너지 서비스펀드	아시아개발은행, 미쓰비시 상사	5,000만 달러
유러피안 카본펀드	알리안츠, CDC, 러프티스 등 금융기관	1억 달러
이탈리안 카본펀드	이탈리아 정부	8,000만 달러
일본 온실가스 감축펀드	닛폰오일, 소니, 미쓰이, 미쓰비시 등 종합상사	1억 4,100만 달러
사회개발카본펀드	오스트리아, 캐나다 등 정부, 바스프, 닛폰오일 등	1억 2,860만 달러
기후변화 PLC	영국 기후변화 PLC사	3억 달러
스페인카본펀드	스페인 정부	1억 7,000만 달러

자료: 이현진(2008).

Bank에 의해 운영되고 있으며, 대략 19억 달러의 자본규모를 보유하고 있다. 대표적인 민간기금 형태 펀드는 유러피언 카본펀드(ECF)이다. ECF는 2005년 6월 Fortis Bank, CDC 등 유럽의 9개 금융기관이 주도적으로 참여하였으며, 총 1억 500만 유로를 모집하여 현재 80여 건의 CDM 프로젝트에 투자하고 있다.

녹색펀드(Green Fund)

녹색펀드는 금전적인 성과와 생태적인 성과(eco performance) 추구의 투자목적을 지닌 펀드이다. 따라서 이들 펀드는 수익률과 환경문제 개선, 두 개의 투자목표를 갖는다.

최초의 녹색펀드는 Dutch Banks가 1995년에 출시한 정부 주도의 Dutch Green Fund이다. 이 펀드는 투자자금 유치를 위해 투자자에게 소득세 할인의 혜택을 제공하였다. 소득세 감면으로 상대적으로 낮은 목표 수익률을 제시하였음에도 투자자금을 성공적으로 모집할 수 있었으며, 이 자금은 환경프로젝트에 투자자금으로 사용될 수 있었다. UBS (Lux) Equity Fund는 세계에서 제일 큰 규모의 환경펀드로 80%는 환경 분야의 선두회사에, 나머지 20%는 신기술을 보유하거나 혁신적인 회사에 투자하고 있다.

캣 본드 펀드(Cat Bond Funds)

캣 본드 펀드(이하 캣펀드), 즉 대재해위험채권펀드는 기후관련 비상위험을 헤지하기 위한 투자수단으로 활용되고 있다. 기후관련 위험을 헤지할 수 있는 대체자산의 희소성으로 인해 헤지 수단으로서 캣펀드의 잠재적인 투자수요는 상당히 클 것으로 추정된다. 따라서 캣펀드의 투자자가 직면하는 가장 큰 위험은 점점 더 증가하는 자연적 위험이 생성된다는 것이다. Leu Prima Cat Bond Fun는 세계 최초의 비상재해위험을 대비하기 위해 설정된 공공펀드인데, 2002년 모집 당시 약 2억 4,300만 달러의 투자자금이 모집되는 등 상당한 성과를 거두었다.

국내 사례[35)]

1. 탄소금융 수익 모델

사업분야

| 표 7-29 | 탄소금융의 사업분야

온실가스	분 야	사업예시	사업특성
CO_2	신재생에너지	풍력, 태양광, 지열, 조력발전, 바이오매스, 폐가스 및 폐열 회수/발전	• 에너지 분야 집중 • 화석연료 대체, 대기오염 저감, 산림복원 등 사회적 편익 창출 • 신재생에너지 분야 (현금+CER 수입) • 안정적 수익성
	에너지 효율개선	스팀효율 개선, 펄프효율개선, 지역난방 보일러 개선	
	연료 교체	석탄, 석유를 LNG로 교체	
	시멘트 제조	에너지 효율 향성, 폐열 회수/발전공정 CO_2 배출 적감	
	수송	경유차량 LNG 전환, 교통체계 전환	
	가스 누출	유정 Flare 가스 회수/연료 공급	
	흡수원	신규조립 및 재생산	
CH_4	폐기물 처리	유기성 폐기물로부터의 메탄 회수(매립폐기물, 폐수 처리, 폐수 슬러지 등)	• 매립가스발전/열공급(현금+CER 수입) • 수익성 양호 • 자원순환형 경제구조에 기여
	농업	가축분뇨 처리	
	누출	탄광 메탄 회수	
N_2O	질산공정	비료공장 N_2O 제거	• 고수익 (투자대비 대규모 CER 발생)
PFCs	반도체생산	반도체 생산 공정 PFCs 제거	
SF_6	송변전시스템, LCD 생산공정	송변전 시스템 누출 가스 회수, LCD 생산공정 SF_6 회수	
HFC	냉매제조	HFC 분해	

탄소금융 수익모델의 체크 포인트

탄소금융의 수익모델 선정시 투자사업비, 사업분야, 규모, 온실가스 저감량, 배출권 및 전력판매 등에 따른 수익구도에 따른 수익성과 온실가스 저감기술, 대상사업의 유관분야인지의 접근성 그리고 승인방법론의

35) 자세한 사항은 한국화학시험연구원(2009) 참고.

유무, 국제 법적규제 및 국가별 규제사항과 환경영향성에 의한 사업 타당성을 체크하여야 한다.

탄소금융 수익모델 검토시 온실가스 저감 잠재량을 산정하여야 한다. 베이스라인 시나리오 결정 시 국내 법규 준수 여부를 검토하고 마라케쉬 합의 이후 도입된 환경적으로 건전한 정부 보조금은 베이스 라인 시나리오 결정에서 제외할 수 있다. 두 번째 CDM 방법론을 검토하되, UNFCCC가 승인한 방법론의 유무를 검토하고 등록된 방법론에 현재 보유한 기술의 적용이 가능한지 신규방법론 등록이 가능한지의 가능성을 검토해야한다. 세 번째 CER 시장의 가격 및 제도 동향을 분석하고 당사국의 관련 보조금 및 재정적 지원제도를 파악하여 CDM의 수익성을 분석해야 한다. 마지막으로 CDM 없이도 경제적으로 매력적인지 기술장벽이 존재하는지, 온실가스뿐만 아니라 기타 환경의 영향이 있는지에 관한 추가성을 입증하여야 한다.

CER로부터 발생하는 추가적인 수익은 ROE(Return On Equity)나 ROI(Return On Investment)를 높여주어 투자에 따른 기대수익을 높이는 효과를 가져오게 된다. ERPA(Emission Reduction Purchase Agreement)가 담보화된다면, 투자의 안정성을 높여 LTV 및 이자율 등을 낮추는 요인이 될 수 있음으로 투자유치의 또 다른 유인책이 될 수 있다. 전통적 PF의 금융에서는 〈그림 7-21〉의 Type 1의 경우만 투자가치가 있으나, CDM 사업의 경우 모든 CASE에서 투자 기회가 발생하여 투자대상포트폴리오의 증대 효과를 얻을 수 있다.

그림 7-21 탄소금융의 수익 모델 유형

Type 1	CER Only, 투자대비 CERs 수익이 큰 사업
Type 2	공익이 강조되는 사업으로 CERs 확보까지 가능한 사업형태
Type 3	인센티브에 의한 실제 수익 발생이 있는 사업형태
Type 4	사업수익과 함께 CERs까지 확보되는 사업형태

탄소금융 추진 사례

(1) 직접투자방식

그림 7-22 업무프로세스

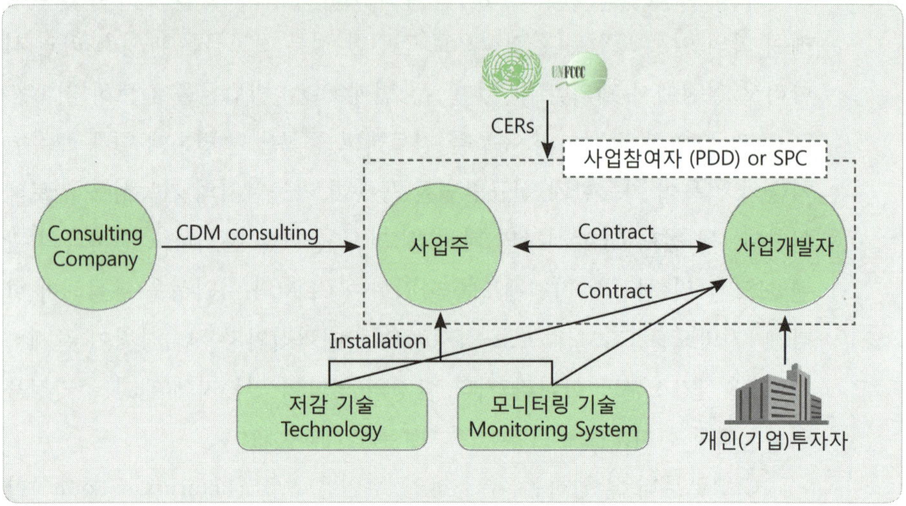

(2) 간접(기금/펀드) 방식

그림 7-23 기본 운용 방식

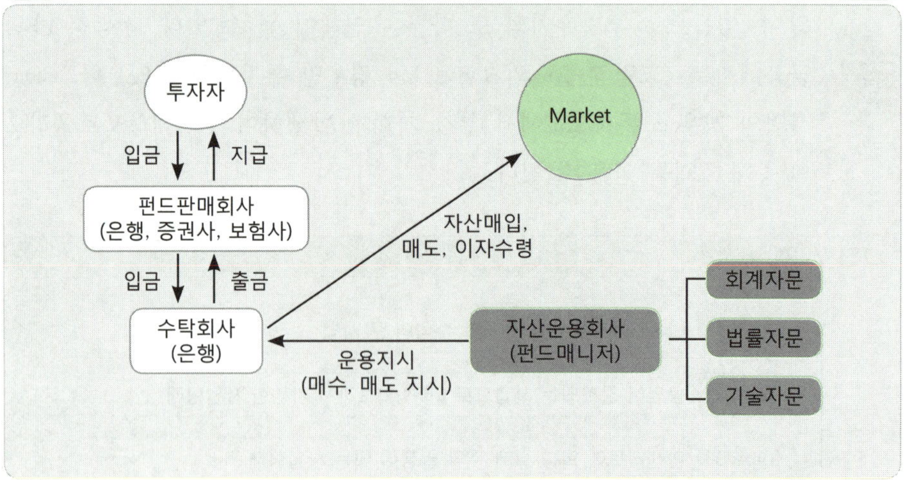

| 표 7-30 | 운용 방식: 신재생에너지 및 탄소펀드 현황

유 형	펀드명	운용사	약정액	실투자액(순자산액)	운용내용
실물투자	미래에셋맵스신재생에너지사모특별자산투자신탁 1호	미래에셋맵스 자산운용	1,100억	약 1,050억	국내 태양광발전소에 투자, 누적수익률 7.5% 수준, CDM등록절차 진행중
	신재생에너지사모특별자산투자신탁	KB 자산운용	3,300억	약 1,000억	국내 태양광발전소에 투자, 누적수익률 6% 초반
	칸서스태양광사모특별자산투자시탁	칸서스 자산운용	600억	약 300억	국내태양광발전소에 투자, 누적수익률 6% 초반
	한국사모탄소특별자산1호투자회사(Korea Carbon Fund)	한국투신 운용	1,073억	약 150억	국내 최초의 탄소펀드, 현재까지 2개의 태양광발전소에 투자, 누적수익률 6% 초반
주식형	대신지구 온난화투자	대신투신 운용	100억	1억	전세계 기후변화 관련 유망기업에 투자, 누적수익률 –26% 수준
	도이치DW미리어기후변화	도이치 운용	50억	4억	전세계 기후변화 관련 유망기업에 투자, 누적수익률 –43% 수준

주: 현재 국내 녹색금융(신재생에너지, CDM 등) 관련 펀드는 실물 투자보다는 주식형 등 관련 산업의 주식에 투자하는 펀드가 주류를 이루고 있음.

ㅣ표 7-31ㅣ 운영방식: 국외 인프라 및 녹색금융 펀드

국외 탄소펀드 현황	
펀드명	내 용
European Carbon Fund	• 2005년 4월 Caisse Des Depots, Fortis Bank 등 유럽 금융기관들이 142,7백만 유로를 조성하여 설립 • 현재까지 약 4천만 CO_2톤의 탄소자산(CER, EUA)을 선도계약 형태로 구매
CG-CAP	• Natsource 자산관리는 2004년 26개 기업으로부터 520백만 유로의 기금을 조성하여 탄소자산을 구매 • 참가 기업의 비용효과적 탄소자산 구매와 리스크분산을 통해 충분한 탄소자산의 확보를 보장
Japan Carbon Finance	• 2004년 일본국제협력은행, 일본개발은행 및 민간기업들이 141.5백만 달러를 조성, 일본온실가스감축펀드(JGRF) 설립 • CDM, JI사업 타당성 평가, 사업절차 지원 및 배출권 구입: 일본국제협력은행(사업자금대출 지원)과 협력 체제 구축

국외 신재생에너지펀드 현황	
펀드명	내 용
Global Energy Dfficiency and Renewable Energy Fund(GEEREF)	• 펀드규모: €110 mil • 유럽위원회가 개발도상국에 청정에너지를 제공하기 위한 목적으로 만든 지구 에너지 효율성 재생가능에너지 기금으로서 사하라 인근, 남아프리카, 아시아 지역에서 소규모 재생가능에너지 프로젝트를 실시함
C Change Investments	• 2008년 캘리포니아 연기금(CalPERS)과 前 CEO인 Russell Read에 의해 설립 • 올해 초 한국투자증권, 한국투자파트너스와 컨소시엄을 구성하여 녹색성장펀드 운용사로 선정된 바 있음
Guidence Atkinson Alternative Energy(GAAEX)	• 2006년 3월 설정되었으며 NASDAQ에 상장된 뮤추얼 펀드 • 주요 자산은 태양광발전 및 풍력발전이며 이들이 차지하는 비중은 펀드 포트폴리오의 약 70%임 • 유럽지역에 50% 이상을 투자하며, 아시아 자산의 비율은 약 13%임

Ⅰ 표 7-32 Ⅰ 운용 방식: 국내외 금융기관 동향

금융기관명	내 용
우리은행	• 호주계 금융기관인 맥쿼리와 함께 총 10억 달러 규모의 녹색산업 관련 펀드를 조성할 예정임 • 우리은행은 총 10억 달러 중 2억 달러를 투자할 예정
산업은행	• 대우증권과 함께 지경부 신성장동력 펀드 대체 운용사로 선정되어 앞으로 3개월 이내에 펀드를 출범시킬 계획 – 펀드규모는 1,000억~1,500억원으로 예정 • 2009년 4월 한국신재생에너지협회와 신재생에너지사업의 발전과 육성을 위한 MOU체결 – 에너지 절약 사업 및 친환경 기술보유 기업 녹색산업 육성자금 1조원(중소기업 3천억원) 지원 등을 통해 미래신성장동력 강화에 적극 나설 계획
국민은행	• 2009년 2월 녹색성장 분야에서 새로운 사업기회를 발굴하고 친환경기업으로 도약하기 위해 '녹색금융경영추진단'을 발족 • 대출이익의 0.5%를 녹색성장 발전기금으로 기부하는 'KB Green Growth론', 친환경상품 제조기업에 우대금리(연 0.3%p)를 제공하는 '사업자 우대적금' 출시
신한은행	• 녹색사업과 연계한 자금지원을 확대하고 여신 심사시 기업의 환경친화도를 중요한 판단기준으로 활용 • 태양광 발전소 건설에 소요되는 자금을 지원하는 '신한솔라파워론', 에너지 절약서약 신청시 우대금리를 적용하는 '신한에너지적금' 등을 판매중
광주은행	• 2009년 9월 국내 최초로 녹색금융지점을 개소, 향후 신재생에너지 등 녹색산업을 위한 금융 지원
한국투자증권	• 한국투자파트너스, 미국의 C체인지인베스트먼트와 함께 신성장동력 펀드 중 한 분야인 녹색성장펀드 운용사로 선정되었으나, 펀딩 실패로 운용사자격 박탈된 바 있음. • 녹색성장펀드는 정부 출자액 200억원, 펀드운용사 출자액 100억원을 포함해 총 2,000억원 규모로 결성될 예정이었음

탄소종합보험[36)]

탄소종합보험은 탄소배출권 승인이 예상되는 프로젝트에 대하여 각 사업 참여자(대출자, 지분투자자 등)의 위험별로 특화된 보험종목들을 결합하여 탄소배출권사업 참여자의 손실을 종합적으로 통합지원하는 보험을 의미한다.

참여자별로 금융기관의 탄소배출권 사업에 금융계약을 체결하였으나 기대하였던 원리금을 회수하지 못할 위험의 담보(해외사업금융), 지분

36) 한국수출보험공사 투자개발사업부(2009).

투자자의 탄소배출권을 획득·판매하고자 해외에서 사업을 추진하였으나, 비상위험 등의 발생으로 투자원금을 회수하지 못할 위험의 담보(해외투자), 탄소배출권 구매자가 탄소배출권을 구매하고자 사업주와 탄소배출권 선도 매매계약을 체결하였으나 기대하였던 배출권을 획득하지 못할 위험을 담보(수출보증)로 하는 종목이 있다.

| 표 7-33 | 탄소종합보험의 개요

보험계약자	• 사업주(Equity 투자자) 또는 금융기관(Debt 투자자)
부보율	• 최대 100%: 해외사업금융, 해외투자(대출금, 보증채무, 투자금융), 수출보증 • 최대 95%: 해외투자(주식 등)
보험기간	• 탄소배출권 사업기간(금융계약, 투자기간, 보증기간): 2년 이상의 거래
보험가액	• 탄소종합보험(해외사업금융): 상환원리금 • 탄소종합보험(해외투자): 투자원금·배당금 • 탄소종합보헙(수출보증): 탄소배출권 선도매매계약상 계약불이행 약정금액
보험요율	• 각 종목별 요율+성공보험요율(신규도입)
성공개념	• UNFCCC 발행 탄소배출권 중 금융비용 등에 우선 충당한 후 사업자에게 귀속되는 잉여분 존재 여부
성공보험료	• 탄소배출권사업별로 탄소배출권 발행(Issuance) 성공시 전체 사업기간에 대해서 보험료를 수납 • 프로젝트 구조에 따라 현금 또는 CERs현물로 징구
성공 보험요율	• 배출권사업성, 사업참여자 신용도, 관련계약 구조, 사업국 신용도 및 국제환경협약 추이 등을 고려하여 30% 이내에서 산정

| 표 7-34 | 해외사업금융보험

개 념	• 국내외 금융기관의 외국법인(또는 외국정부) 앞 대출금 미회수위험 담보제도 • 상품수출과 별개(수출금융과는 별도)로 탄소배출권사업 소요자금 금융지원 • 지원대상: 국내기업 참여 해외 탄소 배출권사업
적용대상	• 국내법인 등이 아래의 계약을 체결함으로써 참여하는 해외 탄소배출권사업 • 해외 탄소배출권사업을 영위하는 외국법인의 주식 등의 지분취득 계약 • 해외 탄소배출권사업관련 원재료 공급계약 • 해외 탄소배출권사업관련 생산물 구매계약 • 해외 탄소배출권사업관련 운영 및 관리계약 • 상기 이외에 수출증진이나 외화획득 효과가 있을 것으로 예상되는 해외사업관련 계약
담보위험	• 비상위험, 신용위험, 탄소배출권사업 고유위험
보험계약 내용	• 보험가액: 대출원리금 • 부 보 율: 100% 이내에서 공사가 정한 비율 • 보험금액: 보험가액×부보율 • 보험계약자: 국내외 금융기관
기본 보험요율	• "OECD 수출신용협약"에서 정하고 있는 최저보험요율(차주국의 등급과 보험료 기간을 감안) 체계를 준용하고, 차주별 할증율 및 Underwriter 할인율 등을 적용하여 결정

| 표 7-35 | 수출보증보험 개요

개념	• 국내외 금융기관의 수출보증서 발급 시 보증채무이행위험 담보 • 수입자 앞 보증서 제공 시 보증은행 앞 담보로 활용
적용대상	• 탄소배출권 선도 매매계약과 관련된 보증 또는 그 보증에 대한 지급보증
담보위험	• 비상위험, 신용위험 및 탄소배출권사업 고유위험 • 정당한 보증채무이행청구 시: 보험계약자 앞 보험금지급 전 수출자 및 연대채무자, 연대보증인 앞 구상권 행사
보험계약 내용	• 보증금액: 계약서상에 선도계약자가 요구하는 금액 • 부 보 율: 보증금액의 100% 이내 • 보험금액: 보증금액×부보율 • 보험계약자: 국내외 금융기관
기본 보험요율	• 국내 사업자의 신용등급에 따라 0.03%~0.48% 내외(보증기간 1년 이내의 보험요율)

| 표 7-36 | 해외투자보험(주식 등, 대출금, 보증채무) 주요 내용

개 념	• 우리나라 국민이 해외투자 후 투자국 위험으로 인해 발생한 손실 보상
적용대상	• 우리나라 국민의 외국법인에 대한 주식, 대출금, 보증채무에 대한 투자
담보위험	• 비상위험 (수용, 전쟁, 송금, 약정불이행, 자연재해와 같은 불가항력] 및 • 탄소배출권사업 고유위험(CDM사업 승인 번복 혹은 사업진행금지조치, CDM사업 근거가 되는 국제협약에 대한 사업국의 비준거부 혹은 탈퇴, 국제협약 최종 폐지)
보험계약 내용	• 보험가액: 해외투자금액 • 부 보 율: 대출금, 보증채무 100% 이내, 주식 등 95% 이내 • 보험금액: 보험가액×부보율 • 보험계약자: 대한민국 국민
기본 보험요율	• OECD 국별등급에 따른 피투자국 국가등급에 따른 기본 보험요율 차등(연간 0.18~1%) • 확장위험(약정불이행, 불가항력) 추가 등에 따른 보험요율 할증

| 표 7-37 | 해외투자보험(투자금융)의 주요 내용

개 념	• 금융기관의 국내 투자자 앞 해외투자 대출금 미회수 위험 담보제도
적용대상	• 국내기업의 해외 자원개발 대체에너지 사업 및 탄소배출권 사업
담보위험	• 비상위험, 신용위험 및 탄소배출권사업 고유위험 • 신용위험으로 인한 사고 발생 시 공사는 차주 앞 구상권 행사
보험계약 내용	• 보험가액: 금융가액에 따라 인출통지된 대출원리금 • 부 보 율: 100% 이내에서 공사가 정한 비율 • 보험금액: 보험가액×부보율 • 보험계약자: 국내 금융기관
기본 보험요율	• 차주인 국내기업의 신용등급 및 피투자국 국별등급에 따라 차등 • 국내기업의 위험관리능력, 사업형태 등 위험요소 감안 시 보험요율 할증 가능

(1) 탄소종합보험 인수사례

그림 7-24 베트남쓰레기 매립지 가스 발전 사업 인수의향서 발급

구분	내용
보험 종목	• 탄소종합보험(해외사업금융보험)
사업 내용	• 베트남 쓰레기 매립지 가스발전 시설을 건설하여 전력 생산 • UNFCCC에 CDM사업으로 등록하여 CER 획득 판매 프로젝트
프로젝트 금액	• 대출원금: U $ 20백만 • 대주: 국내 금융기관
인수의향서 발급	• 사업성 검토, 법률검토, 전력구매계약서 등 심사 후 인수심사 예정 - 부보율 80%, 기본보험요율 4.5%(잠정)

그림 7-25 해외 ECA 탄소배출권 사업 지원현황

MEXI	• 인도네시아 CDM사업: 타피오카전분 공장 메탄 회수 사업 • Japan Interest: 탄소배출권 획득 • 특징: 비상위험만 담보(신용위험 및 CDM 고유위험 배제) • 지원시기: 2008.1월
JBIC	• 브라질 CDM사업 • Japan Interest: 탄소배출권 구입 우선 교섭권 획득 • 특징: 특정 프로젝트를 위한 금융이 아닌, 브라질 현지은행(UNIBANCO) 신용에 기초한 전대금융 • 지원시기: 2007.8월
MIGA	• 엘살바도르 쓰레기매립지 가스발전 사업 • 계약자: 캐나다 Biothermica Energy • 특징: 해외투자보험(비상위험만 담보) • 지원시기: '06.9월

탄소펀드 사례[37]

(1) 개 요

탄소펀드는 온실가스 감축(CDM)사업을 자산으로 편입하여 해당 사업 수행을 통한 운영수익과 거기서 발생하는 탄소배출권의 판매수익을

37) 노희진(2009.10).

통해 수익자에게 배당금을 지급하고 있다.

| 표 7-38 | 탄소펀드 예시

구 분	내 용
펀드 명칭	• 한국사모 탄소 특별자산1호 투자회사
펀드 유형	• 사모형 / 폐쇄형 / 추가형 / 특별자산펀드 / 투자회사형
모집 규모	• 760억원 수준 (Capital Call)
펀드 만기	• 15년. 단, 약관에서 정하는 바에 따라 단축 또는 연장 가능
펀드 운용	• "교토의정서 제12조"에 의한 국내·외 CDM 사업 및 온실가스 감축사업과 관련한 "국내·외 회사에 대한 계약상의 출자지분 또는 권리" 및 "국내·외에서의 합자회사 등에 대한 출자지분 증권 등" • "교토의정서 제12조"에 의한 국내·외 CDM 사업 및 온실가스 감축사업과 관련한 "SPC의 주식과 대출 채권" • 기타 국내·외 채권 및 예금
Capital Call 기간	• 3년
중도 환매	• 원칙적으로 펀드만기시까지 환매 제한
상환 방법	• 매 6개월 단위로 이익금 및 원금 상환 / 프로젝트 청산시 이익금 및 원금 상환

(2) 투자대상

탄소펀드의 투자 대상사업인 CDM 사업 결과 발생하는 탄소배출권은 교토의정서 제12조에 의거해 채택된 임의적 체제로 지속가능한 개발

| 표 7-39 | 탄소펀드 투자대상

구 분	인정 방식	배출권 종류	설 명
배출 허용권 (Allowance)	Cap and Trade	EUA(EU Allowance Unit)	EU-ETS 제도에서 할당한 온실가스 배출권
		AAU(Assigned Amount Unit)	부속서 I 국가들에게 할당된 온실가스 배출권
감축 인증권 (Credit)	Baseline and Credit	CER(Certified Emission Reduction)	CDM 사업을 통해 획득한 배출권
		ERU(Emission Reduction Unit)	JI 사업을 통해 획득한 배출권
		RMU(Removal Unit)	조림 및 식림에 의해 발생한 배출권

주: Baseline and Credit: CDM 프로젝트가 없었을 경우 발생할 온실가스의 배출량(Baseline 시나리오)과 CDM 사업에서 발생하는 온실가스 배출량의 차이를 온실가스 저감분(CER)으로 인정하는 방식.

을 위한 비부속서 I 당사국을 지원하고, 유엔기후변화협약의 최종 목표 달성에 기여하며, 부속서 I 당사국들이 부과된 배출한도 및 배출삭감 의무를 준수하도록 고안되었다.

탄소배출권은 온실가스 배출원에 대한 인위적 배출량의 감축이나 흡수원에 의한 인위적인 온실가스 감축량 증개를 목표로 하는 사업으로부터 발생하는 감축량의 인위적 단위라고 할 수 있다.

(3) 투자방식

탄소펀드는 투자자가 펀드에 투자결정을 내리는 시점에는 정확한 편입대상 프로젝트가 정해져 있지 않고 특정 기간 중 운용사에 의해 투자가 결정된 프로젝트가 생길 때마다 약정한 투자액을 납입하는 방식의 펀드이다.

그림 7-26 탄소펀드 투자방식

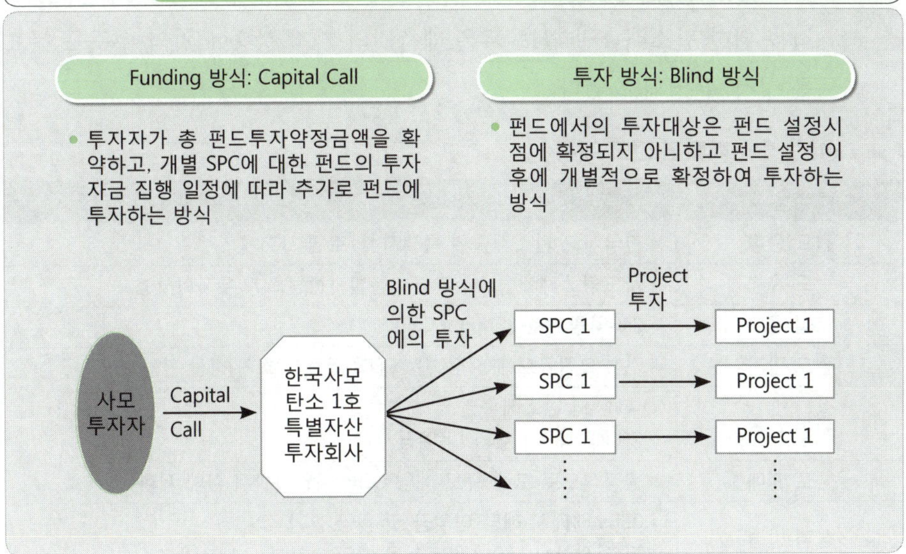

(4) 수익의 원천

탄소펀드의 수익은 투자사업의 운영수익, CERs 판매수익, 사업매각을 통한 차익 등이 있다.

그림 7-27 탄소펀드 수익원천

운영수익

신재생에너지 CDM 사업을 통한 발전사업 수입(발전량×발전전력 기준가격)

- 출자자본: 배당수입
- 대출채권: 선순위 이자수입

CERs 판매수익

연간 CERs 발생분 판매수입

- 국내 설정 예정인 "Korea Credit Fund" 및 부속서 I 국가에 판매를 통한 판매수입 확보

원본회수 및 매각차익

지분매각(감자)을 통한 원본 회수 및 매각(감자) 차익

- 출자자분: 상각비 해당분 감자 / Refinancing / 타출자자에게 매각 / 신규 펀드에 매각
- 대출대권: 거치기간 종료 후 원금 분활 상황

탄소배출권펀드 사례

(1) 개　요

탄소배출권펀드는 탄소펀드와 함께 설정되어 투자자들의 전략적 목적을 위한 탄소배출권 확보 혹은 배출권의 가격 상승에 차익 추구를 목표를 설정, 운영되고 있다.

| 표 7-40 | 탄소배출권 펀드 예시

구 분	내 용
펀드 명칭	• 한국사모 탄소배출권 특별자산1호 투자회사
펀드 유형	• 사모형 / 폐쇄형 / 추가형 / 특별자산펀드 / 투자회사형
모집 규모	• 240억원 수준 (Capital Call)
펀드 만기	• 7년. 모집규모에 해당하는 CERs 확보시 조기 청산 가능
펀드 운용	• 국내·외 탄소배출권 • 기타 국내·외 채권 및 예금
중도 환매	• 원칙적으로 모집 규모 해당 CERs 매입시까지 환매 제한
상환 방법	• CERs 매매시 해당 이익금 및 원금 상환 • 펀드 청산시 잔여 CERs 현물 배당(요청한 투자자의 경우)

(2) 투자구조 및 수익실현 방안

탄소배출권 펀드는 CDM프로젝트 혹은 배출권거래소를 통해 탄소배출권을 자산으로 편입하고, 이후 투자자들의 요구에 맞춰 CERs 현물 혹은 처분 수익을 배분하는 펀드이다.

그림 7-28 탄소배출권펀드 투자구조 및 수익실현방안

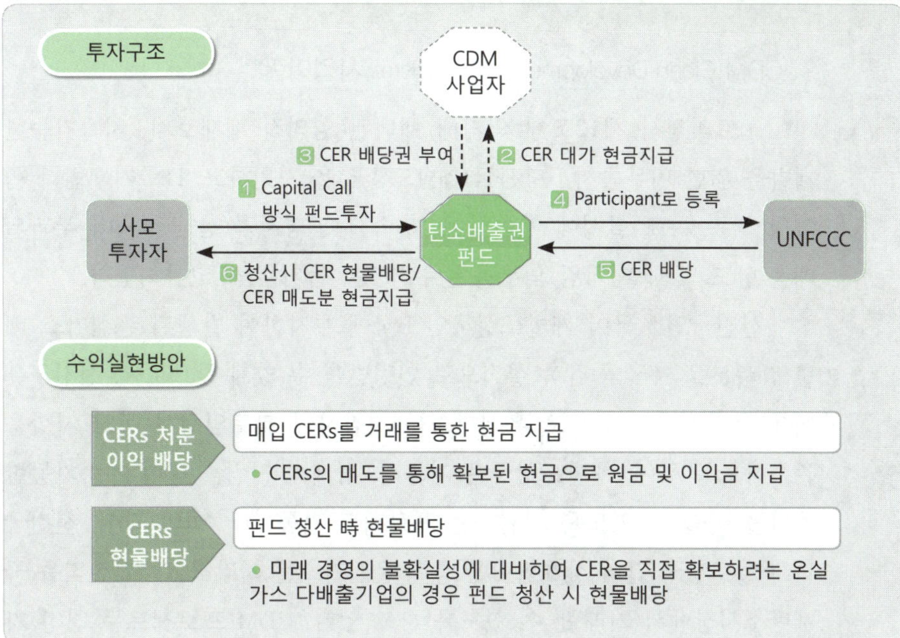

(3) 평가요소

탄소배출권거래펀드는 편입대상 프로젝트를 선정함에 있어서 기존의 프로젝트 평가와는 다른 평가 요소들이 필요하며 이러한 요소들을 고려한 전반적인 투자대상 검토 프로세스는 다음과 같다.

그림 7-29 탄소배출권펀드 평가요소

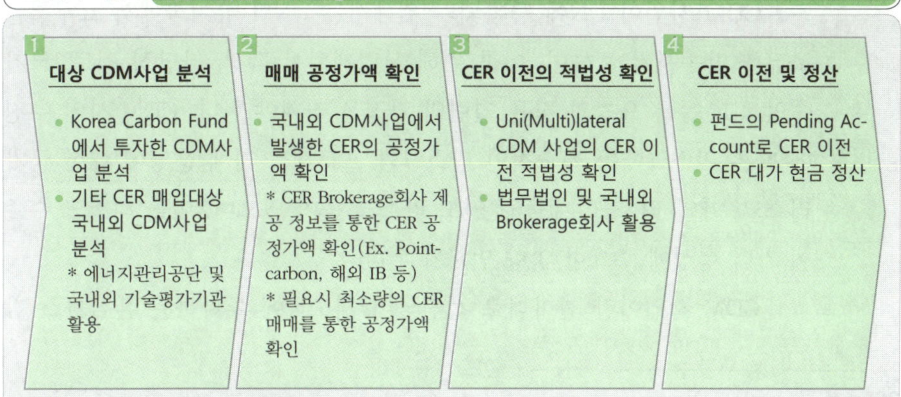

CDM 프로젝트

1. CDM(Clean Development Mechanism) 사업이란[38)]

교토의정서 제12조에 의거해 채택된 임의적 체제로서, 지속가능한 개발을 위한 비부속서 I 당사국(개발도상국)을 지원하고, UN 기후변화 협약의 최종 목표 달성에 기여하며, 부속서 I 당사국(선진국)들이 부과된 배출 한도 및 배출 삭감 의무를 준수하도록 돕기 위해 고안되었다.

선진국인 A국이 개발도상국인 B국에 투자하여 발생된 온실가스 배출 감축분을 자국의 감축 실적으로 인정받을 수 있게 함으로써, 선진국은 비용 효과적인 방법으로 온실가스를 저감하여 교토의정서 공약 사항을 준수하도록 하며, 개발도상국은 기술적, 경제적 지원을 받아 지속가능한 개발을 이룰 수 있도록 지원하는 프로젝트 활동이다. 이와 같이, 선진국과 개발도상국 간의 상호협력을 통해 온실가스를 저감하고, 그 실적을 국제탄소시장에서 거래할 수 있도록 하고 있다. CDM 프로젝트는 청정 기술이 개도국에 이전될 수 있도록 하고 있다.

2005년 2월 교토의정서 발효를 기점으로 급증하고 있는 CDM 사업은 2008년 4월 현재, 991건이 UN에 등록되었으며. 여러 단계에 걸쳐 전체 3,000여 개 사업이 추진되고 있다. 등록된 사업 중 18건이 국내에서 추진된 사업으로, 신재생에너지 사업이 10건으로 주를 이루며, 국내에서 추진중인 총 CDM 사업수는 약 50여 개이다.

CDM 사업이 UN에 등록되기 위해서는 UN과 유치국에서 요구하는 조건을 만족시켜야 하며, 이를 위해 사업계획서 작성, 타당성 검토, 국가승인, UN 등록 요청과 같은 일련의 과정을 거쳐야 한다. CDM 사업 추진에 따른 리스크에는 기술적인 리스크와 프로젝트 자체 운영에 대한 국가 리스크, 계약 리스크, 배출권 인도 리스크 등이 있으며, 이들 리스크 수준이 가격 형성에 주요한 영향 인사가 된다.

CDM 사업이란 한마디로 선진국이 개도국에 투자하는 온실가스 감

---

38) 문정구(2009) 참고.

축사업이라고 할 수 있다. 이때 사업에 의한 감축량은 크레디트, 즉 배출권의 형태로 거래되어 선진국의 의무감축에 사용된다. 따라서 선진국이 자국에서 노력을 하지 않고 경제성장을 계속해야 하는 개도국에서 감축사업을 하는 만큼, 신기술 또는 보급/확대가 필요한 사업에 투자해야 마땅할 것이다.

이처럼 어떠한 사업이 CDM사업이 되기 위해서는 온실가스 감축효과와 병행하여 추가적인 감축노력이라는 측면이 고려되어야 한다. 이러한 두 가지 측면은 CDM사업이 신뢰성을 갖추기 위해 꼭 필요한 것이므로 객관적이고 투명한 평가가 선행되어야 하는데, 이를 담당하는 기관이 바로 CDM운영기구(Operational Entity)이며, CDM집행위원회(Executive Board)의 3단계 평가를 거친 후 교토의정서 당사국총회(COP/MOP)에서 최종적으로 지정을 받는다. 우리나라에서는 2005년 11월 에너지관리공단이 개도국 내에서는 최초로 CDM운영기구 자격을 획득하여 본격적인 인증업무를 수행하고 있다.

2. CDM 사업의 유형

| 표 7-41 | CDM사업의 유형

대분류	소분류	내 용
신재생에너지(Renewable)	바이오매스에너지(Biomass Energy)	• 바이오매스 연료를 사용하는 신규플랜트 건설 • 기존플랜트 화석연료를 바이오매스/바이오연료로 전환
	지열(Geothermal)	• 지열을 이용한 발전 또는 난방
	수력(Hydro)	• 신규 수력발전소 건설
	태양(Solar)	• 태양을 이용한 발전 또는 난방
	조력(Tidal)	• 조력발전소건설
	풍력(Wind)	• 풍력발전소 건설
메탄 및 이산화탄소(Methane or CO_2)	농업(Agriculture)	• 관개, 비료사용 등 농업활동에서 발생하는 메탄 저감
	시멘트(Cement)	• 시멘트 석회재질 대체나 중화과정 제거
	탄광/탄층메탄(BCM/CMM)	• 탄광/탄층메탄 회수, 탄광 환기장치의 메탄 회수 (CBM: Coal Bed Methan, CMM: Coal Mine Methane)
	누출가스(Fugitive)	• 유전, 가스파이프, 숯 생산 등에서 발생하는 메탄 회수
	매립가스(Landfill Gas)	• 매립가스 포집, 생활고형폐기물 비료화, 폐기물 소각
	메탄저감(Methane Avoidance)	• 거름, 폐수, 고형폐기물 등에서 바이오가스 생성 • 또는 위의 비료화나 호기성분해를 통한 메탄 저감
	이산화탄소 회수(CO_2 Capture)	• 공정 부산가스로부터 CO_2 회수 • 이를 통해 산업용 CO_2 생산을 위한 화석연료 절감
산업가스 및 아산화질소 저감(Industrial Gas & N2O Reduction)	HFC-23	• HFC-23 분해
	PFC	• PFC 배출저감
	SF_6	• SF_6 배출저감 또는 분해
	N_2O	• 질산, 카프로락탐, 아디프산 등 생산과정의 N_2O 저감
공급부문에너지효율(Supply-side EE(Energy Efficiency))	EE Supply–side	• 고효율 발전소, 지역난방, 탄전화재진압 등
	EE Own Generation	• 산업부문 폐열 또는 폐가스를 이용한 발전
	Energy Distribution	• 송전, 지역난방 과정의 손실 저감, 국가간 망 연결
수요부문 에너지효율(Demand-side EE(Energy Efficiency)	EE Households	• 주택 및 가전제품 에너지효율 향상
	EE Industry	• 산업부문 에너지효율 향상
	EE Service	• 공공/민간서비스 빌딩 및 전자제품 에너지효율 향상
화석연료전환(Fosill Fuel Switch)		• 온실가스 고배출 화석연료를 저배출 화석연료로 전환 • 신규 천연가스 발전소 건설
조림&재조림(Afforestation & Reforestation)		• 숲 조성 및 황폐화된 기존 숲 재조성
수송(Transport)		• 더 효율적인 수송수단 도입

자료: 임대웅 외(2009).

3. CDM 사업 추진 절차[39]

① PIN 작성 및 LOI 체결

a. 금융기관에 의한 PIN[40] 작성, 검토, 승인

b. 금융기관과 사업주 간에 LOI[41] 체결

② PDD 작성 및 금융기관 실사 단계

a. PDD[42] 준비(기존 방법론 적용 가능성 검토 및 BaseLine 사전검토 가능성 존재)

b. 모니터링(monitoring) 계획 준비

c. 금융기관의 기술적, 금융적, 환경적, 사회적 실사(due diligence) 개시

③ Validation

a. 금융기관이 Validator 접촉

b. Validator는 baseline 검토 및 모니터링 계획이 포함되어 있는 PDD 검토

c. PDD에 대한 30일간의 public comment

d. Validaor는 보고서 제출 및 의견 제시

e. CDM EB[43]에 CDM 등록요청서 제출(ERPA[44] 계약 후에도 가능)

④ 프로젝트 조건 협상 및 ERPA 체결

a. 금융기관에 의한 금융조건규정서(term sheet) 작성, ERPA 초안 준비 및 협상 개시

b. 프로젝트 실사 완료 및 금융기관 내부승인 완료

---

39) 박형건(2009).

40) PIN(Project Idea Note): 프로젝트 개요, 범위, 온실가스 감축 방안 등의 내용을 담은 문서.

41) LOI(Letter of Intent): 투자의향서.

42) PDD(Project Design Document): UN 등록을 위해 제출해야 하는 CDM 프로젝트 계획서.

43) CDM EB(Executive Board): CDM 관련 UN의 최고의사결정기구로 CDM 등록, CER 발급 승인 등을 담당.

44) ERPA(Emission Reduction Purchase Agreement): 배출권 구매 계약서.

c. 사업대상국가로부터 프로젝트 승인서(Letter of Approval)

d. ERPA 체결

⑤ CDM EB에 의한 프로젝트 등록

a. Executive Board가 Validation 보고서 검토

b. Executive Board가 프로젝트 승인

⑥ 프로젝트 건설 및 배출권 발생

a. 건설 완료에 맞춰 금융기관이 Verifier와 계약 체결

b. Verifier가 모니터링 계획 세부사항검토("Initial Verification")

c. 프로젝트 운영 개시

d. 프로젝트 주체가 모니터링 계획에 따라 모니터링 실시

⑦ Verification 및 Certification

a. Verifier가 단계별로 Verification 보고서 작성 및 제출

b. 금융기관이 사업자에게 배출권에 대해 지불

c. CDM EB가 배출권 발급

d. Verification은 매년 진행되거나 적절한 기간에 맞춰 진행

⑧ 프로젝트 완료

a. 배출권 발생기간(Cerditing Period)

- 10년 고정 혹은 7년 갱신가능(최대 21년)

4. CDM 프로젝트의 금융 측면에서의 평가[45)]

CDM 프로젝트는 많은 측면에서 여타 프로젝트와 유사하나 수익의 대부분을 배출권 판매에 의존하고 있어 배출권 수익이 CDM 프로젝트의 재무적 사업성(financial viability)의 결정요소이며 프로젝트 스케일, 배출계수 및 지구온난화가능성(Global warming potential: GWP), 필요자본, 프로젝트 개발을 위한 시간 척도에 따라 배출권 수익에 많은 영향을 미치게

45) 박형건(2009).

된다.

프로젝트 스케일이 작을수록 단위당 거래비용이 증가하며, 같은 유형의 프로젝트일 경우 규모가 큰 프로젝트가 더 많은 경우 CER을 발생시키고 규모의 경제 실현이 가능해진다. 프로젝트에 적용되는 배출 계수는 CER의 수량과 직결되며 GWP가 높은 사업일수록 CER이 많고 상대적으로 CER당 작은 자본이 필요하게 된다. 필요자본은 프로젝트의 유형 및 스케일에 따라 상이하며 프로젝트의 정치적인 요인으로 인해 프로젝트 구현에 소요되는 시간이 매우 중요할 뿐만 아니라 Post Kyoto 리스크로 인해 기간이 오래 걸리는 프로젝트일수록 리스크는 상승하게 된다.

향후 발전 방향[46)]

1. 탄소금융의 진화

초기의 CDM 프로젝트는 확실한 추가성(additionality)를 가지고 있었고 폐가스(waste gas)를 감소시키기 위해 필요한 금융지원을 제공하였다. 그러나 초기 프로젝트는 지속가능성과 연관된 가치를 제공하지 못한 것에 대해 비판을 받았으며, 현재 많은 국가들이 지속가능한 온실가스 감축을 위해서 CDM 초기 단계에 상당부분을 차지했던 HFC23프로젝트[47)]가 1차 crediting period 후로는 CER을 얻지 못하도록 하는 것에 동의하고 있는 추세이다.

CDM은 HFC 프로젝트 같이 상대적으로 적용하기 쉬운 감축기술 도입을 통해 저비용 감축을 성공적으로 달성하고 있고 탄소금융은 현재보다 어려운 감축부문으로 이동하고 있다. 금융과 투자 유형이 단순한 배출권 구매계약에서 지분투자 형식으로 진화하는 등 빠르게 변화하고 있으며, 온실가스 저감방식이 변화에 따라 CDM을 기반하는 관련 규제 유형도 진화해야 할 필요가 있다.

---

46) 박형건(2009).

47) 에어컨 냉매인 염화불화탄화수소(HCFC22) 생산 과정에서 생기는 HFC23을 열분해해 이산화탄소를 감축하는 CDM 사업.

배출권 거래제도는 선두주자들이 그간의 감축활동에 대해 적당히 보상받고 탄소감축사업이 널리 인식되고 실행되는 시점에서 HFC 프로젝트 등 상대적으로 실행이 용이하지만 지속가능한 발전에 대한 기여가 크지 않은 사업을 규제하는 방향으로 진화해야 할 것이다. CDM 관리를 더욱 비즈니스 친화적으로 효율적이고 투명하게 진행될 수 있도록 개선하고, CDM을 project-by-project 기반을 넘어 규모 확대(scaling up)를 도모해야 한다.

그림 7-30 프로젝트 기반을 벗어나는 탄소금융의 진화

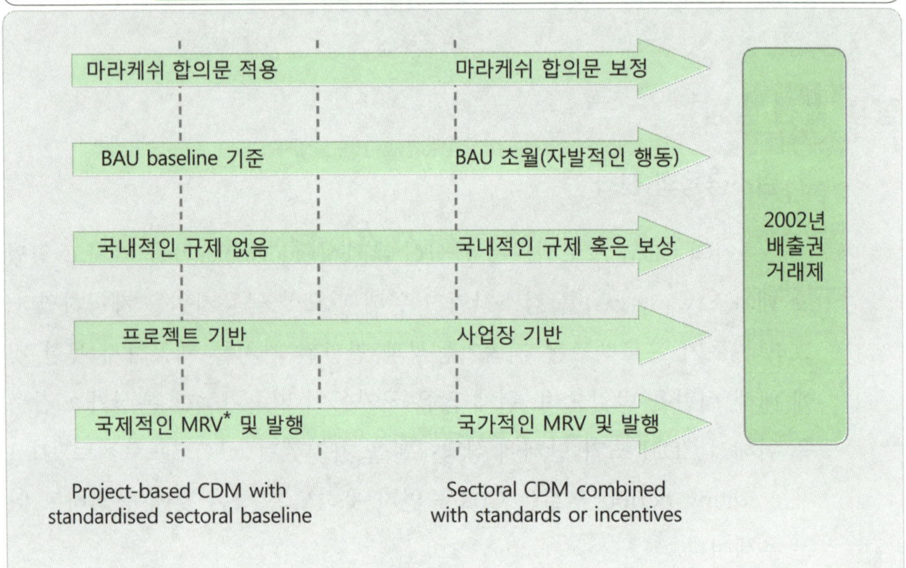

주: * MRV: Measurable, Reportable and Verifiable.

2. EU가 제안한 향후 개발도상국을 위한 메커니즘

타임플랜

그림 7-31 타임플랜

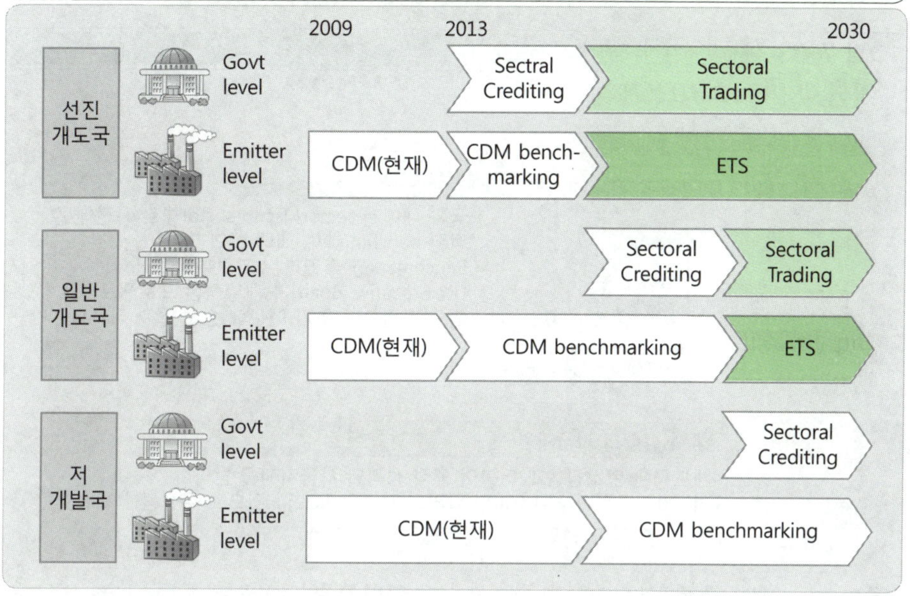

주: 단, 개발도상국의 개발수준에 따라 차별화된 참여 방안을 적용해야 함.

Sectoral Trading & Crediting

그림 7-32 Sectoral Trading & Crediting

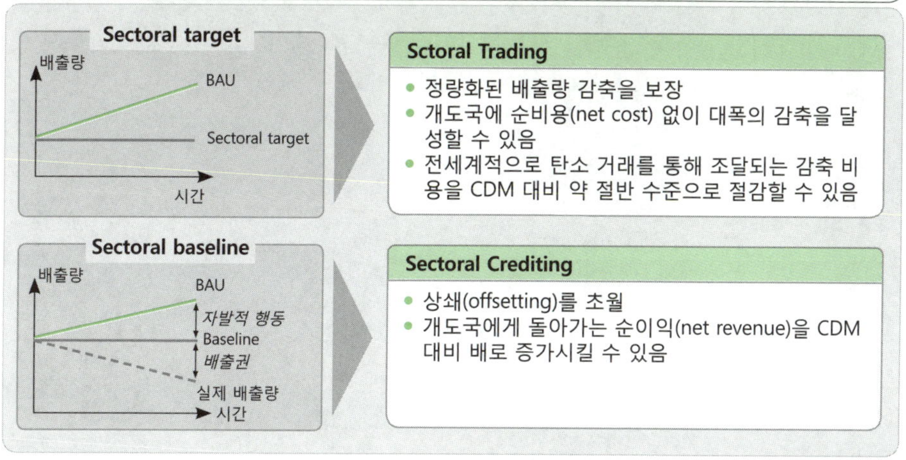

단, 개도국을 위한 새로운 매커니즘이 지금의 CDM보다 효율적, 효과적이고 공정하기 위해서는 offset(상쇄)의 개념을 초월해야 한다.

CDM의 개정

그림 7-33 CDM의 개정

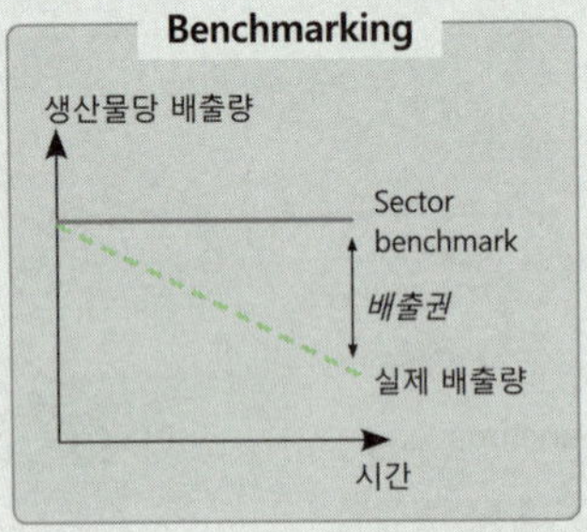

개정된 CDM

- 국가 내에서 sector나 sub-sector별로 사전에 결정된 benchmark에 대해 합의
- Benchmark를 추월하는 기업은 배출권 획득
- UN Executive Board가 개별적인 프로젝트별로 승인할 필요가 없기 때문에 승인 절차 가속화

공적 성격의 자금지원

개도국은 탄소금융과 더불어 공적 성격의 자금지원을 받아야 하며, 2020년까지 약 1,000억 달러의 자금이 필요할 것으로 추정됨

주: Sectoral 메커니즘 도입이 어려운 개도국을 위해서는 CDM 개정이 필요함.

제 8 장

녹색금융의 발전 방향과 추진전략

1 녹색금융 발전 방향[1]

금융권과 사회 전반의 공감대 형성

먼저 녹색성장과 녹색금융이 단기 일회성 정책이 아니라 지속적으로 발전시켜 나가야 할 과제라는 금융권과 사회 전반의 공감대 형성이 필요하다. 지구 온난화를 방지하기 위해 국제적인 협력이 필요하고, 녹색금융 관련 다양한 국제협약이 체결되고 있다. 2009년 12월 코펜하겐 기후변화 회의 이후 한국 정부는 UN에 한국의 향후 탄소배출 저감계획을 2010년 1월 제출한 바 있으며, 이를 이행하기 위한 정부의 지속적이고 일관된 정책이 필요하다.

녹색기술 개발은 장기적 투자가 필요한데, 정책 기준의 일관성과 지속성에 대한 믿음이 결여되면 금융기관이 장기적 투자자 또는 투자중개기관으로 역할하는 데 한계가 있게 마련이다. 이에 녹색성장의 구체적 계획 달성시 경제적 효과와 환경 개선 효과를 제시함과 동시에 녹색성장 정책은 반드시 추진될 필요가 있는 문제임을 인식하여 녹색성장 정책의 일관성과 지속성에 대한 사회적 신뢰를 제고할 필요가 있음은 물론 녹색산업은 성장산업이라는 인식제고가 필요하며, 이에 따라 시장원리에 의한

---

1) 노희진(2010) 참고.

금융기관의 자발적 자금 공급체계를 구축할 필요가 있다.

또한 녹색소비자 및 녹색금융소비자의 저변을 확대하여야 한다. 녹색상품의 유통 채널을 이용하는 녹색소비자를 육성하고, 이러한 녹색소비자가 금융 이용시 녹색금융소비자가 되도록 일반 금융소비자에 대한 교육 및 세제지원 등의 방법에 의해 녹색금융소비자를 육성하여야 한다.

정부의 적극적이고 체계적인 지원책 강구

공공재적인 성격이 강한 환경 개선을 위하여 환경적 요인을 금융에 반영시키는 것이 필요한 만큼 초기 시장 형성시까지 단기적으로 정부의 적극적 지원이 필요하다. 녹색성장을 지원하는 녹색금융의 경우 환경개선을 유도하는 외부경제 효과가 있으므로, 초기에는 녹색금융 참여 주체가 불리하지 않을 정도의 충분한 정부의 지원책이 요구된다. 외국의 경우 녹색금융의 역할이 환경 개선, 탄소 배출 저감 위주이나, 우리나라의 경우 신성장 동력으로서의 녹색성장 지원 금융의 역할이 필요하다.

외부경제 효과의 존재로 정부의 지속적 지원을 생각해 볼 수도 있지만, 그러한 지원자원은 녹색산업이나 기술에 직접 지원하는 것이 더 효율적일 것이다. 초기 녹색산업과 기술개발을 중점적으로 지원할 수 있는 여신 측면의 지원정책뿐만 아니라 이를 위한 금융기관의 자금 조달 측면의 지원도 고려할 필요가 있다.

1998년도 외환위기 이후 코스닥 버블과 유사한 녹색버블이 발생할 수 있는 정책은 바람직하지 못하다. 코스닥 버블을 통해 많은 자금이 인터넷 등 신기술 기업에 흘러가 기술이 개발된 측면도 있으나, 이로 인하여 일반 투자자들의 피해가 심각하였고, IMF 금융위기 이후 코스닥 시장에서 버블을 경험한 투자자들은 녹색위험에 대해 신중하게 고려해야 된다.

금융지원의 측면에서, 민간 금융기관이 초기 발전단계의 녹색금융에 적극적으로 참여하기 어려운 실정이므로 정책금융기관을 활용하는 방안을 고려할 필요가 있다. 정책금융공사, 수출입은행 등의 자금지원 활성화와 신용보증기금과 기술보증기금의 보증확대 정책을 강구함은 물론 일반

금융회사의 경우 환경평가 등에 대한 전문성에 한계가 있으므로 체계적이고, 종합적으로 녹색금융을 지원하기 어렵기 때문에 녹색전문 금융기관 설립을 검토할 필요가 있다.

지원대상의 측면에서, 녹색산업의 기술 개발을 위한 벤처형 중소기업에 대한 지원 강화가 필요하다. 대기업의 경우 정부의 지원정책이 없어도 기술개발을 위한 자금 조달을 할 수 있으나, 중소기업의 경우 정책적 지원 없이는 녹색기술 개발을 위한 자금 조달에 어려움이 있기 때문이다.

시장기능이 작동할 수 있는 녹색금융 메커니즘 구축

장기적으로 시장에 의한 자율적 녹색금융 메커니즘을 통하여 자금이 공급되기 위해서는 제도적·기술적·인적 인프라 구축이 필요하다. 초기 발전단계에는 재정투입을 통하여 정부가 선도적인 역할을 할 필요가 있으나, 중장기적으로는 시장메커니즘이 작동하여 녹색기술·산업에 자금이 공급되기 위해서는 제도적·기술적·인적 인프라가 확보되어야 한다.

민간 금융기관의 녹색금융 분석 능력을 향상하고, 다양한 녹색금융 상품을 개발하여 시장 기능이 원활히 작동할 수 있는 기반을 만들고 녹색전문서비스 기업을 육성할 필요가 있으며, 민간 금융기관이 금융시장을 활용하여 자금을 모으기 위해서는 다양한 녹색금융 상품이 개발되어야 한다. 자금을 공급하는 수단이 되는 금융상품의 다양성이 확보되면 투자자의 투자목적과 자산규모 등에 따른 다양한 투자수단을 제공할 수 있으므로 시장 참가자의 투자 기회를 넓힐 수 있을 것이다.

기본적으로 민간 금융기관이 녹색금융에 참여하기 위해서는 녹색기술과 산업에 대한 이해가 전제된 분석 능력을 갖출 필요가 있다. 이를 위해서는 우선적으로 금융기관이 녹색기술과 녹색산업에 대한 경제성과 투자성 평가 및 위험 등에 대한 분석 능력을 향상시켜 다양한 투자 기회를 금융상품과 연결할 수 있는 역량이 확보되어야 한다. 더불어 녹색위험 평가 등에 특화된 녹색전문서비스 기업이 출현하여, 금융기관이 자체적으로 하기 힘든 부분을 외부에 위탁할 수 있을 것이다.

탄소배출권 시장의 조기 개설

향후 온실가스 의무감축국 편입에 대비하여 비용효율적인 메커니즘인 탄소배출권 시장의 개설을 준비하고, 탄소배출권 거래시장의 발전에 대비함은 물론 아시아 지역에서의 선점효과를 위하여 가급적 빠른 시일 내 탄소배출권 거래시장이 개설될 필요가 있다.

국제적인 환경 고려시 보다 적극적인 온실가스 저감을 위한 노력이 필요하며, 이를 위한 비용효율적인 체제로서 탄소배출권 시장의 개설이 필요하다 하겠다. 한국은 2013년 이후 포스트 교토체지 협상에서 의무감축국이 될 가능성이 커지고 있고, 에너지 집약형 산업의 비중이 높은 한국이 온실가스 의무 부담을 지게 될 경우 한국 경제에 미치는 파급효과는 매우 클 것이라고 예상한다.

현대경제연구원(2007)에 따르면 1990년 한국 이산화탄소 배출량은 2억 2,620만 톤이었으며, 2001년 4억 3,580만 톤으로 1990년 대비 192%가 증가하였고, 2020년에는 7억 1,690만 톤으로 1990년 대비 316.9%가 증가할 것으로 예상되는데, 한국이 온실가스 감축 의무 부담을 1990년 수준에서 10% 감축한 2억 360만 톤으로 유지하는 것으로 가정시 감축 비용은 최저 28억 달러에서 최대 277억 달러가 소요될 것으로 전망하였다. 온실가스 감축과 관련하여 향후 소요될 것으로 예상되는 비용을 감안시 한국은 보다 적극적인 온실가스 저감사업을 추진할 필요가 있으며, 이를 위하여 비용효율적 메커니즘인 탄소배출권 시장의 개설을 준비할 필요가 있다.

탄소배출권 거래시장의 개소 시기는 상당한 의미를 갖기 때문에 가능한 빨리 개소하여, 국제적으로 개소사실을 알리고 아시아 지역에서 선점효과를 노릴 필요가 있다. 탄소배출권 시장규모는 세계적으로 매년 100% 이상 성장하고 있으므로 동 시장 개발은 수익을 창출할 수 있는 기회가 될 수 있으며, 실제적 배출권 거래소가 없는 아시아 지역에서 선점효과를 노릴 필요가 있다. 또한 탄소배출권 거래시장 개설이 지연되면 기업의 입장에서는 탄소배출권 할당을 많이 받기 위해서 개설 이전에 감축을 위한 노력을 할 필요가 없게 되는 등의 이해상충의 문제가 발생할 수 있을 것이다.

Ⅰ 표 8-1 Ⅰ 녹색금융 발전 방향의 논거

발전 방향	논 거
금융권과 사회 전반의 공감대 형성	• 지구 온난화를 방지하기 위해 국제적인 협력과 녹색금융 관련 다양한 국제 협약 체결 • 녹색기술 개발은 장기적 투자를 위하여 녹색성장 정책의 일관성과 지속성에 대한 사회적 신뢰 제고 • 궁극적으로 시장자율적 메커니즘에 따라 녹색금융이 이루어지기 위한 토대 필요
정부의 적극적이고 체계적 지원책 강구	• 공공재적인 성격이 강한 환경 개선을 위하여 환경적 요인을 금융에 반영시키기 위해서는 초기 시장 형성시까지 정부의 지원 정책 필요 • 초기 발전 단계에서 민간 금융기관이 녹색금융에 적극적으로 참여하기 어려움 • 중소기업의 경우 정책적 지원 없이 녹색기술 개발을 위한 자금 조달에 제약 존재
시장기능이 작동할 수 있는 녹색금융 메커니즘 구축	• 중장기적으로는 시장메커니즘이 작동하여 녹색기술·산업에 자금이 공급되기 위해서는 관련인프라 확보가 필요 • 다양한 녹색금융 상품 개발을 통해 투자자의 투자목적과 자산규모 등에 따른 다양한 투자수단 확보 및 금융시장 활용 가능성 증진 • 민간 금융기관이 시장에 참여하기 위해서는 관련 부분에 대한 분석 능력 필요
탄소배출권 시장의 조기 개설	• 온실가스 의무감축국 편입에 대비하여 비용효율적인 메커니즘으로서 탄소배출권 시장의 개설 준비 필요 • 전세계적인 탄소배출권 시장의 발전에 편입하여 수익 창출 기회 포착 필요 • 탄소배출권 시장이 없는 아시아 지역에서의 선점효과 필요

2 녹색금융 추진전략[2)]

금융권과 사회 전반의 공감대 형성을 위한 추진전략

정부 내 부처 간의 공감대 형성을 통하여 산업 발전과 환경 개선의 균형점을 찾는 노력이 필요하다. 산업을 관장하는 부처는 기업부담이 커

2) 노희진(2010) 참고.

지는 것에 대해 부담감을 느끼고, 환경개선을 위한 부처는 탄소배출권 강제 할당 등을 통해 환경을 개선하려고 할 것이므로 이해상충 문제가 발생할 소지가 있게 된다. 영국의 경우 환경을 담당하는 정부부처와 산업을 담당하는 정부부처와의 이해관계가 빈번히 상충됨에 따라 기존의 환경부(Department of Environment, Food and Rural Affairs: DEFRA)의 기후변화정책기능과 산업혁신기술부(Department of Business, Innovation & Skills: DBIS)의 에너지정책기능을 분리하여 2008년 10월 에너지기후변화부(Department of Energy and Climate Change: DECC)를 설립하였는바, 이는 정부부처간 갈등을 해소한 예가 될 수 있다. 또한, 녹색성장 관련하여 부처별 이해가 엇갈리는 사안에 대하여 정부 내 관련 부처의 협의체를 구성하여 조정 기능을 강화하여야 할 필요가 있다.

금융관련 협회 중심으로 녹색성장과 녹색금융 교육 및 홍보를 위한 체계적인 교육 프로그램을 마련해야 한다. 금융기관 종사자뿐만 아니라 일반 국민 대상 교육과 정례적인 아시아 지역의 녹색금융 컨퍼런스 개최 및 북미 지역의 "SRI in the Rockies"와 유사한 "SRI in Korea" 개최를 추진하여 인적 네트워크를 구축해야 한다.

또한, 녹색상품에 대한 정보를 제공하고 녹색구매 교육과 녹색소비생활 실천캠페인을 통해 녹색구매 환경을 조성하고, 녹색인증 제품 구매혜택을 점수제 등을 통해 금융소비와 연결시켜 녹색소비자를 녹색금융소비자가 되도록 유도하는 등의 직접적인 동기 부여가 필요하다.

정부의 적극적이고 체계적인 지원책 강구를 위한 추진전략

1. 녹색인증제의 보완

녹색기술·사업과 관련 지원대상·범위를 명확히 규정하고, 녹색금융 투자의 불확실성을 해소하여 민간투자를 유인하기 위하여 2010년 4월부터 녹색인증제[3]를 실시하고 있으나, 실질적으로 지원이 필요한 분야는

3) 「저탄소 녹색성장기본법」 제32조 및 동법 시행령 제19조에 의거한 녹색인증을 위한 녹색인

중소 벤처기업인 데 반해 정부의 녹색인증제는 기술 수준 및 선정절차 등을 감안시 대기업에 편중될 가능성이 높으므로 대기업과 부품 납품 중소기업에 대한 녹색상생협약 프로그램 등을 마련하여 이를 보완할 필요가 있다.

녹색기술인증 기준은 기술성(40점), 시장성(40점), 녹색성(30점)으로 되어 있고, 녹색사업인증 기준은 녹색기술활용성(30점), 환경기대효과(50점), 사업타당성(20점)으로 되어 있으나, 사업성에 대한 평가는 금융기관을 통해 이루어져야 한다. 정부의 개입 정도가 너무 강하여 금융기관이 정부지정 기술·기업에 기준 없는 금융지원이 이루어지는 것을 경계해야 하고, 이에 대한 경제성·사업성 평가는 금융기관이 담당하여 장기적으로 시장원리에 따른 금융지원이 이루어지도록 유도해야 한다.

골드만삭스 등 선진금융기관들은 특정 산업 내에서의 녹색선도기업 또는 비녹색기업을 선별하는 식으로 기업의 녹색평가를 수행하고 있다.

2. 충분한 세제 혜택 제공

현행 민간투자자를 대상으로 녹색예금·녹색펀드·녹색채권에 일부 세제 혜택이 제공되고 있으나, 초기 시장 형성시까지 녹색금융 자금 공급자가 손해를 보지 않도록 충분한 세제 혜택을 제공해야 한다.

다양한 녹색금융 상품 개발을 위하여 세제 혜택 제공 금융상품의 종류 확대 등이 고려될 필요가 있으며, 장기적으로 시장형성 이후에 세제 혜택 감축을 고려해 볼 수 있을 것이다.

3. 정책금융기관의 역할 강화

정책금융공사, 수출입은행 등 정책금융기관을 통한 녹색산업에 대한 지원을 확대하고, 신용보증 기관을 통한 보증 지원을 확대해야 한다. 녹색금융 관련 정책금융기관의 금융지원 및 녹색성장 산업 분야에 대한 지원규모 확대, 지원조건 개선 및 지원방식 다양화 등의 계획이 실행될 필

증사무국(www.greencertif.or.kr) 참조.

요가 있다.

이를 위하여 정책금융기관을 통한 자금지원 확대, 모태펀드를 통한 녹색 중소-벤처기업 지원 확대, 신용보증기관의 보증지원 확대와 보증한도 및 보증료율 우대, 민관 공동참여 방식의 펀드지원 확대 등의 제도적 뒷받침이 필요하고, 녹색기술 개발에 있어 기초 기술 해당 부분의 경우 정부·대학·기업·정책금융기관이 유기적으로 협조 체제를 구축하도록 유도하며, 응용기술의 경우 민간 부문의 자율적 수행을 유도하여야 한다.

4. 녹색전문 금융기관의 설립 검토

일반금융회사가 체계적이고, 종합적으로 녹색금융을 지원하는 데 한계가 있으므로 탄소배출권사업 및 녹색기술·기업에 필요한 사업개발자금 지원, 대출, PF, 수출금융, 보증보험 등 종합적인 One-Stop 금융서비스를 전문적으로 제공하는 녹색금융 전문기관을 설립하여 정책금융기관의 역할을 보완해주되, 체계적이며 종합적인 서비스를 제공하는 녹색전문금융기관의 설립을 검토해 볼 수 있을 것이다.

또한 녹색전문 금융기관의 대표적인 형태로 녹색은행 설립을 위한 추진전략을 검토할 필요가 있다. 녹색은행은 환경 개선, 에너지 효율, 대체에너지 개발, 탄소배출권 사업 투자 등에 대한 자금 지원을 목표로 하고, 이를 추진하기 위하여 녹색성장위원회와 녹색금융 민간협의회가 공동으로 T/F를 구성하여 해외 사례 조사, 자본금 조달 방법, 대상 사업에 대한 규모 및 시전적으로 검토할 필요나 타당성 검토 등을 수행하도록 한다.

기존의 정책금융 기관의 한 부서로 출발하여 독립금융기관으로 발전시키는 방안, 정부출자에 의한 녹색금융기관 설립, 민간금융기관의 출자에 의한 녹색금융기관의 설립, 기존의 은행 중 녹색전문 경영은행의 지정 등 다양한 방안을 검토해 볼 필요가 있다.

프로젝트 개발자금 지원, 지분투자, PF, 대출, 보증보험, 설비수출지원 등의 종합 금융서비스를 제공하며, 상업은행(commercial bank) 및 투자은행(investment bank) 업무를 포괄적으로 수행하도록 추진한다.

5. 초기 정부 지원 대상의 구체화 및 자본시장의 역할 증대

녹색기업은 신제품 및 새로운 사업모델에 대한 불확실성, 기업과 자금공급자 간의 정보비대칭(asymmetric information) 등으로 금융기관으로부터 자금조달이 용이하지 않은 실정이다. 새로운 녹색기술과 사업모델에 대한 경제적 가치 평가에 어려움이 있을 뿐 아니라 회계 및 공시체계의 미비로 기업 경영의 투명성 확보가 미흡하여 자금공급자는 역선택(adverse selection)의 문제에 직면하게 된다.

이에 녹색기업의 성장단계에 따른 맞춤형 금융지원 시스템을 구축하여 초기 R&D 단계의 녹색벤처기업에 대하여 중점적 지원을 실시하도록 한다. 녹색기업의 성장단계에 따라 R&D 단계, 상용화 단계, 성장단계 및 성숙단계로 구분되어질 수 있는바, 각 단계별 상이한 방식으로 자금조달이 이루어질 필요가 있다.

녹색성장 추진 초기 단계에서는 녹색벤처기업에 대한 중점적 지원이 필요하다. R&D 단계의 녹색벤처기업의 경우 민간자본의 참여가 용이하지 않으므로 정책적 지원을 통하여 새로운 녹색기술을 개발할 필요가 있으며, R&D 단계의 녹색기업은 초기 투자는 상용화 기간이 상대적으로 장기이며 불확실성이 높으므로 재정이 위험을 부담하는 방식으로 금융지원이 이루어져야 하며, 적극적 정부 지원을 통한 기반조성 사업 및 각종 제도적 인프라 구축이 요구된다. 상용화 단계의 녹색기업은 R&D 단계에서 개발된 기술들을 시장화하지만, 시장성이 완전히 검증되지 않아서 민간자본유치가 용이하지 않으므로 정책금융의 역할이 중요하며, 모태펀드 출자, 신용보증 등을 통해 민간자금 참여를 유도할 필요가 있다.

R&D 단계와 상용화 단계의 녹색벤처기업에 대해서는 단기적으로 정부의 중점적 지원을 하되, 성장단계와 성숙단계의 녹색기업에 대한 지원은 장기적 관점으로 자본시장의 역할 증대가 요구된다. 성장단계의 녹색기업은 녹색기술에 대한 시장성이 확보되고 자체적으로 수익창출이 가능한 단계로 상장 및 기업공개 등에 대한 인센티브 부여를 통해 자본시장을 활용한 장기자금 조달 메커니즘을 구축하고 필요시 정책금융의 역할과 세제지원 등을 통한 투자위험 경감을 위한 유인이 제공될 수 있다.

성숙단계의 녹색기업은 기술개발비용 절감 및 투자에 대한 불확실성이 감소하고, 새로운 수익원 발굴을 위한 R&D 투자가 증가할 수 있으므로 M&A 전략 수립 등이 기업의 전략이 될 수 있으며, 상장녹색기업을 대상으로 한 지수 개발 등을 통한 새로운 금융상품 도입으로 일반투자자의 자금지원이 가능한 단계이다.

종합적으로 녹색금융 성장단계에 따라 다른 방식의 금융시스템이 요구되며, 이를 활용할 수 있는 기반이 마련되어야 한다. 초기에 시장기능으로 해결할 수 없는 부분은 정부 또는 금융공기업이 역할을 하되, 장기적으로 자본시장을 활용하여 장기·위험자본의 조달이 용이하도록 다양한 금융수단과 체계를 개발할 필요가 있다.

| 표 8-2 | 발전단계별 맞춤형 자금유입 메커니즘

발전 단계	R&D 단계	상용화 단계	성장단계	성숙단계
전 략	• 고위험의 장기투자를 요하므로 재정이 위험을 부담 • 재정지원을 확대하면서 시장성 확보와 상용화 가능성 제고를 위해 민간자본 참여를 확대하는 방식 활용	• 시장화 가능성 등에 관한 위험이 크므로 정책금융의 역할 중요 • 모태펀드 출자, 신용보증 등을 통해 민간자금 참여 유도	• 수익성을 기대할 수 있게 되어 자본시장의 역할 증가 - 자본시장을 활용한 장기자금 조달 메커니즘을 구축 • 필요시 정책금융의 역할과 세제지원 등을 통한 투자위험 경감 유인 제공	• 재정투입 없이 민간금융만으로 자금조달 가능 • 정부는 녹색금융 활성화에 필요한 인프라 구축에 주력
산업 예시	수소에너지	하이브리드 자동차	조명용 LED	하수처리시설
투자 방식	투자연계, R&D 매칭, R&D 매칭펀드	정책자금·신용보증, 녹색중소기업 전용펀드	민관 녹색펀드, 녹색채권·예금, 녹색기업 채권 유동화	녹색금융 상품
투자 재원	정부 재정 ←——→ 민간금융			

자료: 기획재정부(2009).

시장기능이 작동할 수 있는 녹색금융 메커니즘 구축을 위한 추진전략

1. 시장기능 작동을 위한 인프라 구축

첫째, 기업의 녹색정보 공개, 신용평가, 회계 등 법·제도에 환경적 요소를 고려하도록 제도적 인프라를 구축할 필요가 있다. 금융기관의 대부자 및 수탁자 책무 등에 환경적 요소 고려를 의무화하고, 신용평가 및 회계제도상에 환경요건을 반영하도록 하며, 기업의 녹색정보 공개를 촉진하기 위하여 관련 정보를 자발적 또는 의무적으로 공개하도록 요구해야 한다. 선진국 금융기관들은 법적 요건 이외에도 GRI 가이드라인 등 자발적인 가이드에 따른 포괄적인 정보공개를 요구하고 있으며, 상장 및 기업공시 요건에 녹색경영정보를 반영하도록 하여 기업이 녹색경영 정보를 공개하도록 촉진하고, 자발적 정보공개 유도에서 정보공개 의무화로 단계적으로 접근할 필요가 있다.

전반적으로는 기존의 일반적인 감독 역할을 통해 녹색금융에 대한 감독을 시행하되, 녹색금융의 집행과정에서 정책지원과정에 대한 모니터링, 정부의 지원을 받는 녹색금융상품의 출시나 운용과정에 대한 검토와 금융소비자보호 등을 위한 감독기능이 필요하고, 관련 금융협회 등 시장을 통해 민간이 시장에서 자체적으로 녹색펀드를 가려내고, 상품명칭, 상품 설명서, 운용보고서 등에 관련 정보를 공개하도록 하여 녹색금융 상품에 대한 정보를 투자자에게 전달하도록 하여 녹색기업·산업 투자 위험관리 및 업계 자율기반을 구축하되, 이 경우 녹색금융을 촉진하기 위한 유인책으로 일반 금융에 비해 감독 경감은 바람직하지 못하다고 할 수 있다.

둘째, 녹색기술·기업에 대한 정보가 투자자 및 관련 이해관계자에게 효율적으로 공급될 수 있도록 녹색지수(Green Index) 개발, 기업·환경 등 녹색정보 DB 체계 구축, 녹색기업 분석 평가(rating) 체계 강화 등을 통한 기술적 인프라를 구축할 필요가 있다. 녹색기업투자 활성화를 위한 녹색기업지수 및 녹색채권투자 활성화를 위한 녹색(탄소)위험반영지수를 개발하도록 한다.

JPMorgan은 Innovest사와 공동으로 세계최초 기업의 기후변화 리스크를 고려한 채권지수인 JENI Carbon Beta Index를 개발하였다.

여신·투자기관의 녹색투자 촉진을 위하여 기업 녹색경영성과 및 리스크, 녹색사업 추진현황, 녹색기술 보유현황 등 기업·환경 정보 DB를 구축하여 각종 녹색정보를 체계적으로 제공하고, 환경부 등 정부의 각종 환경관련 인·허가, 규제 준수, 녹색기업지정 자발적 협약 등 각종 정보를 여신 및 투자분석 지원을 위해 제공하도록 해야 한다. 또한 녹색기업 평가기관 육성을 통해 녹색기업 분석평가(rating) 체계를 강화하도록 한다. 세계 3대 녹색기업평가기관으로는 캐나다 Innovest,[4] 영국의 EIRIS, 스위스의 SAM이 있다.

셋째, 녹색금융 전문인력의 육성이 필요하다. 환경부문과 금융부문을 연계할 수 있는 전문인력을 금융기관 자체적으로 육성하는 것은 장기적으로 금융기관 및 금융산업의 역량 강화를 도모할 수 있는 방법이라 할 수 있다. 유관 기관에서 실시하는 녹색금융 프로그램 참여 등의 기회를 자발적으로 제공하여 녹색금융 서비스를 위한 조사, 심사, 투자 등 전문인력을 양성하고 금융기관 연수과정 및 금융 MBA에 녹색금융 전문 과정을 보완하여 기존 금융인력 대상으로 녹색기술·산업에 대한 교육을 강화하도록 한다.

2. 다양한 녹색금융 상품 개발

다양한 자금 조달 수단 확보를 위하여 은행, 금융투자회사 및 보험부문은 환경적 요인을 금융산업의 특성에 내재화하여 금융상품을 개발하며, 복합적으로 결합된 새로운 금융상품의 개발할 필요가 있다.

은행은 대출기업의 환경법규 위반 여부를 조사하고 적절한 환경관리의 수행을 여신의 전제조건으로 하는 등 상업적 대부자 역할을 중점적으로 수행하는 만큼 여신시 환경 기술 및 환경 위험을 고려하도록 하며, 관련 위험에 대한 평가 체계를 구축하도록 하고, 금융투자회사의 경우 환경우량기업에 집중 투자하는 펀드 등을 운영하여 수익가치를 극대화하는 은행의 투자자로서 역할을 하는 만큼 SRI 투자의 활성화, 녹색기업에 투자하는 펀드, SRI 지수 및 녹색지수를 활용한 ETF 등의 신금융 상품 개발에 주력할 필요가 있다.

보험회사의 경우 녹색위험의 인수를 주된 기능으로 하므로 녹색금

4) 최근 Riskmetrics에 합병됨.

융에 대한 국민적 인식의 확산과 보험 산업의 이미지 제고에 도움을 줄 수 있는 녹색보험, 사회적 녹색 안전망의 역할을 수행하는 녹색보험, 탄소배출권 거래에 따르는 위험을 관리할 수 있는 탄소시장에서 시장조성자를 지원하는 녹색보험 등의 상품 출시에 주력할 수 있다.

녹색금융 소비자의 참여증대를 위해 은행, 보험, 금융투자업의 특성이 복합적으로 결합된 새로운 금융상품의 개발 노력이 필요하며, 이를 추진하기 위하여 녹색금융민간협의회에 복합 녹색금융상품 T/F를 구성할 수 있다.

녹색금융 신상품 개발을 위해서는 실질적인 정책적 지원이 이루어져야 하며, 녹색산업·기술에 내재하는 위험관리 수단을 제공하는 방안이 필요하다. 녹색금융 보증제도를 도입하여 녹색위험을 인수하며, 기존의 기보·신보를 활용하거나 민영 녹색금융 보증회사 허용함으로써 녹색산업·기술에 내재하는 위험관리 수단을 제공하고, 공적 연기금 등을 활용하여 녹색펀드 구성시 자금의 일부 지원하며, 녹색투자자에 대한 세제지원의 혜택을 줄 수 있을 것이다. 이 때 정책적 지원은 초기에 제한적으로 하고, 시장원리에 따른 녹색금융 메커니즘을 구축할 수 있도록 유도해야 한다.

3. 금융기관의 분석 능력 향상

환경리스크 관리 차원에서 녹색금융 관련 규제를 준수, 녹색기업·기술에 내재하는 리스크-리턴 프로파일에 대한 심도 있는 분석과 관련 정보 제공을 위한 금융회사의 리서치 강화가 필요하다. 녹색기업이나 기술에 대한 투자는 헤지펀드와 같은 고위험·고수익을 추구하는 투자자에게 적합하므로 이러한 투자수단이 활성화되기 위해서는 투자 정보 리서치가 강화되어야 할 것이다.

금융기관이 녹색산업을 지원하는 녹색금융을 실현하기 위해서는 먼저 해당 금융기관의 이사회가 능동적으로 기후변화에 대한 금융기관의 대응정책에 대하여 비전을 제시하는 것이 가장 중요하며, 현행 여신평가 시스템을 바탕으로 하여 기업의 환경성과와 환경위험을 새로이 반영할 수 있도록 심사프로세스의 변경 및 내부평가기준의 정립이 필요하다. 환경 스크리닝 과정을 통하여 지금신청 대상의 환경위험에 대한 인식하고 이를 지원 대상의 특성에 따라 구분된 기준으로 환경성과와 위험을 평가할 수 있어야 하고, 그 결과를 금융지원 조건 결정시 반영하는 내부기준을 구비하여야 한다. 또한, 이러한 환경평가 결과는 금융기관의 지속가능경영지표에 반영될 수 있어야 하며, 녹색금융지원이 실행된 이후 해당 지원대상에 대해 체계적이고 지속적인 사후관리를 할 수 있는 역량을 강화해야 한다.

금융산업 부문에서는 기술과 관련된 고유한 가치사슬, 시장 특성 및 시장 상황에 대한 전망 등 연구·조사가 확대될 필요가 있다. 기존 은행, 금융투자회사, 벤처캐피탈과 같은 금융기관 등과 학계, 컨설팅회사 및 녹색금융전문회사의 녹색기술 연구조사가 요구된다.

녹색금융을 위한 평가는 녹색금융 서비스의 형태와 특성에 맞는 다양한 형태로 개발되어야 하며, 금융기관 내부적으로 구체화된 환경위험 평가 및 관리체계를 수립하여 녹색기업 및 녹색프로젝트에 대한 계량화를 할 수 있어야 한다. 녹색기업·기술에 내재하는 리스크-리턴 프로파일에 대한 심도 있는 분석을 통한 투자자에 대한 정보 제공 필요하다. 녹색금융을 포함한 모든 유형의 금융지원 대상기업에 대해 신용도 및 자산건전성 관점의 동태적 모니터링은 공통적으로 필요하며, 일반적으로 특정 기술이나 산업 등을 판단하는 것은 금융기관의 역할이지만, 이와 관련된 정부와의 긴밀한 협조가 요구된다.

4. 녹색전문서비스 기업 육성

환경 분야, 녹색컨설팅 분야 등 녹색금융과 시너지 효과를 발생시킬 수 있는 분야를 중심으로 국제환경규제정책 연구, 환경위험관리, 탄소배출권 등록대행, 녹색경영 확산을 위한 녹색수준지표(Green Grade Index) 개발, 친환경 공급망관리 등의 녹색경영기법 개발·보급과 관련된 녹색전문서비스 기업 및 관련 인력의 육성을 통해 녹색금융의 활성화를 도모하도록 한다.

탄소배출권 시장 개설 기반 구축을 위한 추진전략

1. 탄소배출권 거래를 위한 제도 정비

탄소배출권의 법적 성격에 관한 논란이 있으므로 배출권 거래법에서 거래 주체, 감독권, 세금 부과 방법 등 법적 성격에 따른 논란 사항을 일괄적으로 규율할 필요성이 있다. 탄소배출권 자체의 법적 성격에 대해서 금융상품, 무형자산, 일반상품 성격을 부여하는 등 학계의 입장이 다양하게 나뉘고 있다.[5)]

배출권 자체에 대해서는 국가의 허가에 의한 권리로서 무상으로 분배된다는 점에서 공법상의 권리일 뿐 사법상의 권리로 보장할 수 없다는 입장과 재산권의 일종으로 동산과 같은 법적 성격을 지닌 것으로 파악하는 입장, 그리고 일종의 무체 재산권으로서의 성격을 인정하는 입장 등으로 나뉘어 배출권 자체의 법적 성격이 규명되어 있지 않아 법적 성격에 따라 적용되는 법률이 자본시장법, 상법 등으로 상이할 수 있다. 탄소배출권이 거래되는 형태는 현물거래와 파생상품거래로 나누어 보면, 탄소배출권 현물거래에 대해서는 법적 성격에 따른 논란이 있으므로 배출권 거래법에서 거래 근거를 명시하는 것이 바람직하며, 탄소배출권 파생상품 거래에 있어서는 자본시장법상 기초자산 정의에 포함될 수 있으므로 자본시장법에서 규율하는 것이 바람직할 것이다.[6)]

따라서 탄소배출권 성격에 따라 배출권거래 취급 방법이 상이해질 수 있으므로 탄소배출권을 집합투자 또는 신탁의 투자 대상 자산으로 취급할 것인지 여부, 탄소배출권거래를 은행이나 금융투자업자 또는 보험

---

5) 정순섭(2009) 및 최승필(2009) 참조.

6) 현물거래 관련 배출권을 '증권'으로 볼 경우 자본시장법 제 4 조 제 2 항에서 증권 구분(채무증권, 지분증권, 수익증권, 투자계약증권, 파생결합증권 및 증권예탁증권)에 따라 배출권을 증권의 한 종류로 신설할 필요가 있으며, 배출권을 '일반상품'으로 볼 경우 배출권 거래법 또는 상법의 적용을 받도록 규정할 필요 있음. 반면 자본시장법상 기초자산은 '그 밖에 자연적·환경적·경제적 현상 등에 속하는 위험으로서 합리적이고 적정한 방법에 의하여 가격·이자율·지표·단위의 산출이나 평가가 가능한 것'으로 포괄적으로 정의하고 있으므로 탄소배출권 파생상품거래는 상품 또는 환경적 위험을 기초자산으로 하는 파생상품거래에 해당됨.

회사의 업무로 볼 수 있는지 여부 등에 대한 법률적 검토를 통하여 탄소배출권거래의 원활화를 도모할 필요가 있다.

2. 탄소배출권 시장의 운영 주체 선정

탄소배출권 거래시장을 위하여 기본적으로 금융적 시각에 입각해야 할 필요가 있으며, 이에 따라 시장의 운영주체를 선정해야 할 것이다.

탄소배출권 거래시장에서 파생상품 거래가 활성화될 것이므로 금융의 영역에 두는 것이 바람직하다 할 것이다. EU ETS의 거래 대부분을 차지하는 ECX의 경우 탄소배출권 선물과 옵션을 통한 거래가 활발히 이루어지고 있으며, 전력·가스, 석탄과 같은 다양한 상품을 거래하고 있는 EEX의 경우 역시 파생상품 중심으로 운영되고 있는 등 탄소배출권 현물보다는 선물 및 옵션 등 파생상품 중심으로 경제적 부가가치가 창출되고 있다. 탄소배출권 거래의 실질적 수요자뿐만 아니라 투자·리스크 헤지·재정거래 등을 목적으로 하는 금융기관 등 다양한 시장참가자가 존재하는 만큼 시장의 유동성이 확보되어야 하며, 거래의 안정성, 편의성 및 시장운영 노하우 등의 요소를 고려해야 한다.

또한 기존의 선물거래소를 활용할 수 있는 방안을 고려해야 한다. 파생상품의 개발과 거래의 효율화를 위하여 기존의 시스템을 최대한 활용하고, 향후 아시아 지역의 녹색금융 허브 구축 전략과 국제적 연계를 고려하여 제도 변경 및 적용에 관한 유연성을 확보해야 하므로 기존의 거래소와의 연계를 강화할 필요가 있다.

더불어 배출권 거래의 집중화를 통한 유동성 확보 및 규모의 경제 효과 향유를 위해서 '배출권거래소'를 단수 거래소로 설립하는 것이 바람직하다.

3. 탄소배출권 거래 메커니즘의 설계

첫째, 거래의 안정성과 유동성 확보 및 해외거래소와 연계할 수 있는 거래 메커니즘의 설계가 필요하다. 다양한 시장참가자가 효율적으로 시장에서 거래할 수 있도록 기존의 파생상품 거래 시스템을 최대한 활용하도록 하고, 향후 전세계적인 배출권거래가 표준화되어 국가 간의 배출권거래도 가능할 것으로 전망됨에 따라 거래시스템의 유연성 및 시장운영 노하우 축적이 필요함에 따라 거래규칙, 참가자의 자격, 거래절차 등이 국제표준에 부합하도록 설계하도록 해야 한다.

둘째, 등록소(registry) 설립을 통하여 의무감축국 편입시 국가 할당 배출권을 관리하도록 준비해야 한다. 등록소는 배출권의 발행, 보유, 이체 인수, 인도, 취소 등의 기록을 관리하기 위한 전자등록부로 UNFCCC가 운영하는 CDM 레지스트리와 의무감축국들이 각기 운영하는 국가 레지스트리로 분류됨[7)]에 따라, 교토의정서의 의무감축국들은 국가 할당 배출권을 관리하기 위해서 국가적 차원의 레지스트리를 갖추어야 한다. EU ETS 레지스트리 시스템의 경우 역내 국가간 거래를 위한 배출권 레지스트리 시스템을 구축하고 있으며, 유럽중앙등록시스템은 각국 레지스트리와 연결하여 유럽국가간 배출권거래를 연계하여 처리하며, 우리나라의 경우 교토의정서의 의무감축국에 편입되어 있지는 않지만, 향후 의무감축국 편입에 대비하여 레지스트리를 구축하고 이와 관련된 관리 기구 및 다른 나라와의 연계 방식 등을 세부적으로 규정할 필요가 있다.

셋째, 탄소배출권 현물·파생상품을 동시에 상장함으로써 현물과 파생상품 간의 차익거래 기회를 제공하며, 파생상품을 통한 부가가치 창출을 용이하게 할 필요가 있다. 탄소배출권 현물시장의 가격변동위험을 헤지하고, 탄소배출권 현물과 파생상품 간의 차익거래 기회를 제공하는 측면에서 현물·파생상품의 동시 상장이 필요하다. 현재 유럽지역의 주요 거래소인 ECX, Nord Pool ASA, BlueNext, EEX AG가 현물과 파생상품을 동시에 거래되고 있듯이 배출권거래법에서 거래의 효율성을 고려하여

---

7) CDM 레지스트리는 UNFCCC 사무국이 CDM 위원회(executive board)의 승인에 따라 CDM에서 발생하는 CER을 발행하고 관리하게 되며, 웹 기반의 전자시스템으로 운영되며, CDM 프로젝트 참여자가 보유계좌상에 CER을 소유하게 됨. 배출권거래에 참여하는 참가자 및 청산기관이 레지스트리에 보유계좌(person holding account)를 개설하게 되고, 보유자별 할당량 등록 및 시장거래에 따른 소유권 이전은 레지스트리의 계좌이체방식으로 처리됨. 일반적으로 온실가스 배출 및 배출권 할당 테이블을 관리하고 이를 대조(compliance)하여 초과배출 또는 절감여부를 검증하는 3개 테이블로 구성되며, UN 매뉴얼에 따라 금융기관의 계좌이체 방식과 유사하게 운영되고 있음.

현·선물을 동시 거래할 수 있도록 하는 것이 바람직하다 할 것이다.

넷째, 회원제도의 경우 탄소배출권 현물 및 파생상품 회원을 구별하며, 기타 회원가입·탈퇴 요건과 손해배상 공동기금을 적립하도록 한다. 회원은 기존회원 종류 외에 '탄소배출권전문회원'을 신설하며, 회원의 종류별로 중복 가입을 허용하며, 탄소배출권 현물 및 파생상품의 매매전문회원으로 구분하여 거래하도록 하되, 이때 탄소배출권전문회원은 파생상품을 제외한 현물을 취급하도록 하고, 위탁매매를 제외한 자기매매만을 허용하며, 탄소배출권 파생상품은 파생상품회원의 위탁계좌를 이용하고, 증권·파생상품·탄소배출권 등에 대한 결제이행책임의 부담 여부에 따라 결제회원 및 매매전문회원으로 구분한다.

또한, 회원가입 요건 및 탈퇴 요건을 설정하도록 하여, 탄소배출권전문회원의 경우 탄소배출권 현물의 위탁매매를 제외한 자기매매만을 취급하도록 하되, 자본시장법상의 금융투자업 인가요건을 적용하지 않으며, 회원관리규정의 재무요건 중 금융투자업규정에 의한 영업용 순자본비율도 적용하지 않는다. 결제회원은 증권시장, 파생상품시장, 탄소배출권 시장별로 채무불이행에 따른 손해배상을 위해 공동기금을 적립하도록 하며, 탄소배출권 파생상품은 탄소배출권 시장의 공동기금 산출시에 포함하여 적용하도록 한다.

다섯째, 탄소배출권 현물거래와 파생상품거래의 거래방식, 수탁제도, 청산결제제도 등 제반 거래·결제제도를 구축할 필요가 있다. 탄소배출권 현물거래의 경우 거래방식은 Cap-and-Trade 방식의 자발적·강제적인 총량제한 탄소배출권상품을 거래하도록 한다. 한국의 감축의무국 가입시 강제이행 시기는 2013년 이후가 될 것으로 전망됨에 따라 2012년까지는 Cap-and-Trade 방식의 자발적 총량제한 탄소배출권(Korean Voluntary Allowance Unit: KVAU)을 거래하며, 강제이행 시기인 2013년 이후에는 강제적 총량제한 탄소배출권(Korean Allowance Unit: KAU)을 도입하는 것이 바람직하다 할 것이다. 가능한 기존의 거래, 청산, 결제, 시장감시 등의 시스템을 활용하고, 최소 필요인원으로 운영하는 방안을 강구할 필요가 있다.

자발적 거래에 있어서도 초과배출시 최소한의 벌칙 규정을 도입할 필요가 있다. 이러한 벌칙이 없으면, 초과배출기업이 탄소배출권을 매입할 유인이 없을 것이다.

수탁제도와 관련한 주문방법, 위탁증거금, 호가의 종류, 상장기간, 유동성공급자 제도 및 청산·결제제도는 기존 제도를 원용하는 것이 바람직하고, 수탁제도와 관련하여 주문방법은 투자자는 탄소배출권 거래소의 회원에게 계좌를 개설한 후, 회원을 통하여 문서, 전화, 전자통신 등의 방법으로 주문하도록 하며, 증권회원은 탄소배출권 현물거래를 수탁하고, 파생상품회원은 탄소배출권 파생상품거래를 수탁하도록 한다.

위탁자의 결제이행을 확보하기 위해 회원이 위탁자로부터 사전에 위탁증거금을 징수하되, 위탁증거금은 회원이 자율적으로 결정하며, 현재 주식시장의 경우 개인투자자에 대해서 40%의 위탁증거금을 징수하고 있음을 고려하도록 한다. 지정가호가, 시장가호가, 조건부지정가호가, 최유리지정가호가, 최우선지정가 호가 등 허용하고 있으며, 전량충족 및 일부충족 조건이 가능한 만큼 최적의 조합을 선택이 가능하다. 상장기간은 상장일로부터 1년 연단위로 하며, 잔여 배출권은 차기연도로 이월 가능하도록 한다.

탄소배출권거래소는 중앙집중거래상대방(central counterparty)으로서 탄소배출권 거래에 따른 결제이행책임을 보증할 필요가 있으므로, 매매거래의 채권·채무의 차감을 통하여 확정하고, 결제기관에 결제를 지시하며, 결제이행전까지 결제를 보증하도록 하며, 청산·결제는 실물이동이 없는 전산상의 계좌대체로 진행하도록 한다. 해외거래소와의 연계거래, 인지도 제고 및 거래편의성을 높이기 위하여 주요 해외 총량제한배출권 선물의 결제월을 인용할 필요가 있다.

프랑스의 Bluenext의 경우 유동성 공급자 제도를 도입하고 있는바, 유동성이 일정 수준에 미달할 경우 유동성공급자(liquidity provider)가 매도·매수 호가를 제시함으로써 안정적으로 가격을 형성하도록 유동성공급자 제도를 고려하며, 탄소펀드를 탄소배출권 거래시장의 유동성 공급자로 활용하는 방안을 고려해 볼 수 있다.

여섯째, 시장의 투명성 확보 차원에서 불공정거래 사전 예방 및 시장에 대한 상시감시체제를 구축하기 위하여 기존의 시장감시 시스템을 이용하여 연계하는 방안이 고려될 필요가 있다. 기존의 시장감시 시스템에서 자본시장법상 규제 대상 행위로 일반투자자, 상장법인 임직원, 금융기관(투자자) 대상시세조정, 미공개정보 이용, 단기 매매 차익, 주요 보고의무 위반 등의 불공정거래 행위와 금융투자업자(회원)를 대상으로 회원의 금지 행위, 공정거래질서 저해행위, 업무 관련 규정 위반 행위를 규제하고 있는 만큼 기존의 시장감시 인프라를 이용할 필요가 있다.

일곱째, 탄소배출권 거래에 대한 감독은 금융적 시각에 입각하여 탄

| 표 8-3 | 탄소배출권 거래 메커니즘의 설계

	설계 방안	논거
등록소	• 정부 주도에 의한 레지스트리 구축 • 관련 관리 기구 및 연계 방식 규정	• EU의 경우 국가가 주도 • 의무감축국 편입에 대한 대비 및 국가 할당 배출권 관리
거래 상품	• 탄소배출권 현물·파생상품의 동시 상장	• 파생거래의 활성화는 국제추세임 • 파생상품을 통한 부가가치 창출 • 가격변동위험의 헤지와 현물과 파생상품 간의 차익거래 기회 제공
회원 제도	• 탄소배출권 현물 및 파생상품 회원의 구분 • 회원가입·탈퇴 요건 설정 및 손해배상 공동기금 적립	• 시장의 유동성 제고 • 파생상품을 제외한 현물의 취급만 가능한 회원 신설하여 거래의 원활화 도모 • 회원별 결제이행책임의 부담 상이
거래 방식	• Cap-and-Trade 방식의 자발적·강제적인 총량제한 탄소배출권상품	• 거래형성을 위해 필요
수탁·청산·결제 제도	• 기존 제도의 원용 • 유동성공급자 제도	• 기존 시스템 이용을 통한 비용 효율성 확보 • 시장의 유동성 확보 • 해외거래소와의 연계거래, 인지도 제고 및 거래편의성 확보
시장 감시	• 시장감시위원회 활용	• 비용효율성 제고 • 기존 경험 활용 제고
감독	• 탄소배출권 거래에 대한 감독은 금융감독당국이 담당 • 등록·발행부문은 배출권 허용량에 관한 업무를 관장하는 정부기관에서 관리·감독	• 탄소배출권거래는 금융의 영역으로 인식

소배출권 제반 인프라를 구축하는 만큼 금융 감독 당국이 담당하는 것이 바람직하다. 배출권에 대한 파생상품거래가 현물거래와 연관이 있어 현물거래에 대한 규제를 동일 기관에서 하는 것이 규제효율성과 일관성 측면에서 바람직하고, 등록·발행부문은 배출권 허용량에 관한 업무를 관장하는 정부기관에서 관리·감독하는 하되, 허용량의 등록업무 자체는 등록기관에 위임하는 것이 바람직할 것이다.

4. 기업의 전략적 준비

개별 기업은 탄소배출권 강제할당에 대비하여 장기 계획을 수립하되 국제적 논의 추세에 부합할 필요가 있다. 기업의 탄소배출 저감을 위한 비용부담을 반영한 장기 계획을 사전적으로 수립해야 한다. 우리나라 수출기업의 경우 과도한 환경개선 비용부담은 가격경쟁력 측면에서 국제경쟁력을 저하시킬 수 있으나, 경쟁 상대국 국가의 기업도 그러한 비용부담을 하고 있다는 인식이 필요하다.

국제적 기준 형성시까지 우리나라가 앞서 나갈 필요는 없을 것이지만, 국제적 추세에서 뒤쳐지게 되면, 무역 활동에서 기업이 문제에 봉착할 수 있으므로, 적절한 속도조절이 필요할 것이며, 국제적으로 탄소관세 논의가 있으므로 수출기업의 경우, 탄소관세 부과를 받지 않도록 정부와 협조가 필요하다. 또한 리스크 관리 차원에서 탄소관련 활동을 주도할 담당자를 선정하고, 탄소발생량에 대한 1차적 측정, 기업의 탄소발생량 수준에 대한 이해, 재무적 영향 검토, 탄소전략 수립, 탄소관리를 위한 지배구조 구축 등의 대책을 마련해야 한다.

| 표 8-4 | 녹색금융 발전 방향 달성을 위한 전략 수립

발전 방향	추진전략
금융권과 사회 전반의 공감대 형성	• 정부 내 부처 간의 공감대 형성을 위한 컨트롤 타워 구축 -정부 내 부처 간의 공감대 형성을 통한 산업 발전과 환경 개선의 균형점 모색 -정부 내 관련 부처의 협의체 구성 • 교육 및 홍보 프로그램 마련 -금융기관 종사자 및 일반 국민 대상 교육 -아시아 녹색금융 컨퍼런스 개최를 통한 인적 네트워크 구축 • 녹색금융소비자 육성 -녹색상품의 유통 채널을 이용한 녹색소비자 육성 -녹색인증 제품 구매 혜택을 점수제, 교육 및 세제 지원 등을 통한 녹색소비자의 녹색금융소비자 육성
정부의 적극적이고 체계적 지원책 강구 (단기 추진전략)	• 녹색인증제의 보완 -녹색상생협약 프로그램 마련 및 중소형 벤처기업을 고려하여 녹색인증제 보완 -경제성·사업성 평가를 위한 금융기관의 역할 유지 • 충분한 세제 혜택 제공 -초기 녹색금융 자금 공급자 및 녹색금융 상품 개발에 대한 충분한 세제 혜택 • 정책금융기관의 역할 강화 -정책금융공사 및 신용보증기관의 역할 강화 -기술개발에 따른 민관의 유기적 협조 체계 구축 • 녹색전문 금융기관의 설립 검토 -녹색기술과 녹색기업에 특화된 금융기관의 설립 검토 • 초기 정부 지원 대상의 구체화 및 자본시장의 역할 증대 -맞춤형 금융지원 시스템을 통한 초기 정부 지원 대상 구체화 및 장기적 지원책 마련
시장기능이 작동할 수 있는 녹색금융 메커니즘 구축 (중장기 추진전략)	• 시장기능 작동을 위한 제도적 기술적 인적 인프라 구축 • 다양한 녹색금융 상품 개발 -금융기관 특성별 환경적 요인을 내재화하는 상품 개발 • 금융기관의 분석 능력 향상 -환경성과와 환경위험을 반영할 수 있는 여신프로세스, 내부평가기준의 정립 및 연구·조사 확대 • 녹색전문서비스 기업 육성 -기후·환경 분야, 녹색컨설팅, 녹색경영 분야 등
탄소배출권 시장의 조기 개설	• 탄소배출권 거래를 위한 제도 정비 • 탄소배출권 시장의 운영 주체 선정 • 탄소배출권 거래 메커니즘의 설계 • 기업의 전략적 준비

부록 1 해외의 녹색금융의 구체 사례(소매금융)

상품 및 서비스	금융기관	지 역	핵심 상품 및 결과(예상)
Home Mortgage	네덜란드 은행	네덜란드	• 정부 주도의 '그린 모기지' 이니셔티브 • 출범 초기에는 반응이 좋지 않았음 • 그러나 상품이 오래 지속되면서 네덜란드 내의 그린 모기지 수요는 증가함
Home Mortgage	CFS	영 국	• 매년 무료로 주택 에너지 사용등급 측정 • 탄소 배출량을 상쇄 • 2005년에만 5만 톤 이상의 이산화탄소를 상쇄 • 앞으로 포트폴리오에 새로운 사항을 추가할 예정
Home Mortgage	Abbey, HBOS, Halifax 외 기타	영 국	• 영국 내 이 은행들만이 그린 모기지를 발표했으며, • 이 중 몇몇 은행은 자국 최대 규모의 모기지 제공자임
Home Mortgage	Bandigo Bank	호 주	• Generation Green™ Home Loan
Home Mortgage	VanCity	캐나다	• Climate Change Mortgage • 잠재적 환경 이득이 높음
Energy Efficient Mortgage	Citigroup	미 국	• 중 · 저소득층 고객을 대상으로 Fannie Mae가 개발한 상품 • 에너지 효율이 높아 절약한 전력은 빌리는 사람의 소득으로 들어오도록 설계 • Citi는 상품의 수요 증가를 위해 상품의 질을 개선하고, 판로를 늘릴 예정임
Power-Oriented Home	N/A	N/A	• 주택소유자에게 재생 가능 전력을 사용하도록 인센티브를 제공함 • 주택의 물리적인 면보다는 지속가능성 고객 자체에 초점을 맞추고 있음
Com-mercial Building Loan	NRB, Wells Fargo, TAF/Tridel	북 미	• 새 콘도 건설을 위한 Green loan • 이 프로젝트는 물, 공기, 에너지, 폐기물 처리, 스마트 빌딩 기술과 같은 혁신을 모두 포함 • 기존의 건물보다 25% 정도의 에너지가 절약됨을 보여줄 수 있어야 함
Home Equity Loan	Citigroup, NRB, Bendigo, Wainwright Bank & Trust, CFS, VanCity	Various	• NRB One–Step Solar Financing • 만료 기간이 태양 전지판 보증기간과 동일 • Citigroup은 가정용 태양력 시스템 구축이라는 목표를 갖고 solar home equity loan을 2006년에 발표
Home Equity Loan	Bank of Ameri-ca	미 국	• Environmental Home Equity Program • Visa Access Credit을 사용하는 고객에 한해 은행은 NGO에 기부

Auto Loan	Mecu	호 주	• goGreen Auto Loan은 성공적인 "그린" 상품으로 세계적으로 주목 받음 • 개설 이래 은행의 자동차 담보 대출이 45%나 증가
Auto Loan	VanCity	캐나다	• 저조한 실적을 보완하기 위해 하이브리드 자동차용 상품에서 배출량이 낮은 모든 차량으로 대상을 전환하여 Clean Air Auto Loan을 출시 • 비록 Hybrid Loan 옵션이 "고객 유치 및 관계 강화"라는 결과를 가져왔지만, 상품 자체는 많이 팔리지 않음
Fleet Loan	Bank of America	미 국	• Small Business Administration Express Loan은 인가 절차가 신속하고, 담보가 필요하지 않으며 만기가 유연함 • 주로 연료 효율이 좋은 기술에 자금을 조달하기 위해 트럭수송 업체에 제공됨 • SmartWay Upgrade 설비를 구매하도록 도와서 연비를 15% 향상시킴
Credit Card	CFS, MBNA (BOA), Shore-bank Pacific	Various	• Affinity Cards • 연율 15~22%에 대부분이 연회비가 있다. MBNA의 Sierra Club Card은 특별히 성공적이었음 • 1994년부터, 4만5천 명의 회원들이 Sierra Club Visa에 가입 • 결과적으로 40만 달러의 기부금이 환경 NGO에 전달됨
Credit Card	Rabo bank	유 럽	• Climate Credit Card • 은행은 카드로 구매한 상품과 서비스의 에너지 집약성에 따라 정해진 금액을 WWF에 기부함
Credit Card	Tendris Holding B.V.	네덜란드	• GreenCard Visa는 배출 상쇄 프로그램을 제공하는 세계 최초의 신용카드임 • 2004년부터 2만 명 이상의 가입자 유치 • 곧 독일과 스칸디나비아에 판매 예정 • 2007년, 미국 시장에 출시할 예정
Credit Card	Barclays	영 국	• Barclays Breathe Card는 고객이 "그린" 상품과 서비스를 구매할 때마다 할인과 저이자 혜택을 제공함 • 카드 수익 중 50%는 세계적인 배출 절감 프로젝트에 투자됨 • 영국의 8개 대기업이 참여하는 "We're in this together" 캠페인과 관련되어 있음
Credit Card	Bank of America	미 국	• 기존의 카드소유자들은 Visa World Points를 온실가스 저감에 투자하는 기관에 기부하거나 친환경 상품으로 되돌려 받을 수 있음

Deposit	Shorebank	미 국	• EcoDeposit은 쓰레기와 오염을 줄이기 위해 노력하거나 천연자원을 보존하는 해당 지역의 회사들을 지원하기 위해 예금의 특정 • 비율을 따로 구분하여 자금을 조달 • EcoCash™ Checking Account는 매달 무료로 5장의 수표를 제공하되, 이 이상은 장당 3달러의 수수료를 받음 • 이 수수료의 일부는 The Climate Trust로 기부함
Deposit	Westpac	호 주	• Landcare Term Deposit • 호주 최초의 환경 예금 상품 1달러가 사용될 때마다 은행은 이와 동일한 금액을 지속가능 농업에 지원
Sales	Barclays, HSBC	유 럽	• Barclays의 고객들은 은행에 돈을 예금할 필요 없이 비행과 관련된 이산화탄소 배출을 상쇄할 수 있음 • 이 새로운 이니셔티브는 상쇄 전문 기관 Climate Care와의 제휴하에 이뤄지고 있음

해외의 녹색금융의 구체 사례(기업 및 투자금융)

상품 및 서비스	금융기관	지 역	핵심 상품 및 결과 (예상)
Project Finance	Rabo bank, Barclays, BNP Paribas, Fortis, Standard Chartered Bank, Citigroup	글로벌	• 대규모 재생 가능 에너지 프로젝트 파이낸싱만을 담당하는 특화된 서비스 부서나 TFT가 있음 • 일부 은행은 BNP Paribas(풍력), WestLB(바이오연료와 풍력) 등과 같이 한 가지 또는 여러 가지 재생가능 에너지 기술에 특화함
Project Finance	Dexia	미 국	• 포트폴리오 파이낸싱 기법 • 풍력 에너지 프로젝트를 담은 포트폴리오 파이낸싱과 풍력 발전소와 관련 있는 건설 위험을 결합
Partial Credit Guarantees	IFC	글로벌	• IFC는 환경 프로젝트에 자금을 조달하기 위해 지방당국이 발행한 채권을 제공
Securitization	IFC	글로벌	• 환경 프로젝트를 위한 증권화 거래 • IFC는 위험성의 중간 단계에서 보증인이나 투자가의 역할을 수행 • 위험 분담 조정을 통해 고객의 위험이 IFC로 이전됨
Securitization	IFC와 DFID	글로벌	• Eco-Securitization은 자원의 지속가능경영에 자금동원 • 능력과 자산지원 증권화의 요건과 연결함으로써 "자연 인프라" 파이낸스의 실행 가능성을 시험
Securitization	N/A	N/A	• Green Mortgage Backed Security는 에너지 사용과 환경적 기준을 따르는 건물의 모기지를 하나로 묶음 • 그린 건물의 운영비 절약으로 인한 수익 덕분에 더 높은 신용등급을 받을 수 있음
Bond	Various	파나마	• Forest Bond는 파나마의 대규모 삼림화를 지원하기 위해 고안됨 • 재보험업자는 25년 만기 채권을 인수하고 파나마 운하의 투자자 및 운하를 자주 이용하는 운송업체들이 이 채권을 구입 • "Forest Bond의 장기적인 특성이 장기 자산에 대한 투자가들의 필요를 충족시켜 줌"
Bond	BNP Paribas, Goldman Sachs, Lehman-Brothers	글로벌	• Cat Bond는 자연 재해의 위험성에 대비한 보조적 자본을 제공함 • Cat Bond는 평균보다 높은 이율을 제공하며 투자자의 포트폴리오를 다양화하고 예비금을 보완

Tech–nology Leasing	Rabobank	유 럽	• 2005년 동안 Rabobank는 green lease 제도로 1억 300만 유로를 조달
IPO Sup-port	ABN AMRO, Citigroup,CIBC	글로벌	• Citigroup은 Brasil Ecodiesel의 언더라이터로서 1억7,700만 달러 규모의 IPO를 인수하여 브라질과 국제 시장에 매각 • 2003년에 창립된 이 회사는 현재 남미 최대의 바이오 디젤 생산자임
Private Equity	Bank of America	북 미	• 산림 보호를 목적으로 하는 최초의 사모펀드 • 6,500만 달러 규모의 사모펀드는 산림 보호, 생물다양성 보호, 이산화탄소 억제에 초점을 맞춤 • 생물학적으로 민감한 토지와 지속가능 산림의 유지·경영을 지향하는 비영리 단체들이 필요한 자금의 100%를 할인된 금리로 대출해 줌 • 비영리 단체들은 미국의 목재회사로부터 토지를 구입한 후, 보존지역권을 판매하여 산림이 보존되도록 함 • 지역권을 판매하여 받은 금액으로 BOA 채무를 갚음 • 이와 같은 유연한 금융제도를 통해 벌목 작업을 연간 산림의 최대 3%로 제한하여 지속가능한 벌목을 가능하게 함 • 목재 판매로 얻은 수익은 지역 경제에 재투자됨
SRI Equity Research	WestLB	글로벌	• WestLB의 SRI Equity Research 상품은 현재까지 이 상품을 책임지고 있는 자본전략팀의 분석가들에 의해 생성된 상향 (bottom up) 이니셔티브임 • 2001년에 WestLB는 판매 분야에 처음 발을 들이면서 선구자적 역할을 수행 • 조사주제의 분야에서 전문가적인 식견과 명성을 쌓아 오늘날 이 분야의 선두를 지키고 있음 경쟁사들은 이런 WestLB의 전문성을 모방할 수 없음 • 오직 극소수의 브로커들만이 독립적으로 SRI 상품을 제공하고 있음
SRI Equity Research	JPMorgan	글로벌	• JPMorgan은 고객에게 기후 변화와 관련된 사업 위험성과 기회성에 대한 투자조사 결과를 제공함 • JPMorgan은 탄소배출권의 잠재적 의무, 지속가능 • 청정에너지의 개발, 탄소 포집, 탄소배출권 거래 등의 분야에 진출하기 위한 리서치를 수행 • 특히 이 기업은 현재 운영되고 있는 탄소 억제 제도를 고려한 경제, 입법, 사업 개발 및 회사 가치에 중점을 둠 • 2007년 JPMorgan은 기후변화에 의해 발생하는 위험성에 대한 체계적인 설명을 제공하는 최초의 기업채권지수인 JENI Bond Index 상용화

Eco–Indices	ABN AMRO	유 럽	• ABN AMRO의 Private Investor Products 사업은 창의적인 에코상품을 여러 종류의 자산에 맞춰 개발 • 은행들은 물과 재생 가능 에너지와 같은 상품을 거래할 수 있는 구조를 개발하는 데 중요한 성공을 이룸 • ABN AMRO는 이 분야에서만 10억 유로 이상의 개인 고객의 자산을 관리하고 있음 • 이 상품은 높은 수익률을 보이고 있음 예를 들어, ABN AMRO의 water index의 가치는 개설된 지 18개월 만에 평균 시장 상승률(10~12%)보다 훨씬 높은 50%를 기록 • Solar energy index는 작년보다 30% 상승했고 지난 3년간 300%의 상승률을 기록
Carbon Com-modity Products	Barclays Capital, HSBC, Fortis, ABN AMRO, BNP Paribas, JPMorgan, Goldman Sachs, Citigroup 등	유럽 (북미 소수 지역)	• 은행들은 CDM과 JI 프로젝트로부터 탄소배출권을 얻기 위해 주식, 대출 등을 제공함 • 대부분의 은행들은 고객의 필요에 맞춰 탄소 배출권을 따내고, 은행의 트레이딩 데스크에서 거래될 수 있도록 공급하며, 배출 수당과 탄소 배출권을 근거로 대출 상품을 개발함
Allow-ance Trading Products	Barclays Capital, HSBC, Fortis, ABN AMRO, BNP Paribas, JPMorgan, Goldman Sachs, Citigroup 등	유 럽	• Allowance Trading Products에는 다음과 같은 상품이 있음 • 물리적 순서의 신중한 배치, 고정 또는 변동 스왑, 조정 • 매매, 옵션, 배출권 재구매, 현물과 선물 거래를 위한 시장 조성, 교차상품에 기초한 가격 헤징

자료: UNEP Finance Initiative(2007).

부록 2 국내 은행권 녹색금융 상품 현황(2010년 2월 말 현재)

(단위: 억원)

은행명	구분	상품명	특징	출시일	실적 (09.12 월 말)	실적 (10.2 월 말)
산업 은행	기업 여신	녹색산업 육성 특별시설 자금	• 지원분야 - 환경산업 - 신재생·대체 에너지 - 에너지효율향상 및 에너지절약·이용합리화 등 • 우대내용 - 금리우대 : 원화 0.3%p(중소기업 0.5%p), 외화 0.15%p	2009년	7,387	7,687
농협 중앙회	기업 여신	녹색성장 NH 푸드론	• 대출대상자: 식품제조 및 유통업체, 음식점, 농산물생산가공유통업자 • 금리우대(최고 1.0%p) - 한식 세계화 관련 사업자, 지자체 인증 우수 음식점, 농식품관련 인증 사업자 등 - 신용보증서 담보 대출고객 등(지역신용보증재단 특별출연에 따른 전액 신용보증서 담보 대출 가능)	09.7.1	719	747
농협중 앙회	개인 여신	녹색마이 너스통장	• 녹색캠페인 참여고객에 대해 우대금리 적용(0.6%p) - 승용차 요일제, 탄소마일리지 참여 고객 등	09.6.23	191	215
신한 은행	기업 여신	신한솔라 파워론	• 태양광발전소 건설단계에 소요되는 자금을 지원하고 발전소 가동에 따른 전력판매대금으로 분할상환 • 대상은 태양광발전소 사업허가를 얻어 한국전력거래소 (또는 한국전력공사)를 통해 전력을 판매하고자 하는 사업자 • 대출기간은 최장 15년 이내	09.2.3	1,190	805
신한 은행	기업 여신	신한솔라 파워론 출시前 태양광 발전지원	• 신한솔라파워론과 동일한 조건으로 동 상품 출시 전 태양광발전사업에 대한 금융지원	2006년	2,146	2,146
신한 은행	기업 여신	신한신재 생에너지 대출	• 풍력, 연료전지, 폐열 등 신재생에너지관련 시설 및 운영자금 지원	2007년	696	696

신한은행	기업여신	신한녹색성장대출	• 녹색성장산업(그린에너지 관련업종 및 저탄소·고효율신성장동력 관련사업)을 영위하는 기업대상 • 대출금리 및 수수료 우대적용 • 대출기간: 최장 15년 이하	09.10.21	385	448
신한은행	개인여신	신한 MyCar 대출	• 신차구입 목적으로 매매계약 체결한 개인 또는 개인사업자를 대상으로 차량 가액 범위 내 최고 5천만원까지 대출 • 그린자동차(1,000cc 이하 경차, 하이브리드카, 전기차, 태양광자동차) 구입시 10bps 금리우대	10.2.18	-	-
우리은행	기업여신	우리그린솔라론	• 태양광산업 단계별 패키지 금융지원, 미래성장 유망업종에 대한 지원으로 신성장동력 발굴 상품 • 가입대상은 발전사업허가를 받은 태양광발전사업을 영위하고자 하는 사업자로서 한국전력거래소를 통하여 전력을 판매하는 사업자(조합 포함)	08.11.27	552	620
우리은행	기업여신	우리로봇시대론	• 한국로봇산업협회로부터 추천을 받고 기술보증기금에서 신용보증서를 발급받은 기업대상 최대 6억원까지 대출이 가능 • 대출기간과 상환방법 다양화, 금리우대와 신용보증서 발급시 보증료, 기술평가료 감면 등의 혜택도 제공	08.11.25	19	19
우리은행	기업여신	우리 LED론	• 한국광산업진흥회의 업종추천을 받은 LED기업에 대출한도를 기존보다 5%~10%까지 확대해 최대 80%~85%까지 적용 • R&D기업과 제조업, 무역업, 신용보증서 발급기업에 대해서는 추가로 최대 3억원까지 담보 없이 운전자금을 지원	09.3.30	203	199
우리은행	기업여신	그린파트너론	• 정부지정 17개 녹색성장산업에 속한 기업 중 은행이 지정한 은행 내부 신용등급 이상 해당 기업(주거래업체)에 재화와 용역을 공급하는 협력기업 대상 • 협력기업에 대한 전자방식 외상매출채권 담보대출	09.4.27	150	150

우리은행	기업여신	우리 RFID/ USN론	한국RFID/USN협회회원사 또는 관련 업종 영위사업자 • RFID/USN시스템을 도입하는 업체 대상 • 시설자금 대출한도를 80%~85%로 확대 적용 • 지점장금리우대전결권, 대출관련 비용우대제도 운용 - RFID(Radio Frequency Idnitification 전자태그 무선식별기술) - USN(Ubiquitous Sensor Network 첨단 지능형 네트워크)	09.6.26	9	9
우리은행	기업여신	우리사랑 녹색기업 대출	• 신성장동력사업 중 환경마크인증 기업, ISO14001(환경경영)인증, 신재생에너지 전문기업, 폐기물 재활용기업, 고효율에너지기자재 인증 기업, 기타 환경관련 인증서 보유 기업 등을 대상으로 함 • 시설자금 대출한도 우대적용 (80%~85%) • 지점장금리우대전결권, 대출관련 비용 우대제도 운용	09.9.28	384	420
SC제일은행	기업여신	Green Growth Loan	• 대상: 친환경상품(친환경마크, 우수재활용마크) 제조기업, 에너지절약 전문기업(ESCO 기업) • CG9등급 이상 기업으로 일반대출, 무역어음대출, 할인어음 취급시 대출금리 최고 연 0.3% 우대	09.10.14	0	0
하나은행	가계여신	-0.3℃ 대출	• 에너지 절약/친환경 생활태도 천고객에 대한 신용대출 금리 0.3% 우대 (대상고객: 저공해 자동차보유자/전기/가스/수도 절약자/경차보유자/대중교통 이용자/이메일청구서 사용자/무통장 사용자 등)	09.4.13	525	595
하나은행	기업여신	태양광 발전시설 자금대출 (솔라론 포함)	• 태양광발전사업자가 발전소를 건설하는 경우, 시설자금을 지원하고 발전소 완공 및 상업운전개시 후 정부가 발전차액지원제도에 의하여 15년간 구매하는 전력판매대금으로 대출금을 상환하는 상품	07.11.13	1,980	1,985
국민은행	기업여신	KB Green Growth 론	• 녹색산업 대상 여신금리우대, 대출이익의 0.5% 발전기금기부(지원대상: 16,742개)	09.2.23	2,543	2,603

기업은행	기업여신	태양광 발전시설 자금대출	• 규모 제한 없이 전기발전사업 허가를 받고 상업용 목적의 태양광발전사업을 영위하고자 하는 사업자로서 한국전력거래소, 한국전력공사에 전력을 판매하려는 자에게 태양광발전에 필요한 설비자금 지원 • 한국전력거래소 또는 한국전력공사의 결제 대금으로 대출금 자동상환토록 함	08.5.29	707	804
기업은행	기업여신	녹색성장 기업대출	• 청정에너지, 녹색기술산업, 환경마크인증기업 등 녹색성장산업을 영위하는 중소기업에 대한 심사전결권을 완화하여 금융지원하고 대출금액 1만원당 1포인트(1원)를 녹색성장 관련 단체 기부	09.3.31	11,654	14,950
기업은행	기업여신	녹색설비 브릿지론	• 녹색산업 설비투자 활성화 등을 위해 대기업의 녹색설비 납품중소기업에 대한 원자재구매자금 지원하고 대출금은 대기업의 결제대금으로 회수하여 투자확대 및 녹색산업 육성	09.6.18	139	142
외환은행	기업여신	신성장 기업 파트너론 (녹색기업 파트너론)	• 2009.2.12. 정부의 성장기반 확충을 위한 핵심분야 중소기업에 대한 신용보증확대방안 발표에 따른 신용보증서 담보부대출(핵심분야: 수출, 녹색성장, 우수기술, 창업기업) • 운전자금, 시설자금 모두 가능	09.4.3	263	263
외환은행	기업여신	준공영제 CNG 버스자금 대출	• 준공영제 시행 지자체내 시내버스 업체의 버스 구매 자금대출	09.6.3	1.2	1
외환은행	기업여신	마이솔라 파트너론	• 대출기간 15년 이내, 1년 이내 거치기간 경과 후 매 3개월 단위로 대출 원금균등분할방식 상환 • 원화대출, 외화대출 모두 가능	08.9.11	179	179
한국씨티은행	기업여신	녹색성장 산업영위 기업에 대한 대출	• 녹색성장관련기업(관련산업: 풍력발전, 태양광, LED)에대해 시설자금 및 운전자금 등 일반여신공여를 통해 기업의 녹색성장을 지원(녹색성장 관련 기업 앞 공여중인 운전/시설자금 대출임)		2,387	2,226

한국수출입은행	기업여신 프로젝트 파이낸스	수출자금, 해투자금, 수입자금	• 수출입은행은 녹색산업만을 지원하기 위한 별도의 상품은 운영하지 않고 있으며, 우리 기업이 해외에서 추진하는 사업의 특성에 따라 수출자금, 해투자금, 수입자금 적절히 Mix하여 기업여신 또는 PF방식의 맞춤형 금융을 제공하고 있음	09.1.1	13,311	15,457
대구은행	기업여신	DGB CNG버스 구입자금 대출	• CNG 버스 대체 수요에 대응한 친환경 녹색금융상품으로 준공영제 시행 지자체 시내버스업체 중 신용 6등급 이상 또는 소호등급 7등급 이상인 업체: 금리감면	09.7.6	4	4
대구은행	기업여신	DGB 그린론	• 친환경 상품 제조기업으로 친환경 인증을 받은 기업, ISO14001시리즈 인증을 취득한 기업, LED기업, 친환경 우수기업평가표 60점 이상 취득한 기업인 경우-우대사항(금리감면 1.5%~2.5%, 신용평가 완화, 외국환 수수료 감면)	09.5.11	19	19
부산은행	기업여신	BS CNG 버스구입 자금대출	• 부산시 시내버스회사 대상 배출가스 저감용 압축천연가스(CNG)버스 구입자금대출	09.5.26	3	3
부산은행	기업여신	BS클린 녹색기업 우대대출	• "클린녹색 정기예금·적금" 판매를 통하여 조성된 재원으로 지역내 친환경 또는 녹색성장기업에 대한 우대지원, 신규 유치 거래처, 신재생에너지 전문기업, 에너지절약전문기, ISO14001시리즈 인증 취득업체는「BS 중소기업 특별지원대출」한도배정시 우선 배정, 본부신용평가등급 5등급 이상으로서 사업성 또는 기술력 우수기업은 여신심사시 우대하여 중점지원, 영업점장 전결로 산출금리에서 최대 1.0% 범위내 감면	09.3.25	410	396
광주은행	기업여신	Hi-Green Solar Loan	• 태양광 발전소를 건설하는 발전사업자에게 시설자금을 지원하고 발전소 완공 및 상업운전 개시 후 발전차액지원제도에 의하여 정부가 15년 또는 20년간 구매하는 전력판매대금으로 대출금을 상환하는 상품	09.3.24	245	241

광주은행	기업여신	Hi-Success Loan	• 미래성장동력 산업으로 채택된 그린에너지산업 영위기업과 정부·지방자치단체가 MOU 체결하여 지원하는 기업, 기술신용보증기금이 INNO-BIZ 기업으로 선정한 기업 등을 대상으로 소요자금 비율과 금리우대 등을 제공하는 중소기업 전용상품임	09.3.10	60	60
광주은행	기업여신	태양광발전소 시설자금	• 태양광발전소 인허가를 취득하여 발전사업을 영위하고자 하는 업체로 소요자금지원	06.4.1	2,275	2,275
광주은행	기업여신	KJB GREEN LOAN	• 신재생에너지 관련기업, 영산강프로젝트 수주기업, 녹색산업관련 보증서 발급기업, CNG버스 구입기업, 친환경제품 제조 및 유통기업 등 지원, 금리우대	09.6.26	140	157
전북은행	기업여신	JB Green Biz Loan	• 녹색성장기업 및 친환경 에너지효율적 기업에 대한 여신지원 - 대상: 그린에너지산업(신재생에너지 등 포함), 친환경 제조업체, IISO14001시리즈 인증업체, 녹색제품구매협약업체, 신보기보특별협약에 따른 녹색성장관련 보증업체 등 - 기타: 금리추가감면, 여신심사 및 전결권 우대, 신용조사수수료 면제 등 수수료 우대	09.7.15	-	3
경남은행	기업여신	하이테크-론	• 바이오, 지능형 홈 등 경남지역 4대 전략업종, 이노비즈 인증기업, 친환경 에너지 관련 업종 영위 중소기업에게 금리 등을 우대하여 지원하는 대출상품 • 취급된 대출금액의 0.1%를 "하이테크발전기금"으로 출연하여 경상남도 4대 전략산업 및 친환경 에너지산업 관련 영위 중소기업을 지원	08.4	396	362
농협중앙회	예금적금	초록세상 적금	• 녹색캠페인참여고객 등에 금리우대(최고 0.6%p) 적용 - 승용차 요일제, 자전거 이용고객 등	09.4.27	5,374	7,679
수협중앙회	예적금	그린플러스 예금	• 탄소마일리지제도 참여, 어촌사랑운동 참여고객에게 금리우대 - 최고 0.6%p	09.8.10	1,481	1,481

신한 은행	예금 적금	신한 희망 에너지 적금	• 에너지사랑실천 서약서를 작성하는 고객에게 우대 이율제 • 가전제품 플러그 뽑기, 불필요한 조명등 끄기, 승용차요일제 참여, 여름·겨울철 적정실내온도 유지 등 에너지절약을 생활에서 실천하겠다고 서약하면 0.3(1년제)~0.5(3년제)%포인트의 금리 혜택	08.7.14	4,597	3,152
우리 은행	예금 적금	저탄소 녹색통장	• 통장에서 발생하는 수익금의 50%를 서울시에 출연, 서울시는 이를 '탄소마일리지제'의 재원으로 활용 • 통장 가입자는 인터넷뱅킹 등 서비스 수수료 50% 면제, 서울시가 시행하는 승용차 요일제나 탄소마일리지제 참여시 수수료 전액 면제	08.8.22	11,923	7,578
우리 은행	예적금	자전거 정기예금	• 자전거상해보험 무료 가입, 추첨을 통해 자전거 100대증정 • 녹색생활 실천고객 최대 0.3% 우대금리 제공 • 통근·통학에 자전거 이용 고객, 승용차 요일제 참여 고객, 탄소마일리지제 참여 고객에게 각 0.1%씩 우대금리 제공 • 상품판매 순수익의 10% 저탄소녹색성장 환경단체에 기부	09.8.24	22,961	22,546
SC제일 은행	예금 적금	온라인 퍼스트 정기예금 (e-푸름 이벤트)	• 인터넷뱅킹을 통한 예금가입으로 각종 종이 서류 및 통장발행을 없앰으로써 저탄소녹생성장에 기여 • 신규고객 대상으로 매월 1명씩 추첨하여 자전거 경품 제공함으로써 고객들의 녹색금융에 참여토록 함	09.9.1 시행	168	168
하나 은행	예금 적금	하나 S라인 적금 (Green)	• 기존 하나S-라인 적금을 리뉴얼한 환경의 중요성을 감안해 신규고객에 대해 자전거 보험 무상가입 및 재활용종이를 활용한 어린이 환경 노트 제공	09.3.2	6,927	5,772
국민 은행	예금 적금	Green Growth e-공동 구매정기 예금	• 인터넷전용, 지급이자(세전)의 1% 녹색성장관련단체에 기부하는 공익형 녹색금융상품	09.2.16	2,088	2,277

국민 은행	예금 적금	친환경 사업자 우대적금	• 저탄소 녹색성장 관련 기업, 종업원 급여이체 기업 등에게 다양한 우대이율로 목돈마련을 지원하고, 「적금관계대출」 시에 대출금리 할인 등의 대출지원 서비스를 제공하며, 대출금 상환이나 사업장 구입(임차)을 위해 중도해지하는 경우 특별이율을 적용하는 기업 전용 적립식 예금	09.3.6	3,059	3,288
외환 은행	예금	그린코리 보연동 정기예금	• 코리보연동정기예금: 녹색성장산업 관련 고객 0.3% 금리 추가제공	09.11.16	2,831	4,001
기업 은행	예금 적금	녹색성장 예금	• 정기예금을 하나의 통장으로 여러 번 신규할 수 있도록 하여 재활용하고 가입고객에 0.1~0.2%p 우대금리 적용 • 판매실적 1만원당 10포인트(10원)를 녹색성장 관련 단체 기부	09.4.9	15,641	15,435
기업 은행	예금 적금	환경사랑 통장	• 입출식, 적립식, 거치식으로 구성돼 있으며 각각 0.35%포인트, 0.2%포인트, 0.1%포인트의 우대금리를 제공 • 실적에 따라 0.1%의 환경문화발전기금을 출연	07.7.19	7,232	6,942
한국 씨티 은행	예금	씨티EMA 예금	• 종이통장 발급방식이 아닌 전자방식 통장으로 계좌가 운영 • 높은 예금금리 혜택과 각종 수수료 면제 제공 • 개인, 개인사업자, 임의단체가입 가능	07.11	9,427	9,657
대구 은행	적금 예금	친환경 녹색 예적금	친환경녹색예금은 자유적립식예금으로 승용차요일제, 저공해자동차 등 친환경 참여고객에 대해 최대 0.4% 우대금리 적용	09.7.21	1,869	2,994
부산 은행	예금 적금	클린 녹색 정기예금	• 자전거타기서약고객우대, 친환경차량소유고객우대, 탄소포인트제 가입고객우대 • 자전거상해보험무료가입, 수수료면제, 녹색성장친환경사업 등에 기부	09.3.4	551	765
부산 은행	예금 적금	클린 녹색 적금	• 자전거타기서약고객우대, 친환경차량소유고객우대, 탄소포인트제 가입고객우대 • 자전거상해보험무료가입, 수수료면제, 녹색성장친환경사업 등에 기부	09.3.4	747	848

광주은행		그린 스타트 예금	• 탄소그린카드 신규(전환) 가입/이용고객 우대, 경차 및 친환경 자동차 보유고객 우대, CO_2를 줄이는 생활의 지혜 서약서 작성 고객 우대	09.5.20	913	927
광주은행	적금	KJB Green-Biz 적금	• 녹색성장관련기업우대이율 적용 • 통장미사용고객우대이율 적용 • 매년 10백만원씩 3년간 녹색사업 출연	09.11.1	9	18
제주은행		저탄소 푸르미 적금		09.5.7	26	29
전북은행	예금	애향전북 예금	• 전라북도내 각 시군에서 추진하고 있는 친환경사업(예: 전주시/천년전주 푸른 도시 가꾸기)을 지원하기 위하여 예금 가입실적에 따라 기금을 조정하여 지급	07.6.1	1,704	1,749
농협중앙회	카드	NH에코 카드	• 국내신판이용금액의 0.1% 기금조성(녹색성장관련공익사업지원) • 생활에너지 공과금 캐시백: 2~20천원 • 전농협판매장, 재활용·친환경매장 이용금액 5% 할인 • 유기농 레스토랑, 웰빙 스포츠 등 할인	09.8.24	9,109좌 이용액 66억	9,398좌 이용액 111억
우리은행	펀드 투자	칸서스 태양광 펀드	• 태양광 사업에 투자를 목적으로 당행 주도로 펀드설립 • 당행 300억, 농협 300억 투자 약정(지분 각각 50% 소유) • 자산운용: 칸서스자산운용(주) • 현재 태양광발전소 8개 지분투자 실행 • 에너지관리공단 정책자금 대출 147.8억원(당행에서 대출 실행)	08.1.24	218	436
우리은행	원화 대출 및 지분 투자	울산시 자원회수 시설 금융주선 및 투자	• 사업개요: 울산광역시소각 및 매립 시설설치 등 • 사업방식: 민간투자법에 의한 BTO(Build • Transfer • Operate) • 투자규모: 1,035억원 중 당행 152억 투자	09.7.15	대출금 132억 지분출자 20억	대출금 132억 지분출자 20억
sc제일은행	카드	The CJ 레포츠 카드-국내전용	• 전통한지를 기존 카드 두께로 겹쳐 제작하여 소각 및 매립시 환경호르몬 다이옥신이 발생하지 않고 자연분해가 가능한 친환경 소재 카드 • 레포츠 및 레저용품 할인 서비스	09.11.10	69좌	266좌

국민 은행	카드	KB Green Growth Card	• 친환경 제춤 구매시 탄소 캐시백 포인트 제공 0.1% 적립 • 자전거, 철도, 대중교통 이용시 최고 10% 할인 • 친환경카드자재 사용	09.9.1	33,795좌	43,492좌
국민 은행	보험	녹색 자전거 보험	• 자전거로 인한 상해 및 비용 손해를 저렴하게 보장하는 금융권 최초 개인용 자전거 보험 상품(당행 단독 판매)	09.6.23	12,144건 4억9천만원	12,261건 4억9천만원
외환 은행	카드	넘버엔 Epass 카드	• 서울도시철도공사와 제휴하여 대중교통을 이용하는 실속파 고객들을 위해 새롭게 탄생한 AllDay 캐시백카드 • 에코프랜들리 패스 Epass로서, 대중교통을 이용함으로써 에너지절약과 공해방지를 실천하게 함 • 대중교통(지하철/버스) 1회당 100점 적립(월 10,000점, 주말/공휴일 더블포인트 적립(1일 3회까지)	09.6.16	111,436좌	132,322좌
외환 은행	카드	넘버엔 Wheelo 카드	• 자전거를 이용하며 환경보호를 실천하는 라이더고객들을 위해 특화된 서비스와 플래티늄서비스의 혜택을 동시에 누릴 수 있는 특별한 프리미엄카드 • 자전거보험무료가입서비스 • 삼천리자전거 최대70만원 SAVE 및 10% 적립 • 대중교통이용시 월 최대 1만점 적립(회당 100점)	09.11.9	292좌	493좌
기업 은행	카드	환경사랑 카드	• 이용실적의 0.2%를 기부금으로 은행이 출연, 환경문화발전사업에 이용	07.7.19	546좌	734좌
기업 은행	카드	(친환경) 효우애 기프트 카드	• 카드소재를 천연소재인 옥수수전분을 이용한 생분해성 수지 적용하여 폐기시 흙속에서 완전히 분해	09.3.26	4,234좌	110,706좌

기업은행	카드	상쾌한 공기 Lohas 카드	• (수도권 대기환경청 제휴-환경부) 국내신판대금의 0.3% 기본 캐시백 제공 및 추가 캐시백 제공 - 0.2% 캐시백 추가 제공→전월 대중교통 이용횟수가 20회 이상인 경우 - 0.5% 캐시백 추가 제공→대기환경개선 자발적 참여자 • 대중교통 할인서비스: 대중교통(지하철/버스) 이용시 1백원 할인(1일 1회, 월 20회) • 환경용품 등 친환경·건강관련 우대 할인서비스 제공	09.6.16	9,856좌	14,440좌
기업은행	투신상품	녹색성장펀드	• 장기적이고 큰 성장이 기대되는 저탄소녹색성장산업에 속한 기업들의 주식에 주로 투자하여 장기적인 수익을 추구 • 업종 대표기업 중 그린에너지산업에 포함되지 않은 업종 대표주를 일정수준 편입하여 KOSPI와의 괴리율 최소화 추구	09.4.15	11	13
대구은행	카드	DGB 그린카드	지역 지자체와 연계하여 에너지 절감을 통해 감축한 CO_2량을 포인트로 환산해 마일리지 제공 및 적립된 마일리지로 친환경 제품 구매	출시 예정	0	0
광주은행	카드	탄소 그린카드	• 카드발급 가정이 에너지 절감을 통해 감축한 이산화탄소량을 포인트로 환산해 특별 포인트를 제공	08.7.20	8,208좌	8,215좌
경남은행	카드	창원시 자전거 사랑카드	• 녹색 교통수단인 자전거타기 저변확산을 위해 창원시와 제휴 발행하는 카드 상품 • 창원시 시민공영자전거 "누비자" 인증기능을 포함한 카드 상품 • 저탄소녹색성장의 '에너지저소비 산업진흥'을 통한 에너지 비용 및 환경오염 감소 도모	08.9.19	6,617좌	7,522좌
전북은행	카드	CO_2저감 녹색카드	• 탄소포인트제도 가입고객이 수송(자가용), 전기부문 에너지 절약을 통해 감축한 이산화탄소량을 포인트로 환산해 포인트를 적립	09.6.1	2,088좌	2,191좌
신용보증기금	기업여신	녹색성장 산업영위 기업에 대한 보증	• 최고 100억원까지 보증 • 보증금액 한도 사정시 우대 • 보증료 0.2%p 차감	09.2.5	26,240	30,496

신용보증기금	기업여신	태양광 발전 시설자금 보증	• 태양광발전사업자가 상업용 태양광발전소 신축을 위해 금융기관 등으로부터 차입하는 시설자금에 대해 신용보증 • 보증료 우대(0.2%p 차감)	08.7.16	3,199	3,400
신용보증기금	기업여신	농협 녹색성장 산업협약 보증	• 농협과의 협약을 통해 신성장동력산업 및 그린에너지 산업 영위기업 지원 • 지원금액: 10억원 이내 • 우대지원: 보증비율 95% 적용, 보증료 0.2% 감면	08.12.23	92	92
기술보증기금	기업여신	국민은행 녹색성장 산업협약 보증	• 국민은행 특별출연을 통해 녹색성장산업 영위기업 지원 • 지원금액: 100억원 이내 • 우대지원: 보증비율 100%, 보증료 0.3%p 감면	09.3.2	5,181	5,311
기술보증기금	기업여신	로봇산업 금융지원 협약보증	• 우리은행과 협약을 통해 로봇산업 영위기업 지원 • 기보의 기술사업 평가등급과 우리은행의 신용평가등급을 조합한 종합등급에 의해 차등화된 보증비율 적용(65%~95%) • 우대지원: 보증료 0.2p% 감면	08.11.25	20	20
기술보증기금	기업여신	녹색설비 브릿지론	• 모기업과 체결한 생산설비 계약을 근거로 협력업체에 대해 설비관련 원자재, 용역 등의 구매자금 지원 - 모기업: 현대·기아자동차, 현대제철 등과 업무협약 체결(09.6.17)	09.6.17	4	4

자료: 녹색금융협의회.

부록 3 UNEP/FI 금융기관 성명서

〈환경과 지속가능발전을 위한 금융기관 UNEP 성명서〉

(1997년 5월 수정판)

우리 금융서비스산업 구성원은 지속가능한 발전이 현재 세대와 미래 세대의 이해간 균형을 이루기 위해 경제와 사회발전 그리고 환경보호의 긍정적인 상호작용에 의존한다는 것을 인식한다. 더욱이 우리는 지속가능한 발전이 정부와 산업계 그리고 개개인의 포괄적인 책임이라고 인식한다. 우리는 일반적인 환경목표에 대하여 시장메커니즘의 틀 안에서 이 산업분야와 협력적으로 일할 것임을 약속한다.

1. 지속가능한 발전에 대한 참여의지

1.1 우리는 지속가능한 발전이 건전한 기업경영의 근간으로 인식한다.

1.2 지속가능한 발전이 시장으로 하여금 비용효율적인 규제와 경제적 수단의 적절한 틀안에서 달성될 수 있음을 믿는다.

1.3 우리는 금융기관이 다른 경제부문과의 협력 속에서 지속가능한 발전에 대한 중요한 기여자로서 인식한다.

1.4 우리는 지속가능한 발전이 좋은 기업시민의식을 추구하는 우리 기업의 참여의지이며, 추구하는 바의 통합적인 부분으로 인식한다.

2. 환경경영과 금융기관

2.1 우리는 환경경영에 대하여 사전예방적인 접근방식에 동의하며, 이는 잠재적 환경파괴를 예측하고 사전제거하려는 노력이다.

2.2 우리는 우리의 기업활동 및 서비스와 관련된 지역사회, 국가, 국제적 환경규제를 준수할 것을 약속한다. 우리는 모든 시장에서 환경

적 고려를 우리 기업 운영, 자산관리 및 기타 다른 경영의사결정에 통합시킬 것이다.

2.3 우리는 환경위험을 파악하고 정량화하는 것이 국내외 기업운영에서 위험평가와 관리의 정상적인 절차의 한 부분이 되어야 함을 인식한다. 우리의 고객들과 관련하여 우리는 관련되는 환경규제준수와 건전한 환경활동을 효과적인 기업경영을 보여주기 위한 중요한 요인으로 인식한다.

2.4 우리는 에너지효율, 재활용, 폐기물저감을 포함한 환경경영 활동들을 추구하기 위한 최선의 노력을 기울일 것이다. 우리는 우리와 유사한 높은 환경표준을 따르는 파트너, 공급자, 협력업체와의 사업관계를 형성시켜나갈 것이다.

2.5 우리는 환경경영을 적절하게 발전시키기 위해 우리의 활동들을 주기적으로 개선시켜 나갈 것이다. 우리는 우리 산업이 관련된 분야에서의 연구를 적극적으로 수행해나가도록 해나갈 것이다.

2.6 우리는 주기적으로 내부 환경검토가 필요하며, 우리 환경목표 대비 우리의 환경활동들을 측정해나갈 필요가 있음을 인식한다.

2.7 우리는 금융서비스부문이 환경보호를 촉진하는 상품이나 서비스를 개발해나가도록 해나갈 것이다.

3. 일반대중 홍보와 의사소통

3.1 우리는 금융기관들이 그들이 환경방침에 대해 성명서를 개발, 발표하고 그들의 기업운영에 있어 환경적 고려를 통합시키는 활동들을 촉진시키기 위해 취하는 단계를 주기적으로 보고하도록 권고한다.

3.2 우리는 관련된 고객들과 정보를 공유할 것이며, 이를 통해 그들이 그들 자신의 환경적 위험을 줄이고 지속가능한 발전을 촉진하는 데 필요한 그들의 역량을 키워나갈 수 있도록 할 것이다.

3.3 우리는 주주, 직원, 고객, 정부, 일반대중과 같은 관련된 이해관계자들과 환경문제와 관련된 정보공개와 대화를 촉진시켜나갈 것이다.

3.4 우리는 유엔환경계획으로 하여금 우리의 능력 안에서 지속가능한 발전과 관련 있는 정보들을 제공함으로서 금융산업을 지원하여 이 성명서가 담고 있는 원칙과 목표를 더욱 발전시켜나갈 것을 요청한다.

3.5 우리는 다른 금융기관들도 이 성명서를 지지하도록 해나갈 것이다. 우리는 최선의 활동들을 확대시켜나가기 위해 그들과 우리의 경험 및 지식을 공유해 나갈 것을 약속한다.

3.6 우리는 유엔환경계획과 이 성명서의 이행에 있어서 발전과정에 대하여 주기적으로 검토해나갈 것이며, 적절하게 조정해나갈 것이다. 우리는 위의 성명서에 제시되어 있는 원칙들을 승인하며 우리 방침과 경영활동이 환경 및 지속가능한 발전을 고려해나가도록 확인하는 데 최선을 다할 것이다.

부록 4 Equator Principle

범주 A (Category A) 산업

범주 A에 속하는 산업군의 경우, 5,000만 달러 이상의 모든 프로젝트 파이낸싱에 대하여 독립성 있는 전문가를 고용하여 프로젝트 파이낸싱이 성사되기 전에 환경영향평가 보고서에 대한 분석이 선행되어야 하며, 이에 대한 내용을 공청회 등을 통하여 공개해야 한다. 범주 A에 속하는 산업군은 다음과 같다.

1. 원유정제 사업(원유로부터 단지 윤활유만을 제조하기 위한 과정 제외), 1일 500톤 이상의 석탄 또는 역청질 혈암의 액화 또는 가스화 설비 건설
2. 300메가와트 이상의 발열능력을 가진 화력 발전소 및 기타 연소설비, 핵발전소와 기타 핵반응로의 건설, 해체 및 폐쇄(붕괴열 1kw를 초과하지 않은 핵분열 물질 및 핵발전 원료물질의 생산 및 전환을 위한 연구시설은 제외)
3. 핵연료의 생산 또는 농축, 재처리, 저장 또는 조사된 핵연료의 최종처분을 위한 설비, 또는 핵폐기물의 저장, 처분, 처리를 위한 설비
4. 주철 및 철강 제편을 위한 일관공정 작업, 광석, 선광 및 재생원료 등을 야금공법과 화학공법, 전기분해공법을 이용하여 비철금속을 생산하는 설비
5. 석면추출설비, 석면처리 및 석면변환 설비, 석면 함유 산물 생산설비(연간 2만 톤 이상의 완제품을 생산하는 석면시멘트 관련품목 생산 설비, 연간 50톤 이상의 완제품을 생산하는 석면연마 설비, 매년 200톤 이상의 석면을 사용하는 기타 설비)
6. 일반 화학설비, 즉 화학적 전환공정을 이용하는 과정에서 발생하는 물질의 산업부산물을 활용한 제조설비, 다종 품목 생산 가능 병합설비, 기능적으로 상호 연계된 설비, 그리고 다음과 같은 품목을 생산하는 설비: 기초 유기화학물질; 기초 무기 화학물질; 질소, 인, 칼륨기반 비료; 기

초 식물영양제 및 농약; 화학적 및 생물학적 처리공정을 이용한 기초의 약품; 화약 등

7. 자동차 전용도로 건설, 고속도로 건설, 장거리 철로 건설, 활주로 길이 2,100m 이상의 공항 건설, (공사구간이 10km 이상인) 4차선 이상의 도로 신설 및 4차선 이상의 도로 신설 및 4차선 이사의 도로로 확장하기 위한 기존도로의 개보수
8. 대규모 가스, 원유, 화학제품 운송을 위한 파이프, 터미널 및 복합설비 건설
9. 항구 및 내수로, 1,350톤 이상의 선박이 항해할 수 있는 내수면 운항선박용 항구, 무역항, 육지와 연결된 하역 및 선적부두, 1,350톤 이상 선박을 취급할 수 있는 외항
10. 소각, 화학적 처리, 위험-독성-유해 폐기물 매립을 위한 쓰레기 처리 및 처분 설비
11. 대형댐, 쓰레기의 저감 또는 영구저장을 위한 기타 저류장치
12. 연간 10백만 입방미터 이상의 지하수를 추출하거나 주입하는 경우의 지하수 추출활동 또는 인위적인 지하수 주입설비
13. 목재나 유사 섬유원료로부터 A) 펄프를 생산하기 위한 산업설비, B) 1일 공기 건조 방법으로 200톤 이상을 생산할 수 있는 제지 및 합판(판자) 생산 설비
14. 이탄(Peat) 채굴, 노천 탄공 채굴, 광석 또는 석탄 가공
15. 상업 목적의 석유 및 천연가스 채굴
16. 20만 톤 이상의 생산능력을 가진 석유, 석유화학 EH는 화학제품 저장설비
17. 대규모 산림 벌채
18. 인구 15만 명용 하수처리 능력을 초과하는 도시하수처리설비

19. 도시고형쓰레기 처리 및 처분 설비
20. 대규모 관광 및 소매 사업 개발
21. 고가 송전선 건설
22. 대규모 토지개량
23. 서식지의 강화 또는 전환을 포함한 대규모의 기초농업/조림
24. 1일 완제품 생산능력 12톤을 초과하는 피혁가공 설비
25. 가금류 4만두, 돼지 2,000두(30kg) 이상, 암퇘지 750두 이상의 목축 설비
26. 상기에 언급한 목록에 언급되지 않았더라도 민감 지역에서 수행될 예정인 사업 또는 민감지역에 인지될 정도의 영향을 미칠 가능성이 있는 사업. 민감지역이라 함은 국립공원, 기타 특정 국가 또는 국제법이 정한 바에 따라 보전되어야 할 지역, 그리고 습지, 높은 생물 다양성 가치를 지닌 숲, 고고학적 및 문화적으로 의미를 갖는 지역, 토착민 또는 기타 취약집단에 중요한 지역 등 국제적, 국가적, 지역적 중요성을 보유한 지역 등을 말한다.

부록 5 공동이행제도(JI: Joint Implementation)

교토의정서 제6조에 근거하여, 부속서 I 국가들 사이에서 온실가스 감축 사업을 공동으로 수행하는 것을 인정하는 제도로서, 한 국가가 다른 국가에 투자하여 감축한 온실가스 감축량의 일부분을 투자국의 감축실적으로 인정하는 체제를 의미한다. 공동이행제도는 지구온실효과가스에 의한 기후변화를 방지하기 위하여 배출량이 제한되는 선진국들이 협조하여 주어진 공약사항(commitment)을 공동으로 이행할 수 있도록 하는 규정이다. 기후변화 후속 협상 시 각국의 온실가스 의무감축량이 결정되고, 공동이행이 인정될 경우 감축실적이전(한 국가가 다른 국가에 투자하여 온실가스 배출을 감소시키고 그 실적을 자국 감축분으로 인정해 줌)을 허용토록 하는 것이다. 즉, 투자 국가는 감축량만큼 ERU(Emission Reduction Unit)을 받게 되고 유치국가는 ERU만큼 감축량에서 제외시키게 된다. 따라서 감축비용이 높은 국가는 감축비용이 낮은 국가의 온실가스 배출감축사업에 투자하게 되어 온실가스를 일정수준으로 감축시키는 데 소요되는 비용을 줄이고자 한다. 공동이행제도는 배출권 거래제와 달리 전체 감축량의 한도(ceiling)가 없다는 것이 특징이다. 기후변화협약 1차 당사국회의(1994년 베를린)에서는 2000년까지 시범기간을 설정하여 자발적 참여국 간에 시범사업을 실시한 후, 구체적인 기준을 결정키로 합의하였으나, 공동이행의 핵심요소인 감축실적이전(crediting)은 시범기간중 적용을 배제하기로 결정하였다.

부록 6 배출권거래제(ET: Emission Trading)

온실가스 배출을 감축해야 할 의무를 지고 있는 당사국들에게 해당하는 메커니즘으로써 교토의정서 제17조에 규정되어 다른 당사국들과 그들의 방출 허용치를 거래할 수 있도록 하는 항목이다. 즉, 부속서 I 그룹 내에서만 해당하는 것이다. 배출권거래제는 1970년대부터 활용하던 제도이나, 1997년 교토의정서에서 국제배출권거래제(제17조)가 채택되면서 전세계적인 관심을 받게 되었다. 이 제도는 온실가스 감축의무가 있는 참여자 간에 배출권의 거래를 통해 비용-효과적으로 감축목표를 달성할 수 있는 제도로 평가받고 있다.

이 조항은 온실가스 감축의무 보유국가(Annex B)가 의무감축량을 초과하여 달성하였을 경우 이 초과분에 대해 다른 부속서 국가(Annex B)와 거래할 수 있도록 허용하고 있다. 이와 반대로 의무를 달성하지 못한 국가는 부족분을 다른 부속서 B국가로부터 구입할 수 있다. 이것은 온실가스 감축량도 시장의 상품처럼 서로 사고 팔 수 있도록 허용한 것이라고 할 수 있다.

이 제도가 시행될 경우, 각국은 배출량을 최대한으로 줄여 배출권 판매수익을 거두거나, 배출량을 줄이는 데 비용이 많이 드는 국가는 상대적으로 저렴한 배출권을 구입하여 감축비용을 줄일 수 있으므로 전체적으로는 감축비용을 최소화할 수 있게 된다.

이처럼 온실가스 감축분을 상품으로 사고 팔 수 있게 함으로써, 온실가스 감축 관련 국제 기술시장을 확대시키고 온실가스 감축비용이 저렴해지며 또한 CDM 사업 등을 통해 간접적으로 개발도상국의 참여를 유도하는 등 여러 가지 효과가 있다.

배출권거래와 관련하여, 묶음(bubbles), 상쇄(offsets), 예탁 혹은 이월(banking), 상계(netting) 등의 제도가 있다. 묶음(bubbles)은 기존의 오염원에게 규제준수에 있어서 유연성을 제공하기 위해 여러 개의 배출원(emission source)을 묶어 하나의 총량적 규제를 만족하도록 하는 제도이다.

따라서 같은 구역 안에 있는 배출원들은 묶음 전체의 규제기준을 만족하는 한 서로 오염물질의 배출을 자유롭게 조정할 수 있다. 상쇄(offsets)는 대기오염기준을 만족하지 못하는 지역에서의 경제발전을 가능하게 하면서 동시에 대기의 질을 향상시키고자 개발된 제도이다. 이는 환경오염의 정도가 어떤 상한선에 이른 오염지역에 새로운 기업 혹은 공장이 진입하려 하거나 또는 기존 업체가 사업을 확장하려 할 때, 이에 따른 오염물질 배출량 증가가 기존 오염원의 배출량 감소로 상쇄될 때에만 이를 허용하는 정책이다. 예탁 혹은 이월(banking)은 배출량 삭감 인정량(ERC: Emission Reduction Credit)을 미래에 사용할 수 있도록 예탁하는 제도를 말한다. 상계(netting)는 1980년부터 시행되고 있는데, 공장 전체의 순 배출량이 증가하지 않으면 공장의 설비변경이나 수정에 대한 복잡한 인허가 의무를 피할 수 있도록 허용하는 정책을 의미한다.

현재 운영중인 배출권거래제는 교토의정서에 따라 감축의무를 받은 선진국 간의 국제배출권거래제, EU 회원국들을 대상으로 실시중인 EU-ETS(Emission Trading Scheme), 영국내 시행중인 UK-ETS가 국가 차원에서 시행중이다.

이 밖에도 미국의 CCX(Chicago Climate Exchange)과 호주의 NSW(New South Wales)에서 시행하는 배출권거래제가 운영되고 있다.

우리나라는 기후변화협약상 온실가스 감축의무를 받지 않고 있지 않으며, 이에 따라 국제 배출권거래제에 직접적인 참여는 어렵고 다만 청정개발체제(CDM) 사업에 대한 참여만 가능한 상태이다.

한편으로, 교토체제의 한계 역시 상존하고 있다. 현재 교토의정서의 부속서 I(Annex I)국가는 총 40개국이지만, 미국과 호주가 빠짐으로써 감축의무에서 제외되었다. 미국과 호주의 경우, 부속서 I 국가의 온실가스배출량 중 약 32%를 차지하고 있다. 교토체제상의 의무감축의 경우, 시간적으로 제한되어 있으며, 의무감축량을 달성하지 못한 경우에도 제재방안이 마련되어 있지 않다. 그리고 감축목표 설정에 있어서도 정치적인 면이 많이 고려되었다는 점이다. 의무감축 대상 38개국의 평균감축목표는 2012년까지 1990년 대비 5.2%에 불과하다.

참고문헌

- 강동호, 2009, 녹색경영: 미국금융기관 녹색경영사례를 중심으로, Deloitte Consulting LLp, 2009.11.29 세미나 발표자료.
- 강철승, 한국의 녹색성장과 녹색금융정책방향, 재정학회 추계학술대회 발표자료, 2009.
- 구정한, 2009, 녹색금융의 현황 및 활성화를 위한 과제, 한국금융연구원.
- 구정한, 2009, 녹색성장 및 환경규제의 국제적 동향과 시사점, 금융포커스 18권 31호.
- 국립기상연구소, 2009, 기후변화 이해하기: IPCC 4차 평가보고서 실무그룹 기술요약 보고서.
- 국립해양조사원, 지구온난화로 매년 한반도 해수면 상승, 보도자료, 2008(1.8).
- 국무조정실, 2007, 기후변화 제4차 종합대책.
- 국무총리실, 저탄소 녹색성장 추진전략, 2009.7.
- 금융감독원, 녹색보험(Green Insurance) 도입방안, 보도자료, 2009(4.14).
- 기획재정부, 녹색투자 촉진을 위한 자금유입 원활화 방안, 보도자료, 2009(7.6).
- 김규진, 2009, Carbon Counts 보고서: 펀드의 탄소발자국 산정과 활용, 에코프런티어.
- 김동석·조동철, 2005, 환율급락 및 유가급등이 우리경제에 미치는 파급효과, KDI경제전망 2005년도 1분기 경제현안분석.
- 김미선·김민영, 2009, 민간금융기관의 녹색금융 대응전략: 영국 The London Principles 사례분석, 에코프런티어.
- 김병욱, 녹색중소기업에 대한 R&D 투자강화 및 정책자금 지원, 2009.11.30, 하나경영전략연구원 세미나 발표자료.
- 김수덕, 2005, 국내 ESCO 사업의 수익성 분석, 응용경제 제7권 제3호.
- 김우일, 은행의 녹색 소매금융 활성화 방안, 2009.10.31, KB녹색금융·경영추진단 세미나 발표자료.
- 김영경, 2007, 탄소금융의 미래와 잠재성: 탄소배출권 거래를 중심으로, 삼성생명.
- 김필규, 2009, 녹색성장과 자본시장을 통한 해법; 배출권거래와 녹색펀드, 자본시장연구원, 자본시장연구원 출범 기념 세미나.
- 김현진, 2007, 탄소시장의 부상과 비즈니스 모델, CEO Information 제63호.
- 노희진, 녹색금융의 국내외 사례, 2009.10, 자본시장연구원 세미나 발표자료.
- 노희진, 녹색금융 발전방안과 향후 추진 전략, 상장 2009 12월호, 한국상장사협의회.

- 노희진, 2009, The Development of Green Finance through Capital Markets, 자본시장연구원 국제컨퍼런스.
- 노희진, 2010, 녹색금융의 발전방향과 추진전략, 자본시장연구원 조사보고서 10-01.
- 노희진·안승광·송홍선·임대웅·임영화·정수영·한병욱, 기업의 사회적 책임과 녹색금융, 2009a, 자본시장연구원 Working Report 09-01.
- 노희진·권혁용·김지훈·송홍선·안승광·임대웅·장정모·정수영, 해외 탄소배출권시장 동향 및 국내 육성 방향, 2009b, 자본시장연구원 Working Report 09-02.
- 녹색경영평가지표 공동작업반, 녹색경영 평가기준(안), 2009 세미나 발표자료.
- 녹색금융협의회, 2009, 해외 녹색금융 사례 조사 결과, 해외사례 조사 보고.
- 녹색성장위원회, 녹색성장 5개년계획(2009~2013), 2009.
- 녹색성장위원회, 녹색성장 국가전략, 2009.
- 녹색성장위원회, 녹색경영 확산 세미나: 기업차원 녹색성장 실천 전략 및 지원 방안 제시, 보도자료, 2009(11.27).
- 녹색성장위원회·지식경제부·환경부·중소기업청, 기업의 녹색성장 실천을 위한 녹색경영 확산 방안, 보도자료, 2009.11.
- 대한상공회의소, 2009, 녹색금융 성공을 위한 조건, 대한상의보고서.
- 도건우, 저탄소 녹색성장과 금융산업의 변화, IR FOCUS, 한국IR서비스, 2009.
- 동아일보, 2100년 한국엔 겨울이 없다, 보도자료, 2009(9.7).
- 문정구, 2009, 신재생에너지/녹색성장 관련 법률 및 제도, 법무법인 한길 세미나 발표자료.
- 매일경제, 정책금융기관도 녹색투자 나설 때, 보도자료, 2009(7.24).
- 민성태, '무늬만 녹색'인 녹색기업 보증, 아주경제, 2009(10.16).
- 박광철, 기후변화 국제협상 동향과 우리의 대응, 2009.10, 환경부 세미나 발표자료.
- 박영석, 2009, 녹색금융 활성화를 위한 금융기관의 경영전략, 2009기은연구 여름호.
- 박형건, 녹색금융전문가과정: 탄소금융(Carbon Finance), 산업은행, 2009.11.7 세미나 발표자료.
- 박형건, 2007, 탄소배출권 거래유형과 리스크관리방안, 에너지포커스, 에너지경제연구원.
- 박형건, 2007, 배출권거래제도 시행에 따른 탄소펀드 현황, KDB 산업·경제이슈, 산은경제연구소.
- 백재봉, 2009, 녹색성장과 기업의 녹색경영 전략, 경총 경영계 7·8월 합본호.
- 산은경제연구소, 2007, 기업의 지속가능경영을 위한 금융의 역할, 산은조사월보' 2007년 6월 제619호.

- 삼성경제연구소, 저탄소 녹색성장과 금융산업의 진화, SERI 경제포커스 제 240호, 2009.
- 삼성경제연구원, 2009, 녹색뉴딜사업의 재조명, CEO Information 제691호.
- 삼성지구환경연구소, 2002, 지속가능성(Sustainability) 평가 지표 개발 및 활용 연구
- 손양훈, 녹색성장과 산업전망, 2009.
- 안남성, 신재생에너지 비즈니스 모델. 2009.10.23, solbridge international school Business, 우송대학교 세미나 발표자료.
- 양춘승, 2009, 탄소정보공개프로젝트 한국위원회, 2009, CDP 개요 및 CDP 2009 계획 소개, 탄소공개정보프로젝트(2009) 설명회 자료.
- 에너지 관리공단, 배출권거래제가 산업에 미치는 영향, 2009 세미나 발표자료.
- 에코프론티어, 2009, 녹색금융 개발연구 컨설팅 중간보고서.
- 오용근, Case Study: 풍력발전프로젝트 Project Finance, 한국수출입은행, 2009.11 세미나 발표자료.
- 유진아, 2009, 미국 및 네덜란드 연기금의 녹색금융 참여 사례와 시사점, 보험연구원, KiRi Weekly.
- 윤진수, 국내 지속가능경영 보고서 발간과 시사점, 기업지배구조 리뷰 통권 46호, 2009.
- 은행연합회, 2009, 녹색금융지원 업무처리 모범규준.
- 이부형·이해정, 2007, 탄소 배출권 시장 현황과 전망, 현대경제연구원 VIP Report 2007.8.16.
- 이서원, 2010, 포스트 코펜하겐 기후변화협상 시나리오, LGERI 리포트 제 1085호.
- 이석현, 2009년 국정감사 보도자료, 2009(10.13).
- 이원희·김지윤, 2007, 금융기관의 환경리스크 관리 I : 금융기관의 환경 리스크 관리 필요성, Sustainability Issue paper 제79호, 에코프런티어.
- 이지순·노희진·임대웅·구정한·진익, 2009, 녹색성장과 금융, 경제인문사회연구회.
- 이지훈, 2008, 녹색성장시대의 도래, 삼성경제연구소.
- 이지훈, 2009, 녹색성장시대의 도래와 정책적 시사점, KODIT Research.
- 이창훈, 선진국의 녹색성장, 녹색성장포럼, 한국환경정책평가연구원, 2008.9.9 세미나 발표자료.
- 이현진, 2008, 해외탄소배출권 관련 금융상품 현황, 자본시장 Weekly, 자본시장연구원.
- 임대웅 외, 2009, 금융의 뉴패러다임 녹색금융, 이패스코리아.
- 자본시장연구원, 2009, 기업의 성장단계별 금융의 역할.
- 전국경제인연합회, 2009, 국제 배출권거래제도 및 탄소시장현황, 외국의 배출권거래제 시행현황 및 시사점 세미나 발표자료.
- 정순섭, 2009, 환경친화적 녹색금융을 위한 법적 과제, 환경법연구 제31권 제2호.

- 조동성·산업정책연구원 지속경영본부, 2007, 지속(가능)경영, 서울경제경영.
- 조용성, 국내온실가스 배출권거래제 설계방안, 2009 세미나 발표자료.
- 조은진, 2009, 세계 탄소시장 동향 및 주요국의 참여사례, 에너지경제연구원.
- 조중표, 2008, 지속가능한 성장으로 국가발전 도모: 녹색성장 추진배경 및 향후 전략, National Assembly review.
- 주형환, 녹색성장 전략과 과제: 녹색투자 촉진을 위한 자금 유입 원활화 방안을 중심으로, 2009.10.15, 기획재정부 세미나 발표자료.
- 지식경제부, 그린에너지 발전전략, 보도자료, 2008(9.11).
- 지식경제부, 녹색인증 도입방안 발표, 보도자료, 2009(9.30).
- 지식경제부, 녹색인증제도 추진현황, 2009.10 세미나 발표자료.
- 지식경제부, 2006년도 국가온실가스 배출통계, 보도자료, 2006(2.3).
- 지식경제부·에너지관리공단, 2009, ESCO 사업 안내서.
- 진익, 2009a, 녹색금융 활성화를 위한 보험사의 역할, 월간 손해보험, 손해보험협회.
- 진익, 2009b, 녹색금융 활성화를 위한 정책과제: 시장기능 중심의 자율적 녹색금융 촉진방안, 한국경제연구학회 정책심포지엄 자료집.
- 진익·유시용·이경아, 탄소시장 및 녹색보험 활성화방안, 2009, 보험연구원 경영보고서 2009-3.
- 최승필, 2009, "탄소배출권 제도 설계에 대한 법제도적 검토 - 유럽의 탄소배출권제도를 통한 고찰을 중심으로 -", 한구환경법학회 제 96회 학술대회 환경법과 금융법의 만남: 녹색금융을 위한 법적 과제 발표자료.
- 파이낸셜뉴스, [7회 파생상품 컨퍼런스] 탄소배출권 거래위한 인프라 구축 등 나서야, 보도자료, 2009(8.27).
- 한국거래소, 'post-교토체제와 한국정부·기업의 대응' 세미나, 2010.2 세미나 발표자료.
- 한국경제신문, [Green Growth Korea] 한국도 녹색성장 가속엔진을 달아라, 보도자료, 2009(8.2).
- 한국경제신문, [Green Growth Korea] 이제는 실천이다. 전기쓰고 돈도 버는 그린아파트 5년내 나온다, 보도자료, 2009(8.2).
- 한국기업평가, 녹색금융 활성화와 금융기관의 역할, 2009.10 세미나 발표자료.
- 한국수출보험공사, 탄소종합보험(Carbon Insurance Wrap)소개, 2009.11 세미나 발표자료.
- 한국수출입은행, Renewable Energy Project Finance, 2009.11.20 세미나 발표자료.
- 한국탄소금융, 기후변화협약과 탄소시장, 2009 세미나 발표자료.
- 한국화학시험연구원, 탄소금융 국내와 추진사례, 2009.11.7 세미나 발표자료.

- 한국환경정책·평가연구원, 한국에너지경제연구원,국내 배출권거래제 운용방안 전문기관 및 전문가 의견 요약 및 쟁점사항: 제 2차 워크샵 자료, 2009.
- 함준호·강종구, 2005, 혁신중소기업 금융과 은행의 역할, 혁신 중소기업 금융의 활성화 방안, 한국은행 금융경제연구원.
- 현대증권, 탄소금융의 현황과 전망: 탄소금융 적용을 위한 조건과 리스크 헷지방안, 2009 세미나 발표자료.
- 헤럴드경제·현대경제연구원, 녹색 R&D 추진 전략: 9월 녹색성장 포럼, 2009(9.22).
- 홍정훈, 2009, 녹색금융의 전개 과정과 우리나라에서의 활성화 방안, KRX market 제 54호, 한국거래소.
- 환경부, 2006, 2005 환경경영 시범사업 최종보고서: 금융기관을 위한 환경리스크평가 가이드라인 3차 개발연구.
- 환경부, 2008, 녹색성장 홍보 리플렛.
- 황인혁·노현·임성현, 정책금융기관도 녹색투자 나설 때, 매일경제, 2009(7.24).
- Deloitte 안진회계법인, 녹색경영전략 및 추진 사례를 중심으로 한 Green Management 전략 및 과제, 2009.11 세미나 발표자료.
- KDI·UN밀레니엄프로젝트, 2008, 세계 미래 연구 이슈와 정책적 시사점, 지식경제부, 2008.8.14.
- SK에너지, 온실가스 사내 배출권 거래제도, 2009 세미나 발표자료.

외국문헌

- Andrew Hoffman, 2007, Carbon Strategies: How Leading Companies are Reducing Their Climate Change Footprint, University of Michigan.
- Bartsch, Elga, Liability for Environmental Damages: Incentives for Precaution and Risk Allocation, Tubingen: Mohr Siebeck, 1998.
- Berger and Udell, 1996, Universal Banking and the Future of Small Business Lending, in Saunders and Walter(Eds), Financial System Design: The Case of Universal Banking, pp.59-627, Irwin Publishing.
- BERR, 2009, Low Carbon and Environmental Goods and Services: an industry analysis.
- Bossone, B., 2001, "Should Banks be Narrowed?," IMF Working Paper, WP/01/159, Washington.
- Boyer, M., and J-J. Laffont, 1994, "Environmental Risks and Bank Liability," Scientific

Series 94s-22, Centre Interuniversitaire de Recherche en Analyse des Organisations.

- Boyer M. and Porrini D., 2002, "The Choice of Instruments for Environmental Policy: Liability or Regulation?," in An Introduction to the Law and Economics of Environmental Policy: Issues in Institutional Design, Research in Law and Economics Series Vol.20, Elsevier Science Ltd.
- Case, Phil. Environmental Risk Management and Corporate Lending: A Global Perspective(Boca Raton: CRC Press, 1999).
- Clean Edge, 2008, Clean Energy Trends 2008.
- Coase, Ronald H., 1960, The Problem of Social Cast, Journal of Law and Economics, pp.1-44.
- Deloitte Consulting, 2009, Green means go Green Supply Chain Management: Opportunity today, imperative tomorrow.
- Deloitte Development LLC, 2008, Greening and Sustainability in Health Care and Life Sciences: Implementing a Strategic Respose.
- EEX, 2009, DAS UNTERNEHMEN EEX.
- Frederick, W.C., 1978, From CSR1 to CSR2: The maturing of business and society thought(Working Paper 279), Pittsburgh, PA: University of Pittsburg Graduate school of Business. Grameen Bank(2007). Grameen Bank at a glance. Retrieved June 14, 2007, from http://www.grameen-info.org/bank/GBGlance.htm
- Fama, 1985, What's different about banks?, Journal of Monetary Economics, Vol.15, pp.29-40.
- Gary Gorton & Andrew Winton, 2002, "Financial Intermediation," Center for Financial Institutions Working Papers 02-28, Wharton School Center for Financial Institutions, University of Pennsylvania.
- Goldman, Hopper and Osborn, 2005, Review of US ESCO industry market trends: an empirical analysis of project data, Energy Policy, Vol.33 Issue 3, pp.387-405.
- HSBC, 2009, HSBC Holdings plc Sustainability Report 2008.
- Holt and Bird, 2005, Emerging Markets for Renewable Energy Certificates: Opportunities and Challenges, National Renewable Energy Laboratory.
- IEA, 2009, CO2 Emissions from Fuel Combustion 2009 - Highlights.
- IPCC, 2007, Climate Change 2007: Synthesis Report.
- KPMG, 2009, Managing Financial Impacts and Reporting of Carbon Emissions: A Guide for CFOs.

- Mark Trexler, 2007, "Renewable Energy Certificates to Carbon offsets: What the right exchange rage?," Voluntary CARBON Markets: an international Business Guide to What They Are and How They Work edit by Bayon, Ricardo, Hawn, Amanda, Hamilton, Katherine, StylusPubLic, pp.48-50.
- Nord Pool ASA, 2007, Rulebook For Nord Pool Spots Physical Markets.
- Point Carbon, 2009, Carbon 2009.
- Renewables Global Status Report 2009, renew21.
- Rob Harmon, 2007, "Renewable Energy Certificates to Carbon offsets: What informed Customers need know," Voluntary CARBON Markets: an international Business Guide to What They Are and How They Work edit by Bayon, Ricardo, Hawn, Amanda, Hamilton, Katherine, StylusPubLic, pp.50-53.
- UBS Warburg, 2000, 1999 US Trends Report, USSIF, EIRIS.
- UNEP FI, 2007, Green Financial Products and Services.
- UNEP Finance Initiative, 2007, Green Financial Products and Services: Current Trends and Future Opportunities in North America.
- UNEP Finance Initiative, 2009, Annual Report on the PRI Initiative.
- UNESCAP, 2005, The State of the Environment in Asia and the Pacific 2005.
- SenterNovem, 2006, The Green Fund Scheme: Annual Report 2005.
- SIF, 2008, 2007 Report on Socially Responsible Investing Trends in the United States.
- STERN REVIEW: The Economics of Climate Change, 2008, http://www.hm-treasury.gov.uk/media/999/76/CLOSED_SHORT_executive_summary.pdf
- Standard Chartered, 2009, Ststainability Review 2008.
- White·Rodney R., Carbon Finance: The Financial Implications of Climate Change, John Wiley & Sons Inc., 2007.
- World Economic Forum, 2009, Green Investing.
- World Bank, 2009, State and Trends of the Carbon Market 2009.
- 野崎麻子, 排出量取引と検証, トーマツ リサーチ センター 会計情報 Vol.392(2009.4).
- 山本美紀子, いよいよ始動する国内排出量取引制度 -実効性ある排出削減策となり得るか, みずほリサーチ, 2009년 1월.
- 山田俊浩, 日本の「排出権取引制度」は今どの段階にいるのか, 週刊東洋経済, 2008년 7월 10일.
- 東京都環境局, 大規模事業所への「温室効果ガス排出総量削減義務と排出量取引

制度」(概要), 2009년 6월 29일.
- 平成21年度カーボン·オフセット モデル事業の募集について, モデル事業公募説明会資料, 2009년 6월 16일 개최.

웹사이트

- 국토해양부 www.mltm.go.kr
- 금융감독원 www.fss.or.kr
- 기술보증기금 www.kibo.or.kr
- 녹색성장위원회 www.greengrowth.go.kr
- 신용보증기금 www.kodit.co.kr
- 에코프런티어 www.ecofrontier.co.kr
- 전국은행연합회 www.kfb.or.kr
- 지식경제부 www.mke.go.kr
- 펀드닥터 www.funddoctor.co.kr
- 한국거래소 www.krx.co.kr
- 한국산업은행 www.kdb.co.kr
- 한국수출보험공사 www.keic.or.kr
- 한국수출입은행 www.koreaexim.go.kr
- 환경부 www.me.go.kr
- BlueNext www.bluenext.fr
- Caissedesdepots www.caissedesdepots.fr
- CCFE www.ccfe.com
- CCX www.chicagoclimatex.com
- CDP www.cdproject.net
- CERCLA www.epa.gov/superfund/policy/cercla.htm
- DEFRA www.defra.gov.uk
- DJSI www.sustainability-indexes.com
- ECX www.ecx.eu
- EEX AG www.eex.com
- FDIC www.fdic.gov
- GreenBiz www.greenbiz.com
- GRI www.globalreporting.org

- IFC www.ifc.org
- Nord Pool ASA www.nordpool.com/asa
- Ren21 www.ren21.net
- SenterNovem www.senternovem.nl
- UBS www.ubs.com
- UN Global Compact www.unglobalcompact.org
- UNEP/FI www.unepfi.org
- Kosif www.kosif.org
- The Equator Principles www.equator-principles.com

색 인

ㄱ

강제적 총량제한 탄소배출권 372
개인용 자전거전용보험 144
경영리스크 193
고효율 에너지 기술 11
공감대 형성 355
공공재 16
공공탄소펀드 88
공동이행제도 109, 251
관계금융 105
교토의정서 3
국가할당계획 275
국제결제은행 193
국제표준화기구 40
그린 스토어 14
그린에너지 8
그린에너지산업 88
글로벌 금융위기 10
글로벌 녹색금융시장 131
기업의 사회적 책임 36, 40
기후변화 3
기후변화에 관한 정부간 패널 55
기후변화협약 47, 55

ㄴ

녹색경영역량 지수 140
녹색경영 우수기업 112
녹색경영평가 118
녹색경영 평가지표 157
녹색경쟁력 지수 12
녹색경제활동 34
녹색 관련 예·적금 126
녹색금융 31
녹색금융상품 132
녹색금융소비자 356
녹색금융 전문기관 362
녹색금융 전문인력 366
녹색기술 10
녹색기술수준 19
녹색기술 활용 102
녹색기업 15
녹색기업 보증 95
녹색뉴딜사업 15
녹색리그테이블 101
녹색버블 356
녹색벤처기업 363
녹색보험 142
녹색사업 114
녹색 사회책임투자지수 100
녹색산업 12
녹색산업경쟁력지수 90
녹색산업신용보증 88
녹색산업 육성자금 88
녹색산업 주가지수 140

녹색산업화 10
녹색산업화 지수 13
녹색성장 9, 10
녹색성장 정책 10
녹색소비자 356
녹색수준지표 368
녹색시장 12
녹색위험 366
녹색유통채널 19
녹색은행 59
녹색인증 101, 114
녹색인증 기준 104
녹색인증서 59
녹색인증제 360
녹색인증제도 92
녹색 인증제·확인제 133
녹색주가지수 118
녹색지수 365
녹색채권 71
녹색투자비율 11
녹색투자 촉진을 위한 자금유입 원활화 방안 96
녹색펀드구조 58
녹색혁명 15
녹색화 153

ㄷ

대부자책임 192

ㄹ

레지스트리 83

ㅂ

배출권 거래법 369
배출권 거래제 80
배출권거래제도 109, 251
배출량 제로기술 11
번들상품 293
법안 35

ㅅ

사적 한계비용 33
사적 한계편익 33
사하라 프로젝트 18
사회적 책임 126, 132
사회책임투자 36, 40
사회책임투자지수 118
상업적 대부자 185
생태발자국(ecological footprint) 327
생태적인 성과(eco performance) 331
서스틴베스트 118
세계 100대 지속가능기업 225
세계경제포럼 52
소득탄력성 17
소매시장 252
솔라빌리티 118
수소연료전지 12
수소연료화 기술 11
수요견인 압력 17
시장조성자 84
신용리스크 193
신재생에너지 8, 11

ㅇ

에너지기후변화부 84
에너지 다소비업종 21
에너지 원단위 7
에너지 효율 11
에코벨류21 13
에코효율성지표 26
역선택(adverse selection) 363
오염자부담 원칙 22
오일피크 6
온실가스 3, 119
온실가스 레지스트리 120, 255
온실가스배출 43
온실가스 배출량 3, 17
온실가스 의무저감량 119
온실가스 저감 358
온실가스정보공개 프로젝트 47
온실효과 3
외부경제 효과 356
요소투입 10
운영리스크 193
유동성 공급자 제도 373
유럽중앙등록시스템 371
유엔환경계획(UNEP Finance Initiative: UNEP/FI) 47
유엔환경계획 금융이니셔티브 197
유연성체제 251
이자율리스크 193

ㅈ

자발적 시장 252
자발적 총량제한 탄소배출권 372
재무리스크 193
재생에너지 10
저탄소 녹색성장기본법 10
저탄소사회 3
저탄소화 10
저탄소화 지수 13
적도원칙 47, 53, 114, 189
전략리스크 193
전자등록부 371
중앙집중거래상대방 373
지속가능한 발전 188
지열 시스템 14

ㅊ

청정개발체제 108, 251
청정기술 11
청정에너지 10
총량제한 85
총량제한방식(Cap&Trade) 318
친환경농산물비용손배 보상 특별보험 143

ㅋ

캣 본드 펀드(Cat Bond Funds) 331
코스닥 버블 356
코펜하겐 협정 56

ㅌ

탄소공해감축안 81

탄소 관세 15
탄소금융 119, 322
탄소 라벨링 14
탄소배출권 119
탄소배출권거래소 28
탄소배출권 거래자 121
탄소배출권 거래전문가 255
탄소배출권 시장 12
탄소배출권전문회원 372
탄소배출량 15
탄소상쇄(Carbon offset) 296
탄소자산관리 320
탄소종합보험 337
탄소중립성(carbon neutrality) 326
탄소캐시백 제도 14
탄소펀드(carbon fund) 328
탄소포인트 14
탄소회계 120
태양광 12, 126
태양광 발전 시스템 14
태양열 급탕 시스템 14
투입량 기반 시스템 305

ㅍ

평판리스크 196
포스트 교토의정서 3
풍력 12
풍력 발전 시스템 14

ㅎ

한국탄소금융주식회사 138
행복지수 10
화석연료 3
환경 Screening 과정 244
환경감시 245
환경경영 227
환경경영시스템 215
환경리스크 186, 196
환경리스크관리 248
환경보고서 227
환경보호 16
환경보호조약 314
환경성과 227
환경오염배상책임보험 144
환경위험관리서비스 214
환경자본 33
환경지속성(environmental sustainability) 327
환경책임 194
환경친화 재물복구비용 특약 143
환경효율성 155

B

Bluenext 83

C

Cap-and-Trade 372
Carbon Insurance 73
CCX 83
CDP 54
CER 80, 82
CERCLA 35, 187
CERCLA법 96
CFI 82
Climate Change Capital(CCC) 64

D

DECC 84
DEFRA 209

E

EEX 83
EIRiS 117
Energy & Environmental Hedge Fund 140
Equator Principle 202
ERT 295
ESCO 사업 107
ESG 89
EUA 82
EUA(Europe Allowance) 257
EU ETS 80
Eurex 83

F

FTSE 지수 228

G

Global Compact 52
Green-e 신재생에너지 프로그램 295
green financing 62
Green Insurance 73
Green Mortgage 71
Green Supply Chain 165
GRI 232
GRI 가이드라인 47
GRI 지표 182

I

ICE Futures 83
ISO 26000 49

J

JENI Carbon Beta Index 365

K

Kyoto Compliance시장 252

L

LED(발광다이오드) 14

M

Micro Credit 201

N

Non-Kyoto Compliance 시장 252
NordPool 83
NYSE Euronext 83

P

Post-2012 320

R

RECs(Renewable Energy Certificates) 291
REC 선불판매제 294
REC 인증제도 295
RGGI 80
RiskMetrics Group 117
RPS(Renewable Portfolio Standards) 291

S

Solar론 89
Sustainable Asset Management사 117
Sustainable Finance 201

T

targeted financing 31
The American Clean Energy and Security Act 80

U

UNEP/FI 50
UN PRI 47

[著者 略歷]

노희진

Univ. of Georgia, 경영학 박사
서울대학교 대학원 경영학 석사
성균관대학교 무역학과 졸업

前: 산업은행 국제투자부 조사역, 산업증권 국제업무실장, 뉴욕사무소장
성대 겸임교수, 동국대, 숭실대, 한성대, 서강대국제대학원 강사
자산운용 전문인력 및 재무위험관리사 자격시험 출제위원
한국 재무관리학회 편집위원 및 이사, 한국 금융학회 이사
헤지펀드 도입 T/F팀장, 재경부 정부소유주식매각산정 자문위원
대우증권 사외이사 겸 감사위원장
World Bank Consultant
국토해양부 국민주택기금 여유자금운용위원
기획재정부 G20 전문위원
녹색성장위원회 T/F 녹색금융반장

現: 금융투자협회 전문인력위원회 위원, 투자자 교육 자문위원
증권선물 거래소 KRP 운영위원
증권예탁 결제원 자문위원
LG생활건강 사외이사 겸 감사위원장
금융위원회 자금세탁방지정책 자문위원
사학연금공단 자금운용 자문위원
체육진흥공단 자금운용 자문위원
방사성폐기물관리기금 자산운용위원
신용보증기금 비상임이사
기업지배구조센터 기업사회책임위원회 위원
한국증권학회 이사
미래에셋증권 사외이사
녹색성장위원회 위원
자본시장연구원 선임연구위원 겸 정책제도실장

著書 및 論文

Efficiencies From Horizontal Mergers, Pacific BasinCapital Markets Research: Volume II, University of Rhode Island(공저)

Linkages Between Cross-Listed Korean Stock Returns, E-Globalization and the Pacific Age, Proceedings of Pan-Pacific Conference XIX, 2002(공저)

국내기업의 인수, 조세통람사(공저)

한국경제의 인프라와 산업별 경쟁력, 나남출판사(공저)

헤지펀드의 국제 동향 및 국내 도입방향, 상장

헤지펀드의 국내 도입방안, Business/Finance/Law(서울대 금융법센터)

기업의 사회적 책임과 사회책임투자, 상장협연구

헤지펀드의 국내 허용 방안, 한국증권연구원(공저)

자통법 도입에 따른 자율규제 개선 방안, 증권

헤지펀드의 영향과 프라임브로커의 역할 제고 방안, 증권금융

자본시장 자율규제 선진화 연구보고서, 자율규제 선진화 T/F팀

헤지펀드 주주행동주의의 영향, 기업지배구조리뷰 Vol. 39

해외 ETF 현황 및 국내 발전 방안, 증권선물

헤지펀드의 허용과 향후 발전 방향, 재무학회 증권연구원 공동 정책심포지엄

헤지펀드를 통한 채권투자활성화 전략, 증권학회 정책심포지엄

ETF 시장의 현황과 발전방안, 한국증권연구원 자본시장포럼

Big Bang in Capital Market, Jimoondang(공저)

글로벌 금융위기와 자본시장, 한국증권연구원(공저)

기업의 사회적 책임과 녹색금융, 자본시장연구원(공저)

저탄소·자원순환경사회 구축을 위한 환경 금융 활성화 방안, 한국환경정책평가원

기업의 사회적 책임과 사회책임투자, 기업지배구조리뷰 Vol. 45

글로벌 금융위기 이후 헤지펀드의 글로벌 규제논의와 국내도입 및 발전방안, Capital Market Perspective, 자본시장연구원

해외탄소배출권시장 동향 및 국내 육성 방향, 자본시장연구원(공저)

펀드경영론, 박영사

부자투자론, 신정(공저)

사회적 기업 육성을 위한 자본시장의 활용방안, KRX Market

중국 자산운용시장 전망, 중국금융시장포커스, 자본시장연구원

기후변화와 탄소금융, 자본시장연구원(공저)

녹색금융 발전방향과 추진 전략, 자본시장연구원 외 다수

녹색금융론

2010년 8월 1일 초판인쇄
2010년 8월 10일 초판발행

著 者 노 희 진
發行人 安 鍾 萬
發行處 (株) 博 英 社

서울特別市 衿川區 加山洞 345-90 한리
電話 (733)6771 FAX (736)4818
登錄 1959. 3. 11. 제300-1959-1호(倫)

www.pakyoungsa.co.kr e-mail: pys@pakyoungsa.co.kr

破本은 바꿔 드립니다. 本書의 無斷複製行爲를 禁합니다.

定 價 29,000원 ISBN 978-89-6454-045-9